# 句容东岗头遗址

## ——2005年考古发掘报告


南 京 博 物 院
镇 江 博 物 馆　编著
句容市博物馆



科 学 出 版 社
北 京

## 内 容 简 介

2005年11月至2006年5月初，南京博物院、镇江博物馆、句容市博物馆联合组成考古队，对江苏省句容市东岗头遗址进行了抢救性考古勘探和发掘，本书即为此次发掘的成果刊布。遗址发掘面积共计约3000平方米，时代主要相当于新石器时代和中原地区的西周时期，其中西周时期文化遗存为开展湖熟文化的工作、准确把握湖熟文化的典型特征提供了启示。

本书可供历史学、考古学等方面的专家学者和大专院校相关专业师生参考、阅读。

**图书在版编目（CIP）数据**

句容东岗头遗址：2005年考古发掘报告 / 南京博物院，镇江博物馆，句容市博物馆编著. —北京：科学出版社，2016.12

ISBN 978-7-03-051124-9

Ⅰ. ①句… Ⅱ. ①南…②镇…③句… Ⅲ. ①文化遗址-发掘报告-句容-2005 Ⅳ. ①K878.05

中国版本图书馆CIP数据核字（2016）第307246号

责任编辑：刘 能 / 责任校对：彭 涛
责任印制：肖 兴 / 封面设计：美光设计

科学出版社 出版
北京东黄城根北街16号
邮政编码：100717
http://www.sciencep.com
中国科学院印刷厂 印刷
科学出版社发行 各地新华书店经销
*
2016年12月第 一 版 开本：889 × 1194 1/16
2016年12月第一次印刷 印张：12 3/4 插页：48
字数：367 000

定价：**248.00**元

执笔：朱国平　高　伟　何汉生　刘玉斌

# 目　　录


第一章　绪言……………………………………………………………………（1）

第一节　地理环境与历史沿革………………………………………………（2）

一、地理环境……………………………………………………………（2）

二、历史沿革……………………………………………………………（2）

第二节　发掘概况……………………………………………………………（3）

一、遗址现状……………………………………………………………（3）

二、考古发掘和整理情况………………………………………………（3）

第二章　遗址……………………………………………………………………（4）

第一节　勘探与发掘…………………………………………………………（4）

一、勘探…………………………………………………………………（4）

二、发掘…………………………………………………………………（4）

第二节　地层堆积……………………………………………………………（4）

第三节　遗迹…………………………………………………………………（8）

一、沟……………………………………………………………………（8）

二、土筑遗迹……………………………………………………………（8）

三、土墩墓………………………………………………………………（11）

四、土坑墓………………………………………………………………（14）

第三章　遗物……………………………………………………………………（18）

第一节　新石器时期遗物……………………………………………………（18）

一、夹砂陶器……………………………………………………………（18）

二、泥质陶器……………………………………………………………（20）

三、石器…………………………………………………………………（23）

第二节　西周时期遗物………………………………………………………（30）

一、夹砂陶器……………………………………………………………（30）

二、泥质陶器……………………………………………………………（109）

三、硬陶器………………………………………………………………（124）

四、原始瓷器 …… （126）
五、石器 …… （126）
六、玉器 …… （141）
七、铜器 …… （143）
第三节　春秋时期遗物 …… （143）
一、夹砂陶器 …… （143）
二、泥质陶器 …… （143）
三、硬陶器 …… （145）
四、原始瓷器 …… （145）
第四节　六朝至北宋时期遗物 …… （146）
一、釉陶器 …… （146）
二、瓷器 …… （147）
三、石器 …… （147）
四、铜器 …… （147）
五、铁器 …… （149）

**第四章　结语** …… （150）

第一节　时代分析与遗迹时代概述 …… （150）
一、G1 …… （150）
二、G2 …… （150）
三、D1 …… （150）
四、M1 …… （151）
五、M2 ~ M5 …… （151）
六、土筑遗迹 …… （151）
第二节　性质分析及对湖熟文化研究的启示 …… （151）
第三节　关于文物保护与考古学的课题意识的思考 …… （153）

**附录　本报告器物编号与器物上实际写号的说明** …… （155）

**附表** …… （165）

附表一　新石器时期陶片器形纹饰统计表 …… （165）
附表二　新石器时期第4B层陶片器形纹饰统计表 …… （167）
附表三　新石器时期第5B层陶片器形纹饰统计表 …… （168）
附表四　新石器时期G1第1层陶片器形纹饰统计表 …… （168）
附表五　新石器时期G1第2层陶片器形纹饰统计表 …… （168）
附表六　新石器时期G1第3层陶片器形纹饰统计表 …… （169）
附表七　新石器时期G1第4层陶片器形纹饰统计表 …… （169）

附表八　新石器时期G1第5层陶片器形纹饰统计表……（170）
附表九　新石器时期G1第6层陶片器形纹饰统计表……（170）
附表一〇　新石器时期G1第7层陶片器形纹饰统计表……（171）
附表一一　新石器时期G1第8层陶片器形纹饰统计表……（171）
附表一二　新石器时期G1第9层陶片器形纹饰统计表……（172）
附表一三　西周时期陶片器形纹饰统计表……（173）
附表一四　西周时期第3B层陶片器形纹饰统计表……（177）
附表一五　西周时期G2第1层陶片器形纹饰统计表……（179）
附表一六　西周时期G2第2层陶片器形纹饰统计表……（182）
附表一七　西周时期G2第3层陶片器形纹饰统计表……（183）
附表一八　西周时期G2第4层陶片器形纹饰统计表……（185）
附表一九　西周时期G2第5层陶片器形纹饰统计表……（187）

后记……（189）

# 插图目录


图一　东岗头遗址地理位置示意图 …………（1）
图二　东岗头遗址勘探图 …………（5）
图三　东岗头遗址布方图 …………（6）
图四　T1020～T1022西壁剖面图 …………（6）
图五　T1313西壁、T1214～T1220东壁剖面图 …………（7）
图六　东岗头遗址总遗迹图 …………（9）
图七　G1平、剖面图 …………（10）
图八　G2平面图 …………（10）
图九　G2剖面图 …………（10）
图一〇　G2剖面图 …………（10）
图一一　土筑遗迹平、剖面图 …………（11）
图一二　D1平、剖面图 …………（12）
图一三　D1M1平、剖面图 …………（13）
图一四　D1Q1平、剖面图 …………（13）
图一五　D1Q2平、剖面图 …………（13）
图一六　D1Q3平、剖面图 …………（13）
图一七　M1平、剖面图 …………（14）
图一八　M2平、剖面图 …………（15）
图一九　M3平、剖面图 …………（16）
图二〇　M4平、剖面图 …………（16）
图二一　M5平、剖面图 …………（17）
图二二　新石器时期夹砂陶器 …………（19）
图二三　新石器时期夹砂陶器 …………（20）
图二四　新石器时期泥质陶器 …………（21）
图二五　新石器时期泥质陶器 …………（22）
图二六　新石器时期石器 …………（24）
图二七　新石器时期石镞 …………（25）
图二八　新石器时期石镞 …………（27）
图二九　新石器时期石镞 …………（28）

图三〇　新石器时期石器 ……（29）
图三一　新石器时期残石器 ……（30）
图三二　西周时期夹砂素面陶鬲 ……（31）
图三三　西周时期Ab型夹砂素面陶鬲 ……（32）
图三四　西周时期夹砂素面陶鬲 ……（33）
图三五　西周时期夹砂素面陶鬲口 ……（35）
图三六　西周时期夹砂素面陶鬲口 ……（36）
图三七　西周时期夹砂素面陶鬲口 ……（38）
图三八　西周时期夹砂素面陶鬲口 ……（39）
图三九　西周时期夹砂素面陶鬲口 ……（40）
图四〇　西周时期夹砂素面陶鬲口 ……（42）
图四一　西周时期夹砂素面陶鬲口 ……（44）
图四二　西周时期夹砂素面陶鬲口 ……（46）
图四三　西周时期夹砂素面陶鬲口 ……（47）
图四四　西周时期夹砂素面陶鬲口 ……（48）
图四五　西周时期夹砂绳纹陶鬲、鬲口 ……（49）
图四六　西周时期夹砂绳纹陶鬲口、鬲足 ……（50）
图四七　西周时期夹砂素面陶鬲足 ……（52）
图四八　西周时期夹砂陶甗 ……（54）
图四九　西周时期夹砂陶甗 ……（55）
图五〇　西周时期夹砂陶甗 ……（57）
图五一　西周时期夹砂陶甗 ……（59）
图五二　西周时期夹砂陶甗 ……（61）
图五三　西周时期夹砂陶甗腰、鼎 ……（62）
图五四　西周时期夹砂陶鼎足 ……（63）
图五五　西周时期A型夹砂陶盆 ……（65）
图五六　西周时期A型夹砂陶盆 ……（66）
图五七　西周时期A型夹砂陶盆 ……（68）
图五八　西周时期A型夹砂陶盆 ……（70）
图五九　西周时期B型夹砂陶盆 ……（72）
图六〇　西周时期夹砂陶盆、豆 ……（73）
图六一　西周时期夹砂陶豆 ……（75）
图六二　西周时期Aa型夹砂陶罐 ……（77）
图六三　西周时期夹砂陶罐 ……（78）
图六四　西周时期Ab型夹砂陶罐 ……（80）
图六五　西周时期Ab型夹砂陶罐 ……（81）
图六六　西周时期Ab型夹砂陶罐 ……（83）

图六七　西周时期B型夹砂陶罐 …………………………………………………………（85）
图六八　西周时期夹砂陶罐 …………………………………………………………（87）
图六九　西周时期A型夹砂陶钵 …………………………………………………………（88）
图七〇　西周时期夹砂陶钵 …………………………………………………………（90）
图七一　西周时期夹砂陶钵口 …………………………………………………………（91）
图七二　西周时期夹砂陶盘 …………………………………………………………（92）
图七三　西周时期夹砂圈足陶盘、圈足 …………………………………………………………（94）
图七四　西周时期夹砂陶器 …………………………………………………………（95）
图七五　西周时期夹砂陶器 …………………………………………………………（96）
图七六　西周时期夹砂陶器盖 …………………………………………………………（98）
图七七　西周时期夹砂陶饼形器 …………………………………………………………（99）
图七八　西周时期夹砂陶饼形器 …………………………………………………………（101）
图七九　西周时期夹砂陶饼形器 …………………………………………………………（103）
图八〇　西周时期夹砂陶饼形器 …………………………………………………………（105）
图八一　西周时期夹砂陶饼形器 …………………………………………………………（107）
图八二　西周时期夹砂陶饼形器 …………………………………………………………（108）
图八三　西周时期泥质陶盆、鼎足 …………………………………………………………（110）
图八四　西周时期泥质陶豆 …………………………………………………………（112）
图八五　西周时期泥质陶罐 …………………………………………………………（114）
图八六　西周时期Ba型泥质陶罐 …………………………………………………………（116）
图八七　西周时期泥质陶罐 …………………………………………………………（117）
图八八　西周时期泥质陶钵 …………………………………………………………（119）
图八九　西周时期泥质陶盘、圈足盘 …………………………………………………………（121）
图九〇　西周时期泥质陶圈足 …………………………………………………………（122）
图九一　西周时期泥质陶器 …………………………………………………………（123）
图九二　西周时期硬陶、原始瓷器 …………………………………………………………（125）
图九三　西周时期石斧 …………………………………………………………（127）
图九四　西周时期石锛 …………………………………………………………（129）
图九五　西周时期石锛 …………………………………………………………（130）
图九六　西周时期石锛 …………………………………………………………（132）
图九七　西周时期石锛 …………………………………………………………（133）
图九八　西周时期石凿 …………………………………………………………（134）
图九九　西周时期石器 …………………………………………………………（136）
图一〇〇　西周时期石纺轮、镞 …………………………………………………………（137）
图一〇一　西周时期石镞 …………………………………………………………（138）
图一〇二　西周时期残石器 …………………………………………………………（140）
图一〇三　西周时期残石器 …………………………………………………………（142）

图一〇四　西周时期玉器、铜器 ……………………………………（143）
图一〇五　春秋时期夹砂陶器 ……………………………………（144）
图一〇六　春秋时期泥质陶器 ……………………………………（144）
图一〇七　春秋时期硬陶瓿 ……………………………………（145）
图一〇八　春秋时期原始瓷碗（D1Q1：3）……………………………………（145）
图一〇九　六朝至北宋时期釉陶器、瓷器、石黛板 ……………………………………（146）
图一一〇　六朝至北宋时期铜器 ……………………………………（148）
图一一一　六朝至北宋时期铁器 ……………………………………（149）
图一一二　器物组合对比 ……………………………………（153）

# 插表目录

表一　宁镇地区与湖熟文化相关的遗址类文物保护单位 ……………………………………（154）

# 图版目录

图版一　东岗头遗址远景
图版二　遗址受影响情况
图版三　遗址勘探与布方发掘
图版四　G1、G2河道清理情况
图版五　T1413内土筑遗迹
图版六　D1清理情况
图版七　新石器时期夹砂陶器
图版八　新石器时期泥质陶器
图版九　新石器时期石锛
图版一〇　新石器时期石器
图版一一　新石器时期石镞
图版一二　新石器时期石镞
图版一三　新石器时期石镞
图版一四　新石器时期石镞
图版一五　新石器时期石器
图版一六　新石器时期石器
图版一七　新石器时期残石器
图版一八　西周时期夹砂素面陶鬲
图版一九　西周时期Ab型夹砂素面陶鬲
图版二〇　西周时期Ab型夹砂素面陶鬲
图版二一　西周时期夹砂陶鬲
图版二二　西周时期夹砂陶甗
图版二三　西周时期夹砂陶鼎、盆
图版二四　西周时期夹砂陶盆
图版二五　西周时期夹砂陶盆、豆
图版二六　西周时期A型夹砂陶豆
图版二七　西周时期夹砂陶豆、罐
图版二八　西周时期夹砂陶罐
图版二九　西周时期夹砂陶罐、钵
图版三〇　西周时期A型夹砂陶钵
图版三一　西周时期A型夹砂陶钵
图版三二　西周时期夹砂陶钵
图版三三　西周时期B型夹砂陶钵
图版三四　西周时期夹砂陶盘
图版三五　西周时期夹砂陶盘、圈足盘
图版三六　西周时期夹砂陶圈足盘、杯
图版三七　西周时期夹砂陶杯
图版三八　西周时期夹砂陶器
图版三九　西周时期夹砂陶器盖
图版四〇　西周时期夹砂陶器盖、饼形器
图版四一　西周时期夹砂陶饼形器
图版四二　西周时期夹砂陶饼形器
图版四三　西周时期夹砂陶饼形器
图版四四　西周时期夹砂陶饼形器
图版四五　西周时期夹砂陶饼形器
图版四六　西周时期夹砂陶饼形器
图版四七　西周时期夹砂陶饼形器
图版四八　西周时期夹砂陶饼形器
图版四九　西周时期夹砂陶饼形器
图版五〇　西周时期夹砂陶饼形器
图版五一　西周时期夹砂陶饼形器
图版五二　西周时期夹砂陶饼形器
图版五三　西周时期夹砂陶饼形器
图版五四　西周时期夹砂陶饼形器
图版五五　西周时期夹砂陶饼形器、泥质陶豆
图版五六　西周时期泥质陶钵
图版五七　西周时期泥质陶钵、盘
图版五八　西周时期泥质陶圈足盘

图版五九　西周时期泥质陶圈足盘、杯
图版六〇　西周时期泥质陶器
图版六一　西周时期硬陶器
图版六二　西周时期石斧
图版六三　西周时期石斧
图版六四　西周时期石斧、锛
图版六五　西周时期石锛
图版六六　西周时期石锛
图版六七　西周时期石锛
图版六八　西周时期石锛
图版六九　西周时期石锛
图版七〇　西周时期石锛
图版七一　西周时期石锛
图版七二　西周时期石凿
图版七三　西周时期石凿、刀
图版七四　西周时期石器
图版七五　西周时期石纺轮、镞
图版七六　西周时期石镞
图版七七　西周时期石镞
图版七八　西周时期石镞、残石器
图版七九　西周时期残石器
图版八〇　西周时期残石器
图版八一　西周时期残石器
图版八二　西周时期残石器
图版八三　西周时期残石器、玉器、铜器
图版八四　春秋时期D1出土器物
图版八五　春秋时期D1出土器物
图版八六　宋墓出土器物
图版八七　六朝至北宋时期器物
图版八八　唐宋时期铜钱
图版八九　西周时期夹砂陶纹饰拓片
图版九〇　西周时期泥质陶纹饰拓片
图版九一　西周时期泥质陶纹饰拓片
图版九二　西周时期泥质陶纹饰拓片
图版九三　西周时期硬陶纹饰拓片
图版九四　西周时期硬陶纹饰拓片
图版九五　西周时期硬陶纹饰拓片
图版九六　唐宋时期铜钱、铜镜纹饰拓片

# 第一章 绪　言

东岗头遗址位于江苏省句容市郭庄镇甲山村东岗头自然村南170米，包括1957年南京博物院调查确认的大山边和小山边两个遗址及相连部分等[①]，是句容市文物保护单位。2005年，沪瑞国道主干线支线溧水至南京段公路的建设穿过该遗址，受江苏省文物局委托，南京博物院联合镇江博物馆、句容市博物馆组成考古队对遗址进行了勘探和发掘，发掘时间为2005年11月至2006年5月初，发掘得到江苏省高速公路指挥部的关心和支持，项目施工单位中铁一局也在部分工作上给予了协助（图一；图版一）。

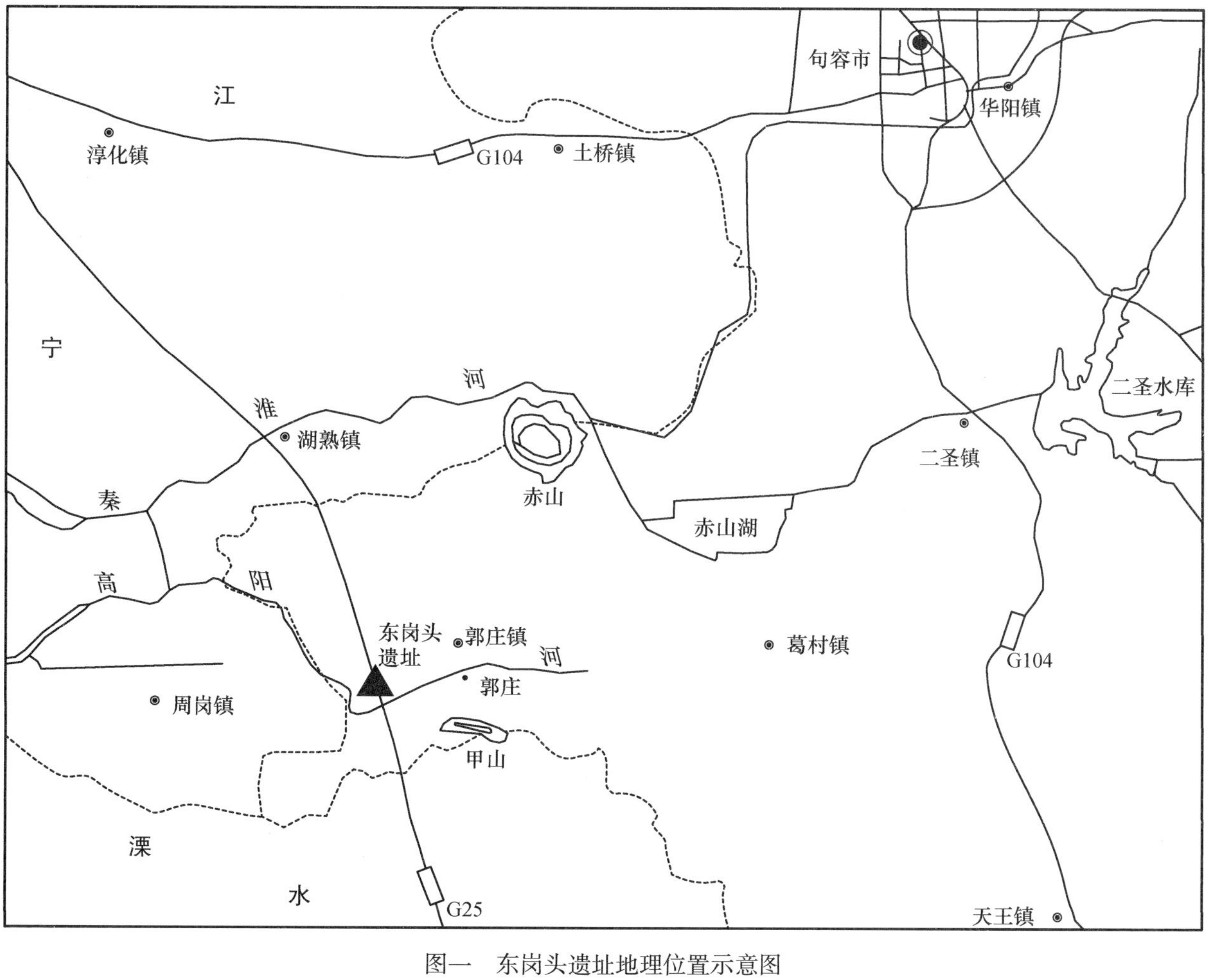

图一　东岗头遗址地理位置示意图

① 尹焕章、张正祥：《宁镇山脉及秦淮河地区新石器时代遗址普查报告》，《考古学报》1959年第1期。

# 第一节　地理环境与历史沿革

## 一、地理环境

句容市地处北纬31°37′~31°12′、东经118°57′~119°22′之间，位于江苏省西南部，东面与镇江市丹徒区、润州区以及金坛市毗邻，南面与溧阳市、南京市溧水区交界，西面与南京市江宁区相连，北面同南京市栖霞区接壤，东北一角濒临长江。

句容市的地形南北长、东西窄，南北长约70千米，东西宽约20千米。从地貌上可以分为低山、丘陵、岗地和平原四类，其中以岗地为主，分布范围较广。该市的北部、东部和南部三面环山，均为低山，分属于两大山系：北部属于宁镇山脉，东南部及南部属于茅山山脉；其中茅山山脉是秦淮河水系、太湖水系的分水岭。句容市的水系分为三部分：东部地区流入太湖，中部地区汇入秦淮河，北部地区注入长江。丘陵主要位于该市的中部。平原类型主要在西南部，属于秦淮河流域，这一范围内偶尔可以见到岗地。

东岗头遗址所在的郭庄镇一带属于秦淮河流域的平原地区。秦淮河为长江支流，是宁镇地区的主要河道，该河接受茅山西坡及宁镇山脉西段的水，汇合成流，经过地带为一面积约2000平方千米的平原。秦淮河分为东西两源，以东源计长为90千米，秦淮河的东源自大华山至句容、赤山湖、湖熟、西北村与西源合流，汇合后北流注入长江。在秦淮河流域中，东岗头遗址所在地是秦淮河的东源之一的高阳河支流，为低山平原区，遗址南临高阳河，周围为地表微有起伏的农田，东南1千米为海拔94米的甲山。遗址所在地域为适合人类居住的有较好生存条件的地区，湖熟和郭庄一带分布着较多的商周时代遗址。

## 二、历史沿革

句容市为1995年6月撤句容县而设，县名见于秦汉。《越绝书·外传记地传》“政更号为秦始皇帝……上姑苏台，则治射防于宅亭、贾亭北。年至灵，不射，去，奏曲阿、句容，度牛渚，西到咸阳，崩”[①]，为句容之名首见。汉武帝时曾置侯国，《史记·建元已来王子侯者年表》：“句容，长沙定王子。（元光）六年七月乙巳，哀侯刘党元年。（元朔）元年，哀侯党薨，无后，国除。”[②]《汉书·王子侯表》：“句容哀侯党，长沙定王子。（元光六年）七月乙巳封，二年薨，亡后。”[③]

句容市域在春秋时属于吴国，战国时先后属于越国和楚国，西汉汉武帝时分封设置句容侯国，后复为县，属丹阳郡。此后，句容一直为县，延续至1995年的撤县建市。

---

① （东汉）袁康、吴平辑录，乐祖谋点校：《越绝书》，上海古籍出版社，1985年。
② （汉）司马迁：《史记》，中华书局，1959年。
③ （汉）班固：《汉书》，中华书局，1964年。

# 第二节 发掘概况

## 一、遗址现状

东岗头遗址包括高出地表的大山边、小山边两个土台，以及两土台之间和周围的平地。大山边部分为高出周边地表5米多的土台，中部最高，四面为缓坡，面积约3000平方米，文化层堆积厚度3～5米。小山边部分为高出周边地表4米多的土台，中部最高，四面为缓坡，面积约2400平方米，文化层堆积厚度2～4米。经过考古勘探，确定了遗址总面积约4万平方米，包括大山边和小山边两土台，高速公路主线K28+750～K28+950米路段穿过的两土台间部分以及土台南部平地均属于遗址区（图版二）。

## 二、考古发掘和整理情况

自2005年11月至2006年5月初，南京博物院、镇江博物馆、句容市文物管理委员会联合组成考古队，经国家文物局考执字（2006）第44号文件批准，对遗址进行了抢救性考古发掘。本次发掘集中于高速公路主线穿过的两土台之间的缓坡遗址，发掘总面积约3000平方米，遗址内涵主要是西周时期和新石器时代晚期的遗存（图版三）。考古项目领队为朱国平，参加发掘工作的人员有南京博物院的李则斌、盛之翰、马永强、赵东升、左俊等，镇江博物馆的何汉生，泰州市博物馆的王为刚等。参加考古整理工作的有南京博物院的高伟、周恒明，句容市博物馆的刘玉斌等。

# 第二章　遗　　址

## 第一节　勘探与发掘

### 一、勘　　探

在对遗址进行抢救性发掘的同时，为了确认遗址范围，考古队还进行了少量的布孔勘探。勘探的探孔依据实际需要而布，一般只勘探到文化层就停止，共计勘探34个探孔，其中有文化层的探孔包括2～26、28；只有现代耕土层的探孔包括1、27、29～34。结合遗址存在的断面和发掘布方，确定遗址范围东西约210米，南北约190米，总面积约4万平方米（图二）。

### 二、发　　掘

依据勘探确定的遗址范围，考古队对整个遗址进行统一布方。本次发掘T0626、T0724、T0725、T0726、T0822、T0823、T0824、T0920、T0921、T1020、T1021、T1022、T1120、T1214、T1215、T1216、T1217、T1218、T1219、T1220、T1312、T1313、T1316、T1317、T1320、T1410、T1411、T1412、T1413、T1416、T1510、T1512，合计32个探方（图三）。

## 第二节　地层堆积

发掘结束后，我们将各探方层位调整为统一编号，直接叠压的层位以数字表示，并列的无叠压关系的层位附加英文字母。以两组探方剖面为例介绍如下。

第1层：路基覆土。厚0～2.2米。本层下开口有M1、M2、M3。

第2层：灰黄色砂土，松软。深0.12～1.7、厚0～1.4米。本层下开口有M4、M5。本层叠压第3A、3B层。

第3A层：青灰砂土，疏松。深0.45～2.2、厚0～1.15米。本层主要分布于发掘区中南部，叠压第4A层。

第3B层：红褐烧土。深0.5～1.65、厚0～0.8米。本层下开口有G1。本层主要分布于发掘区北部，叠压第4B层。

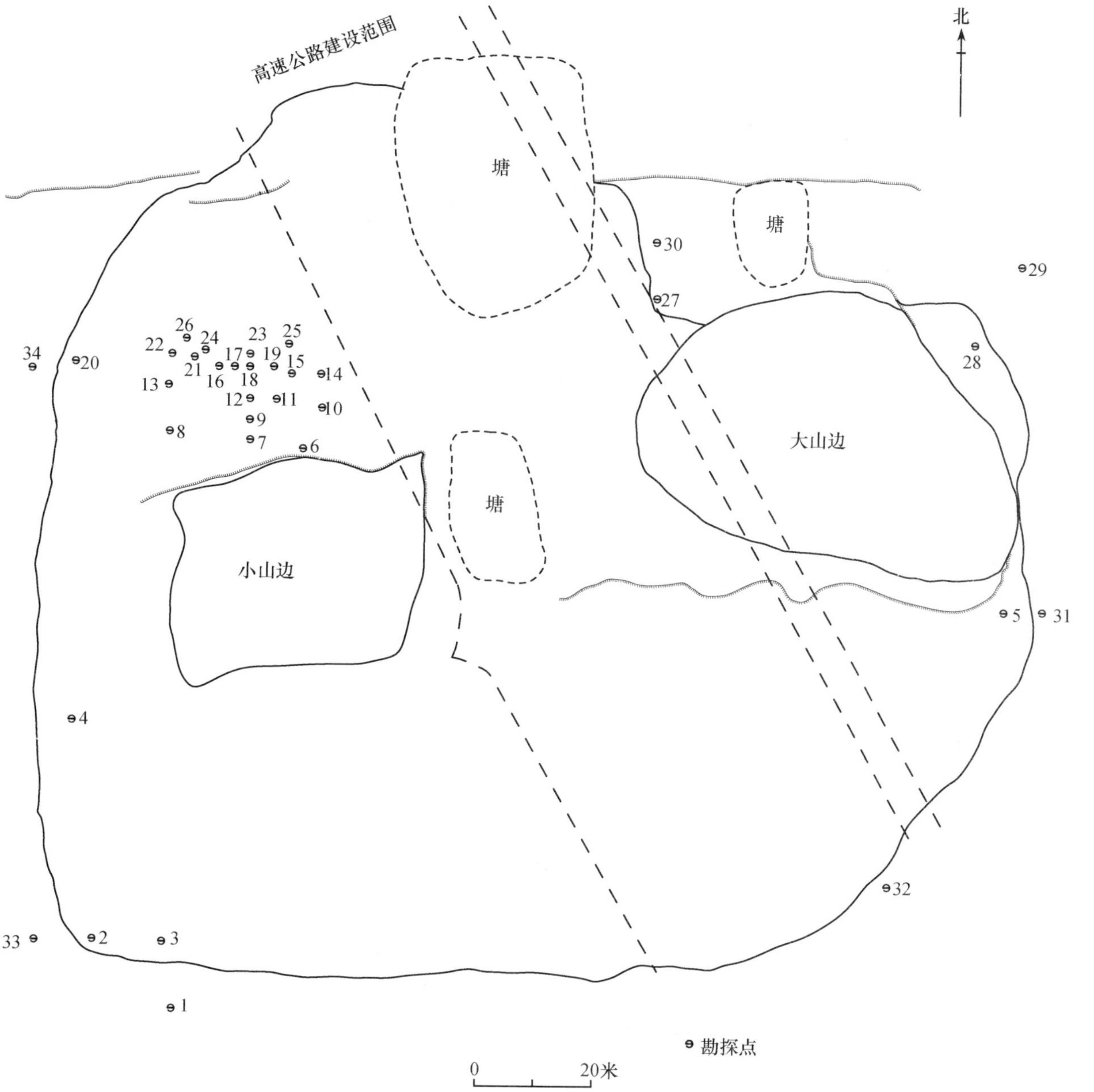


图二　东岗头遗址勘探图

第4A层：黄褐色土，疏松。深2.1～2.45、厚0～0.4米。本层下有D1和G2，并有G2打破的土筑遗迹。本层主要分布于发掘区中南部，叠压第5A层。

第4B层：黄土。深0.9～1.5、厚0～0.4米。本层主要分布于发掘区北部，叠压第5B层。

第5A层：青灰土，较硬。深2.6～2.8、厚0～0.25米。

第5B层：灰土。深0.75～1.55、厚0～0.3米。本层主要分布于发掘区北部。

第5A、5B层下为生土（图四、图五）。

以上地层中，第2、3A层为宋代层，第4A层为唐代层，第3B、5A层为西周层，第4B、5B层为新石器时代层。

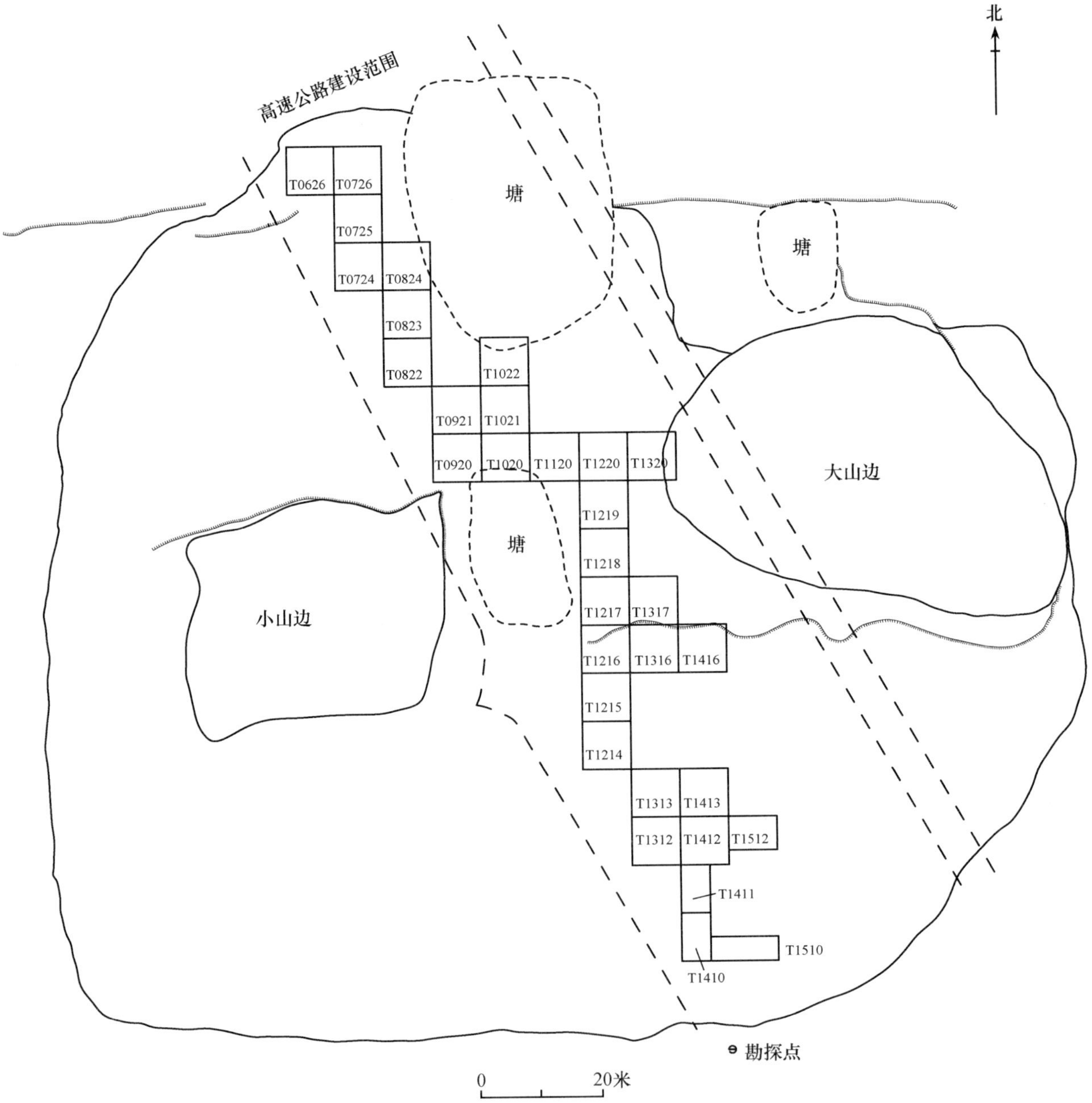


图三　东岗头遗址布方图

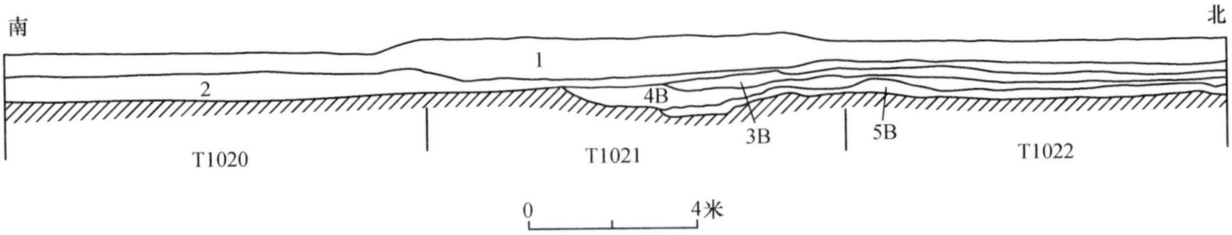


图四　T1020～T1022西壁剖面图

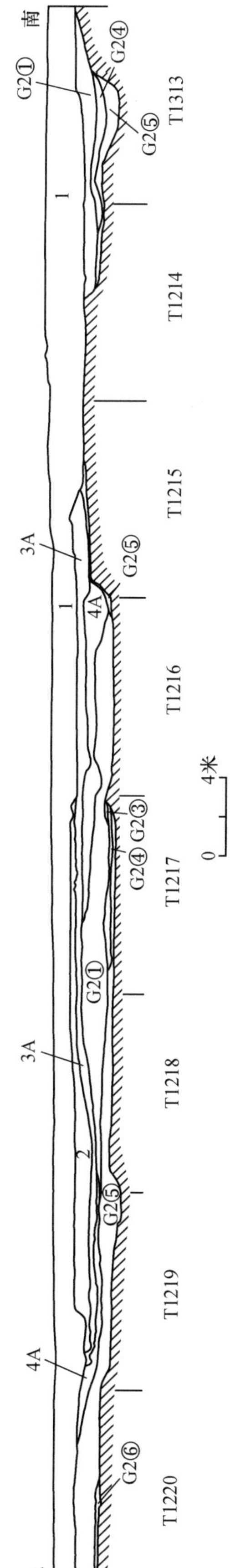


图五 T1313西壁、T1214～T1220东壁剖面图

1. 路基覆土 2. 灰黄色砂土 3A. 青灰砂土 4A. 黄褐色土

# 第三节　遗　　迹

发现的遗迹主要有属于新石器时代和西周时期的两条古河道G1、G2，在两条古河道间残存的一座土墩墓D1，被G2打破的土筑遗迹，以及M1～M5五座墓葬（图六）。分别介绍如下。

## 一、沟

G1　开口于第3B层下，打破生土层，分布于T0920、T0921、T1021、T1022等探方，沟呈长条形，开口距地面深约1.2米，揭露部分沟口长23、宽10.1、深1.85米。沟内填土分为9层：

第1层：灰褐土。深0.8～1.2、厚0～0.3米（深度以沟口最高处计，下同）。

第2层：黄灰土。深0.7～1.3、厚0～0.45米。

第3层：灰褐土，土质稍硬。深0.9～1.35、厚0～0.2米。本层出陶片等。

第4层：灰黄烧土，土质稍硬。深0～1.45、厚0～0.35米。本层出陶片等。

第5层：黑褐土，土质疏松。深0.85～1.5、厚0～0.4米。本层出陶片等。

第6层：黑灰疏土，土质疏松。深0.15～1.55、厚0～0.35米。本层出陶片等。

第7层：黄灰花土，土质疏松。深0.75～1.75、厚0～0.35米。本层出陶片等。

第8层：灰白土。深1.75～1.85、厚0～0.2米。本层出陶片等。

第9层：黑灰土。深1.6～1.85、厚0～0.2。本层出陶片等。

第9层以下为生土（图七；图版四，1）。

G2　开口于第4A层下，分布于T1220、T1320、T1219、T1218、T1217等探方，打破土筑遗迹和第5A层。为长条形沟，揭露部分距地表深1.2米，沟长109、宽8、深2.8米。沟内填土分为6层：

第1层：灰褐色土，土质略硬。深1.2～1.95、厚0～1.05米。本层出陶片等。

第2层：灰色土，土质较软。深1.25～1.8、厚0～0.4米。本层出陶片等。

第3层：黄色土，土质黏，细密。深1.3～2.4、厚0～0.4米。本层出陶片等。

第4层：灰黑色土，土质细密。深1.6～2.6、厚0～0.6米。本层出陶片等。

第5层：黄褐色土，土质黏硬。深1.4～3.1、厚0～1.3米。本层出陶片等。

第6层：黄灰土，土质较硬。深1.9～3.2、厚0～0.3米。本层出陶片等。

第6层以下为生土（图八～图一〇；图版四，2）。

## 二、土筑遗迹

位于T1413，在生土层上砌筑，周围是第5A层，为G2打破。遗迹由大小略有差别的土坯砌筑而成，土坯长15～30、宽12～22、残高17厘米。现存209块青灰土块，似有近长方形隔间，组成近6开间的建筑，但面积均较小，大的长1.9、宽1.2米（图一一；图版五）。

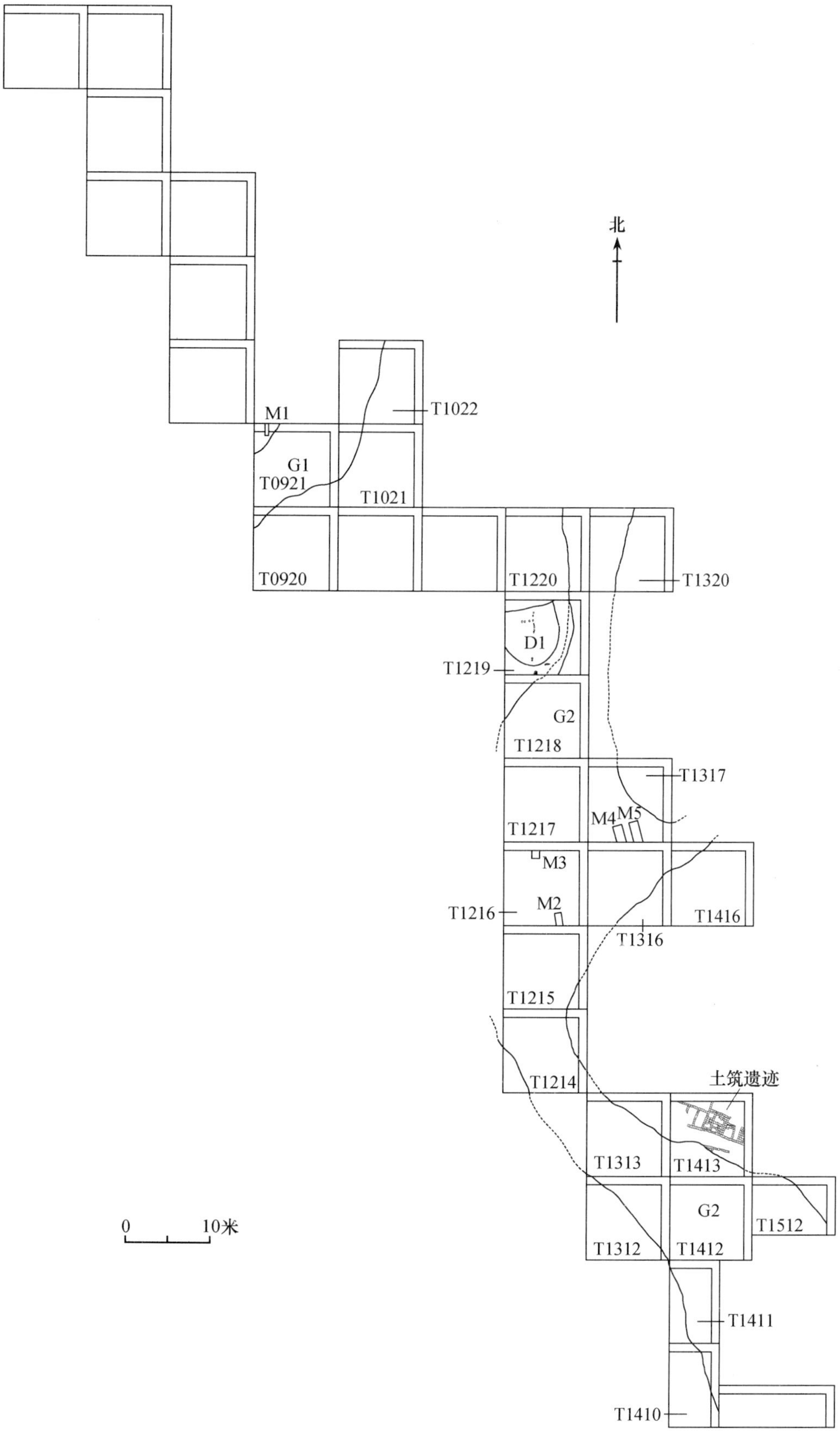


图六　东岗头遗址总遗迹图

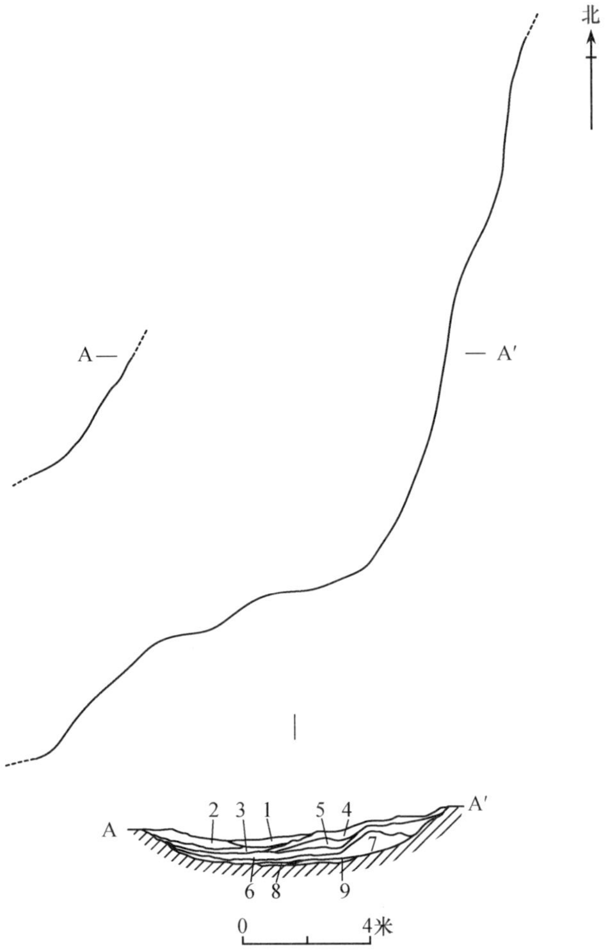

图七　G1平、剖面图

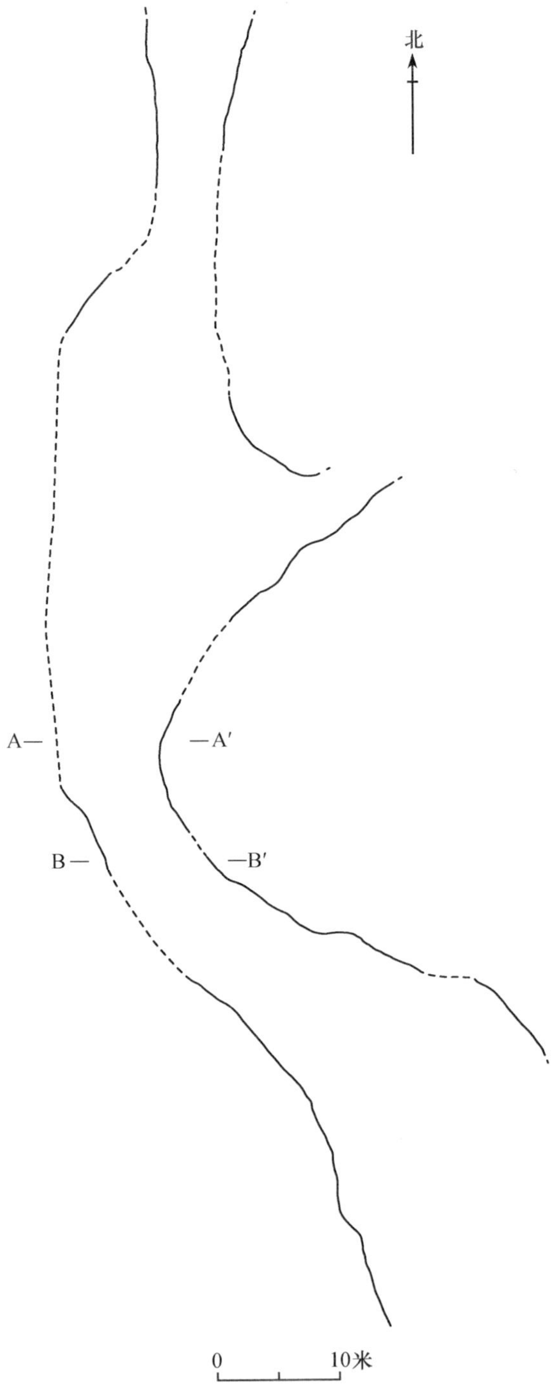

图八　G2平面图

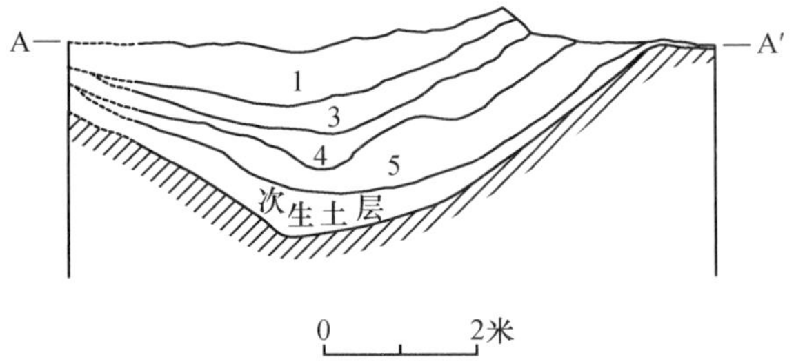

图九　G2剖面图

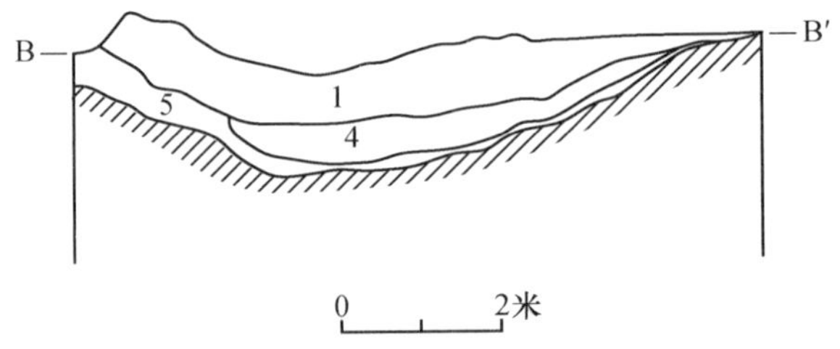

图一〇　G2剖面图

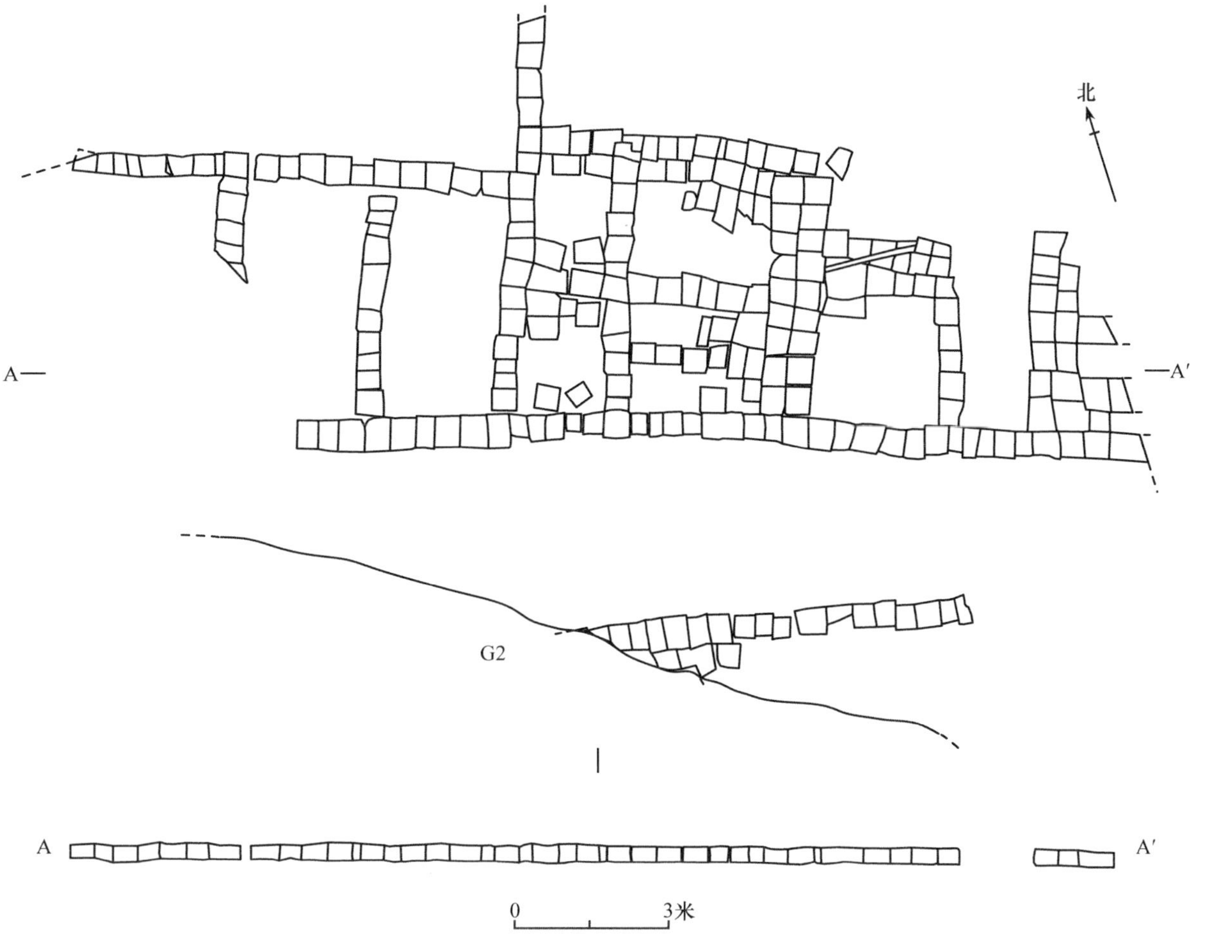


图一一　土筑遗迹平、剖面图

# 三、土　墩　墓

编号D1，现存封土分为2层：

第1层：黄褐色黏土，较软。厚0～1.3米。D1Q1、D1Q2在本层中。

第2层：灰褐色黏土，较软。厚0～0.6米。D1Q3在本层中；本层下叠压D1M1（图一二；图版六）。

D1发现的遗迹有M1、Q1、Q2、Q3。D1M1叠压在D1第2层下，部分被属于遗址第1层的现代路基土破坏，仅存石床。石床残存11件石块，摆放范围长2.41、宽1.32米，石块为自然石块，随葬品已经全部被破坏（图一三；图版六，1）。

Q1发现于D1第1层中，7件器物集中摆放。器物群包括陶鼎、瓿等和原始瓷碗等器物，摆放的范围长0.45、宽0.4米（图一四；图版六，2）。

Q2发现于D1第1层中，2件器物集中摆放。器物群包括陶盆、罐，摆放的范围长0.59、宽0.25米（图一五；图版六，3）。

Q3发现于D1第2层中，2件器物集中摆放。器物群包括陶瓿、罐，摆放的范围长0.59、宽0.25米（图一六）。

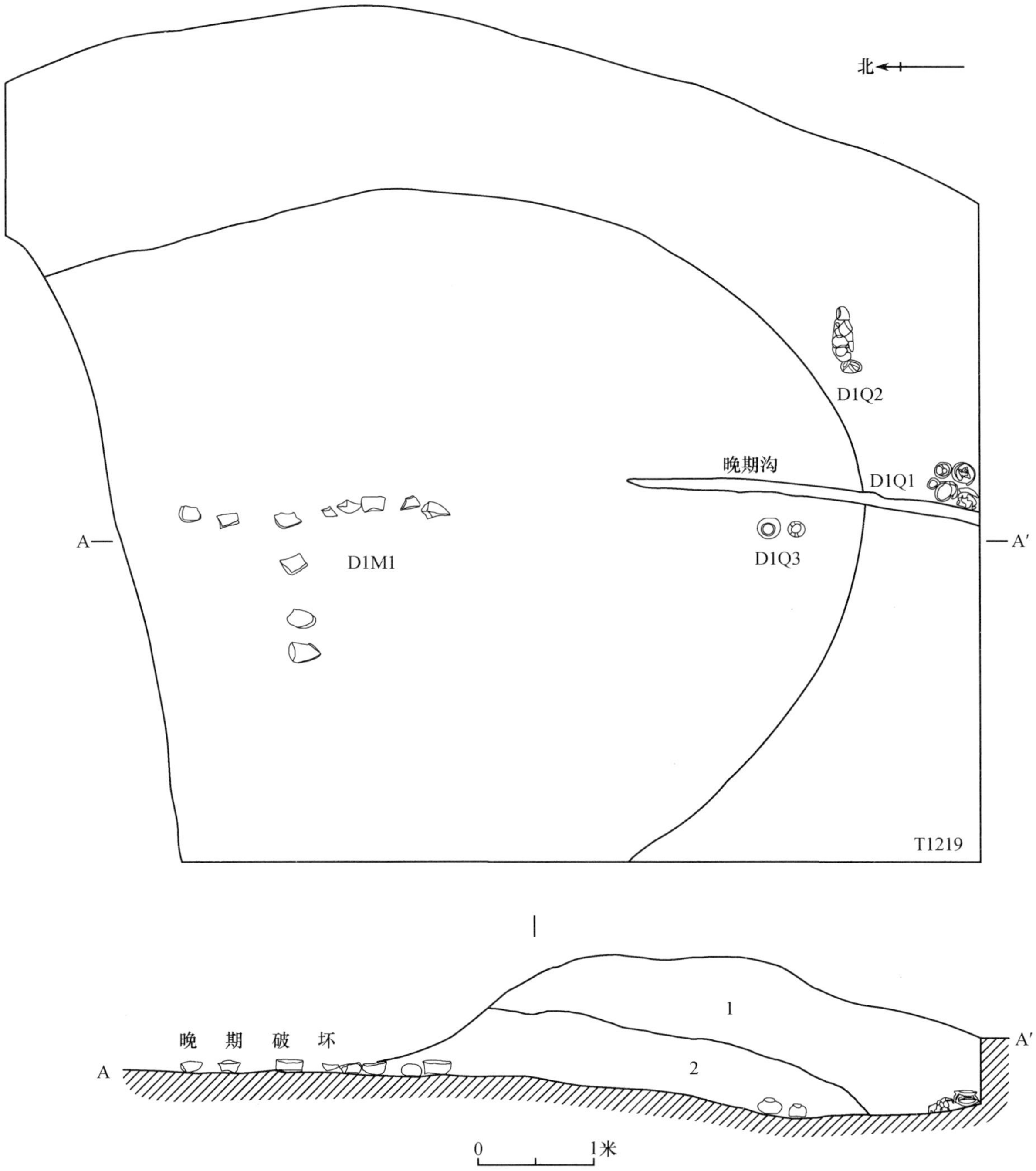


图一二　D1平、剖面图

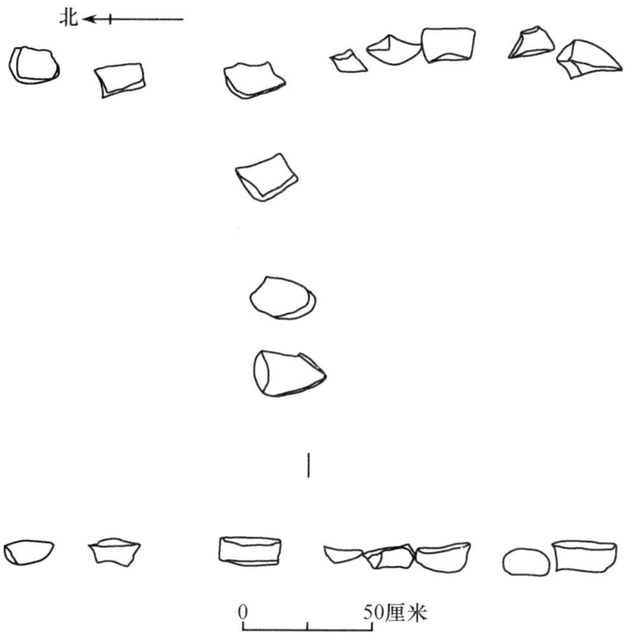


图一三　D1M1平、剖面图

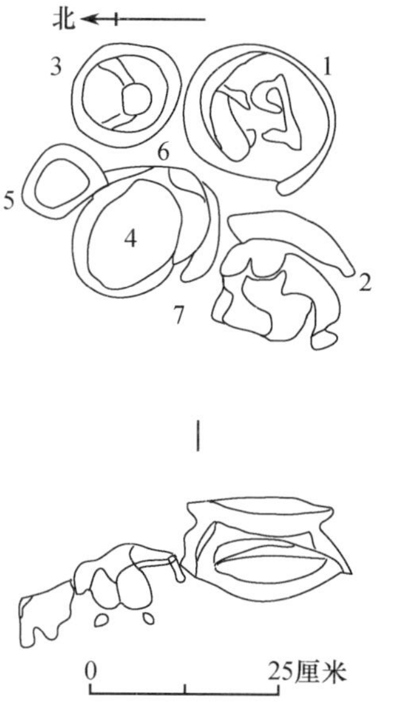


图一四　D1Q1平、剖面图

1、5、7. 陶鼎　2、6. 陶盆　3. 原始瓷碗
4. 硬陶瓿

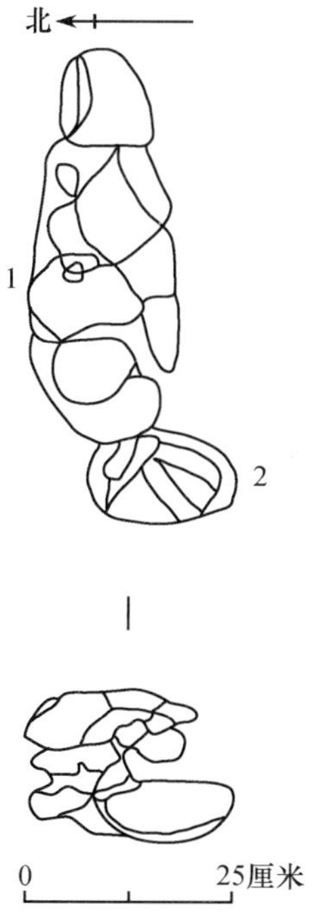


图一五　D1Q2平、剖面图

1. 陶盆　2. 陶罐

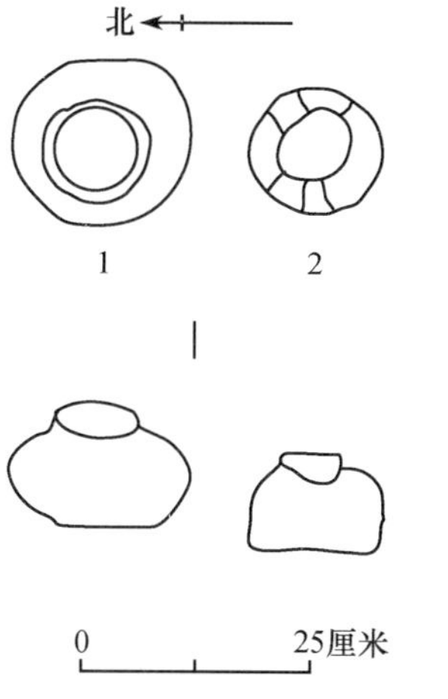


图一六　D1Q3平、剖面图

1. 硬陶瓿　2. 陶罐

# 四、土　坑　墓

土坑墓共清理5座。

M1　位于T0921，开口于第1层下，打破生土。长方形土坑竖穴墓。墓口长1.45、宽0.44、深0.15米。墓葬方向为180°。墓内填土是浅灰夹黄色花土，内含少量烧土粒等。出土随葬品有铜镜、石黛板、铁削（图一七）。

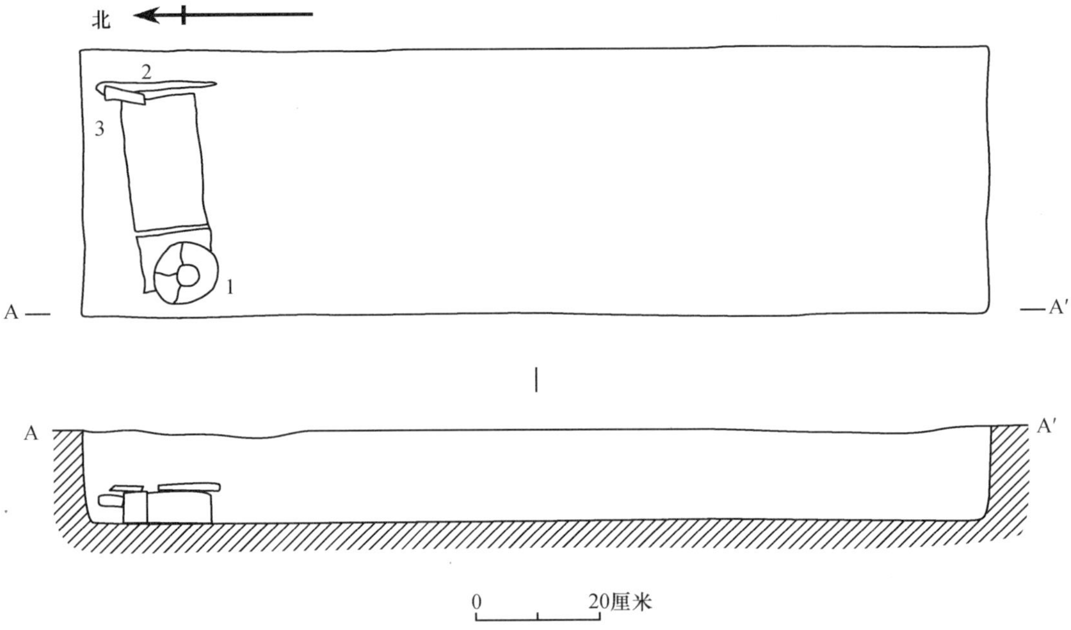


图一七　M1平、剖面图

1. 铜镜　2. 铁削　3. 石黛板

M2　位于T1216，开口于第1层下，打破第2层。长方形土坑竖穴墓。墓口揭露部分长1.6、宽0.83米，墓底宽0.87米，略宽于墓口。墓深0.67米。墓葬方向为257°。墓内填土是灰色夹黄色花土。从棺材腐烂后形成的青灰色膏泥痕可知，棺材揭露部分长1.31、宽0.48、残高0.3米。出土随葬品均为铜钱币。M2与M3层位相同，时代相同，相距约6.5米（图一八）。

M3　位于T1216，开口于第1层下，打破第2层。长方形土坑竖穴墓。墓口揭露部分长0.97、宽0.94、深0.45米。墓葬方向为5°。墓内填土是灰色夹黄色花土。从棺材腐烂后形成的青灰色膏泥痕可知，棺材揭露部分长0.8、宽0.42、残高0.15米。已揭露部分未发现随葬品。M3与M2层位相同，时代相同，相距约6.5米（图一九）。

M4　位于T1317，开口于第2层下，打破第5层。长方形土坑竖穴墓。墓口揭露部分长2.2、宽1.1、深1.05米。墓葬方向为335°。墓内填土是灰色夹黄色花土。从棺材腐烂后形成的青灰色膏泥痕可知，棺材揭露长1.8、宽0.56、残高0.27米。出土随葬品有铜钱币、釉陶韩瓶。与M5开口层位相同，时代相同，两墓并列，相距约0.8米（图二〇）。

M5　位于T1317，开口于第2层下，打破第3层。填土为灰色夹黄色花土。墓口揭露部分长2.7、

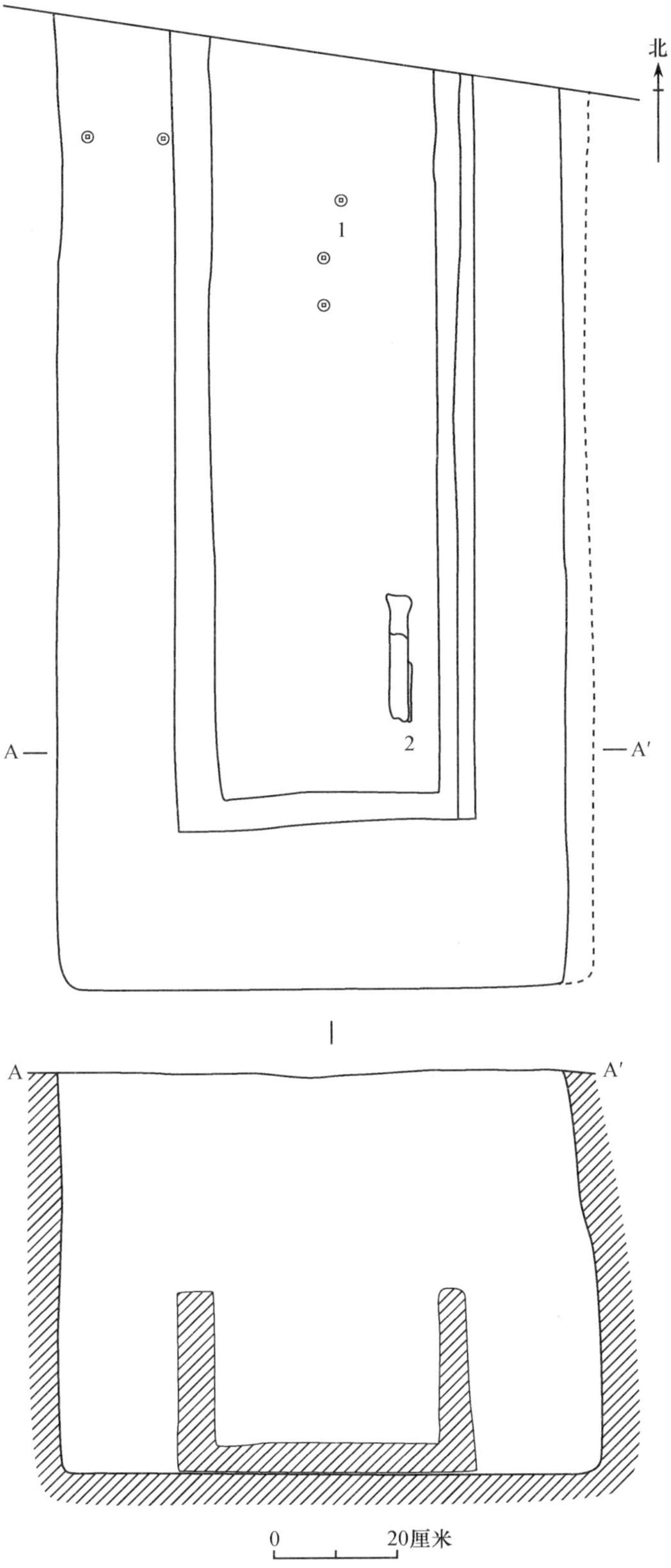


图一八　M2平、剖面图
1. 铜钱　2. 肢骨

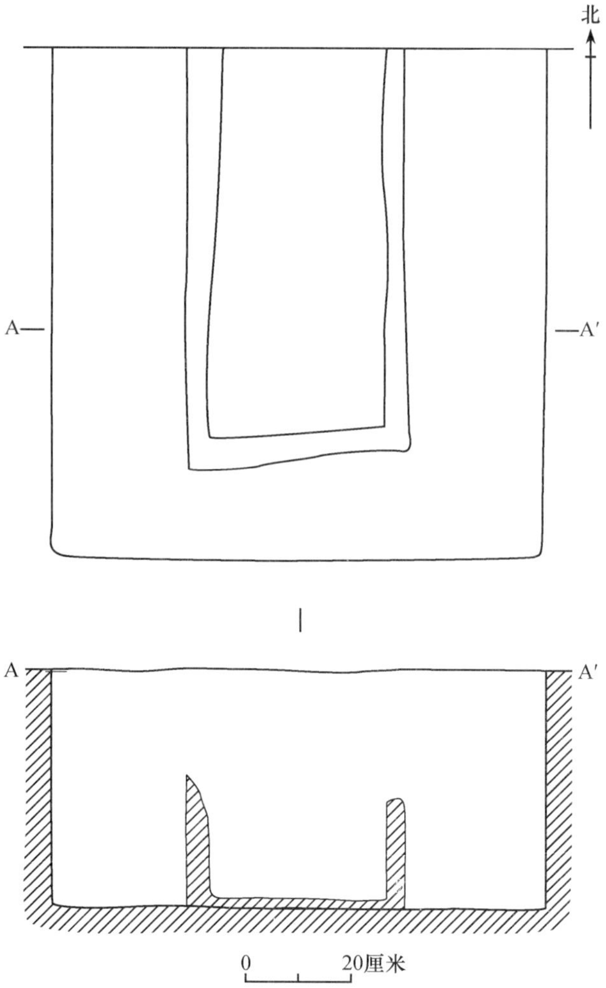


图一九　M3平、剖面图

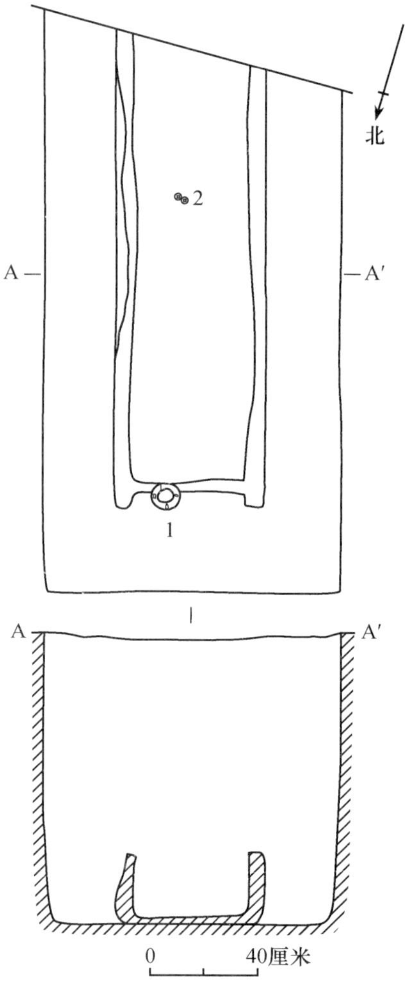


图二〇　M4平、剖面图

1. 釉陶韩瓶　2. 铜钱

宽1.1、深1.35米。墓葬方向为336°。从棺材腐烂后形成的青灰色膏泥痕可知，棺材揭露长2.3、宽0.8、残高0.33米。出土随葬品有釉陶韩瓶、盏及铜钱。与M4开口层位相同，时代相同，两墓并列，相距约0.8米（图二一）。

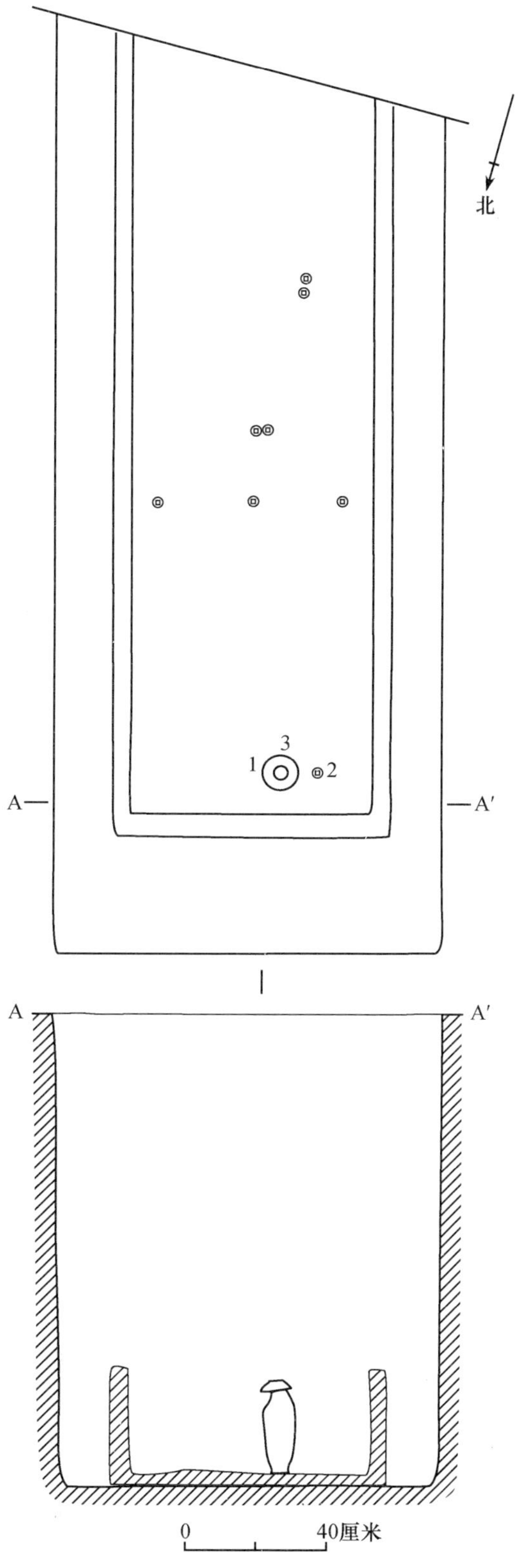


图二一　M5平、剖面图

1. 釉陶韩瓶　2. 铜钱　3. 釉陶盏

# 第三章 遗　物

## 第一节 新石器时期遗物

新石器时代晚期的遗物主要发现于古河道G1，包括夹砂陶器、泥质陶器和石器。

### 一、夹砂陶器

夹砂陶片占陶片总量的70%；从陶色看，主要是红褐色、红色和黑褐色，分别占约68%、21%、10%；从纹饰看，素面占99.6%，有少量镂孔、划线、篮纹等；从器形看，可辨器形的口沿17件，主要有鼎、缸、罐、壶等（见附表一～附表一二）。夹砂陶器中，有可修复器3件，另在后代地层出土可修复器2件。

**鼎**　仅在周代地层出土1件可修复器，余为鼎足。标本T0823③B：3，夹砂黑褐陶，侈口，卷沿，尖圆唇，束颈，鼓腹下垂，圜底近平，三圆锥状足。口径19、高16.6厘米（图二二，1；图版七，1）。

**鼎足**　有凿形、鱼鳍形、圆锥形等，依据形状差异分为五型。

A型　凿形足。标本G1⑨：61，夹砂红褐陶。残高10厘米（图二二，7）。标本G1⑥：67，夹砂红陶。残高8厘米（图二二，10）。标本G1④：79，夹砂红褐陶。残高9.4厘米（图二二，11）。标本G1④：84，夹砂红褐陶。残高11厘米（图二二，6）。标本G1④：86，夹砂红陶，外壁有凹槽，槽内有刻划纹。残高12.6厘米（图二二，3）。

B型　鱼鳍形足。标本G1⑥：66，夹砂红褐陶。残高11厘米（图二二，8）。标本G1④：75，夹砂黑褐陶。残高9厘米（图二二，9）。

C型　“T”字形足。标本G1④：78，夹砂红褐陶。残高6.4厘米（图二二，4）。

D型　侧三角形足。标本G1④：85，夹砂红褐陶，腹片饰篮纹，足外侧有捺窝。残高14.4厘米（图二二，2）。

E型　圆锥形足。标本T0724④B：8，夹砂灰褐陶。残高11.5厘米（图二二，5）。

**缸**　可辨器形6件，无完整和修复器，仅见残片。标本T0724④B：6，夹砂灰褐陶，直口，方唇，弧壁，下残，外壁饰弦纹。口径38.8、残高7.6厘米（图二三，2）。标本G1④：83，夹砂灰褐陶，侈口，卷沿，圆唇，弧腹，下残。口径39.6、残高9.6厘米（图二三，4）。标本G1④：74，夹砂黑褐陶，侈口，折沿，方唇，下残。口径52、残高4.8厘米（图二三，6）。

**罐**　可辨器形6件，无完整和修复器，仅见残片。标本G1④：87，夹砂红褐陶，直口，口内侧凹面，方唇，鼓腹，下残。口径30、残高6厘米（图二三，1）。

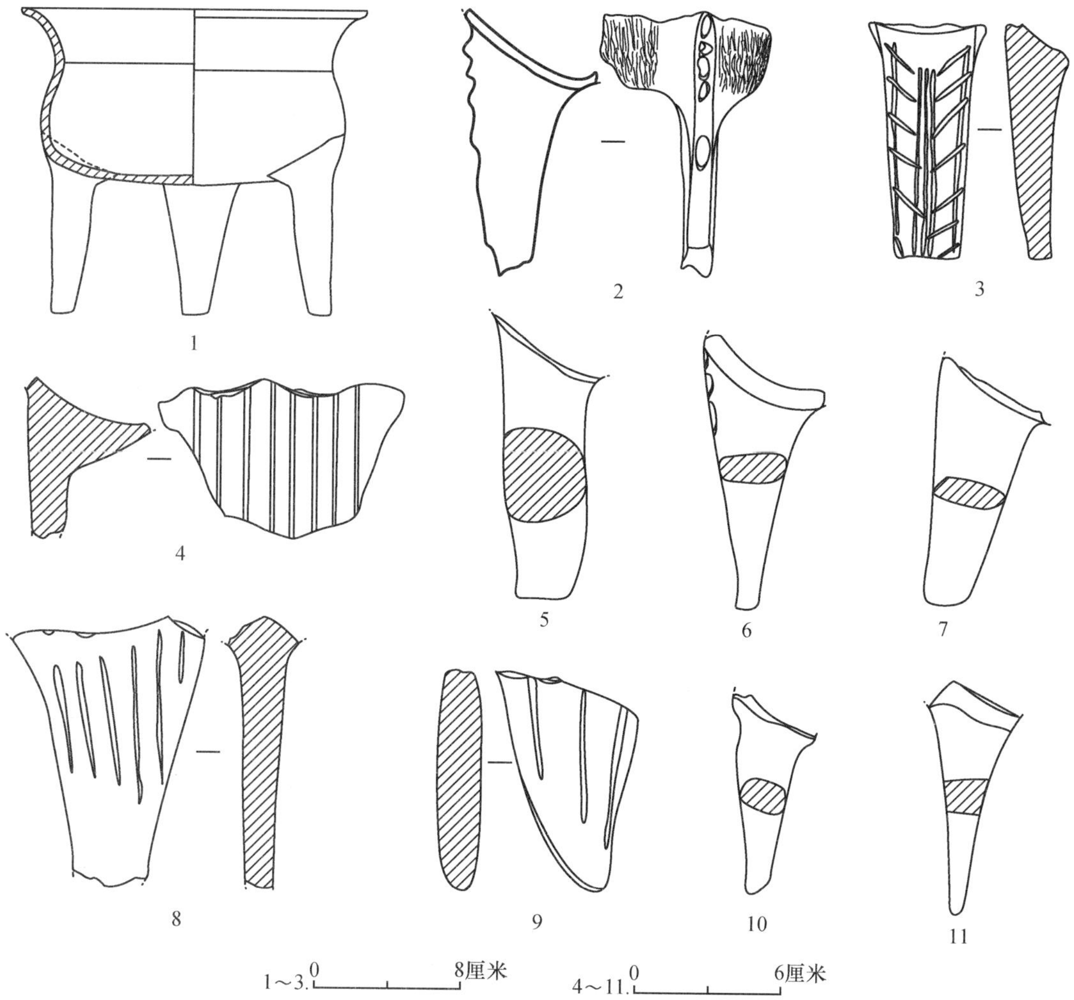


图二二 新石器时期夹砂陶器

1.鼎（T0823③B：3） 2.D型鼎足（G1④：85） 3、6、7、10、11.A型鼎足（G1④：86、G1④：84、G1⑨：61、G1⑥：67、G1④：79） 4.C型鼎足（G1④：78） 5.E型鼎足（T0724④B：8） 8、9.B型鼎足（G1⑥：66、G1④：75）

**壶** 1件（T0724⑤B：4）。夹砂红褐陶，敞口，折平沿，沿面内凹，尖圆唇，高领，鼓肩微折，弧腹内收，矮圈足。口径14.8、底径8.2、高22.3厘米（图二三，3；图版七，2）。

**盆** 仅在宋代地层出土1件可修复器。标本T0921②：1，夹砂黑陶，敞口，卷沿，尖唇，弧敞腹，矮圈足。口径16.5、底径12.5、高5.6厘米（图二三，5；图版七，3）。

**盘** 1件（G1⑥：50）。可修复。夹砂红陶，敞口，卷沿，圆唇，微弧腹斜收，平底。口径29、高6厘米（图二三，7）。

**圈足** 3件，均为残片。标本G1④：77，夹砂红褐陶，喇叭状圈足，圆圈足沿。底径10.4、残高9.4厘米（图二三，10）。

**穿孔圆陶片** 1件（G1⑤：37）。夹砂红褐陶，圆饼状，有圆形穿孔。直径2.8、孔径0.5、厚0.6厘米（图二三，9）。

**器耳** 1件（G1④：82）。夹砂红褐陶，宽体桥形耳，饰刻划纹。残长7.8、宽3.8厘米（图二三，8）。

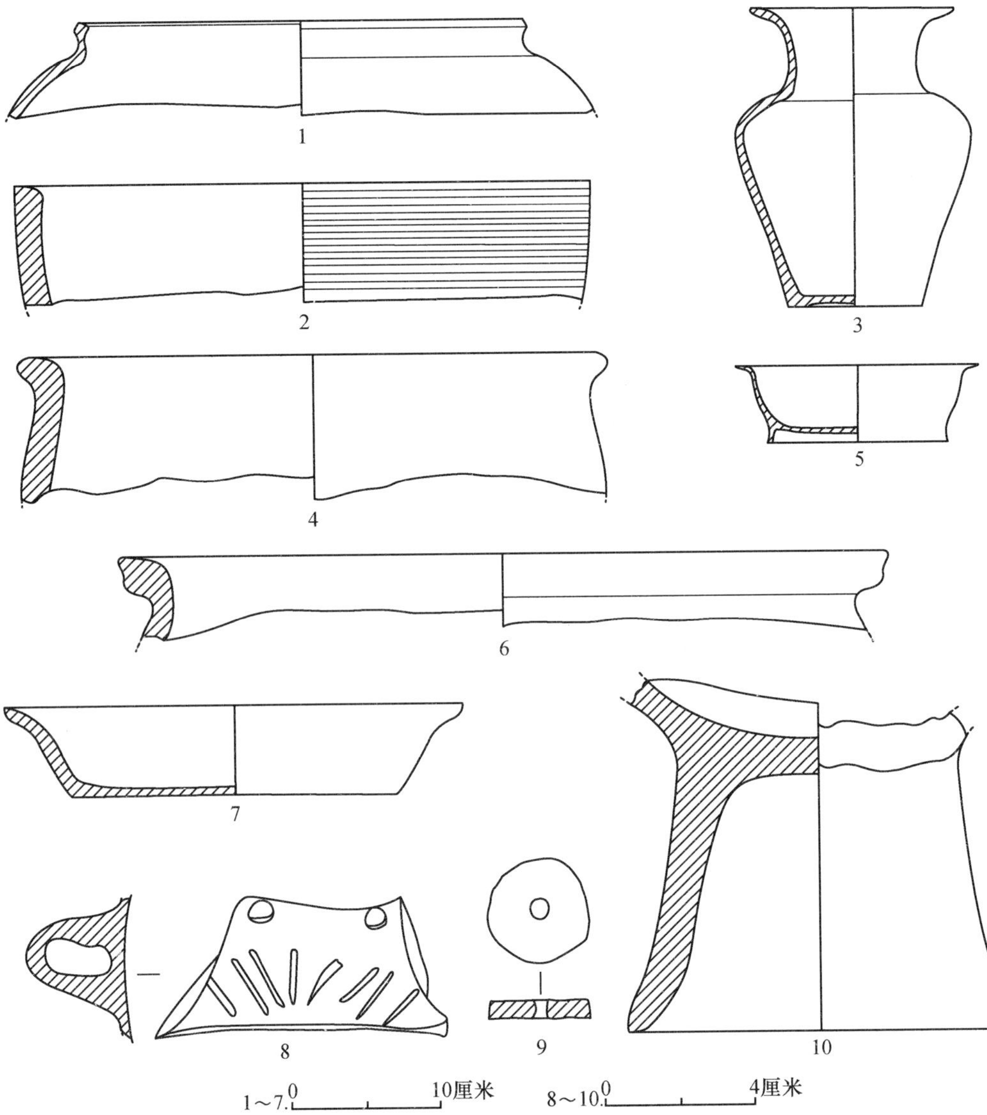


图二三　新石器时期夹砂陶器

1. 罐（G1④：87）　2、4、6. 缸（T0724④B：6、G1④：83、G1④：74）　3. 壶（T0724⑤B：4）　5. 盆（T0921②：1）　7. 盘（G1⑥：50）　8. 器耳（G1④：82）　9. 穿孔圆陶片（G1⑤：37）　10. 圈足（G1④：77）

## 二、泥质陶器

泥质陶片占陶片总量的30%；从陶色看，主要是灰色、红色和黑色，分别占约75%、12%、8%；从纹饰看，素面占97.3%，有少量镂孔、附加堆纹、划线、弦纹、篮纹等；从器形看，可辨器形的口沿约99件，主要有盆、豆、罐、鬶、圈足盘、纺轮等（见附表一～附表一二）。泥质陶器中，可修复器仅4件。

**盆**　2件，修复1件。标本G1⑤：35，可修复。泥质灰陶，器形倾斜，敞口，卷沿，尖唇，弧敞腹内收，矮圈足。口径11.4、底径5.5、高6.6厘米（图二四，1；图版八，1）。标本T0724④B：5，泥质灰陶，侈口，斜平沿，尖唇，束颈，折肩，弧腹，下残。口径20.8、残高8.8厘米（图二四，2）。

**豆**　可辨器形41件，修复1件。标本G1⑥：70，泥质灰陶，敞口，方圆唇，唇内侧弧凹，弧折腹，下残。口径34.8、残高6.3厘米（图二四，5）。标本G1④：21，泥质灰陶，敞口，弧腹微折，喇叭状圈足，器体略倾斜。口径10.4、底径6.6、高6厘米（图二四，4；图版八，2）。标本G1④：76，泥质黑陶，侈口，折平沿，圆唇，弧折腹，下残。口径25.6、残高4.6厘米（图二四，3）。

**罐**　可辨器形14件，均为残片。标本G1⑨：62，泥质灰陶，直口，方唇，高领，弧肩，弧腹，下残。口径12、残高3.6厘米（图二四，6）。标本G1⑥：68，泥质灰陶，微折口，卷沿近平，尖

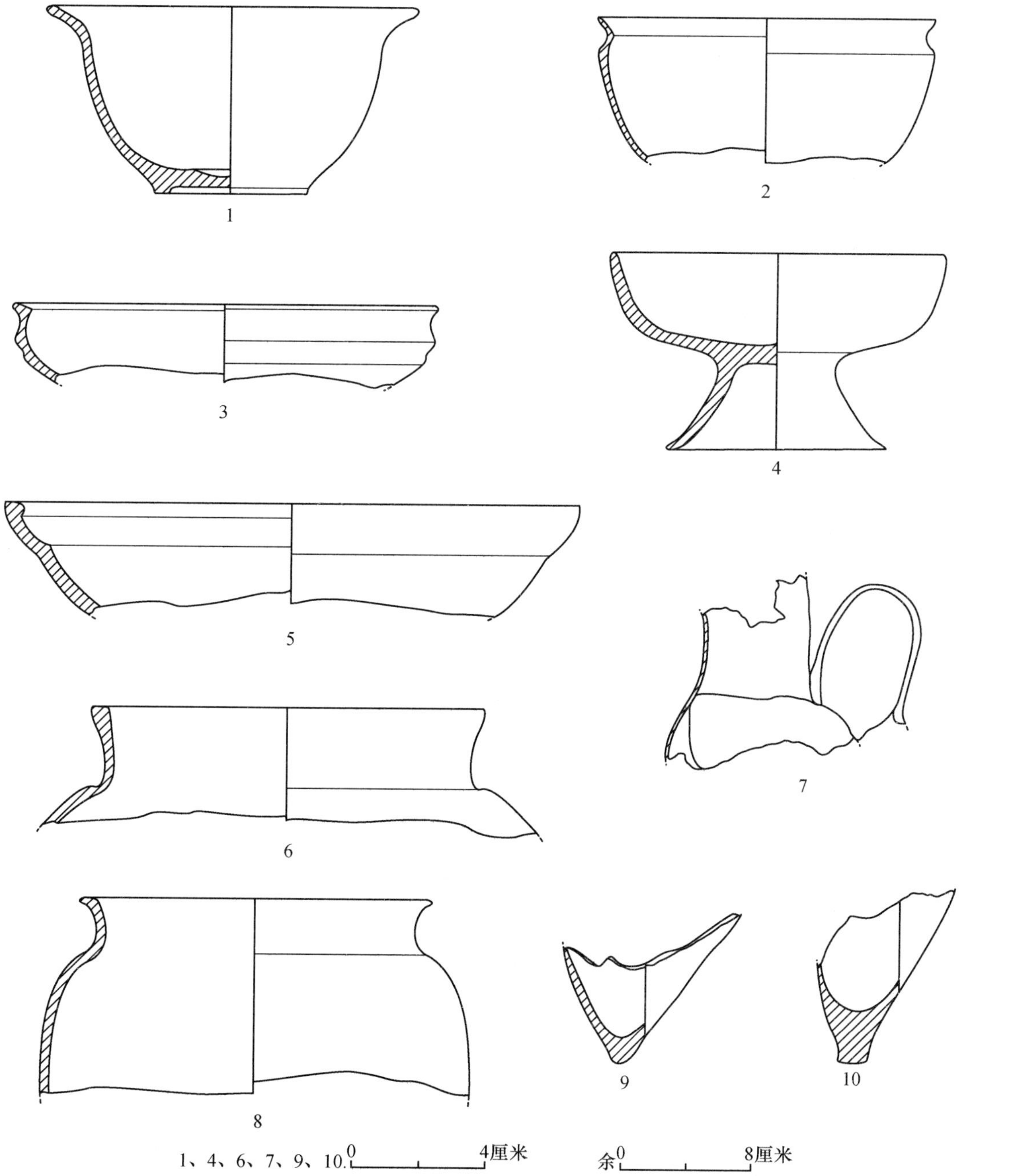


图二四　新石器时期泥质陶器

1、2. 盆（G1⑤：35、T0724④B：5）　3～5. 豆（G1④：76、G1④：21、G1⑥：70）　6、8. 罐（G1⑨：62、G1⑥：68）　7. 鬶（G1⑥：73）　9、10. 鬶足（G1⑧：63、G1④：80）

唇，高领，弧腹，下残。口径20.8、残高12.4厘米（图二四，8）。

**鬶**　1件（G1⑥：73）。泥质红陶，高领，弧腹。残高5.8厘米（图二四，7）。

**鬶足**　2件。标本G1⑧：63，泥质红陶，袋状足，薄壁。残高4.6厘米（图二四，9）。标本G1④：80，泥质红陶，袋足形，薄壁。残高5.4厘米（图二四，10）。

**圈足盘**　可辨器形16件，可修复1件。标本G1⑥：55，泥质灰陶，敛口，方唇，弧腹，圈足，肩腹部饰有两道弦纹。口径16.2、底径16、高7厘米（图二五，1）。标本G1⑥：69，泥质黑陶，侈口，窄卷沿，方圆唇，折腹弧收，有圈足残痕，下残。口径18.8、残高6厘米（图二五，2）。标本G1①：1，可修复。泥质灰陶，敞口，平沿，尖唇，弧壁近底处急折，喇叭状圈足，腹部饰有数道

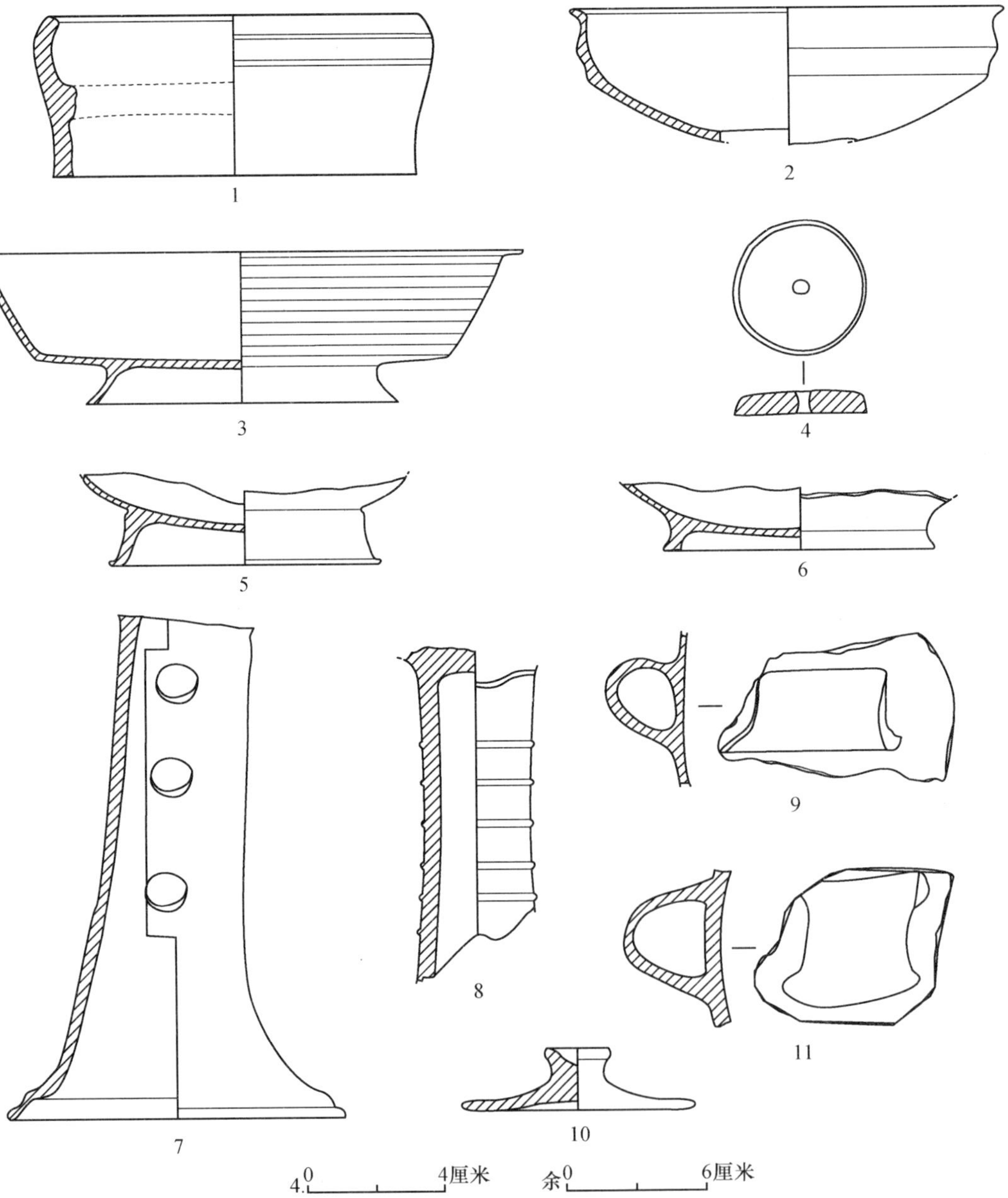


图二五　新石器时期泥质陶器

1～3. 圈足盘（G1⑥：55、G1⑥：69、G1①：1）　4. 纺轮（G1③：13）　5～8. 圈足（G1⑥：71、G1⑥：72、G1⑦：64、G1④：81）　9、11. 器耳（G1⑦：65、T0724④B：7）　10. 器盖（G1⑤：34）

凹弦纹。口径26.6、底径14.4、高6.6厘米（图二五，3；图版八，3）。

**圈足**　21件，有豆圈足和圈足盘圈足两类。标本G1⑦：64，豆圈足，泥质灰褐陶，高柄外撇成喇叭状圈足，柄部饰有一组（三个圆形镂孔）对称的镂孔。底径14.7、残高22厘米（图二五，7）。标本G1④：81，豆圈足，泥质黑陶，竹节状高柄，下残，饰粗凸弦纹。残高14.4厘米（图二五，8）。标本G1⑥：71，圈足盘圈足，粗矮，底部微外撇，方唇外侈。底径11.8、残高3.8厘米（图二五，5）。标本G1⑥：72，圈足盘圈足，粗矮，底部微外撇，方唇。底径11.8、残高3.2厘米（图二五，6）。

**器盖**　1件（G1⑤：34）。弧状盖面，中部内凹，圆纽捉手。纽径3.1、盖口径6.8、高2.8厘米（图二五，10）。

**器耳**　2件。标本G1⑦：65，泥质灰陶，宽桥形耳。残长10、宽6.4厘米（图二五，9）。标本T0724④B：7，泥质红褐陶，宽桥形耳。残长7.8、宽6.8厘米（图二五，11）。

**纺轮**　1件（G1③：13）。泥质灰褐陶，圆台形，饼状，中有一孔，系对钻而成。底径3.8、面径3.7、孔径0.4、厚0.6厘米（图二五，4；图版八，4）。

## 三、石　　器

出土石器计53件，主要有锛、斧、刀、镞、砺石等。

**锛**　5件。标本G1⑥：54，浅灰色石料，单面刃，一侧弧体，一侧斜折成刃，上部残。残长8.3、宽4.1、厚2.7厘米（图二六，1；图版九，1）。标本G1④：23，灰色石料，长条形，平顶，有明显折肩，弧刃，一面弧收，一面折平成刃，周身磨制光滑。长5.8、宽1.2、厚0.9厘米（图二六，2；图版九，2）。标本G1④：31，浅灰色石料，竖长条形，顶残，一面弧收斜折成刃。残长6.8、宽2.5、厚2.4厘米（图二六，3；图版九，3）。标本G1①：2，白色间灰黄色石料，长条形，单面刃，一侧弧收成刃。长6.8、宽2.5、厚1.7厘米（图二六，4；图版九，4）。标本G1①：4，深灰色石料，长方形，一侧弧收，另一侧折收成刃。长6.6、宽4.5、厚1.6厘米（图二六，5；图版九，5）。

**斧**　2件。标本G1④：18，灰黄色石料，呈不规则长方形，弧顶，两面磨刃，周身磨制，截面扁圆形，双面微弧鼓，斜折收成刃。长15.5、宽7.2、厚5.8厘米（图二六，7；图版一〇，1）。标本G1④：33，体薄，顶平，双面微弧鼓，有一残半穿孔，为双面对穿。残长5.7、宽7.6、厚0.8厘米（图二六，6；图版一〇，2）。

**铲**　2件。标本G1⑦：59，灰色石料，握手部分厚，近铲刃部宽，双面打击出刃部。长18.9、宽11、厚3.1厘米（图二六，9；图版一〇，3）。标本G1⑦：60，灰色石料，握手部分厚，近铲刃部宽，双面打击出刃部。长16.6、宽8.9、厚3.9厘米（图二六，8；图版一〇，4）。

**刀**　1件（G1⑥：46）。灰红色石料，残存近弧三角形，双面平，斜收成刃部。残长6.9、残宽4.7、厚0.6厘米（图二六，10；图版一〇，5）。

**锥**　1件（G1⑤：36）。灰色石料，长条圆柱状，上部残缺，锥部圆钝。直径0.8、残长6.7厘米（图二六，11；图版一〇，6）。

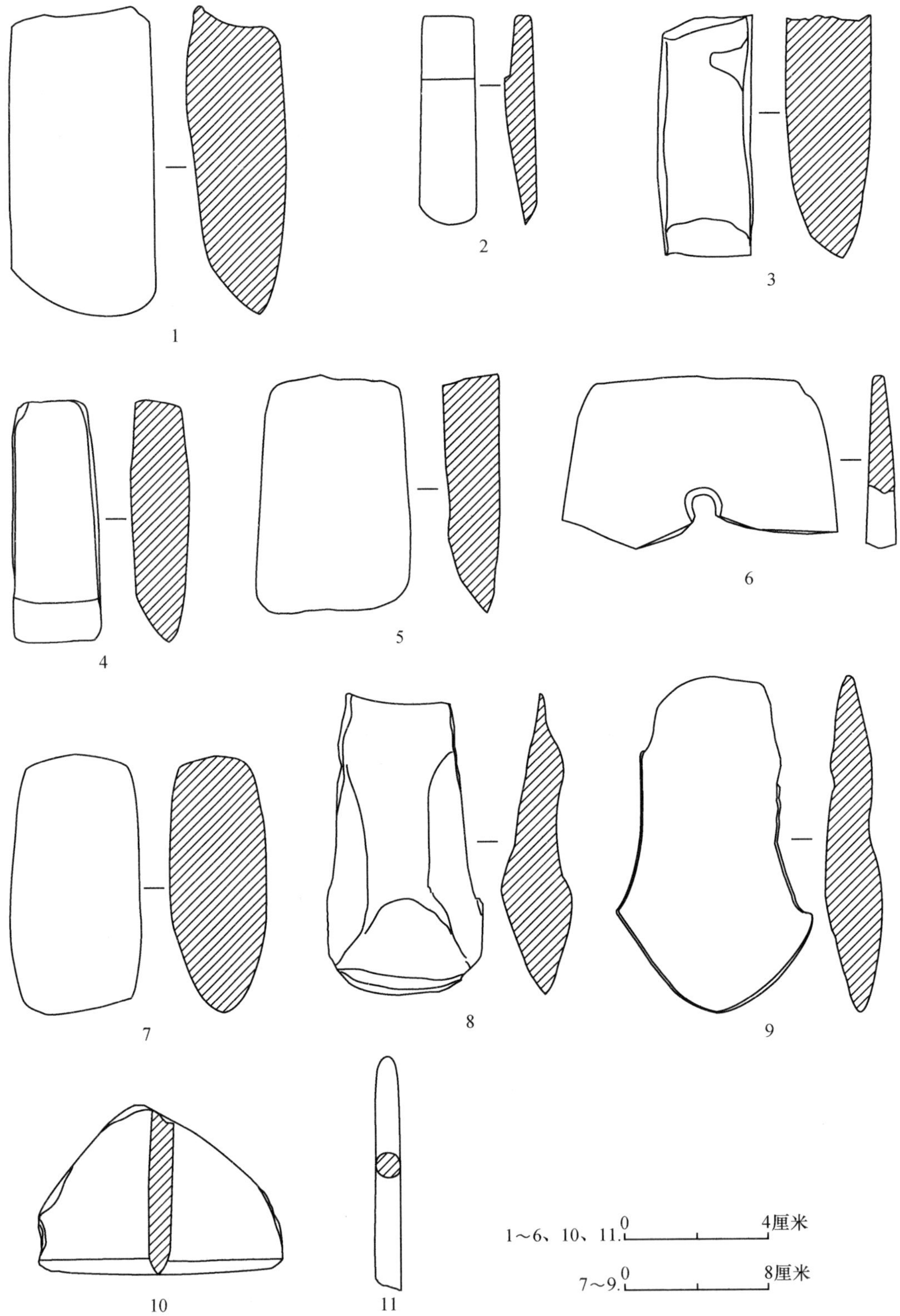


图二六　新石器时期石器

1～5. 锛（G1⑥：54、G1④：23、G1④：31、G1①：2、G1①：4）　6、7. 斧（G1④：33、G1④：18）
8、9. 铲（G1⑦：60、G1⑦：59）　10. 刀（G1⑥：46）　11. 锥（G1⑤：36）

**镞** 25件。镞身有三角形，柳叶形两种，因残器占多数，故不分型。

标本G1⑦：56，灰红色石料，铤截面扁圆，上部残，三角形镞身，中有脊，截面菱形。残长7.1、宽2.9、厚0.7厘米（图二七，1；图版一一，1）。

标本G1⑦：57，深灰色石料，扁圆铤截面，上部残，近三角形镞身，截面菱形。残长4.1、宽1.8、厚0.9厘米（图二七，2；图版一一，2）。

标本G1⑦：58，深灰色石料，叶形镞身，两面的中部皆有磨损，两侧刃部锋利，锋、铤残。残长4.1、宽1.9、厚0.2厘米（图二七，3；图版一一，3）。

标本G1⑥：39，深灰色石料，铤截面扁圆，上部残，近三角形镞身，截面菱形。残长5、宽2.4、厚0.6厘米（图二七，4；图版一一，4）。

标本G1⑥：41，铤截面扁圆，上部残，叶形镞身，三角形锋，中有脊，截面菱形。残长7.9、宽2.6、厚0.5厘米（图二七，5；图版一一，5）。

标本G1⑥：43，灰色石料，铤截面扁圆，上部残，叶形镞身，截面菱形，锋部残。残长5.9、宽2.3、厚0.5厘米（图二七，6；图版一一，6）。

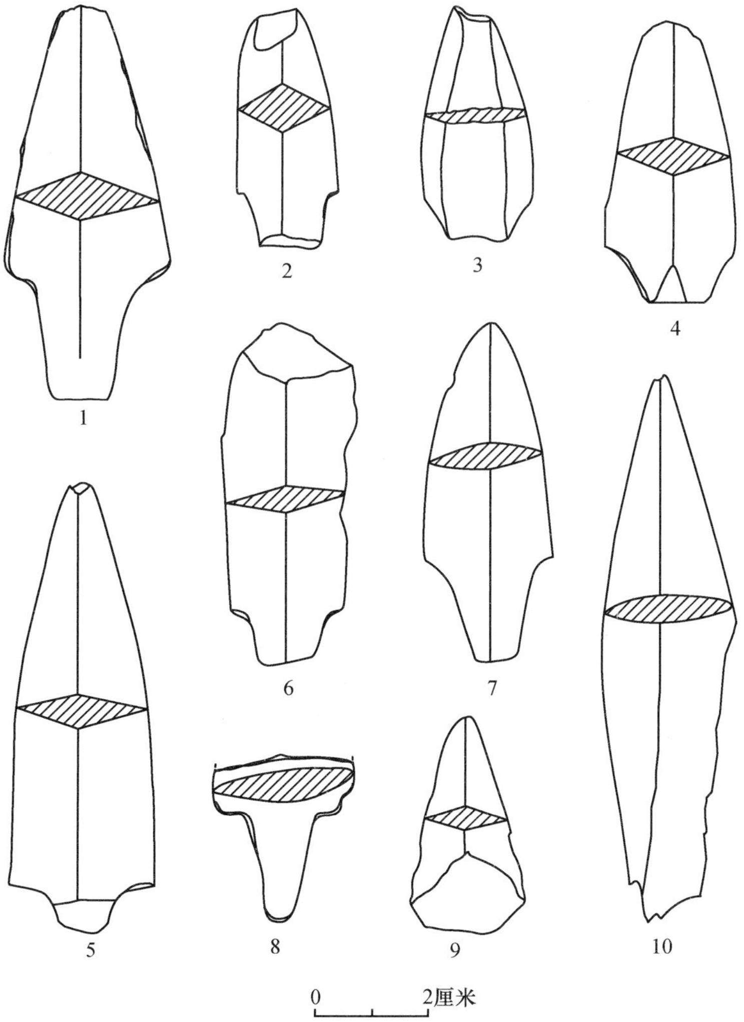


图二七 新石器时期石镞

1. G1⑦：56 2. G1⑦：57 3. G1⑦：58 4. G1⑥：39 5. G1⑥：41 6. G1⑥：43 7. G1⑥：44 8. G1⑥：47 9. G1⑥：48 10. G1⑥：45

标本G1⑥：44，深灰色石料，铤截面扁圆，三角形镞身，三角形锋，中有脊。残长6、宽2.5、厚0.5厘米（图二七，7；图版一二，1）。

标本G1⑥：45，深灰色石料，铤部残，叶形镞身，中部圆弧，两侧刃部。残长9.7、宽2.6、厚0.5厘米（图二七，10；图版一二，2）。

标本G1⑥：47，灰色石料，铤截面扁圆，镞身残存上部，截面近菱形。残长3、宽2.5、厚0.6厘米（图二七，8；图版一二，3）。

标本G1⑥：48，灰色石料，残存镞身上部，近三角形，截面菱形，下残。残长3.8、宽2、厚0.5厘米（图二七，9；图版一二，4）。

标本G1⑥：53，深灰色石料，铤截面扁圆，三角形锋，截面菱形。残长7.1、宽2、厚0.4厘米（图二八，3；图版一二，5）。

标本G1④：19，浅灰色石料，叶形镞身，截面菱形，三角形锋残，有扁圆铤残痕。残长5.7、宽1.7、厚0.8厘米（图二八，4；图版一二，6）。

标本G1④：20，深灰色石料，铤截面扁圆，三角形锋，中有脊，截面菱形。残长4.8、宽2.8、厚0.3厘米（图二八，1；图版一三，1）。

标本G1④：22，灰色石料，叶形镞身，截面菱形，上残。残长5.1、宽1.7、厚0.6厘米（图二八，2；图版一三，2）。

标本G1④：24，浅灰色石料，铤截面扁圆，三角形锋，截面菱形。长6、宽2.1、厚0.6厘米（图二八，8；图版一三，3）。

标本G1④：25，浅灰色石料，叶形镞身，截面菱形，锋铤残断。残长5.2、宽1.7、厚0.7厘米（图二八，11；图版一三，4）。

标本G1④：26，浅灰色石料，三角形镞身，截面扁菱形，近铤部及铤残。残长5.2、宽2.6、厚0.4厘米（图二八，5；图版一三，5）。

标本G1④：28，浅灰色石料，叶状镞身，器体较长，截面扁平状，中部弧凸。残长10.2、宽2.1、厚0.6厘米（图二八，7；图版一三，6）。

标本G1③：8，深灰色石料，铤截面扁圆，上部残，三角形镞身，截面呈菱形。残长5.6、宽2、厚0.45厘米（图二八，6；图版一四，1）。

标本G1③：9，浅灰色石料，铤截面扁圆，上部残，叶状镞身，三角形锋，截面菱形，锋下部残。残长7.2、宽2.3、厚0.6厘米（图二八，9；图版一四，2）。

标本G1③：12，深灰色石料，铤截面扁圆，三角形镞身，中间略突起呈弧状。长8、宽2.9、厚0.7厘米（图二八，10；图版一四，3）。

标本G1③：16，浅灰色石料，铤截面扁圆，上部残，柳叶状镞身，截面菱形，锋残。残长7.7、宽3、厚0.6厘米（图二九，1；图版一四，4）。

标本G1②：6，浅灰色石料，铤截面扁圆，三角形镞身，截面成菱形。长5.3、宽2.1、厚0.6厘米（图二九，2；图版一四，5）。

标本G1②：7，灰褐色石料，铤截面扁圆，柳叶形镞身，锋残。残长4、宽2.7、厚0.6厘米（图二九，3；图版一四，6）。

标本T0823⑤B：4，深灰色石料，三角形身，锋部残，截面菱形，铤部残。残长4、宽2.2、厚

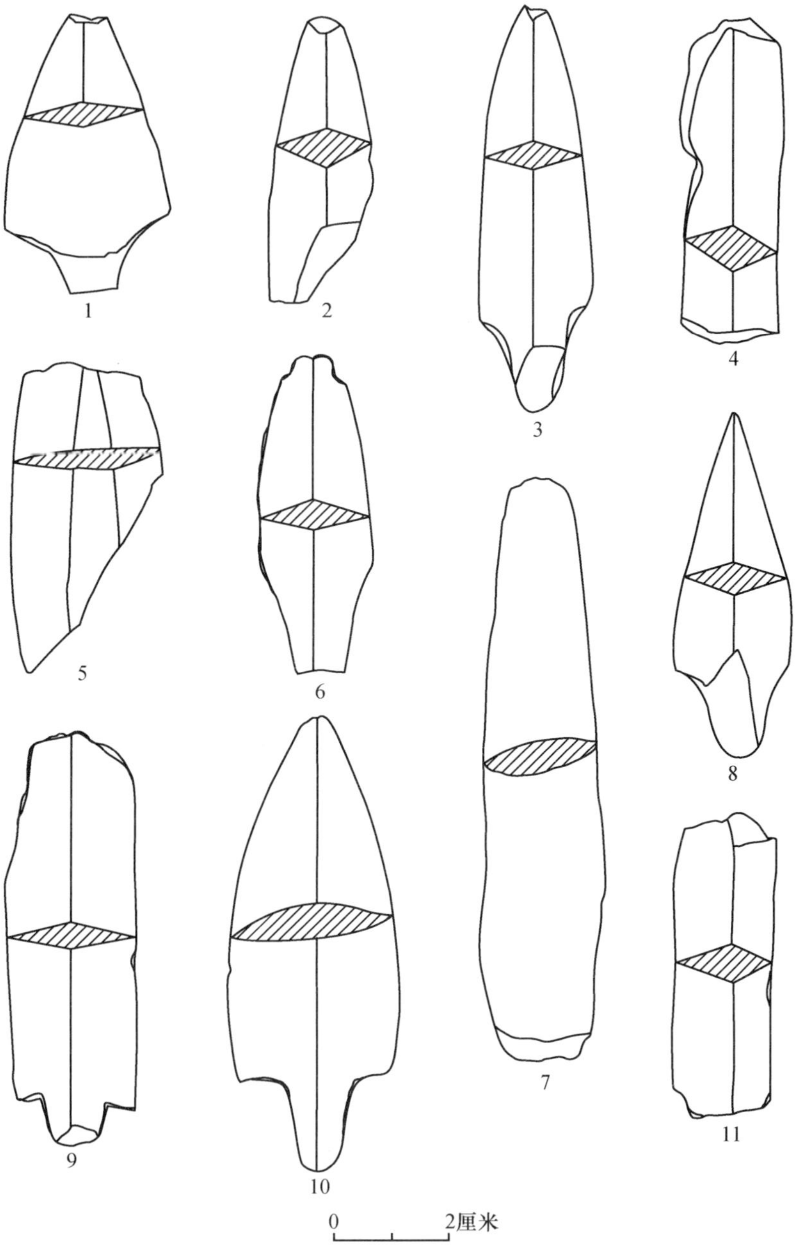


图二八　新石器时期石镞

1. G1④：20　2. G1④：22　3. G1⑥：53　4. G1④：19　5. G1④：26　6. G1③：8　7. G1④：28
8. G1④：24　9. G1③：9　10. G1③：12　11. G1④：25

0.5厘米（图二九，4；图版一五，1）。

**矛**　2件。标本G1⑥：52，灰色石料，叶形，似小矛的矛身，双面微弧鼓。长10、宽4、厚1.3厘米（图三〇，1；图版一五，2）。标本G1④：32，灰色石料，叶形矛身，截面菱形。长10.8、宽4.5、厚1.6厘米（图三〇，2；图版一五，3）。

**砺石**　2件。标本G1⑥：40，灰色石料，近方形，一侧近平，有磨砺痕，一侧微弧鼓。长8.3、宽7.9、厚1.1厘米（图三〇，3；图版一五，4）。标本G1③：17，浅灰色石料，近长方形，一面凹弧，磨砺明显。残长8.8、宽6.1厘米（图三〇，4；图版一五，5）。

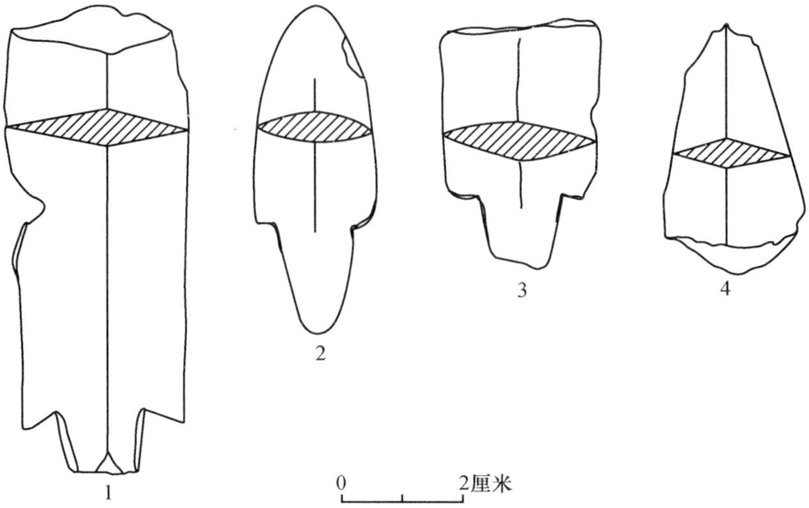


图二九　新石器时期石镞

1. G1③：16　2. G1②：6　3. G1②：7　4. T0823⑤B：4

**圆饼形器**　2件。标本G1④：27，深灰色石料，残为半圆，侧面斜台状磨面。残长13.7、厚0.8厘米（图三〇，5；图版一五，6）。标本G1③：11，深灰色石料，残断，存约1/4圆，侧面斜台状磨面。残长12、宽7.6、厚0.9厘米（图三〇，6；图版一六，1）。

**残石器**　11件。标本G1⑥：38，深灰色石料，近方形残片，双面近平，一面斜收成刃。残长5.8、残宽4、厚0.8厘米（图三〇，8；图版一六，2）。

标本G1⑥：42，深灰色石料，扁平体，残双面磨面、一侧磨面。残长5.4、残宽3.1、厚0.9厘米（图三一，1；图版一六，3）。

标本G1⑥：49，灰红色石料，近横长方形，双面均平，近刃部斜收成刃，可能为石刀残片。长5.1、宽2.7、厚0.4厘米（图三〇，9；图版一六，4）。

标本G1⑥：51，灰黄色石料，近长条形，截面方形，正背面平，刃部残。残长8.7、宽4、厚3厘米（图三〇，7；图版一六，5）。

标本G1④：29，灰色石料，残近长方形，顶部微弧，双面近平，下残。残长7、宽6.7厘米（图三一，7；图版一六，6）。

标本G1④：30，灰色石料，残近长条形，仅保留正面、左侧磨面。残长7.8、残宽1.4、残厚2厘米（图三一，5；图版一七，1）。

标本G1③：10，浅灰色石料，仅残留一侧弧形磨面，另一侧平直。长9.2、宽6.5、厚1.2厘米（图三一，3；图版一七，2）。

标本G1③：14，灰褐色石料，近圆形，双面平，一面有浅圆穿孔窝，未穿透。残长7.5、宽6.2、厚1.8厘米（图三一，6；图版一七，3）。

标本G1③：15，灰红色石料，近半月形，双面磨平，无明显刃部。残长5.9、宽5.3、厚0.5厘米（图三一，8；图版一七，4）。

标本G1①：3，白色间黄色条纹石料，残存刃部，一侧弧收，一侧斜平成刃。残长2.3、残宽2.2厘米（图三一，4；图版一七，5）。

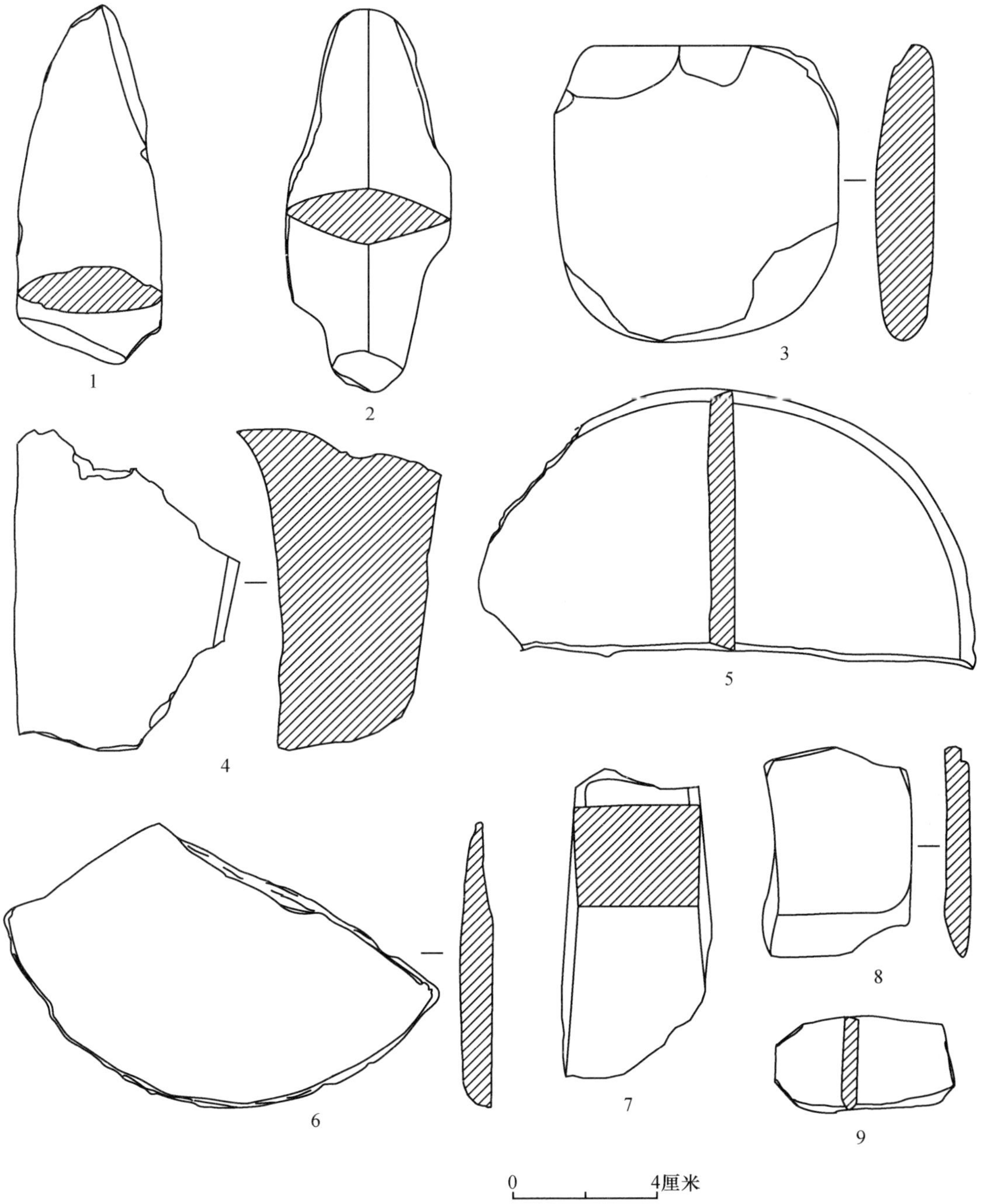


图三〇　新石器时期石器

1、2. 矛（G1⑥：52、G1④：32）　3、4. 砺石（G1⑥：40、G1③：17）　5、6. 圆饼形器（G1④：27、G1③：11）
7～9. 残石器（G1⑥：51、G1⑥：38、G1⑥：49）

标本G1①：5，深灰色石料，梯形长条，截面长方形，上下残。长5.2、宽2.5、厚1.1厘米（图三一，2；图版一七，6）。

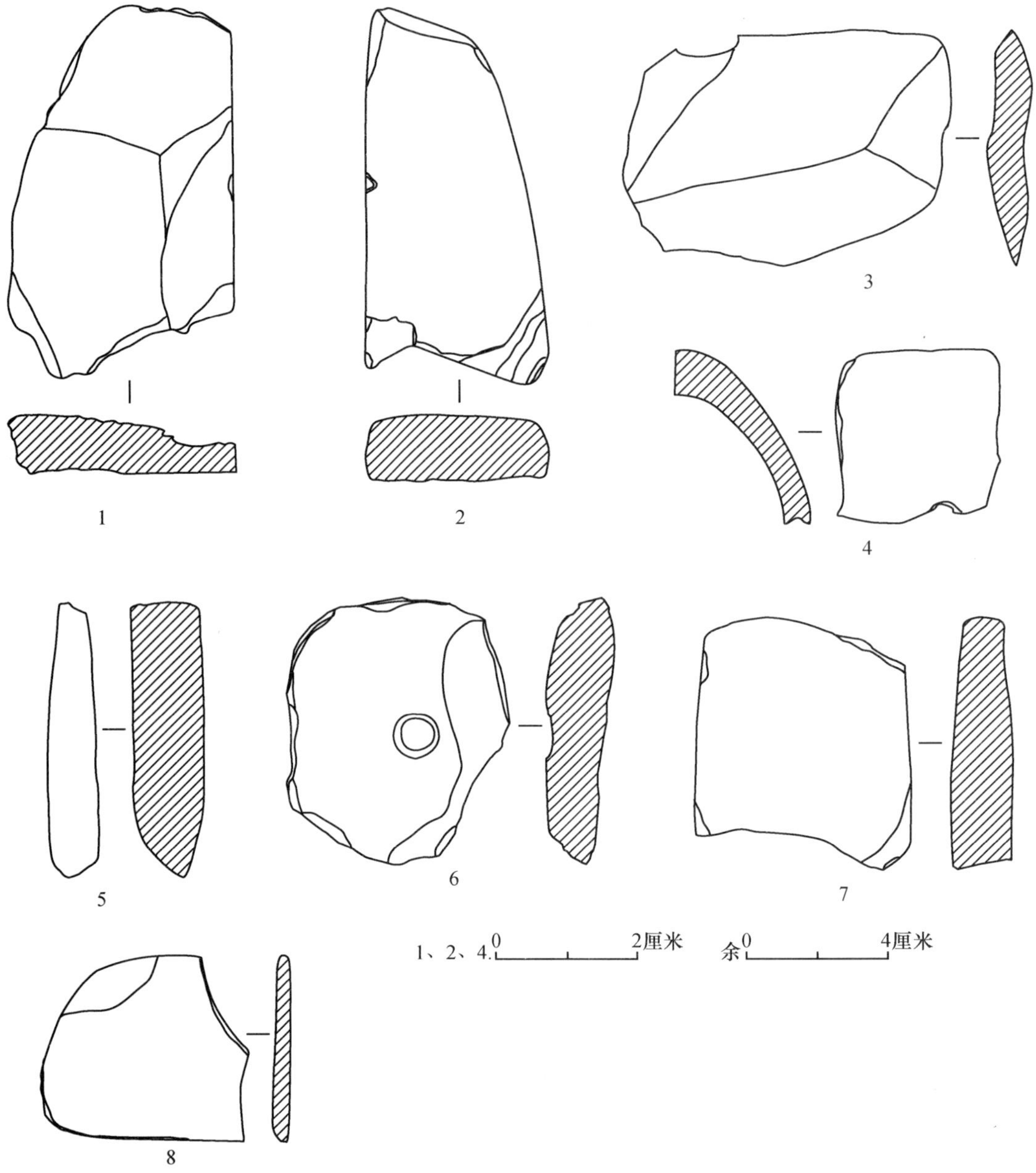


图三一　新石器时期残石器

1. G1⑥ : 42　2. G1① : 5　3. G1③ : 10　4. G1① : 3　5. G1④ : 30　6. G1③ : 14　7. G1④ : 29　8. G1③ : 15

# 第二节　西周时期遗物

西周时期遗物主要出土于G2，包括夹砂陶器、泥质陶器、硬陶器等。

## 一、夹砂陶器

夹砂陶片占陶瓷片总量的91%；从陶色看，主要是红褐色、红色和黑褐色，分别占约80%、

13%、6%；从纹饰看，素面占99.5%，有少量捺窝、镂孔、附加堆纹、刻划纹、弦纹、绳纹、方格纹、雷纹、梯格纹等（图版八九）；从器形看，可辨器形的口沿约1123件，主要有鬲、甗、盆、豆、罐、钵、盘、圈足盘、缸、杯、器盖、饼等（见附表一三～附表一九）。

**素面鬲**　可辨器形327件，其中完整和可修复器21件。依据口部特征分为二型。

A型　18件，侈口，均修复。依据腹部特征分为二亚型。

Aa型　1件，腹部横截面圆形。标本G2⑤：321，夹砂黑褐陶，侈口，方唇，弧裆，三袋状足。口径14.8、高18.8厘米（图三二，1；图版一八，1）。

Ab型　17件，腹部横截面呈圆角三角形。标本G2④：264，夹砂红褐陶，侈口，尖圆唇，弧裆，三袋状足，有实足根。口径15.8、高15.6厘米（图三二，2；图版一八，2）。

标本G2③：239，夹砂红褐陶，侈口，圆唇，弧裆，三袋足，有实足根。口径17.2、高18厘米（图三二，3；图版一八，3）。

标本G2②：235，夹砂黑褐陶，侈口，方唇，弧裆，三袋足，实足根较尖。口径17.4、高18.6厘米（图三三，4；图版一八，4）。

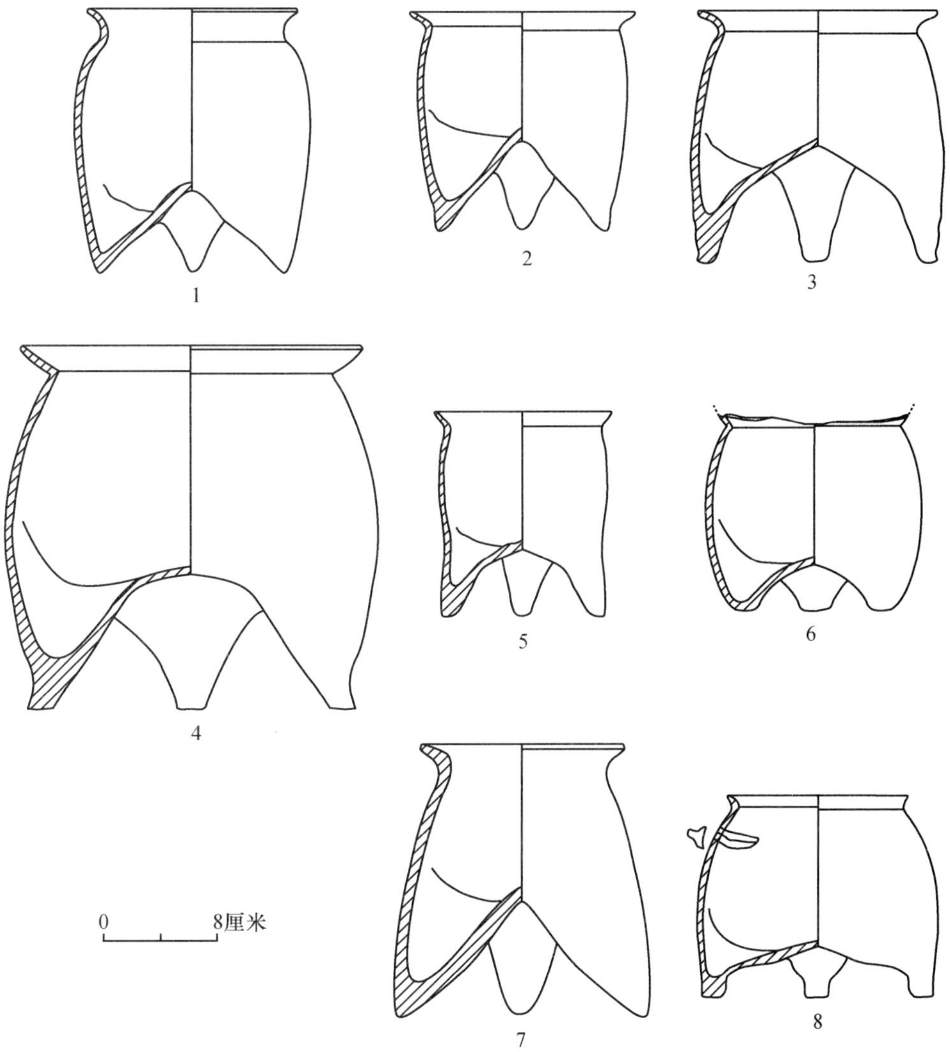


图三二　西周时期夹砂素面陶鬲

1. Aa型（G2⑤：321）　2～8. Ab型（G2④：264、G2③：239、G2①：98、G2①：216、G2①：159、G2①：130、G2①：194）

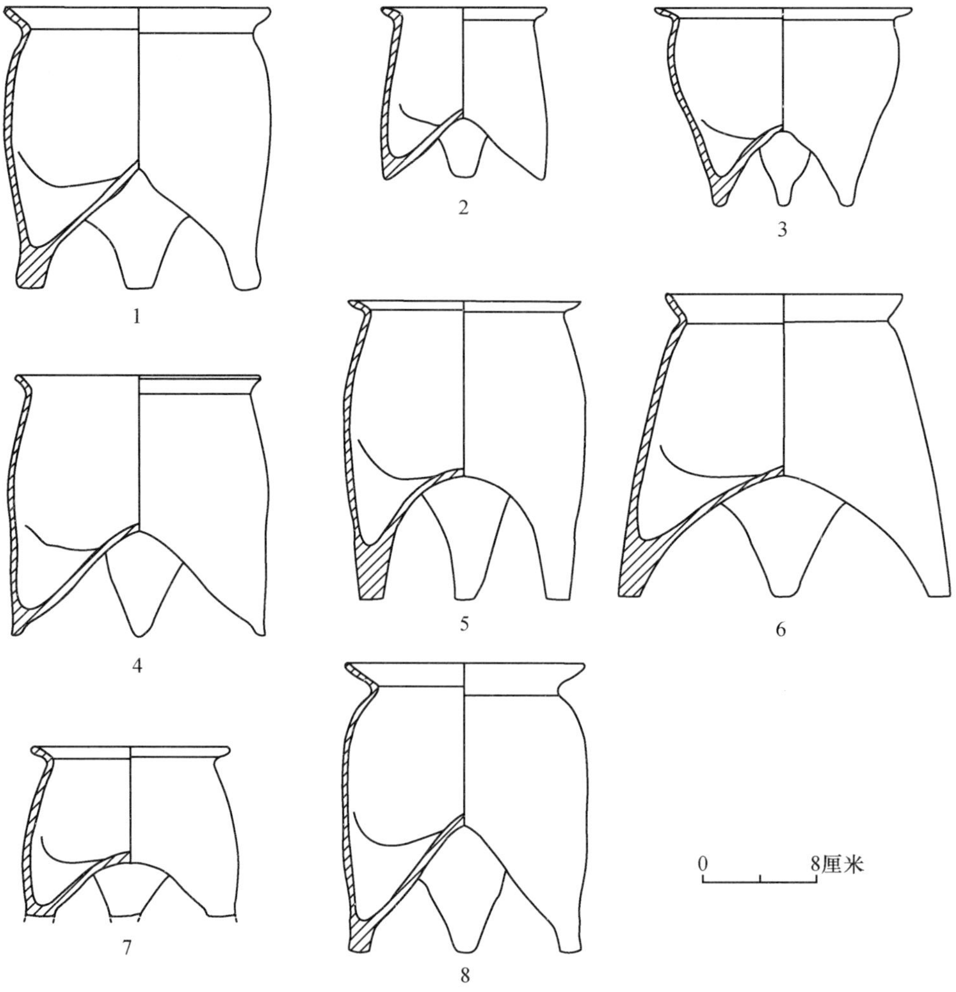


图三三　西周时期Ab型夹砂素面陶鬲

1. G2①：198　2. G2①：219　3. G2①：138　4. G2②：235　5. G2①：4　6. G2①：97　7. G2①：31　8. G2①：95

标本G2①：219，夹砂红褐陶，侈口，圆唇，弧直腹，弧裆，三袋状足。口径11.4、高12.2厘米（图三三，2；图版一八，5）。

标本G2①：216，夹砂红褐陶，侈口，尖圆唇，弧裆，三袋状足，实足根。口径12.6、高14.6厘米（图三二，5；图版一八，6）。

标本G2①：198，夹砂黑褐陶，侈口，斜沿，方唇，束颈，弧鼓腹，三袋状足，裆部较高。口径18.6、高20厘米（图三三，1；图版一九，1）。

标本G2①：194，夹砂红褐陶，口微侈，圆唇，鼓腹略下垂，裆较矮，三袋状足，腹部饰有两个对称的鋬手。口径13.2、高14.4厘米（图三二，8；图版一九，2）。

标本G2①：160，夹砂红褐陶，侈口，圆唇，近直筒腹，三乳状足不甚规则。口径6、高7.8厘米（图三四，2；图版一九，3）。

标本G2①：159，夹砂黑褐陶，侈口，斜沿，弧腹不甚规则，裆部较浅，三袋足。残高14厘米（图三二，6；图版一九，4）。

标本G2①：138，夹砂红褐陶，侈口，圆唇，弧裆，三袋足，实足根呈乳钉状。口径17.6、高

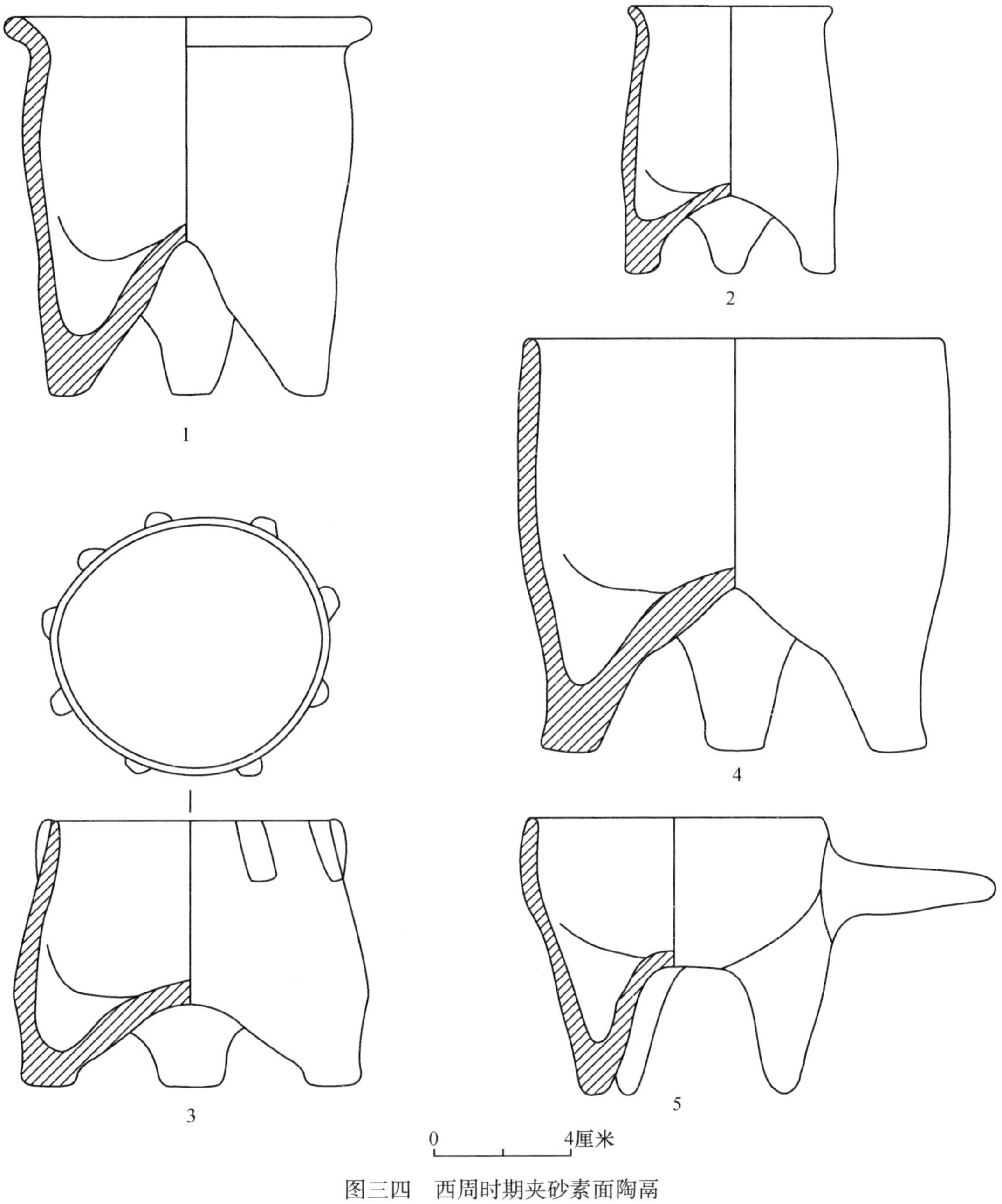


图三四　西周时期夹砂素面陶鬲

1、2. Ab型（G2①：53、G2①：160）　3～5. B型（G2①：96、G2①：211、G2⑤：329）

13.6厘米（图三三，3；图版一九，5）。

标本G2①：130，夹砂红褐陶，侈口，方唇，弧裆，三袋状足。口径14.1、高18.9厘米（图三二，7；图版一九，6）。

标本G2①：98，夹砂红褐陶，侈口，斜沿，方唇，弧腹，三袋足，裆较高。口径25、高26厘米（图三二，4；图版二〇，1）。

标本G2①：97，夹砂红褐陶，侈口，斜沿，尖圆唇，弧腹，裆部较高，三袋状足外撇。口径17.4、高21.6厘米（图三三，6；图版二〇，2）。

标本G2①：95，夹砂红褐陶，侈口，斜沿，束颈，方唇，腹微敛，裆部较高，三袋状足。口径

17、高20.4厘米（图三三，8；图版二〇，3）。

标本G2①：53，夹砂红褐陶，侈口，斜沿，圆唇，三锥状足，有柱形实足根，造型不甚规整。口径10.5、高11.2厘米（图三四，1；图版二〇，4）。

标本G2①：31，夹砂黑褐陶，侈口，斜沿，圆唇，弧腹，裆较矮，三袋足，足根残。口径12.5、高12.6厘米（图三三，7；图版二〇，5）。

标本G2①：4，夹砂红褐陶，侈口，斜沿，尖圆唇，弧直腹，弧裆，裆部较高，三袋足，器形不规整，略有倾斜。口径16.2、高22厘米（图三三，5；图版二〇，6）。

B型　3件，直口。均修复。标本G2⑤：329，夹砂红陶，圆唇，弧裆，三袋状足，实足根呈乳钉状，在其中一足上部有一锥形把手。口径8.6、高8.2厘米（图三四，5；图版二一，1）。标本G2①：211，夹砂黑褐陶，圆唇，直筒腹，弧裆，实足根。口径12.4、高12.2厘米（图三四，4；图版二一，2）。标本G2①：96，夹砂红褐陶，小平沿，弧腹，裆部较矮，三个小袋足，口沿外部饰有一周凸纽，共9个，均匀分布。口径8.4、高8厘米（图三四，3；图版二一，3）。

**素面鬲口**　标本G2⑤：340，夹砂红褐陶，折口，卷沿，圆唇，弧腹，腹部的弧度在近袋足和近鬲裆部分不同，下残。口径19、残高11厘米（图三五，3）。

标本G2⑤：347，夹砂红褐陶，侈口，卷沿，圆唇，弧腹，腹部的弧度在近鬲裆部分和近袋足部分有差异，下残。口径24.2、残高14厘米（图三五，5）。

标本G2⑤：354，夹砂黑褐陶，侈口，卷沿，圆唇，弧腹，腹部的弧度有近鬲裆部分和近袋足部分的差异，下残。口径27.2、残高6.6厘米（图三五，1）。

标本G2⑤：356，夹砂红褐陶，侈口，卷沿，圆唇，弧腹，腹部的弧度在近鬲裆部分与近袋足部分有差异，下残。口径14、残高7.6厘米（图三五，7）。

标本G2⑤：357，夹砂红褐陶，侈口，卷沿，圆唇，弧腹，腹部的弧度在近鬲裆部分与近袋足部分有差异，下残。口径15、残高8厘米（图三五，2）。

标本G2⑤：358，夹砂红褐陶，侈口，卷沿，圆唇，弧腹，腹部的弧度在近鬲裆部分与近袋足部分有差异，下残。口径16、残高9.6厘米（图三五，6）。

标本G2④：365，夹砂灰褐陶，侈口，卷沿，厚圆唇，弧鼓腹，腹部的近鬲足部分外弧明显，近裆部略弧直，下残。口径20.8、残高12厘米（图三五，4）。

标本G2④：367，夹砂黑褐陶，侈口，卷沿，圆唇，弧鼓腹，腹部的弧度有近鬲裆部分和近袋足部分的差异，下残。口径30、残高10.2厘米（图三六，1）。

标本G2④：368，夹砂红褐陶，折口，卷沿，圆唇，弧鼓腹，腹部的近鬲足部分弧度明显，近裆部略弧直，下残。口径24.8、残高7.6厘米（图三六，12）。

标本G2④：369，夹砂灰褐陶，侈口，卷沿，圆唇，弧鼓腹，腹部的弧度有近鬲裆部分和近袋足部分的差异，下残。口径21、残高8.7厘米（图三六，3）。

标本G2④：370，夹砂灰褐陶，侈口，卷沿，圆唇，弧鼓腹，腹部的弧度有近鬲裆部分和近袋足部分的差异，下残。口径20、残高8厘米（图三六，4）。

标本G2④：388，夹砂红褐陶，侈口，卷沿，圆唇，弧腹，腹的弧度在近鬲裆部分与近袋足部分不同，下残。口径28.8、残高9.6厘米（图三六，10）。

标本G2④：394，夹砂黑褐陶，侈口，卷沿，圆唇，弧腹，腹的弧度在近鬲裆部分与近袋足部

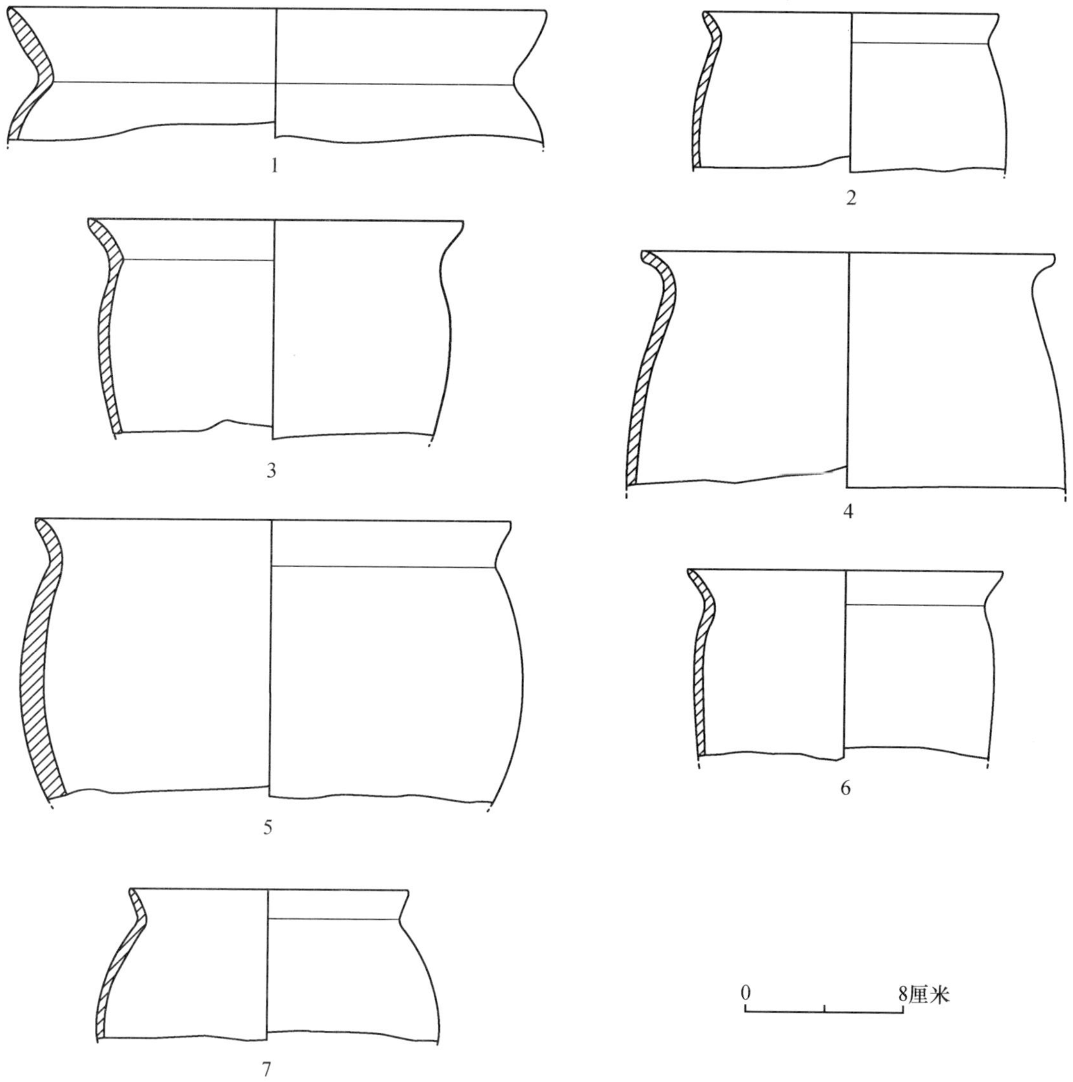


图三五　西周时期夹砂素面陶鬲口

1. G2⑤：354　2. G2⑤：357　3. G2⑤：340　4. G2④：365　5. G2⑤：347　6. G2⑤：358　7. G2⑤：356

分不同，下残。口径16、残高6.7厘米（图三六，7）。

标本G2④：395，夹砂红褐陶，侈口，卷沿，圆唇，弧腹，腹的弧度在近鬲裆部分与近袋足部分不同，下残。口径14、残高7厘米（图三六，2）。

标本G2④：396，夹砂黑褐陶，侈口，卷沿，圆唇，弧腹，腹的弧度在近鬲裆部分与近袋足部分不同，残存部分裆部，下残。口径24.8、残高11厘米（图三六，5）。

标本G2④：397，夹砂红褐陶，侈口，卷沿，圆唇，弧腹，腹的弧度有近鬲裆部分与近袋足部分的差异，下残。口径24.8、残高8.4厘米（图三六，6）。

标本G2④：399，夹砂红褐陶，侈口，卷沿，圆唇，弧腹，腹的弧度在近鬲裆部分与近袋足部分不同，下残。口径16.8、残高9厘米（图三六，8）。

标本G2④：406，夹砂红陶，侈口，平沿微凹，圆唇，鼓腹，腹部的弧度有近鬲裆部分和近袋足部分的差异，下残。口径22、残高6.7厘米（图三六，13）。

图三六　西周时期夹砂素面陶鬲口

1. G2④：367　2. G2④：395　3. G2④：369　4. G2④：370　5. G2④：396　6. G2④：397　7. G2④：394　8. G2④：399　9. G2④：408　10. G2④：388　11. G2④：413　12. G2④：368　13. G2④：406

标本G2④：408，夹砂红褐陶，侈口，卷沿，圆唇，鼓腹，腹的弧度有近鬲裆部分与近袋足部分的差异，下残。口径17.4、残高11厘米（图三六，9）。

标本G2④：413，夹砂红褐陶，侈口，卷沿，圆唇，弧腹，腹的弧度在近鬲裆部分和近袋足部分有差异，下残。口径15.6、残高9.9厘米（图三六，11）。

标本G2④：416，夹砂红褐陶，侈口，卷沿，圆唇，鼓腹，腹部的弧度在近鬲裆部分与近袋足部分有差异，下残。口径30.8、残高8.8厘米（图三七，9）。

标本G2④：420，夹砂红褐陶，侈口，卷沿，圆唇，弧腹，腹的弧度有近鬲裆部分与近袋足部分的差异，下残。口径20、残高7.6厘米（图三七，4）。

标本G2④：441，夹砂黑褐陶，侈口，卷沿，圆唇，弧腹，腹部的弧度在近鬲裆部分与近袋足部分有差异，下残。口径22、残高14.4厘米（图三七，3）。

标本G2④：442，夹砂黑褐陶，侈口，卷沿，圆唇，弧腹，腹部的弧度有近鬲裆部分与近袋足部分的差异，下残。口径12、残高9.2厘米（图三七，2）。

标本G2④：443，夹砂黑褐陶，侈口，卷沿，圆唇，弧腹，腹部的弧度有近鬲裆部分与近袋足部分的差异，下残。口径19、残高11厘米（图三七，5）。

标本G2④：444，夹砂红褐陶，侈口，卷沿，圆唇，弧裆痕存，弧腹，腹部的弧度有近鬲裆部分与近袋足的差异，下残。口径22.8、残高7.5厘米（图三七，8）。

标本G2④：445，侈口，卷沿，圆唇，弧腹，腹部的弧度有近鬲裆部分与近袋足部分的差异，保存部分裆痕，下残。口径20、残高12.4厘米（图三七，7）。

标本G2④：446，夹砂红褐陶，侈口，卷沿，圆唇，弧腹，腹部的弧度有近鬲裆部分与近袋足部分的差异，下残。口径17.4、残高9.6厘米（图三七，10）。

标本G2④：447，夹砂红褐陶，侈口，卷沿，圆唇，弧腹，腹部的弧度有近鬲裆部分与近袋足部分的差异，存在部分裆痕，下残。口径25.3、残高13.2厘米（图三七，6）。

标本G2④：448，夹砂红褐陶，侈口，卷沿，圆唇，弧腹，腹的弧度在近鬲裆部分与近袋足部分有差异，有鬲裆痕，下残。口径12、残高7.2厘米（图三七，1）。

标本G2④：491，夹砂黑褐陶，侈口，平沿微凹，方唇，弧腹，腹的弧度有近鬲裆部分和近袋足部分的差异，下残。口径21.2、残高13.2厘米（图三八，4）。

标本G2④：492，夹砂黑陶，侈口，方唇，窄沿，弧腹，腹部的弧度在近鬲裆部分和近袋足部分有差异，下残。口径18、残高7.2厘米（图三八，5）。

标本G2④：493，夹砂红褐陶，侈口，尖唇，窄沿，弧腹，腹部的弧度在近鬲裆部分和近袋足部分有差异，下残。口径18、残高8厘米（图三八，6）。

标本G2④：499，夹砂黑褐陶，侈口，方唇，弧裆，弧腹，腹部的弧度在近鬲裆部分和近鬲足部分有差异，下残。口径30、残高8.4厘米（图三八，2）。

标本G2④：500，夹砂黑褐陶，侈口，方唇，弧裆，弧腹，腹部的弧度在近鬲裆部分和近鬲足部分有差异，下残。口径16、残高11.4厘米（图三八，3）。

标本G2④：509，夹砂黑褐陶，侈口，卷沿，方唇，弧腹，腹部的弧度在近鬲裆部分与袋足部分有差异，下残。口径31、残高11.2厘米（图三八，8）。

标本G2④：510，夹砂红褐陶，侈口，宽卷沿，圆唇，弧腹，腹部的弧度在近鬲裆部分与近袋

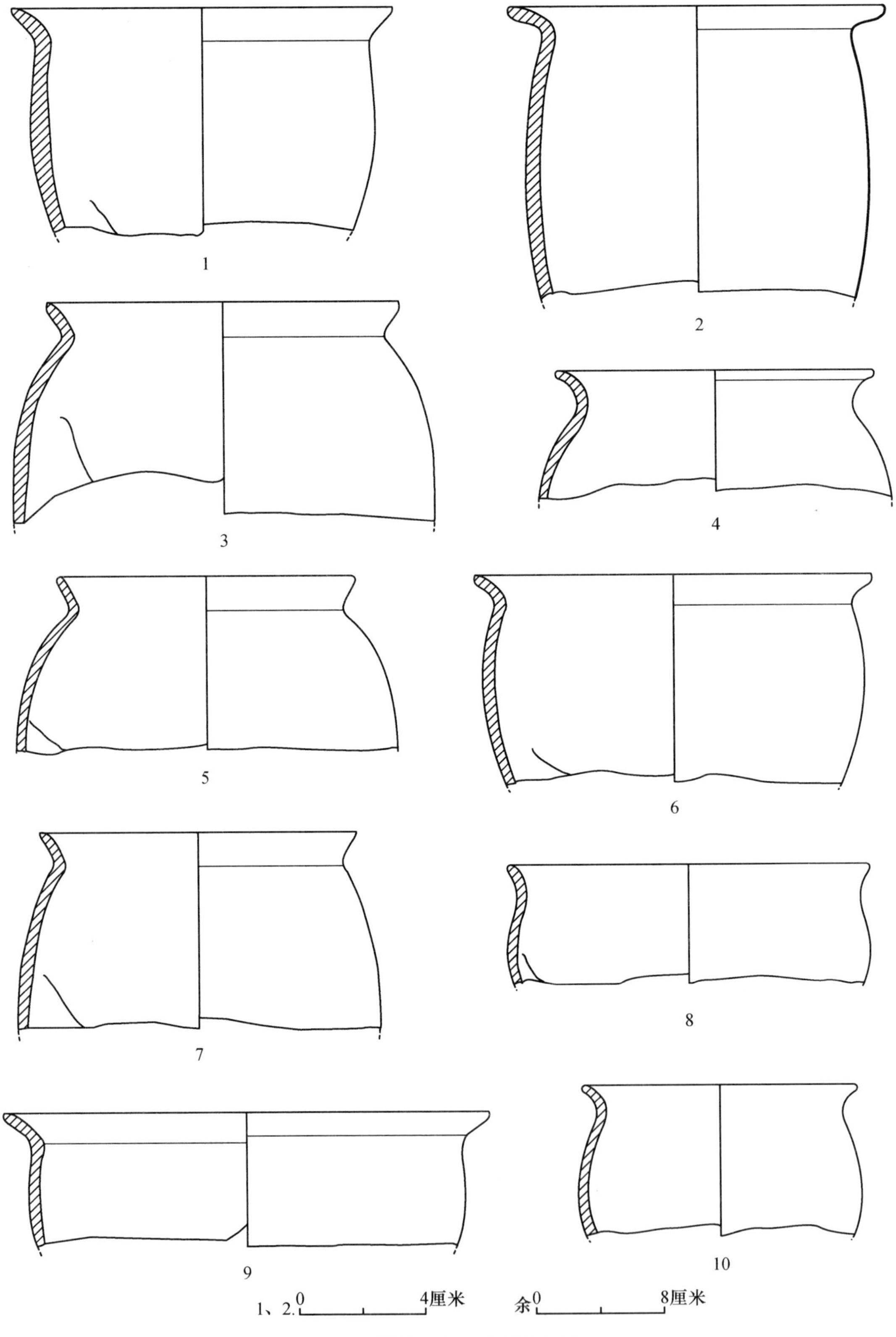


图三七　西周时期夹砂素面陶鬲口

1. G2④：448　2. G2④：442　3. G2④：441　4. G2④：420　5. G2④：443　6. G2④：447　7. G2④：445　8. G2④：444　9. G2④：416　10. G2④：446

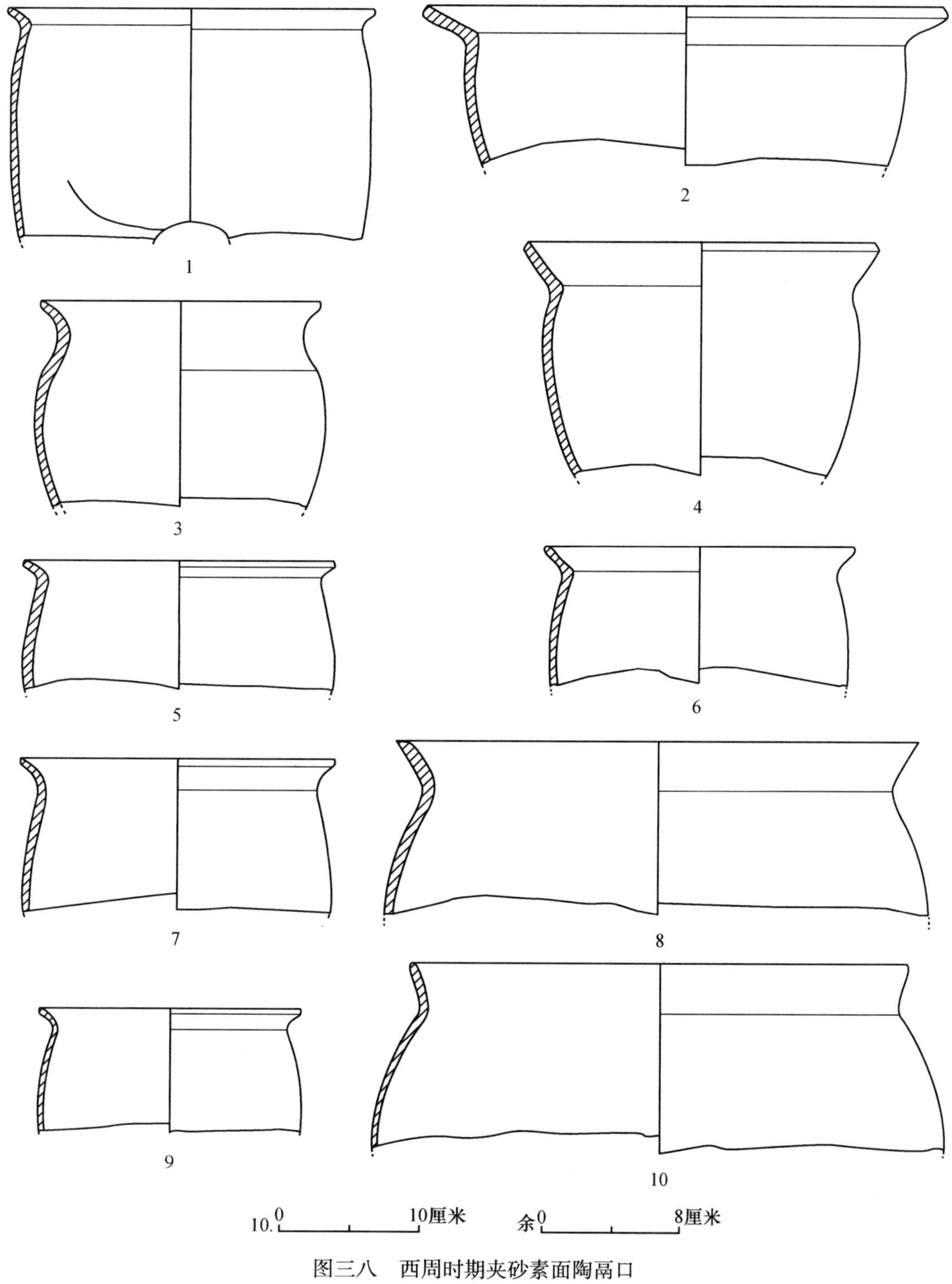


图三八　西周时期夹砂素面陶鬲口

1. G2③：528　2. G2④：499　3. G2④：500　4. G2④：491　5. G2④：492　6. G2④：493　7. G2③：529　8. G2④：509　9. G2③：527　10. G2④：510

足部分有差异，下残。口径37、残高12.8厘米（图三八，10）。

标本G2③：526，夹砂红褐陶，侈口，卷沿，圆角方唇，弧腹，腹的弧度在近鬲裆部分与近袋足部分不同，下残。口径13、残高11.6厘米（图三九，2）。

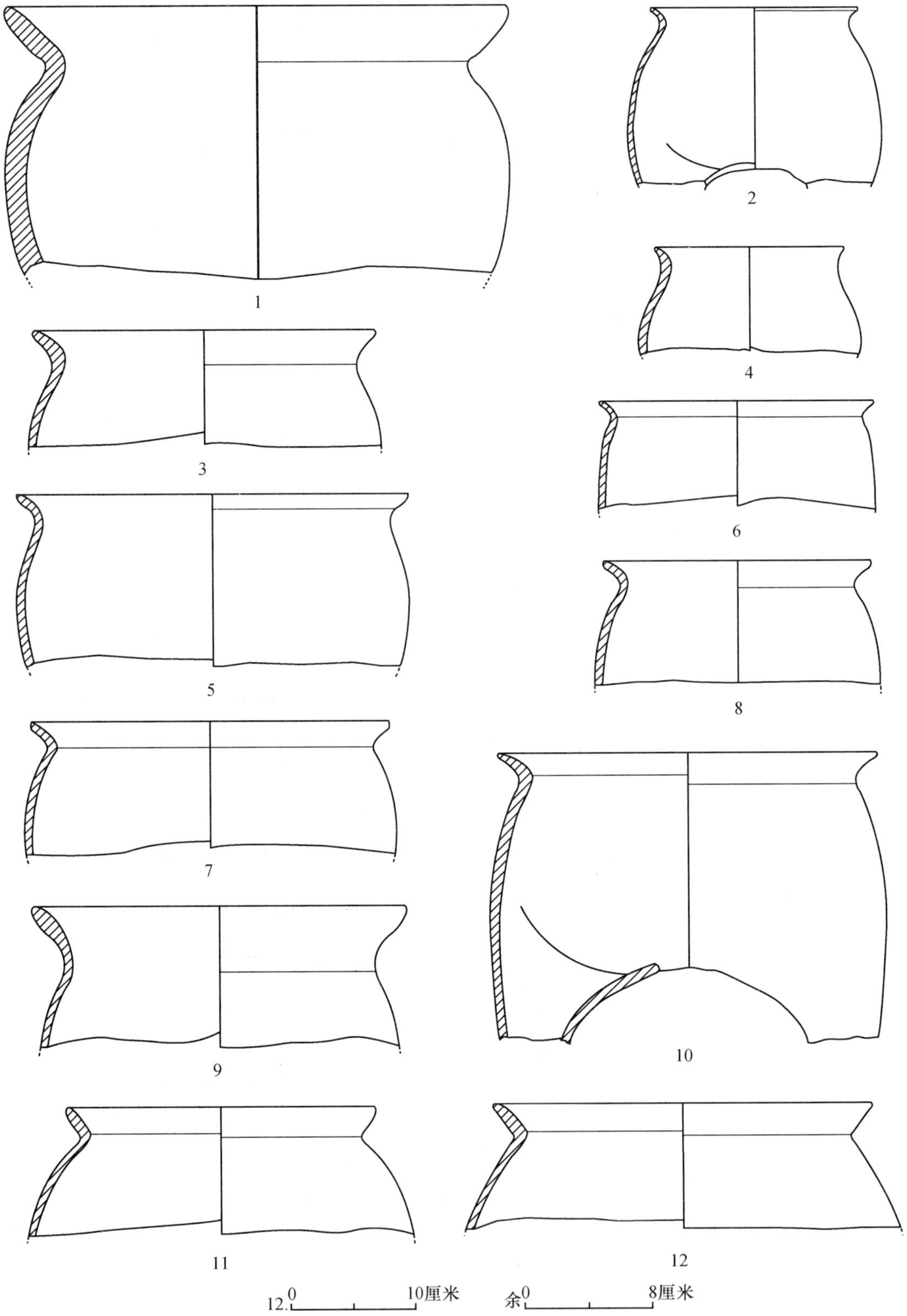


图三九　西周时期夹砂素面陶鬲口

1. G2②：554　2. G2③：526　3. G2①：583　4. G2③：548　5. G2③：547　6. G2③：530　7. G2①：586　8. G2③：531　9. G2①：584　10. G2③：549　11. G2①：585　12. G2③：546

标本G2③：527，夹砂红褐陶，侈口，斜沿，圆唇，弧鼓腹，腹的弧度在近鬲裆部分与近袋足部分不同，下残。口径15.5、残高7.4厘米（图三八，9）。

标本G2③：528，夹砂灰褐陶，侈口，折沿，沿面弧鼓，圆唇，鼓腹，腹的弧度在近鬲裆部分与近袋足部分不同，下残。口径21、残高13.5厘米（图三八，1）。

标本G2③：529，夹砂灰褐陶，侈口，卷沿，圆角方唇，鼓腹，腹的弧度在近鬲裆部分与近袋足部分不同，下残。口径18、残高8.2厘米（图三八，7）。

标本G2③：530，夹砂黑褐陶，侈口，平沿，圆唇，弧腹，腹的弧度在近鬲裆部与近袋足部分不同，下残。口径17.2、残高6.9厘米（图三九，6）。

标本G2③：531，夹砂灰褐陶，侈口，平沿，圆唇，弧腹，腹的弧度在近鬲裆部与近袋足部分不同，下残。口径16.8、残高8厘米（图三九，8）。

标本G2③：546，夹砂黑褐陶，侈口，卷沿，圆唇，弧腹，腹的弧度有近鬲裆部分与袋足部分的差异，下残。口径30、残高10.2厘米（图三九，12）。

标本G2③：547，夹砂红褐陶，侈口，卷沿，尖唇，弧腹，腹的弧度有近鬲裆部分与袋足部分的差异，下残。口径25.2、残高10.8厘米（图三九，5）。

标本G2③：548，夹砂黑褐陶，侈口，圆唇，弧腹，腹部的弧度在近鬲裆部分与袋足部分有差异，下残。口径12、残高6.8厘米（图三九，4）。

标本G2③：549，夹砂红褐陶，侈口，卷沿，圆唇，窄沿，弧裆，下残。口径24、残高18.6厘米（图三九，10）。

标本G2②：554，夹砂黑褐陶，侈口，卷沿，圆唇，弧腹，腹部的弧度在近袋足部分和近鬲裆部分有差异，部分裆部残存，下残。口径16、残高8.6厘米（图三九，1）。

标本G2①：583，夹砂灰褐陶，侈口，卷沿，圆唇，弧腹微鼓，腹部有近鬲足部分与近裆部部分的差异，下残。口径21.8、残高7.2厘米（图三九，3）。

标本G2①：584，夹砂红褐陶，侈口，卷沿，圆角方唇，弧腹，保留裆的加厚痕，口部单独泥条盘筑，腹部泥片贴塑连口，腹部有近鬲足部分与近裆部部分的差异，下残。口径24、残高8.8厘米（图三九，9）。

标本G2①：585，夹砂灰褐陶，折口，平沿微弧，方唇，弧鼓腹，腹部的近鬲足部分与近裆部的弧度不同，下残。口径20、残高8厘米（图三九，11）。

标本G2①：586，夹砂红褐陶，侈口，卷沿，圆角方唇，弧鼓腹，腹部近鬲足部分外弧明显，近裆部弧略直，下残。口径16.8、残高7.6厘米（图三九，7）。

标本G2①：587，夹砂红褐陶，侈口，卷沿，弧鼓腹，袋足，下残。口径20.8、残高16厘米（图四〇，1）。

标本G2①：590，夹砂红褐陶，侈口，卷沿，圆唇，有不明显领部，弧腹，腹部的弧度有近鬲裆部分与近鬲足部部分差异，下残。口径18、残高13.6厘米（图四〇，2）。

标本G2①：610，夹砂红褐陶，侈口，卷沿，圆唇，弧腹，腹部的弧度在近鬲裆部分和近袋足部分有差异，下残。口径14、残高5.4厘米（图四〇，7）。

标本G2①：611，夹砂红褐陶，侈口，卷沿，圆唇，弧腹，腹部的弧度在近鬲裆部分和近袋足部分有差异，下残。口径26、残高8.8厘米（图四〇，13）。

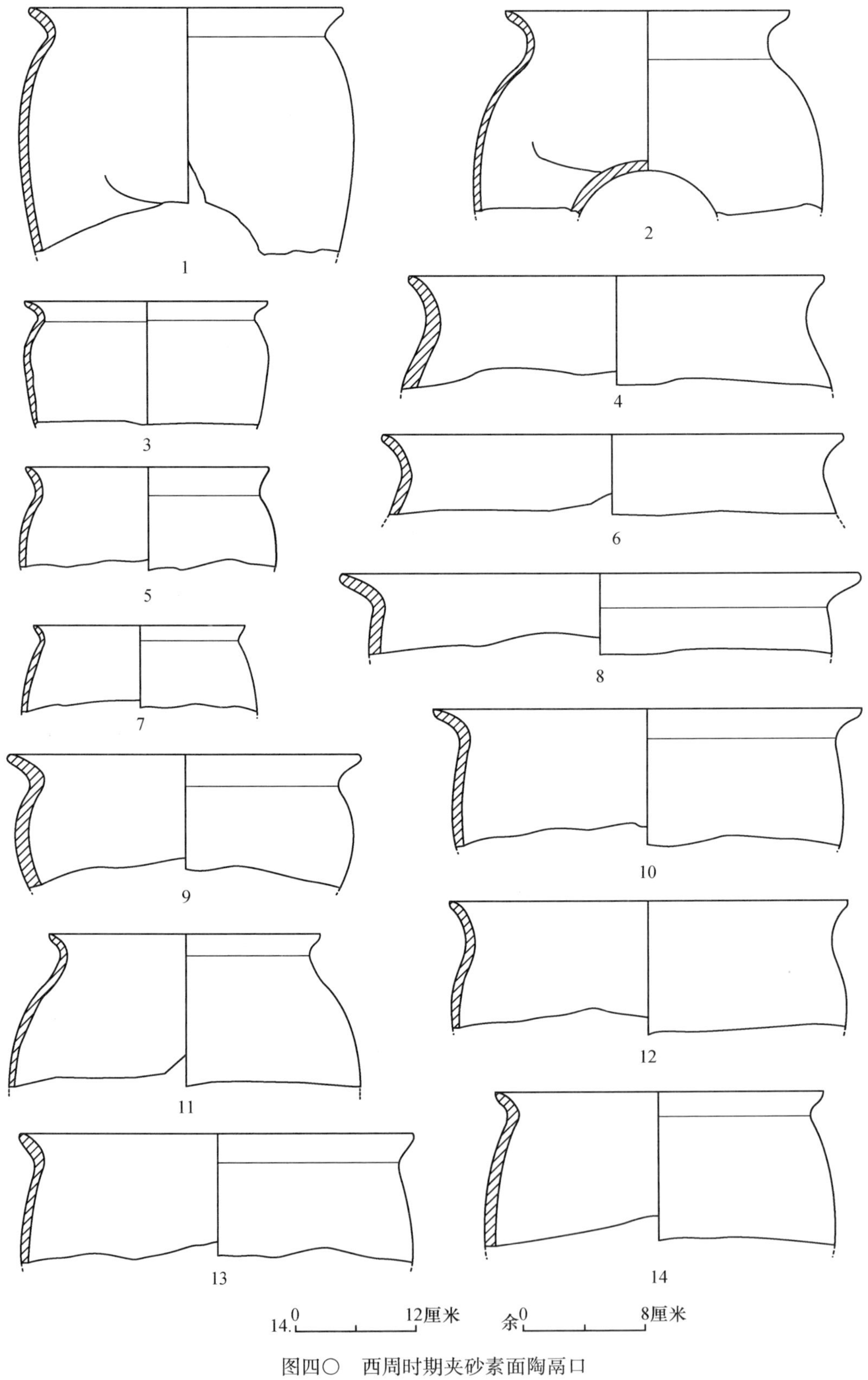


图四〇　西周时期夹砂素面陶鬲口

1. G2①：587　2. G2①：590　3. G2①：623　4. G2①：616　5. G2①：612　6. G2①：614　7. G2①：610　8. G2①：620　9. G2①：624　10. G2①：617　11. G2①：615　12. G2①：619　13. G2①：611　14. G2①：622

标本G2①：612，夹砂红褐陶，侈口，卷沿，圆唇，弧腹，腹部的弧度在近鬲裆部分和近袋足部分有差异，下残。口径16.3、残高6.9厘米（图四〇，5）。

标本G2①：614，夹砂红褐陶，侈口，卷沿，圆唇，弧腹，腹部的弧度有近鬲裆部分与近袋足部分的差异，下残。口径30、残高6厘米（图四〇，6）。

标本G2①：615，夹砂红褐陶，侈口，卷沿，圆唇，弧腹，腹部的弧度在近鬲裆部分与近袋足部分有差异，下残。口径18、残高9.8厘米（图四〇，11）。

标本G2①：616，夹砂红褐陶，侈口，卷沿，圆唇，弧腹，腹部的弧度有近鬲裆部分与近袋足部分的差异，下残。口径27、残高7.2厘米（图四〇，4）。

标本G2①：617，夹砂红褐陶，侈口，卷沿，圆唇，弧腹，腹部的弧度在近鬲裆部分与近袋足部分有差异，下残。口径27.8、残高9厘米（图四〇，10）。

标本G2①：619，夹砂红褐陶，侈口，卷沿，圆唇，弧腹，腹的弧度有近鬲裆部分与近袋足部分的差异，下残。口径26、残高8.8厘米（图四〇，12）。

标本G2①：620，夹砂红褐陶，侈口，卷沿，圆唇，弧腹，腹部的弧度有近鬲裆部分与近袋足部分的差异，下残。口径34.2、残高5.4厘米（图四〇，8）。

标本G2①：622，夹砂红褐陶，侈口，卷沿，圆唇，弧腹，腹部的弧度有近鬲裆部分与近袋足部分的差异，下残。口径32.4、残高15厘米（图四〇，14）。

标本G2①：623，夹砂红褐陶，侈口，卷沿，圆唇，弧腹，腹部的弧度有近鬲裆部分与近袋足部分的差异，下残。口径16、残高7.6厘米（图四〇，3）。

标本G2①：624，夹砂红褐陶，侈口，卷沿，圆唇，弧腹，腹部的弧度有近鬲裆部分与近袋足部分的差异，下残。口径23.5、残高8.8厘米（图四〇，9）。

标本G2①：625，夹砂红褐陶，侈口，卷沿，圆唇，弧腹，腹的弧度有近鬲裆部分与近袋足部分的差异，下残。口径14、残高11厘米（图四一，11）。

标本G2①：626，夹砂红褐陶，侈口，卷沿，圆唇，弧腹，腹的弧度有近鬲裆部分与近袋足部分的差异，下残。口径35、残高16厘米（图四二，2）。

标本G2①：627，夹砂红褐陶，侈口，卷沿，圆唇，弧腹，腹部的弧度有近鬲裆部分与近袋足部分的差异，下残。口径30、残高12.4厘米（图四一，1）。

标本G2①：628，夹砂红褐陶，侈口，卷沿，圆唇，弧腹，腹部的弧度有近鬲裆部分与近袋足部分的差异，下残。口径22、残高11.2厘米（图四一，2）。

标本G2①：629，夹砂红褐陶，侈口，卷沿，圆唇，弧腹，腹部的弧度有近鬲裆部分与近袋足部分的差异，下残。口径28、残高13.2厘米（图四一，3）。

标本G2①：631，夹砂红褐陶，侈口，卷沿，圆唇，弧腹，腹部的弧度有近鬲裆部分与近袋足部分的差异，下残。口径23.2、残高6.5厘米（图四一，4）。

标本G2①：632，夹砂红褐陶，侈口，卷沿，圆唇，弧腹，腹部的弧度有近鬲裆部分与近袋足部分的差异，下残。口径23.2、残高8厘米（图四一，5）。

标本G2①：633，夹砂红褐陶，侈口，卷沿，圆唇，弧腹，腹部的弧度有近袋足部分与近鬲裆部分的差异，下残。口径16、残高4.6厘米（图四一，10）。

标本G2①：634，夹砂红褐陶，侈口，卷沿，圆唇，弧腹，腹部的弧度有近鬲裆部分与近袋足

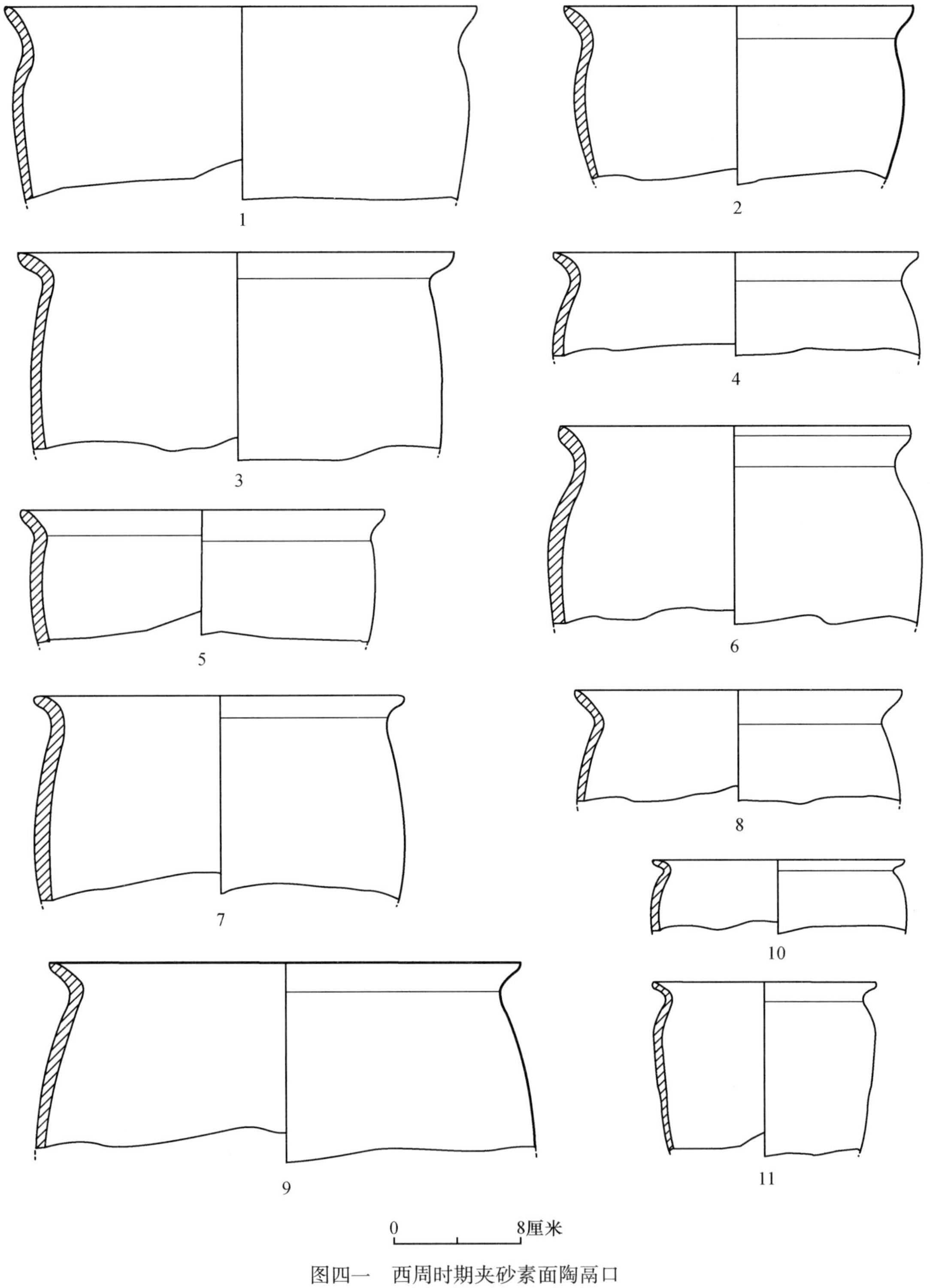


图四一　西周时期夹砂素面陶鬲口

1. G2①：627　2. G2①：628　3. G2①：629　4. G2①：631　5. G2①：632　6. G2①：635　7. G2①：636　8. G2①：656　9. G2①：642　10. G2①：633　11. G2①：625

部分的差异，下残。口径15.2、残高9.6厘米（图四二，3）。

标本G2①：635，夹砂红褐陶，侈口，卷沿，圆角方唇，弧腹，腹部的弧度有近鬲裆部分与近袋足部分的差异，下残。口径22.2、残高12.6厘米（图四一，6）。

标本G2①：636，夹砂黑褐陶，侈口，卷沿，圆唇，弧腹，腹部的弧度有近鬲裆部分与近袋足部分的差异，下残。口径23.8、残高12厘米（图四一，7）。

标本G2①：642，夹砂红褐陶，侈口，卷沿，圆唇，弧腹，腹部的弧度在近鬲裆部分与近袋足部分有差异，下残。口径30、残高12.8厘米（图四一，9）。

标本G2①：656，夹砂黑褐陶，侈口，卷沿，圆唇，弧腹，腹部的弧度有近鬲裆部分与近袋足部分的差异，下残。口径20.8、残高7.2厘米（图四一，8）。

标本G2①：715，夹砂红褐陶，侈口，卷沿，圆唇，弧腹，腹部的弧度在近鬲裆部分与近袋足部分有差异，下残。口径21、残高7.6厘米（图四二，5）。

标本G2①：716，夹砂红陶，折口，卷沿，圆唇，弧腹，腹部的弧度在近鬲裆部分与近袋足部分有差异，有鬲裆痕，下残。口径16、残高7.8厘米（图四二，6）。

标本G2①：717，夹砂红褐陶，侈口，卷沿，圆唇，弧腹，腹部的弧度有近鬲裆部分与近袋足部分的差异，存在部分裆痕，下残。口径28、残高16厘米（图四二，7）。

标本G2①：718，夹砂红褐陶，侈口，卷沿，圆唇，弧腹，腹部的弧度在近鬲裆部分与近袋足部分有差异，下残。口径20、残高13.5厘米（图四二，10）。

标本G2①：719，夹砂红褐陶，侈口，卷沿，圆唇，弧腹，腹部的弧度在近鬲裆部分与近袋足部分有差异，下残。口径24、残高12厘米（图四二，9）。

标本G2①：720，夹砂黑褐陶，侈口，卷沿，圆唇，弧腹，腹部的弧度在近鬲裆部分与近袋足部分有差异，下残。口径17、残高9厘米（图四二，1）。

标本G2①：721，夹砂红褐陶，侈口，卷沿，圆唇，弧腹，腹部的弧度在近鬲裆部分与近袋足部分有差异，下残。口径23、残高10厘米（图四二，8）。

标本G2①：722，夹砂红褐陶，侈口，卷沿，圆唇，弧腹，腹部的弧度在近鬲裆部分与近袋足部分有差异，下残。口径24.8、残高9.6厘米（图四二，11）。

标本G2①：723，夹砂红褐陶，侈口，卷沿，圆唇，弧腹，腹部的弧度在近鬲裆部分与近袋足部分有差异，下残。口径28、残高12.8厘米（图四二，4）。

标本G2①：724，夹砂红褐陶，侈口，卷沿，圆唇，弧腹，腹部的弧度在近鬲裆部分与近袋足部分有差异，有鬲裆痕，下残。口径24、残高9.3厘米（图四三，1）。

标本G2①：725，夹砂红褐陶，侈口，卷沿，圆唇，弧腹，腹部的弧度在近鬲裆部分与近袋足部分有差异，有部分裆痕，下残。口径18、残高9.3厘米（图四三，2）。

标本G2①：767，夹砂红褐陶，侈口，圆唇，弧腹，浅裆，下残。口径20.8、残高9.6厘米（图四三，3）。

标本G2①：770，夹砂红褐陶，侈口，圆唇，弧裆，下残。口径17.4、残高15厘米（图四三，5）。

标本G2①：778，夹砂黑褐陶，侈口，尖唇，窄沿，弧腹，腹部的弧度在近鬲裆部分和近袋足部分有差异，下残。口径12、残高9.6厘米（图四三，9）。

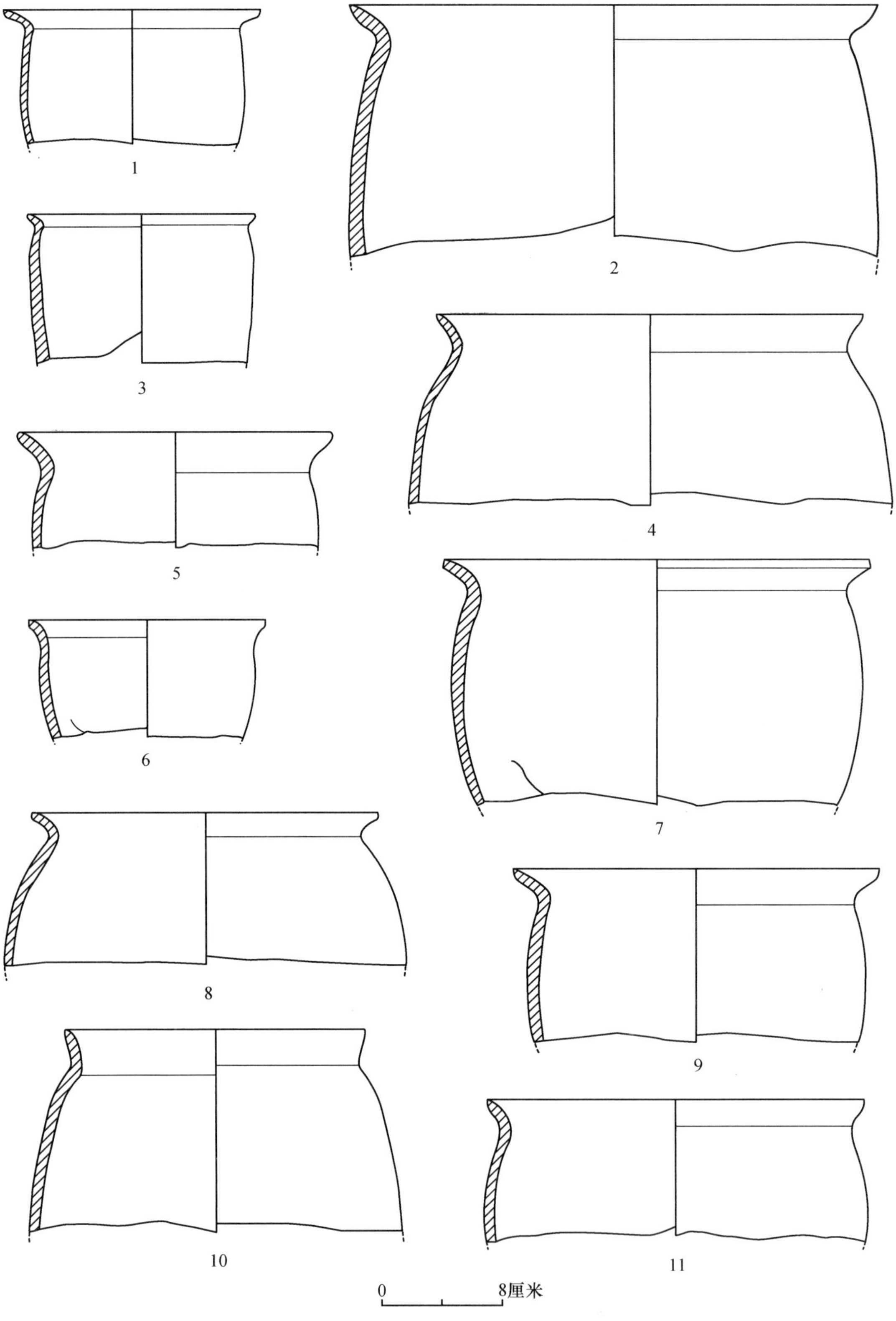


图四二　西周时期夹砂素面陶鬲口

1. G2①：720　2. G2①：626　3. G2①：634　4. G2①：723　5. G2①：715　6. G2①：716　7. G2①：717　8. G2①：721　9. G2①：719　10. G2①：718　11. G2①：722

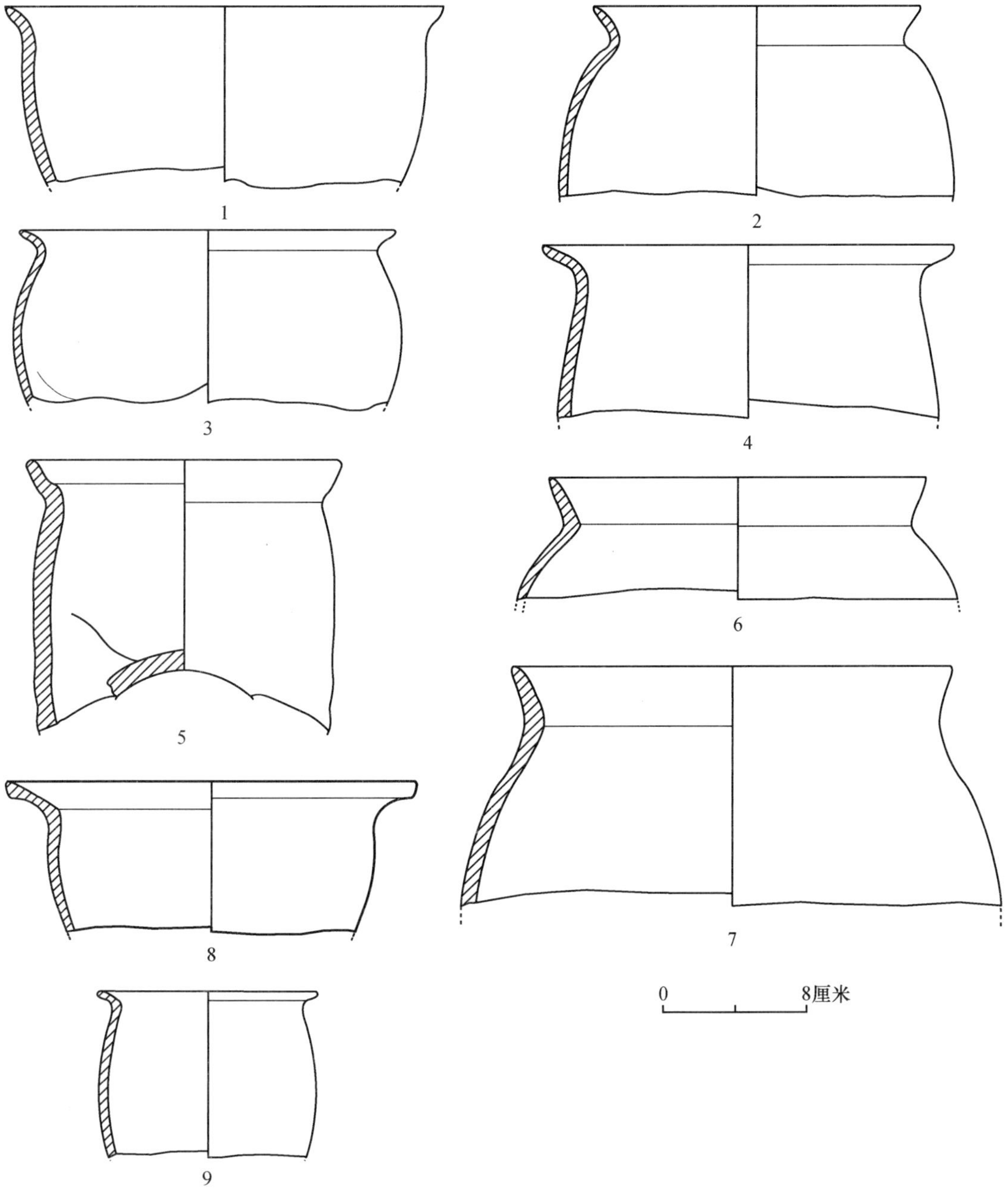


图四三　西周时期夹砂素面陶鬲口

1. G2①：724　2. G2①：725　3. G2①：767　4. G2①：802　5. G2①：770　6. G2①：806　7. G2①：807　8. G2①：805　9. G2①：778

标本G2①：802，夹砂黑褐陶，侈口，方唇，弧裆，腹部的弧度在近鬲裆部分和近鬲足部分有差异，下残。口径22.8、残高9.6厘米（图四三，4）。

标本G2①：803，夹砂黑褐陶，侈口，尖圆唇，鼓腹，腹有近袋足与近鬲裆部的弧度差异，弧裆，下残。口径14.4、残高8.2厘米（图四四，1）。

标本G2①：804，夹砂红褐陶，侈口，方唇，弧裆，鼓腹，腹的弧度有近鬲足部分与近裆部的差别，下残。口径18、残高7.2厘米（图四四，2）。

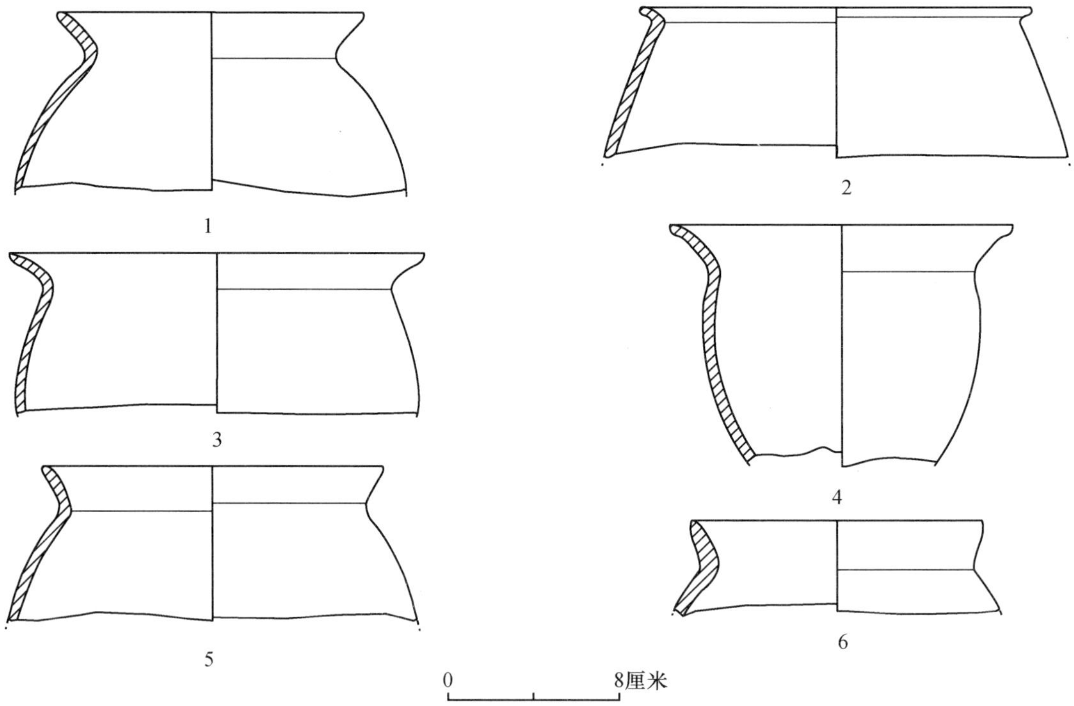


图四四　西周时期夹砂素面陶鬲口

1. G2①：803　2. G2①：804　3. G2①：839　4. G2①：823　5. G2①：822　6. G2①：838

标本G2①：805，夹砂灰褐陶，侈口，方唇，弧裆，腹部的弧度在近鬲裆部分与近鬲足部分有差异，下残。口径22.6、残高8.4厘米（图四三，8）。

标本G2①：806，夹砂黑褐陶，侈口，圆唇，弧壁，弧裆，腹部的弧度在近鬲裆部分与近鬲足部分有差异，下残。口径21、残高6.6厘米（图四三，6）。

标本G2①：807，夹砂黑褐陶，直口微侈，平沿微卷，圆唇，弧壁，弧裆，鼓腹，腹的弧度有近鬲足部分与近裆部的差别，下残。口径24.8、残高13.2厘米（图四三，7）。

标本G2①：822，夹砂黑褐陶，侈口，卷沿，圆唇，弧腹，腹部的弧度在近鬲裆部分与袋足部分有差异，下残。口径16、残高7.4厘米（图四四，5）。

标本G2①：823，夹砂黑褐陶，侈口，卷沿，方唇，弧腹，腹部的弧度在近鬲裆部分与袋足部分有差异，下残。口径16、残高9.4厘米（图四四，4）。

标本G2①：838，夹砂红褐陶，侈口，卷沿，圆唇，弧腹，腹的弧度有近鬲裆与袋足部分的差异，下残。口径13.6、残高4.2厘米（图四四，6）。

标本G2①：839，夹砂红褐陶，侈口，卷沿，尖唇，弧腹，腹部的弧度有近鬲裆与袋足部分的差异，下残。口径19.6、残高7.6厘米（图四四，3）。

**绳纹鬲**　可辨器形21件，其中完整和可修复器2件。与素面鬲的腹部横截为弧三角形不同，绳纹鬲的横截面为圆形。依据整体形制特征分为二型。

A型　1件，浅腹，高柱足。标本G2④：310，夹砂黑褐陶，侈口，斜沿，方唇，弧壁，裆部较矮，弧裆，三袋足，有柱状实足根。腹部饰绳纹。口径18.35、高15厘米（图四五，1；图版二一，4；图版八九，8）。

B型 1件，深腹，锥足。标本G2④：296，夹砂黑褐陶，侈口，方唇，弧裆，三袋状足。器身周身饰绳纹。口径28.8、高35厘米（图四五，6；图版二一，5；图版八九，6）。

**绳纹鬲口** 标本G2⑤：355，夹砂黑褐陶，侈口，方唇，束颈，弧腹，浅裆，下残。颈及腹部饰绳纹。口径16、残高13厘米（图四五，3）。

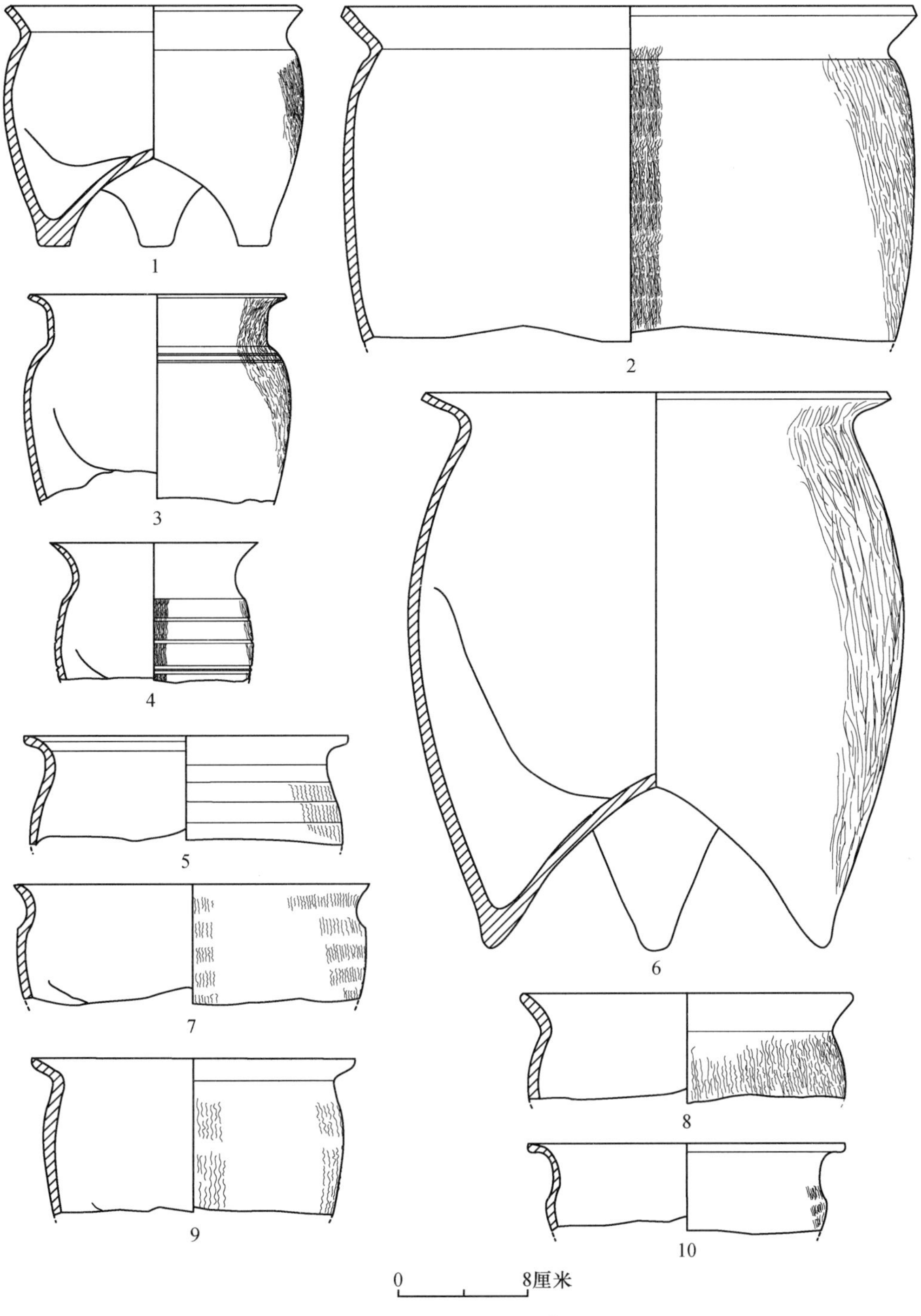


图四五 西周时期夹砂绳纹陶鬲、鬲口

1. A型绳纹鬲（G2④：310） 2～5、7～10. 绳纹鬲口（G2④：440、G2⑤：355、G2④：438、G2④：398、G2④：424、G2④：437、G2④：423、G2④：366） 6. B型绳纹鬲（G2④：296）

标本G2④：366，夹砂灰褐陶，侈口，卷沿，圆角方唇，弧鼓腹，下残。腹部饰绳纹。口径20、残高6厘米（图四五，10）。

标本G2④：398，夹砂黑褐陶，弧领，侈口，卷沿，方唇，沿面内侧有两周凹弦纹，弧鼓腹，下残。腹饰绳纹间凹弦纹。口径20、残高6.4厘米（图四五，5）。

标本G2④：422，夹砂黑陶，侈口，弧折沿，沿面近平，方唇，弧腹，上腹部等弧度，下部有近袋足迹象，下残。腹部饰绳纹。口径26.8、残高8.8厘米（图四六，1）。

标本G2④：423，侈口，卷沿，圆唇，弧腹，有部分裆痕，下残。腹部饰绳纹。口径20、残高10厘米（图四五，9）。

标本G2④：424，夹砂黑褐陶，侈口，卷沿，圆唇，弧腹，有部分裆痕，下残。腹部饰间断绳纹。口径22、残高7.6厘米（图四五，7）。

标本G2④：437，夹砂黑褐陶，侈口，卷沿，圆唇，弧腹，下残。腹部饰绳纹。口径21、残高

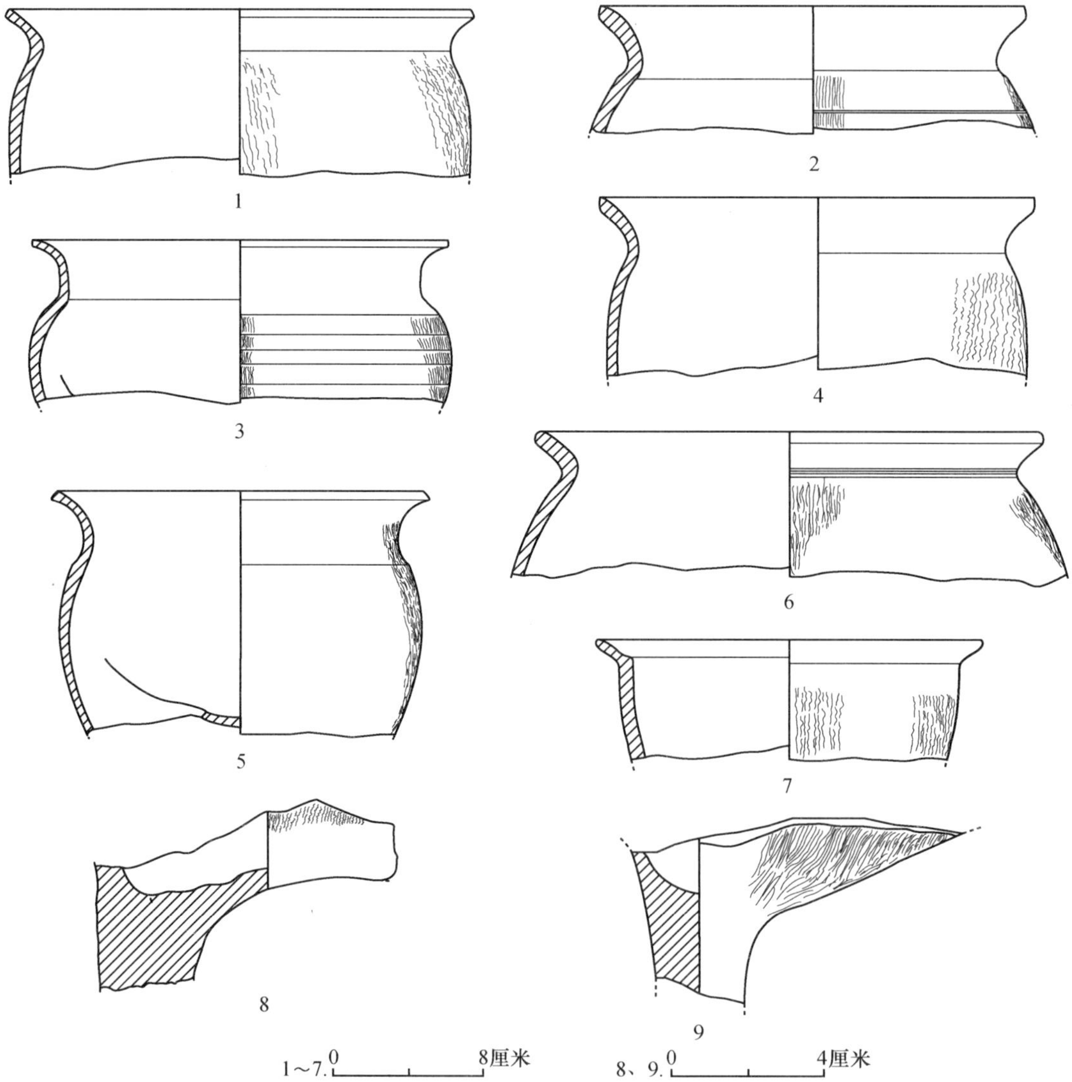


图四六　西周时期夹砂绳纹陶鬲口、鬲足

1～7. 绳纹鬲口（G2④：422、G2④：439、G2①：726、G2①：582、G2②：555、G2④：508、G2④：485）

8、9. 绳纹鬲足（G2⑤：360、G2①：825）

6.9厘米（图四五，8）。

标本G2④：438，夹砂红褐陶，侈口，卷沿，尖唇，弧腹，弧裆痕迹存，下残。腹部饰绳纹与刻划弦纹。口径13、残高8.8厘米（图四五，4）。

标本G2④：439，夹砂黑褐陶，侈口，卷沿，圆唇，弧腹，下残。腹部绳纹间刻划弦纹。口径22.4、残高6.8厘米（图四六，2）。

标本G2④：440，夹砂红褐陶，侈口，平沿，方唇，弧腹，弧裆痕存，下残。腹部饰绳纹。口径36、残高21厘米（图四五，2）。

标本G2④：485，夹砂红褐陶，折口，凹面沿，方唇，弧腹较直，有鬲裆痕，下残。腹部饰绳纹。口径20.4、残高6.3厘米（图四六，7）。

标本G2④：508，夹砂黑褐陶，侈口，卷沿，方唇，弧腹，下残。腹部饰绳纹。口径2、残高7.8厘米（图四六，6）。

标本G2②：555，夹砂黑褐陶，侈口，方唇，弧裆，下残。口沿以下饰绳纹。口径19.6、残高13厘米（图四六，5）。

标本G2①：582，侈口，卷沿，圆唇，弧鼓腹，有接鬲足痕，下残。腹部饰绳纹。口径22.8、残高9.2厘米（图四六，4）。

标本G2①：726，夹砂黑褐陶，侈口，卷沿，方唇，凹弧领，弧腹，有部分裆痕，下残。腹部饰绳纹和凹弦纹。口径22.2、残高8.4厘米（图四六，3）。

**鬲足** 2206件。以素面鬲足为主，绳纹鬲足少见。

*素面鬲足* 多见柱形实足根，少量无实足根。标本G2⑤：336，夹砂红褐陶，袋形鬲足，截面外侧微弧，内侧圆形，有矮柱状实足根。残高6、宽3.2厘米（图四七，8）。

标本G2⑤：359，夹砂黑褐陶，矮裆，袋状空足，无实足根，根部锥状。残高5.8厘米（图四七，2）。

标本G2⑤：361，夹砂红褐陶，袋状空足，无实足根，根部锥形。残高9厘米（图四七，6）。

标本G2④：418，夹砂红褐陶，锥状袋足，有锥形实足根。残高8.8厘米（图四七，5）。

标本G2④：419，夹砂红褐陶，锥状袋足，截面椭圆形，有锥柱状形实足根。残高8.7厘米（图四七，4）。

标本G2④：427，夹砂黑褐陶，袋状空足，矮锥柱形实足根。残高13.2厘米（图四七，3）。

标本G2④：430，夹砂红褐陶，袋状空足，锥柱形实足根，弧裆。残高11.6厘米（图四七，7）。

标本G2④：431，夹砂红褐陶，残袋状空足，圆锥形实足根。残高8.6厘米（图四七，1）。

标本G2③：550，夹砂黑褐陶，袋状足，柱状实足根。残高6.2厘米（图四七，9）。

标本G2①：647，夹砂红褐陶，锥状袋足，截面圆形，锥柱状实足根。残高18.4厘米（图四七，14）。

标本G2①：701，夹砂红褐陶，袋状空足，高锥柱形实足根。残高14.2厘米（图四七，16）。

标本G2①：704，夹砂红褐陶，袋状空足，矮锥柱形实足根。残高10厘米（图四七，13）。

标本G2①：808，夹砂红陶，袋状足，锥柱状实足根。残高6.6厘米（图四七，10）。

标本G2①：810，夹砂红褐陶，袋状足，锥柱状实足根。残高7.5厘米（图四七，11）。

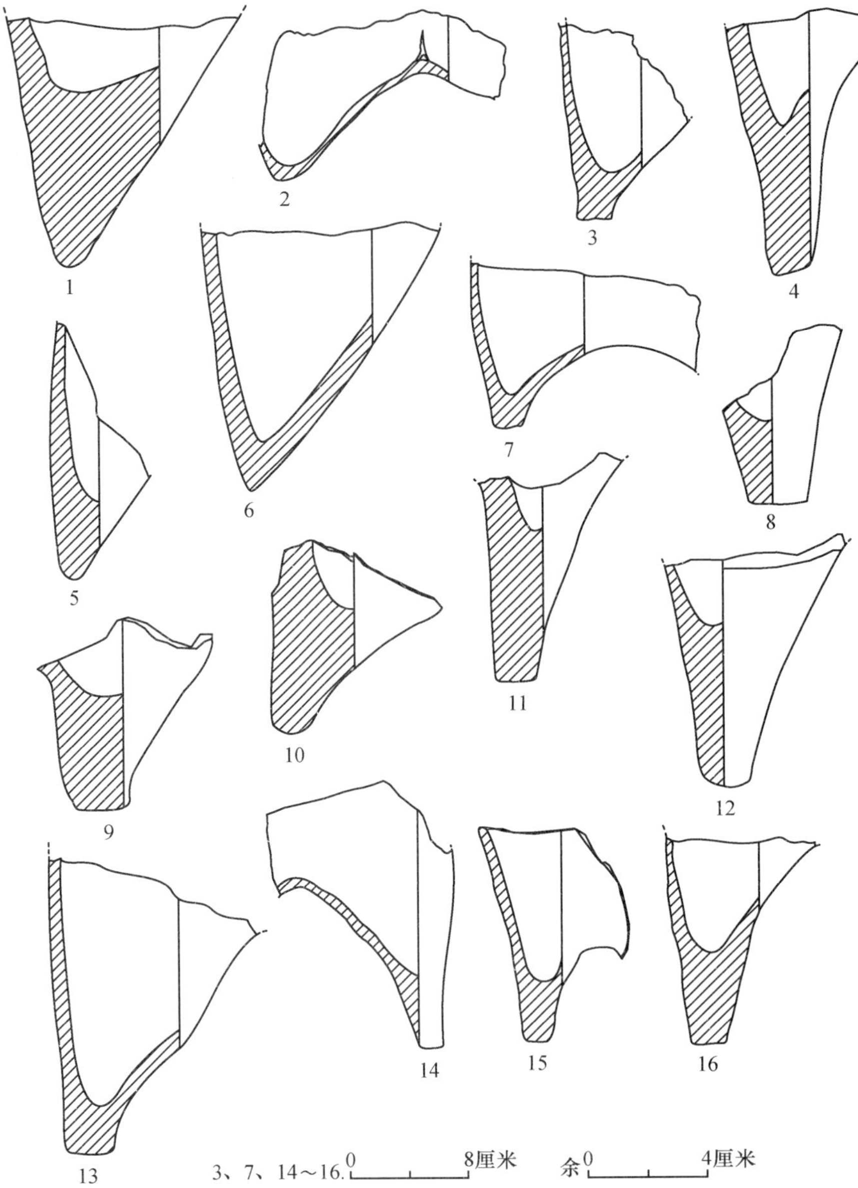


图四七　西周时期夹砂素面陶鬲足

1. G2④：431　2. G2⑤：359　3. G2④：427　4. G2④：419　5. G2④：418　6. G2⑤：361　7. G2④：430　8. G2⑤：336　9. G2③：550　10. G2①：808　11. G2①：810　12. T0822③B：4　13. G2①：704　14. G2①：647　15. G2①：824　16. G2①：701

标本G2①：824，夹砂黑褐陶，弧腹，袋状足，有柱状实足根。残高14.6厘米（图四七，15）。

标本T0822③B：4，夹砂红褐陶，袋状足，锥柱状实足根。残高8.6厘米（图四七，12）。

绳纹鬲足　均有实足根，袋足部分或腹部饰绳纹。标本G2⑤：360，夹砂红褐陶，浅袋足，有锥柱形实足根。腹部饰绳纹。残高5厘米（图四六，8）。标本G2①：825，夹砂红褐陶，袋状足，柱形实足根，下残。裆部及腹部饰绳纹。残高5.4厘米（图四六，9）。

**甗**　可辨器形185件，均无法修复。下文按甗的甑部和鬲部分别介绍。

甗的甑部　形制基本接近。标本G2⑤：342，夹砂红褐陶，侈口，卷沿，圆唇，弧腹，下残。口径37.2、残高8.4厘米（图四八，1）。

标本G2⑤：348，夹砂红褐陶，侈口，卷沿，圆唇，弧腹，下残。口径31.2、残高14.4厘米（图四八，6）。

标本G2⑤：353，夹砂红褐陶，侈口，卷沿，圆角方唇，弧腹，下残。口径42、残高13厘米（图四九，15）。

标本G2④：371，夹砂黑褐陶，侈口，卷沿，圆唇，弧腹微鼓，下残。口径35、残高12厘米（图四八，3）。

标本G2④：372，夹砂红褐陶，侈口，卷沿，圆唇，弧腹微鼓，下残。口径28.8、残高12厘米（图四八，12）。

标本G2④：373，夹砂红褐陶，微侈口，卷沿，圆唇，弧腹近直，下残。口径40.2、残高14.4厘米（图四八，2）。

标本G2④：380，夹砂红陶，侈口，卷沿，圆唇，弧腹微鼓，下残。口径28、残高6厘米（图四八，11）。

标本G2④：389，夹砂黑褐陶，侈口，卷沿，圆唇，弧鼓腹，下残。口径33、残高13.5厘米（图四八，7）。

标本G2④：421，夹砂黑褐陶，侈口，卷沿，圆角方唇，弧腹，下残。口径31、残高8.4厘米（图四八，9）。

标本G2④：461，夹砂红褐陶，侈口，卷沿，圆唇，弧腹，下残。口径41.5、残高10.8厘米（图四八，5）。

标本G2④：462，夹砂红褐陶，侈口，卷沿，圆唇，弧腹，下残。口径30、残高11.6厘米（图四八，14）。

标本G2④：463，夹砂红陶，侈口，卷沿，圆唇，弧腹，下残。口径35.3、残高9.2厘米（图四八，4）。

标本G2④：464，夹砂红陶，侈口，卷沿，圆唇，弧腹，下残。口径41.4、残高9.6厘米（图四八，10）。

标本G2④：465，夹砂红褐陶，侈口，卷沿，圆唇，弧腹，下残。口径42、残高11.4厘米（图四八，8）。

标本G2④：466，夹砂红褐陶，侈口，卷沿，圆唇，弧腹，下残。口径33、残高10.2厘米（图四八，13）。

标本G2④：467，夹砂红褐陶，侈口，卷沿，圆唇，弧腹，下残。口径33、残高14.4厘米（图四八，15）。

标本G2④：468，夹砂黑褐陶，侈口，卷沿，圆唇，弧腹，下残。口径28、残高11.5厘米（图四九，4）。

标本G2④：497，夹砂红褐陶，敞口，尖唇，窄沿，弧腹，下残。口径35.6、残高18.4厘米（图四九，12）。

标本G2④：504，夹砂黑褐陶，侈口，尖圆唇，弧壁，下残。口径32、残高7.2厘米（图四九，5）。

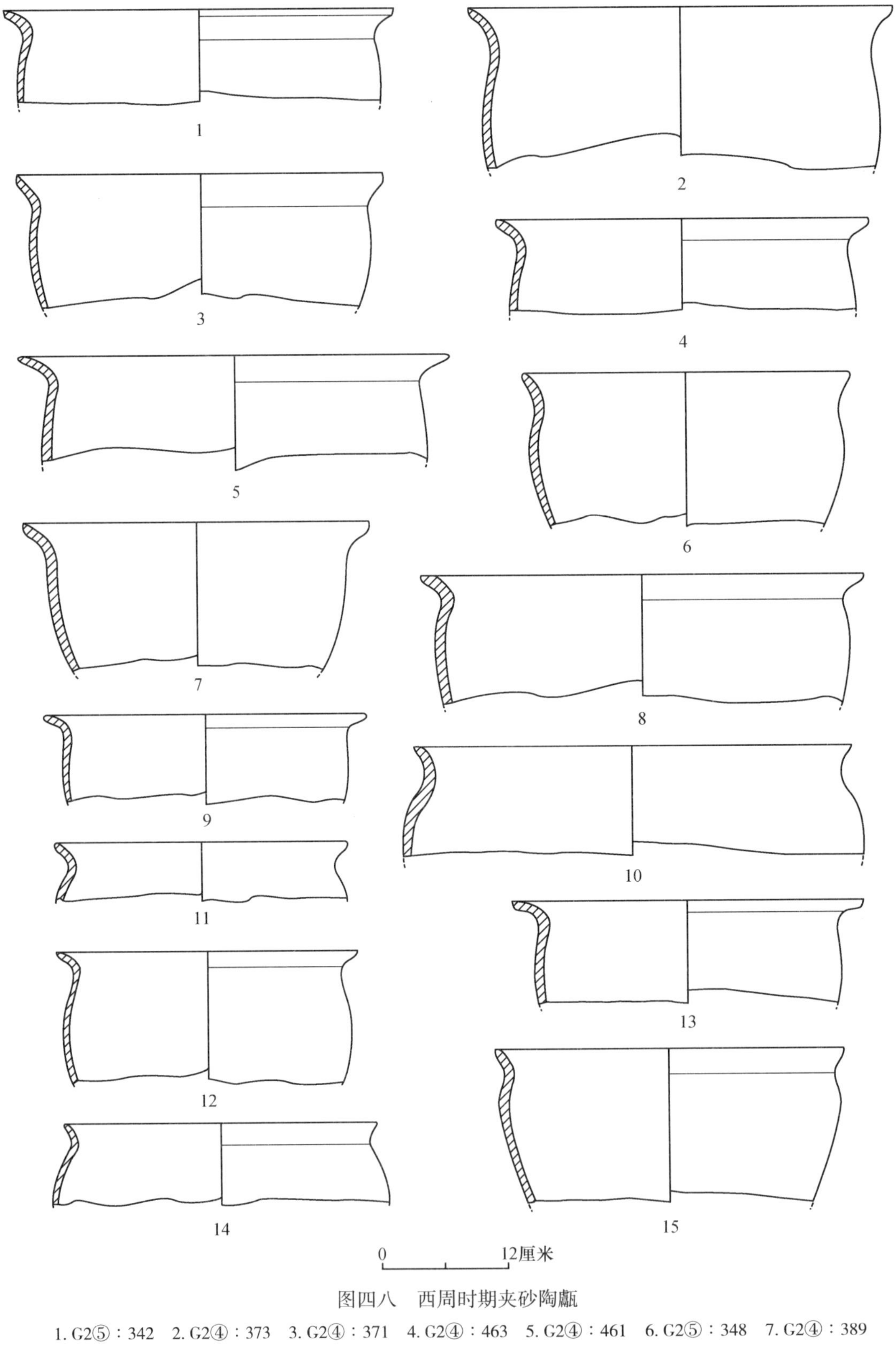


图四八　西周时期夹砂陶甗

1. G2⑤：342　2. G2④：373　3. G2④：371　4. G2④：463　5. G2④：461　6. G2⑤：348　7. G2④：389　8. G2④：465　9. G2④：421　10. G2④：464　11. G2④：380　12. G2④：372　13. G2④：466　14. G2④：462　15. G2④：467

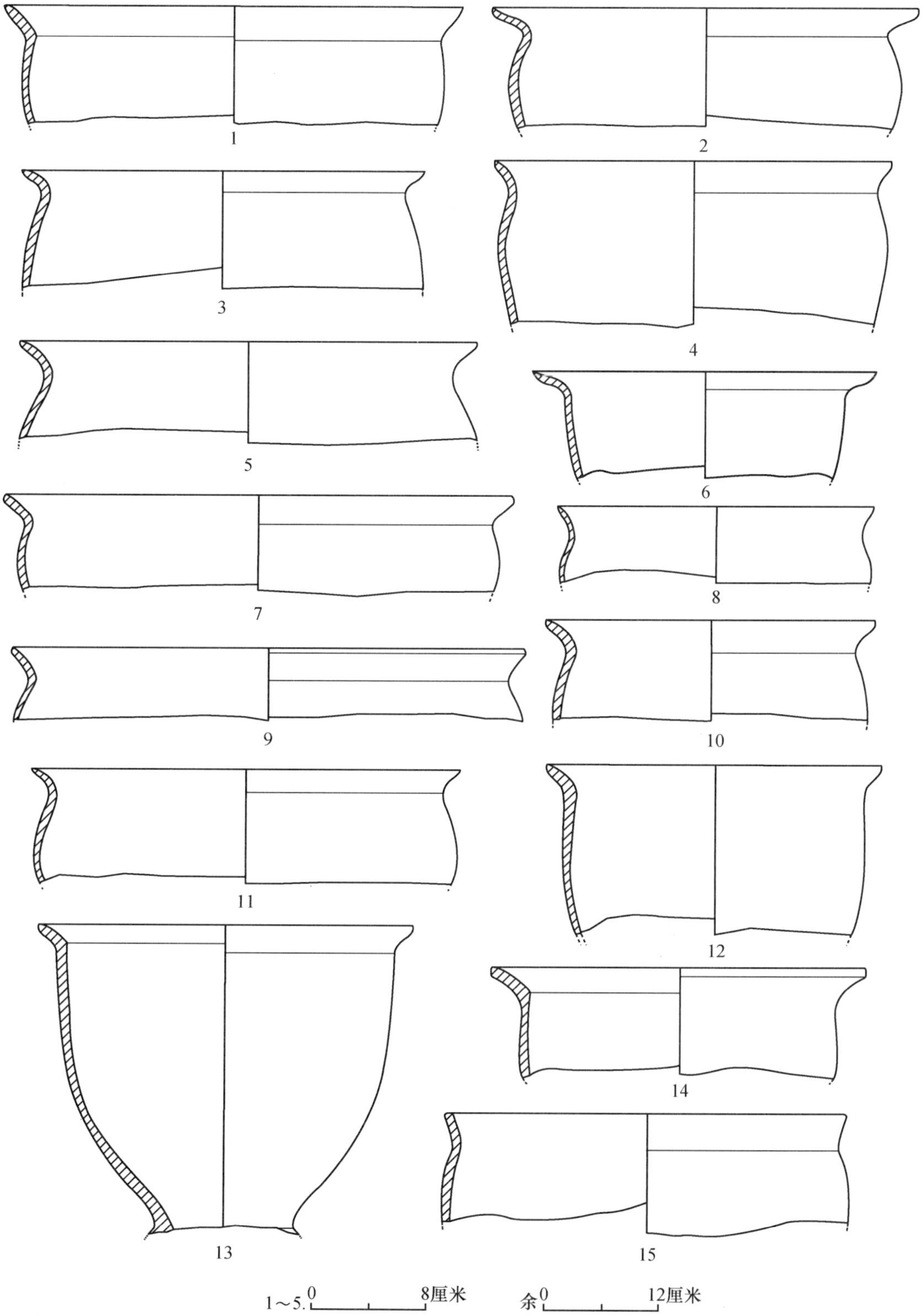


图四九　西周时期夹砂陶甗

1. G2④：507　2. G2③：520　3. G2①：579　4. G2④：468　5. G2④：504　6. G2③：519　7. G2④：505　8. G2③：542　9. G2④：506　10. G2③：533　11. G2③：541　12. G2④：497　13. G2②：553　14. G2③：515　15. G2⑤：353

标本G2④：505，夹砂黑褐陶，侈口，宽卷沿，方唇，弧壁，下残。口径54、残高9.6厘米（图四九，7）。

标本G2④：506，夹砂红褐陶，侈口，宽平沿微鼓，方唇，弧腹，下残。口径53.6、残高7.6厘米（图四九，9）。

标本G2④：507，夹砂红褐陶，侈口，宽卷沿，尖圆唇，弧壁，下残。口径32、残高8厘米（图四九，1）。

标本G2③：515，夹砂红褐陶，折口，卷沿，圆唇，弧腹，下残。口径39.5、残高10.9厘米（图四九，14）。

标本G2③：519，夹砂红褐陶，侈口，卷沿，圆唇，弧鼓腹，下残。口径36、残高10.8厘米（图四九，6）。

标本G2③：520，夹砂红褐陶，侈口，卷沿，圆唇，弧鼓腹，下残。口径30、残高8.4厘米（图四九，2）。

标本G2③：533，夹砂红陶，侈口，卷沿，圆唇，弧腹，下残。口径34.8、残高10.8厘米（图四九，10）。

标本G2③：541，夹砂红褐陶，侈口，卷沿，尖圆唇，弧腹，下残。口径45、残高11.7厘米（图四九，11）。

标本G2③：542，夹砂红褐陶，侈口，卷沿，尖圆唇，弧壁，下残。口径33.6、残高9.6厘米（图四九，8）。

标本G2②：553，夹砂红褐陶，侈口，折平沿微鼓，圆唇，弧收成甗腰。口径39、腰径14、残高32厘米（图四九，13；图版二二，1）。

标本G2①：579，夹砂红褐陶，侈口，卷沿，圆唇，弧鼓腹，下残。口径28、残高8厘米（图四九，3）。

标本G2①：580，夹砂红陶，侈口，卷沿，圆唇，弧腹微鼓，下残。口径28、残高7.8厘米（图五〇，14）。

标本G2①：581，夹砂红陶，弧折口，平沿，沿外面外侧有三周凹弦纹，弧收腹，下残。口径39.3、残高8.4厘米（图五〇，11）。

标本G2①：601，夹砂红陶，侈口，卷沿，圆唇，弧腹，下残。口径31.8、残高7.2厘米（图五〇，5）。

标本G2①：602，夹砂红褐陶，侈口，卷沿，圆唇，弧腹，下残。口径31.8、残高7.2厘米（图五〇，6）。

标本G2①：606，夹砂红陶，折口，卷沿，圆唇，弧鼓腹，下残。口径36.6、残高12厘米（图五〇，13）。

标本G2①：618，夹砂红褐陶，侈口，卷沿，圆唇，弧腹，下残。口径40.1、残高11.9厘米（图五〇，3）。

标本G2①：637，夹砂红褐陶，侈口，卷沿，圆唇，弧腹，下残。口径35.3、残高15.6厘米（图五〇，4）。

标本G2①：638，夹砂红陶，侈口，卷沿，圆唇，弧腹，下残。口径35.4、残高8.4厘米（图

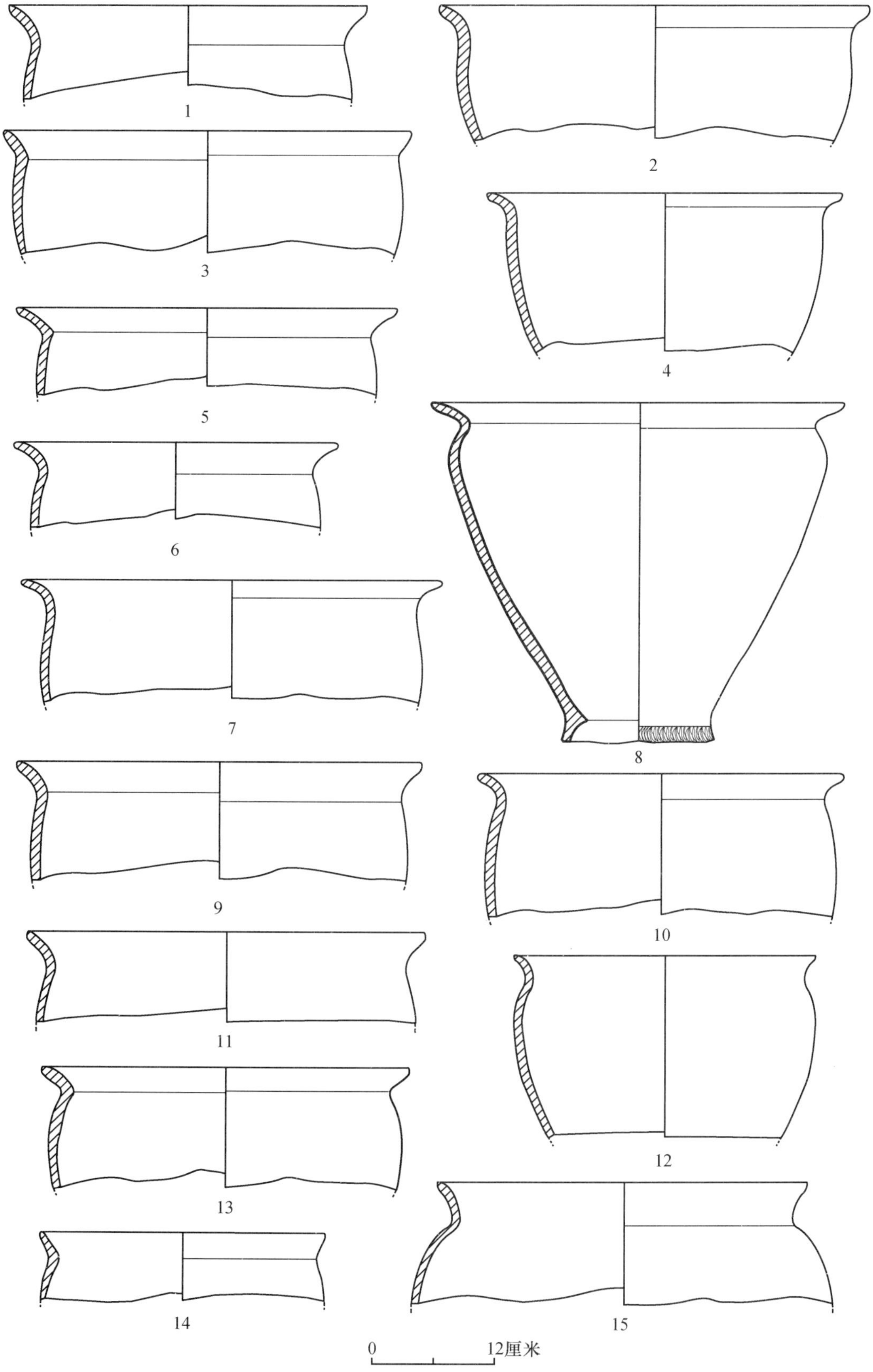


图五〇 西周时期夹砂陶甗

1. G2①：638 2. G2①：644 3. G2①：618 4. G2①：637 5. G2①：601 6. G2①：602 7. G2①：645 8. G2①：696 9. G2①：640 10. G2①：643 11. G2①：581 12. G2①：639 13. G2①：606 14. G2①：580 15. G2①：646

五〇，1）。

标本G2①：639，夹砂红陶，侈口，卷沿，圆唇，弧腹，下残。口径30、残高17.4厘米（图五〇，12）。

标本G2①：640，夹砂红褐陶，侈口，卷沿，圆唇，弧腹，下残。口径39.6、残高11.4厘米（图五〇，9）。

标本G2①：643，夹砂红褐陶，侈口，卷沿，圆唇，弧腹，下残。口径36、残高14.6厘米（图五〇，10）。

标本G2①：644，夹砂红褐陶，侈口，卷沿，圆唇，弧腹，下残。口径42、残高13厘米（图五〇，2）。

标本G2①：645，夹砂红褐陶，侈口，卷沿，圆唇，弧腹，下残。口径41.2、残高11.4厘米（图五〇，7）。

标本G2①：646，夹砂红陶，侈口，卷沿，圆唇，弧腹，下残。口径36.6、残高12厘米（图五〇，15）。

标本G2①：696，夹砂黑褐陶，侈口，尖圆唇，鼓肩弧腹，下残。近腰处饰有一圈指压纹。口径40.4、残高33.6厘米（图五〇，8；图版二二，2）。

标本G2①：707，夹砂红陶，侈口，卷沿，圆唇，弧腹，下残。口径34.8、残高10.8厘米（图五一，1）。

标本G2①：708，夹砂红褐陶，侈口，卷沿，圆唇，弧腹，下残。口径42、残高15.5厘米（图五一，2）。

标本G2①：709，夹砂红褐陶，侈口，卷沿，圆唇，弧腹，下残。口径36、残高11.4厘米（图五一，3）。

标本G2①：710，夹砂红褐陶，侈口，卷沿，圆唇，弧腹，下残。口径39、残高9厘米（图五一，4）。

标本G2①：711，夹砂红褐陶，侈口，卷沿，圆唇，弧腹，下残。口径41、残高15厘米（图五一，5）。

标本G2①：712，夹砂红褐陶，侈口，卷沿，圆唇，弧腹，下残。口径33、残高9厘米（图五一，6）。

标本G2①：713，夹砂红褐陶，侈口，卷沿，圆唇，弧腹，下残。口径36、残高11.4厘米（图五一，7）。

标本G2①：714，夹砂红褐陶，侈口，卷沿，圆唇，弧腹，下残。口径37.8、残高23.5厘米（图五一，8）。

标本G2①：768，夹砂红陶，侈口，圆唇，弧腹，下残。口径34.4、残高15.6厘米（图五一，11）。

标本G2①：773，夹砂红褐陶，侈口，圆唇，弧壁，束腰，下残。口径35、残高37.5厘米（图五一，12）。

标本G2①：777，夹砂红褐陶，侈口，卷沿，尖唇，弧腹，下残。口径27.3、残高8.1厘米（图五一，9）。

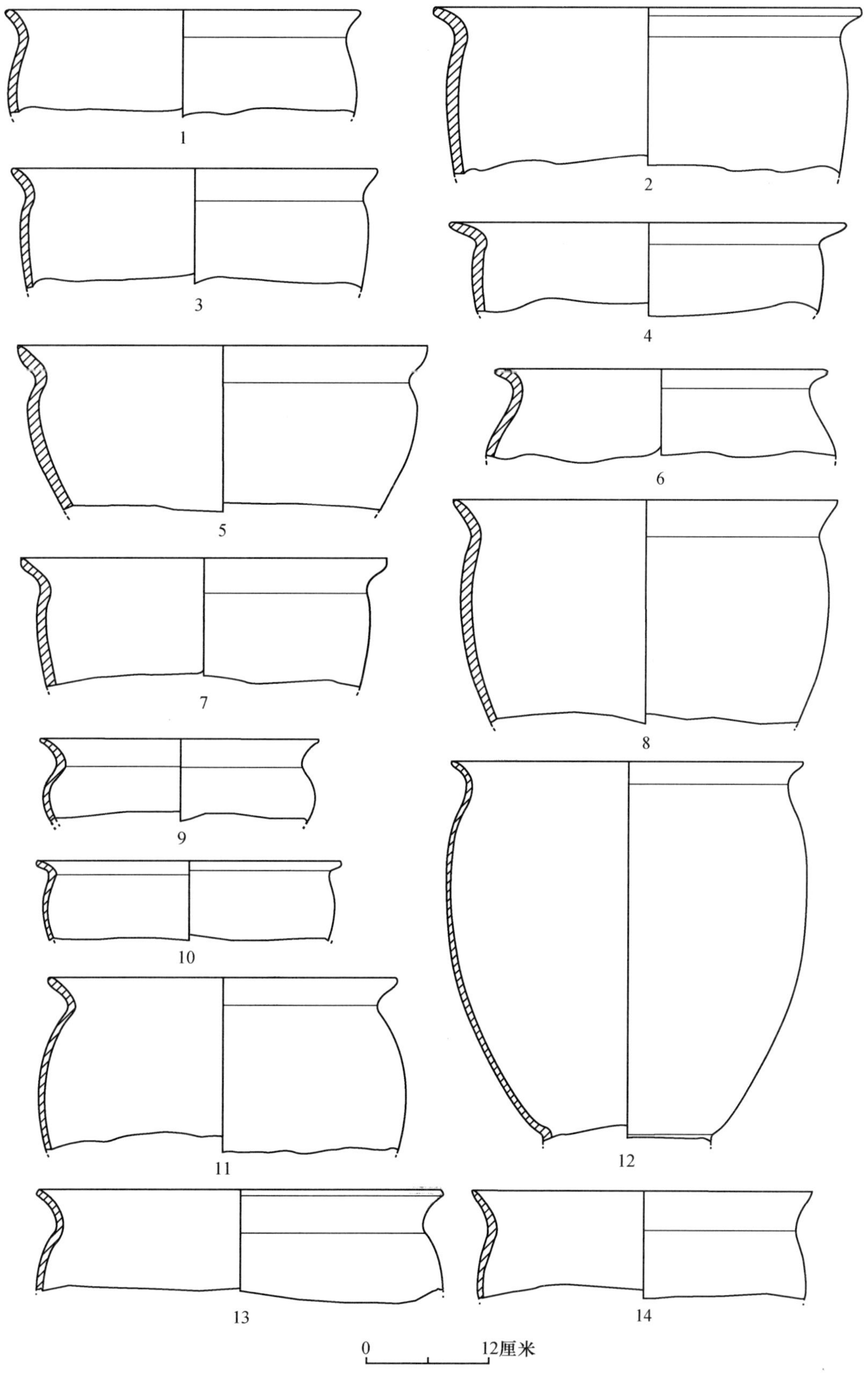


图五一　西周时期夹砂陶甗

1. G2①：707　2. G2①：708　3. G2①：709　4. G2①：710　5. G2①：711　6. G2①：712　7. G2①：713　8. G2①：714　9. G2①：777　10. G2①：815　11. G2①：768　12. G2①：773　13. G2①：814　14. G2①：816

标本G2①：814，夹砂红褐陶，侈口，方唇，宽沿，弧腹，下残。口径39.6、残高10.5厘米（图五一，13）。

标本G2①：815，夹砂红褐陶，侈口，圆唇，窄沿，弧鼓腹，下残。口径30、残高7.4厘米（图五一，10）。

标本G2①：816，夹砂红褐陶，侈口，尖唇，窄沿，弧鼓腹，下残。口径33.8、残高9.8厘米（图五一，14）。

标本G2①：817，夹砂红褐陶，侈口，卷沿，圆唇，束颈，弧腹，下残。口径39、残高15.6厘米（图五二，1）。

标本G2①：820，夹砂红褐陶，侈口，卷沿，方唇，弧腹，下残。口径42、残高10.9厘米（图五二，2）。

标本G2①：821，夹砂红褐陶，侈口，尖圆唇，宽卷沿，弧壁，下残。口径35.6、残高8.8厘米（图五二，8）。

标本G2①：836，夹砂红褐陶，侈口，卷沿，尖唇，弧腹，下残。口径42、残高7.7厘米（图五二，7）。

标本G2①：840，夹砂红褐陶，侈口，尖唇，宽卷沿，弧壁，下残。口径22.9、残高5.7厘米（图五二，9）。

标本G2①：841，夹砂红褐陶，侈口，卷沿，尖圆唇，弧壁，下残。口径50、残高10厘米（图五二，4）。

标本T0822③B：3，夹砂红褐陶，侈口，宽卷沿，尖圆唇，弧壁，下残。口径43.6、残高8厘米（图五二，5）。

标本T0920③B：3，夹砂红褐陶，侈口，卷沿，方唇，弧壁，下残。口径38.4、残高9.6厘米（图五二，6）。

标本T1214③A：8，夹砂红褐陶，侈口，尖圆唇，窄沿，弧腹。口径32.4、残高13.2厘米（图五二，3）。

甗的鬲部　形制基本接近。标本G2①：694，夹砂红褐陶，残存鬲部，三袋状足，有柱足实足根，裆部较矮。残高22厘米（图五二，11；图版二二，3）。标本G2①：695，夹砂红陶，残存鬲部，造型不甚规整，弧鼓腹，三袋足，柱形实足根残，弧裆。残高6.6厘米（图五二，12；图版二二，4）。标本G2①：783，夹砂红褐陶，残存鬲部，弧壁，三袋足，裆部较高。残高24、最大径23厘米（图五二，10；图版二二，5）。标本G2①：784，夹砂红褐陶，残存鬲部，弧腹略下垂，裆部较高，三袋足较高。残高30.1厘米（图五二，13；图版二二，6）。

甗腰　可辨器形509件，有饰捺窝和素面两种，分为二型。

A型　腰部饰捺窝。标本G2④：417，夹砂红褐陶，甑弧收腹，甑、鬲结合处有折线，下折为鬲腹，下残。腰部饰捺窝形泥条带。残高8.4厘米（图五三，2）。标本G2④：460，夹砂红褐陶，弧收腹，束腰，下残。腰部饰捺窝。腰径11.4、残高7厘米（图五三，3）。标本G2①：705，夹砂红褐陶，斜收腹，束腰，腰部饰附加堆泥条，上有捺窝。腰径13、残高12.4厘米（图五三，4）。标本G2①：818，夹砂红褐陶，甗腰的甑部斜收，鬲部弧腹，腰部有捺窝。最大腹径28.5、残高16厘米（图五三，1）。

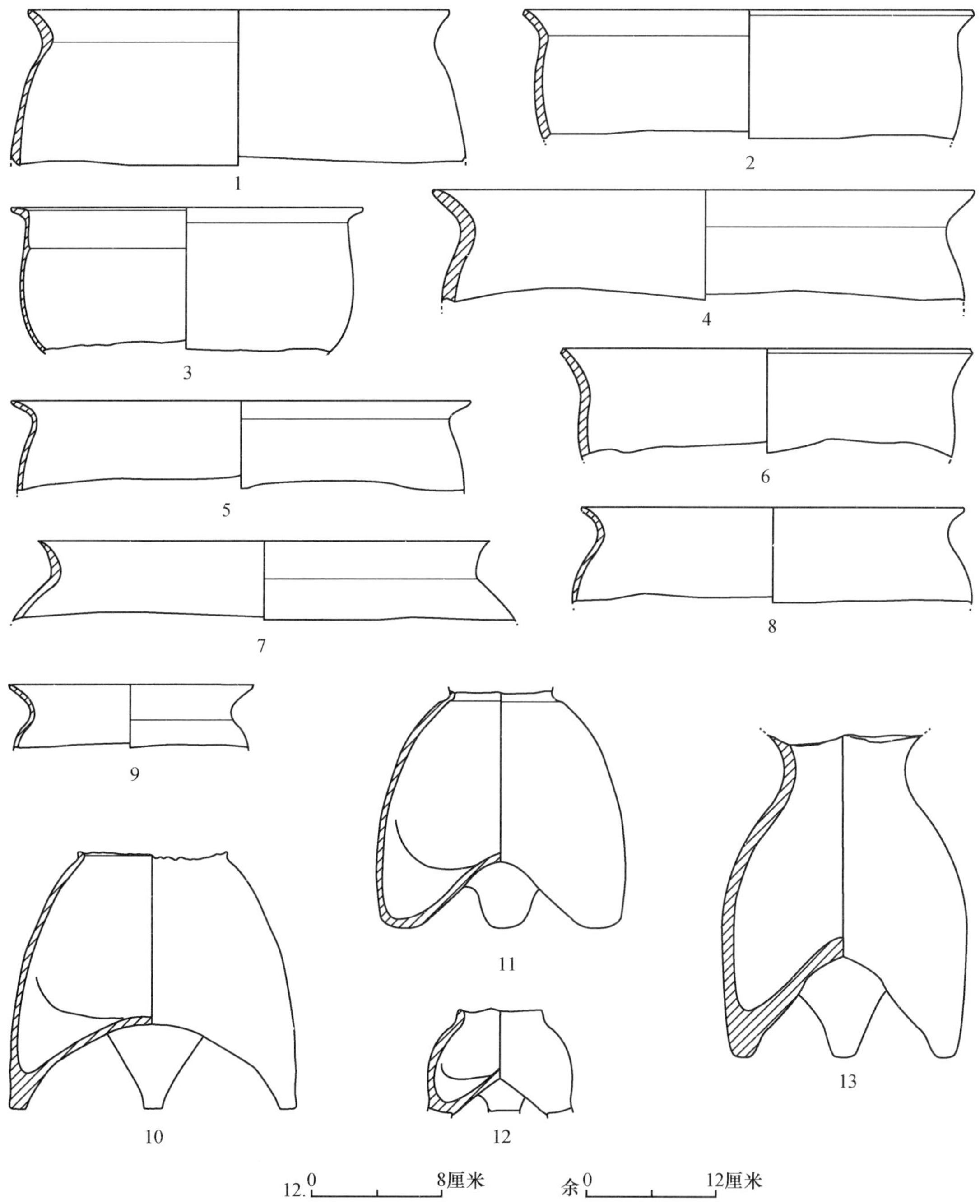


图五二 西周时期夹砂陶甗

1. G2①：817 2. G2①：820 3. T1214③A：8 4. G2①：841 5. T0822③B：3 6. T0920③B：3 7. G2①：836
8. G2①：821 9. G2①：840 10. G2①：783 11. G2①：694 12. G2①：695 13. G2①：784

B型 腰部无装饰。标本G2④：459，夹砂红陶，弧收腹，束腰，下残。腰径14.4、残高13.2厘米（图五三，5）。标本G2①：706，夹砂红褐陶，弧收腹，束腰，上下均残。腰径13.2、残高11厘米（图五三，6）。标本G2①：819，夹砂红褐陶，甑部弧收，弧收腰，鬲部鼓腹，下残。最大腹径24、残高16.8厘米（图五三，9）。

**鼎** 3件，均修复。标本G2①：105，夹砂红陶，敞口，三圆锥状足，器形不甚规整，器身手

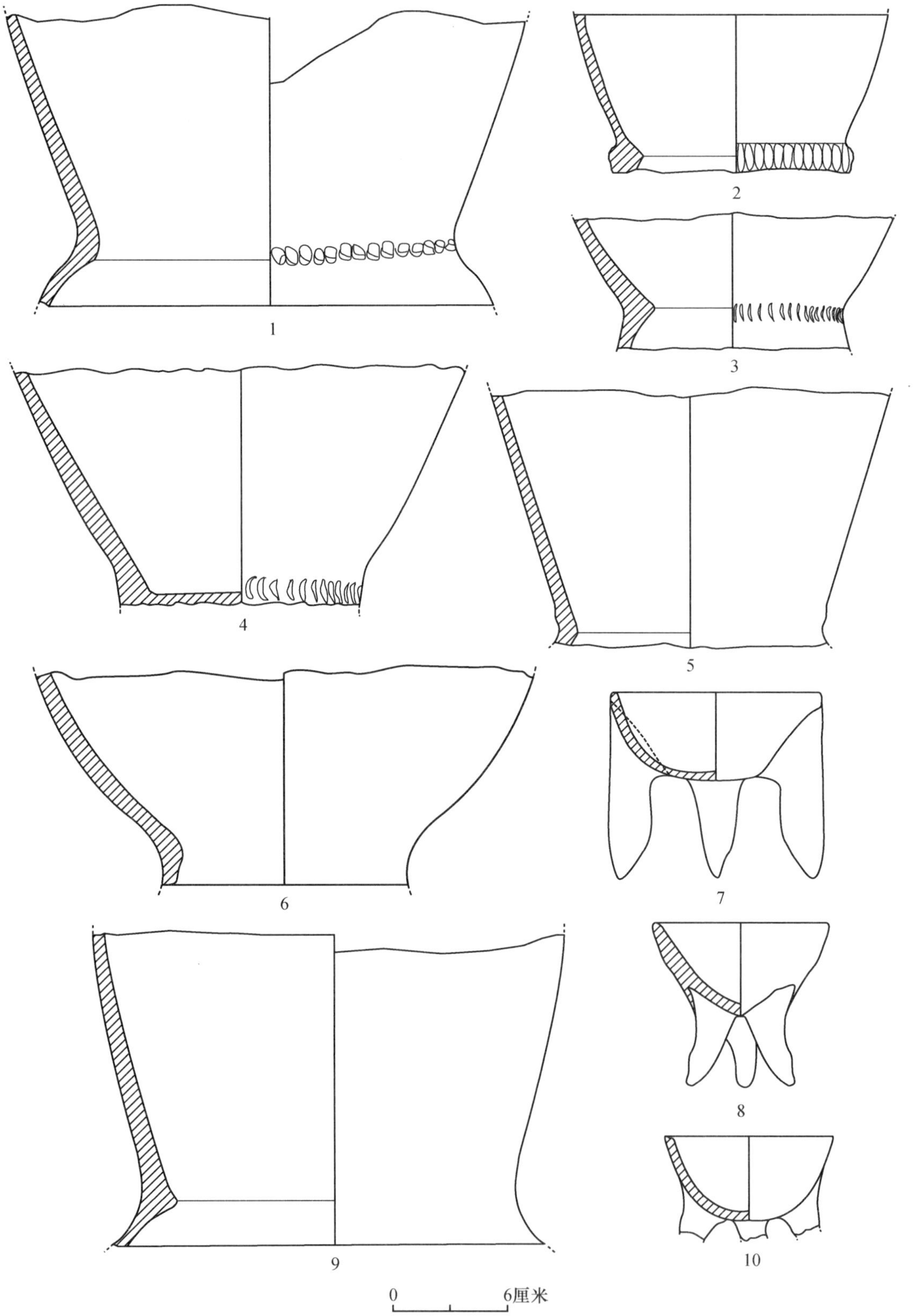


图五三　西周时期夹砂陶甗腰、鼎

1～4. A型甗腰（G2①：818、G2④：417、G2④：460、G2①：705）　5、6、9. B型甗腰（G2④：459、G2①：706、G2①：819）　7、8、10. 鼎（G2①：153、G2①：105、G2①：215）

捏痕迹明显。口径9.3、高8.6厘米（图五三，8；图版二三，1）。标本G2①：153，夹砂红褐陶，直口，圆唇，弧壁，圜底，三锥状足。口径11、高9.8厘米（图五三，7；图版二三，2）。标本G2①：215，夹砂红褐陶，直口，方唇，弧壁，圜底近平，三足残。口径8.8、残高5.4厘米（图五三，10；图版二三，3）。

**鼎足**　基本为圆锥形侧足。标本G2⑤：337，夹砂红陶，截面扁圆，足根部有对称指按窝。残高11.8、宽5厘米（图五四，1）。

标本G2⑤：362，夹砂红陶。残高8.3厘米（图五四，6）。

标本G2④：384，夹砂红褐陶，截面扁圆形。残高10.2、宽3.7厘米（图五四，8）。

标本G2④：385，夹砂红褐陶，截面扁圆近长方形。残高12厘米（图五四，2）。

标本G2③：525，夹砂红陶，截面近圆形。残高8.8厘米（图五四，9）。

标本G2③：551，夹砂灰褐陶，截面扁圆形。残高10.4厘米（图五四，5）。

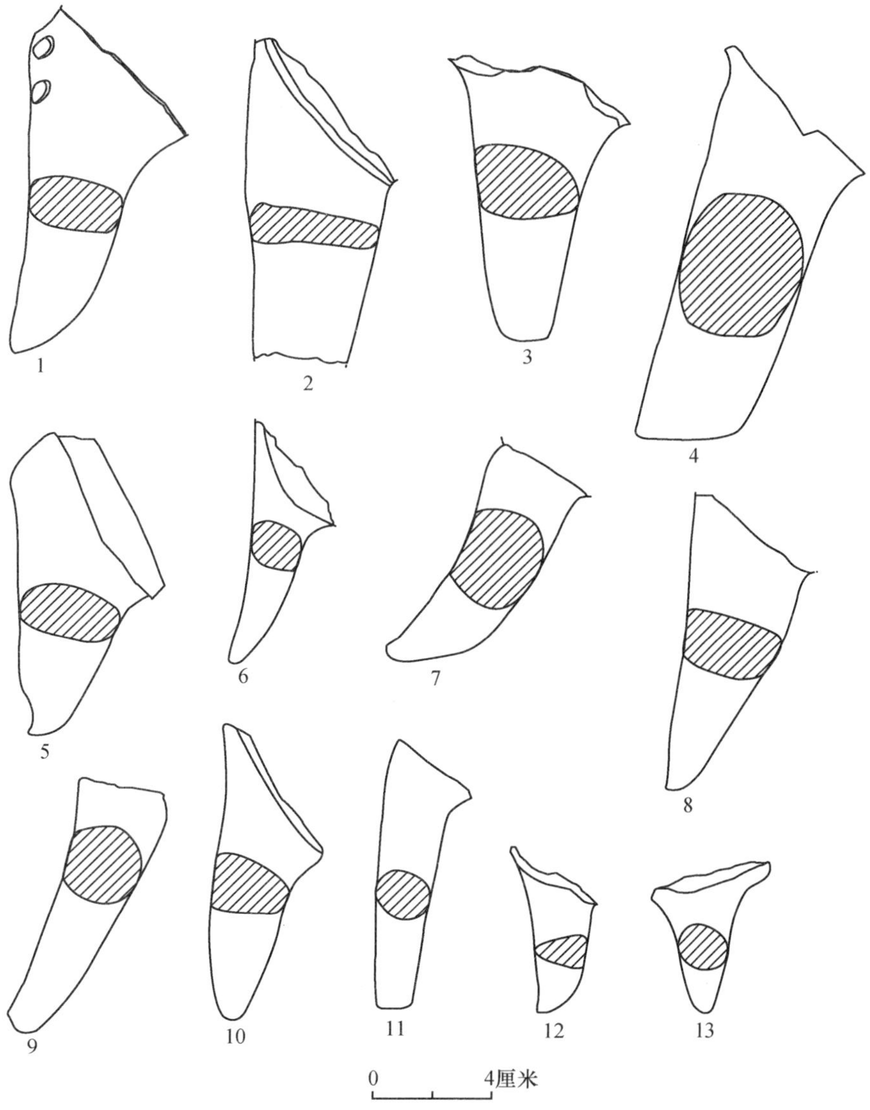

图五四　西周时期夹砂陶鼎足

1. G2⑤：337　2. G2④：385　3. G2①：812　4. G2①：563　5. G2③：551　6. G2⑤：362　7. G2①：570　8. G2④：384　9. G2③：525　10. G2①：811　11. G2①：564　12. G2①：813　13. G2①：562

标本G2①：562，夹砂红陶，截面近圆形。残高5、宽3厘米（图五四，13）。

标本G2①：563，夹砂红褐陶，截面扁圆形。残高13.2、宽5.2厘米（图五四，4）。

标本G2①：564，夹砂红陶，截面近圆形。残高9.2、宽2.8厘米（图五四，11）。

标本G2①：570，夹砂红褐陶，截面扁圆形。残高7.4、宽3厘米（图五四，7）。

标本G2①：811，夹砂红陶，截面扁圆形。残高10.2厘米（图五四，10）。

标本G2①：812，夹砂红褐陶，截面扁圆形。残高9.6厘米（图五四，3）。

标本G2①：813，夹砂红褐陶，截面扁圆形。残高5.7厘米（图五四，12）。

**盆**　钵和盆的口片有部分接近，在统计时未明确区分，属于这两器类的可辨器形有150件。本文以口径大小区分两器类，以明显为盆的T1214③A：4的口径23厘米作为参照，将口径23厘米以上归为盆，可修复器10件，另有采集的可修复器1件。盆以口部特征分为三型。

A型　弧口，无腹部与口部之分。标本G2⑤：339，夹砂黑褐陶，弧敞口，圆唇，斜收腹，下残。素面。口径30、残高5.8厘米（图五五，1）。

标本G2⑤：351，夹砂红褐陶，敞口，圆唇，弧腹斜收，下残。素面。口径36、残高12.8厘米（图五五，8）。

标本G2④：295，已修复。夹砂红陶，口微敛，小平沿，方唇，弧壁内收成小平底。素面。口径34、底径16、高15.6厘米（图五五，3；图版二三，4）。

标本G2④：297，已修复。夹砂红褐陶，直口，卷沿，尖圆唇，弧壁，平底。素面。口径28、底径11.4、高11.4厘米（图五五，5；图版二三，5）。

标本G2④：415，夹砂红陶，敞口，圆唇，敞腹微弧，下残。素面。口径42、残高8.8厘米（图五五，7）。

标本G2④：452，夹砂红褐陶，敞口，圆唇，斜收腹微弧，下残。素面。口径42、残高8.4厘米（图五五，10）。

标本G2④：453，夹砂红陶，直口微弧，圆唇，弧收腹，下残。素面。口径28.8、残高10厘米（图五五，6）。

标本G2④：456，夹砂红陶，弧敞口，圆唇，弧收腹，下残。素面。口径24.8、残高6.4厘米（图五五，4）。

标本G2④：457，夹砂红褐陶，弧敞口，圆唇，弧收腹，下残。素面。口径27、残高10.4厘米（图五五，2）。

标本G2④：458，夹砂红褐陶，弧敞口，圆唇，弧收腹，下残。素面。口径39、残高8.4厘米（图五五，9）。

标本G2④：470，夹砂红陶，弧敞口，圆唇，弧收腹，下残。素面。口径42、残高8.6厘米（图五五，12）。

标本G2④：471，夹砂红褐陶，弧敛口，圆唇，弧收腹，下残。素面。口径33、残高6.6厘米（图五五，11）。

标本G2④：472，夹砂红陶，弧敞口，圆唇，弧收腹，下残。素面。口径34.8、残高9.6厘米（图五五，14）。

标本G2④：473，夹砂红褐陶，弧敞口，圆唇，弧收腹，下残。素面。口径42、残高7.2厘米（图五五，13）。

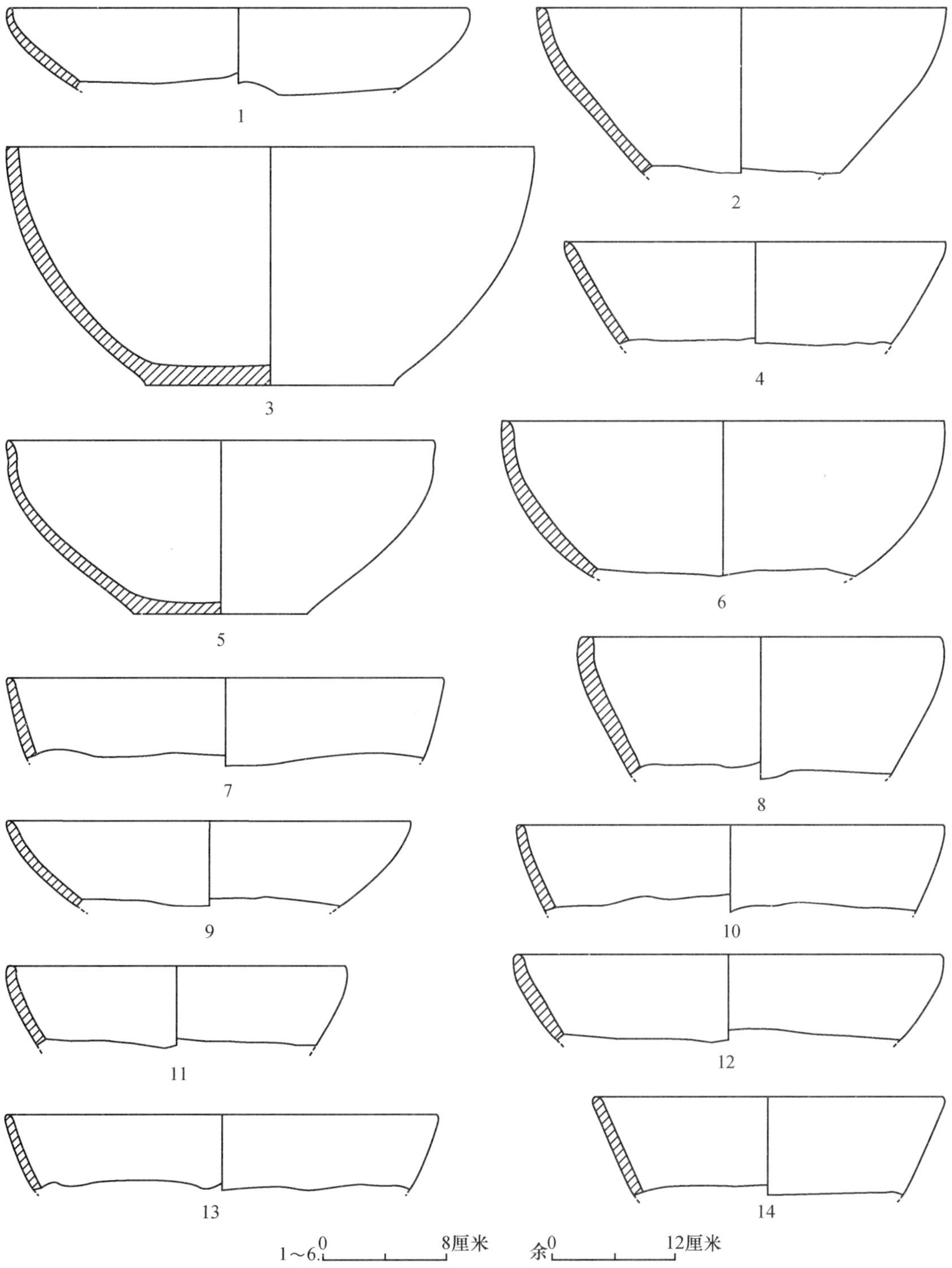


图五五　西周时期A型夹砂陶盆

1. G2⑤：339　2. G2④：457　3. G2④：295　4. G2④：456　5. G2④：297　6. G2④：453　7. G2④：415　8. G2⑤：351　9. G2④：458　10. G2④：452　11. G2④：471　12. G2④：470　13. G2④：473　14. G2④：472

标本G2④：494，夹砂红褐陶，敞口，方唇，弧腹，下残。素面。口径32、残高7.2厘米（图五六，1）。

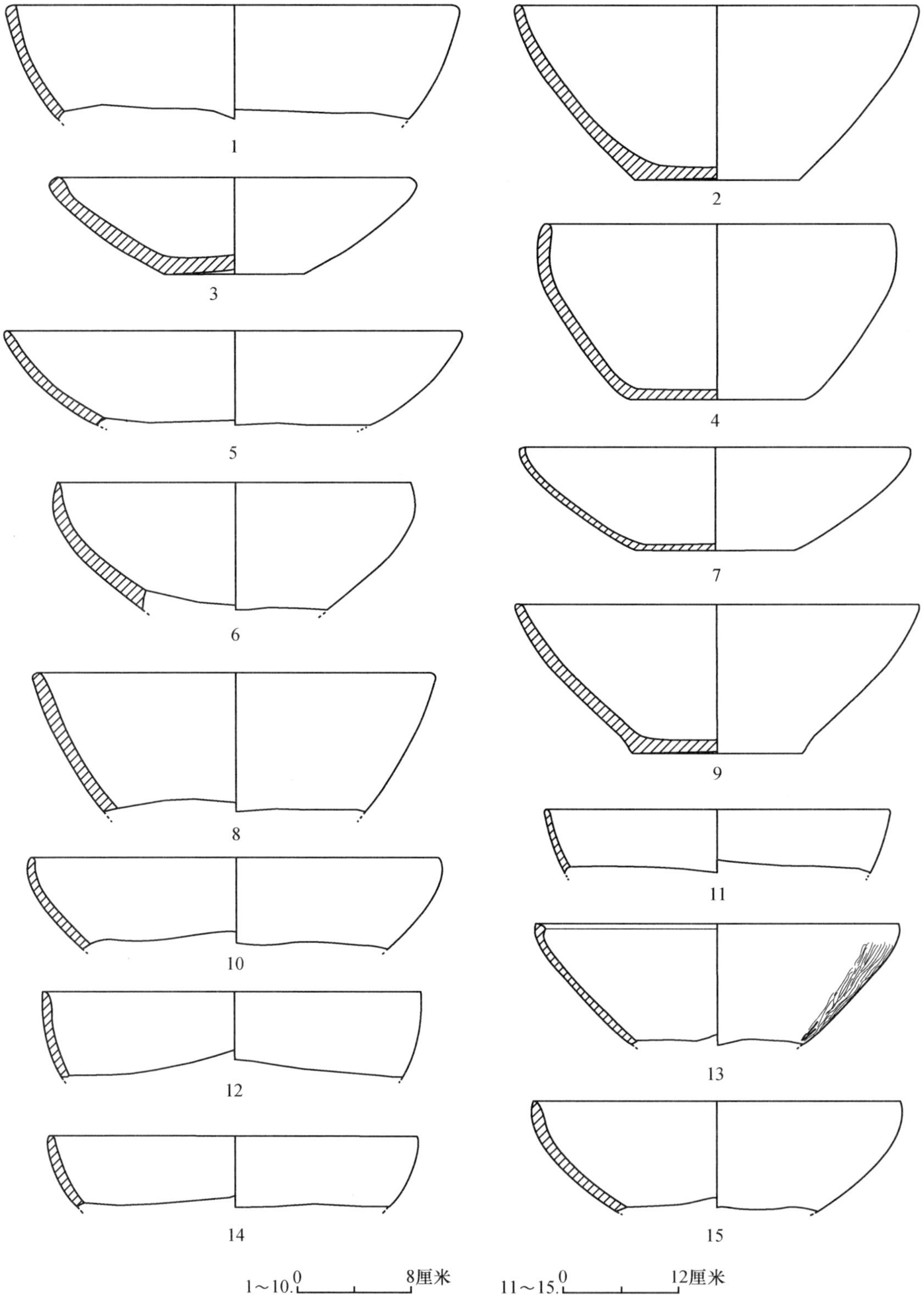


图五六　西周时期A型夹砂陶盆

1. G2④：494　2. G2①：63　3. G2③：245　4. G2①：92　5. G2③：543　6. G2③：544　7. G2①：93　8. G2②：557　9. G2①：188　10. G2①：572　11. G2④：495　12. G2①：573　13. G2①：575　14. G2①：574　15. G2①：576

标本G2④：495，夹砂黑褐陶，敞口，方唇，弧腹，下残。素面。口径36、残高6厘米（图五六，11）。

标本G2③：245，已修复。夹砂红褐陶，敞口，圆唇，弧壁，平底略内凹。素面。口径25.6、底径9.6、高6.8厘米（图五六，3；图版二三，6）。

标本G2③：543，夹砂红褐陶，敞口，圆唇，弧壁，下残。素面。口径32、残高6.4厘米（图五六，5）。

标本G2③：544，夹砂黑褐陶，口微敛，圆唇，弧腹，下残。素面。口径25、残高8.5厘米（图五六，6）。

标本G2②：557，夹砂黑褐陶，敞口，方唇，弧壁下收，下残。素面。口径29.6、残高10厘米（图五六，8）。

标本G2①：63，已修复。夹砂红褐陶，敞口，圆唇，弧壁，平底，器形略不规整。素面。口径28、底径10、高12.2厘米（图五六，2；图版二四，1）。

标本G2①：92，已修复。夹砂红陶，敞口，圆唇，弧腹，平底。素面。口径24、底径12、高12厘米（图五六，4；图版二四，2）。

标本G2①：93，已修复。夹砂红褐陶，敞口，方圆唇，弧壁，平底。素面。口径27.2、底径10.8、高7.2厘米（图五六，7；图版二四，3）。

标本G2①：188，已修复。夹砂红褐陶，敞口，圆唇，弧腹内收，平底。素面。口径28、底径12、高10.4厘米（图五六，9；图版二四，4）。

标本G2①：572，夹砂红褐陶，敛口，圆唇，弧收腹，下残。素面。口径29、残高6厘米（图五六，10）。

标本G2①：573，夹砂红陶，弧直口，圆唇，弧收腹，下残。素面。口径39.6、残高8.4厘米（图五六，12）。

标本G2①：574，夹砂红陶，弧敞口，圆唇，弧收腹，下残。素面。口径39、残高7.2厘米（图五六，14）。

标本G2①：575，夹砂红褐陶，弧敞口，圆唇，唇面内侧有叠唇，弧收腹，下残。素面。口径37.8、残高12厘米（图五六，13）。

标本G2①：576，夹砂红陶，弧敞口，圆唇，弧收腹，下残。素面。口径38、残高11厘米（图五六，15）。

标本G2①：596，夹砂红褐陶，弧敞口，圆唇，弧收腹，下残。素面。口径23.2、残高4.8厘米（图五七，1）。

标本G2①：604，夹砂红褐陶，敛口，圆唇，弧收腹，下残。素面。口径40、残高10.2厘米（图五七，14）。

标本G2①：605，夹砂红褐陶，敞口，圆唇，斜收腹，下残。素面。口径27、残高8.4厘米（图五七，3）。

标本G2①：675，夹砂红褐陶，弧敛口，圆唇，弧收腹，下残。素面。口径29、残高6厘米（图五七，2）。

标本G2①：677，夹砂红褐陶，敞口，圆唇，斜收腹，下残。素面。口径33.7、残高6.6厘米

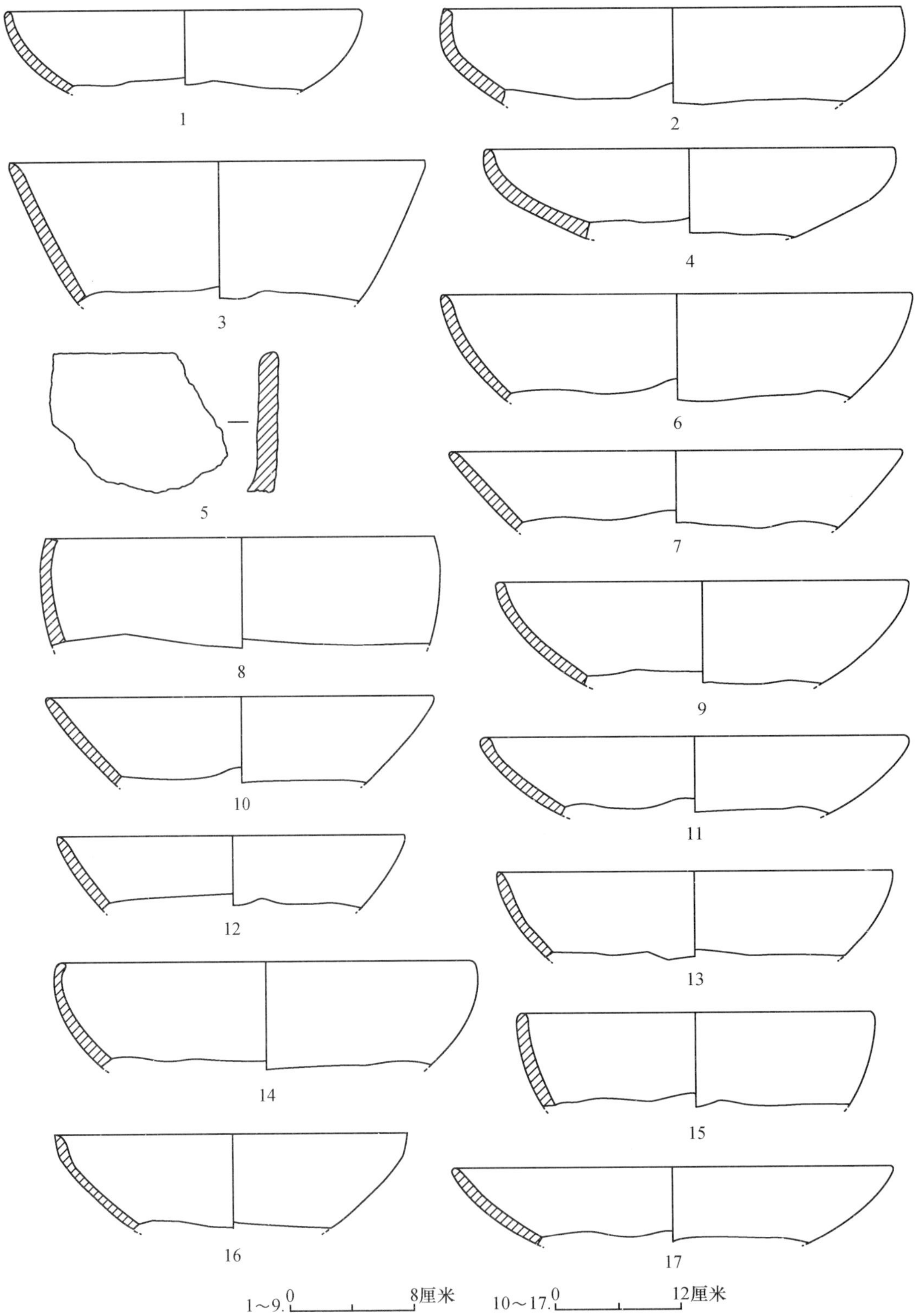


图五七　西周时期A型夹砂陶盆

1. G2①：596　2. G2①：675　3. G2①：605　4. G2①：681　5. G2①：727　6. G2①：680　7. G2①：686　8. G2①：732　9. G2①：734　10. G2①：679　11. G2①：683　12. G2①：677　13. G2①：729　14. G2①：604　15. G2①：730　16. G2①：678　17. G2①：682

（图五七，12）。

标本G2①：678，夹砂红褐陶，弧敞口，圆唇，弧收腹，下残。素面。口径34.2、残高9厘米（图五七，16）。

标本G2①：679，夹砂红陶，敞口，圆唇，斜收腹，下残。素面。口径37.2、残高7.8厘米（图五七，10）。

标本G2①：680，夹砂红褐陶，弧敞口，圆唇，斜收腹，下残。素面。口径30、残高6.8厘米（图五七，6）。

标本G2①：681，夹砂红褐陶，直口微敛，圆唇，弧收腹，下残。素面。口径26、残高5.4厘米（图五七，4）。

标本G2①：682，夹砂红褐陶，弧敞口，圆唇，弧收腹，下残。素面。口径42、残高6.9厘米（图五七，17）。

标本G2①：683，夹砂红褐陶，弧敞口，圆唇，弧收腹，下残。素面。口径41、残高6.6厘米（图五七，11）。

标本G2①：686，夹砂红褐陶，敞口，微卷沿，圆唇，斜收腹，下残。素面。口径28.8、残高4.6厘米（图五七，7）。

标本G2①：727，夹砂红陶，直口，圆唇，截面近直，无法复原口径。素面。残高8.8厘米（图五七，5）。

标本G2①：729，夹砂红陶，弧敞口，圆唇，弧收腹，下残。素面。口径37.2、残高8.4厘米（图五七，13）。

标本G2①：730，夹砂红褐陶，弧敞口，圆唇，弧收腹，下残。素面。口径34.2、残高9厘米（图五七，15）。

标本G2①：732，夹砂红褐陶，弧敛口，圆唇，弧收腹，下残。素面。口径24.8、残高7.2厘米（图五七，8）。

标本G2①：734，夹砂红褐陶，弧敞口，方唇，弧收腹，下残。素面。口径26、残高6.4厘米（图五七，9）。

标本G2①：735，夹砂红陶，敞口，斜平沿，尖唇，斜收腹，下残。素面。口径42、残高10厘米（图五八，11）。

标本G2①：737，夹砂红褐陶，弧敞口，方唇，弧收腹，下残。素面。口径28、残高8厘米（图五八，5）。

标本G2①：779，夹砂红褐陶，直口微敛，圆唇，弧收腹，下残。腹部饰凸棱。口径42、残高11.2厘米（图五八，12）。

标本G2①：796，夹砂红陶，敞口，圆唇，弧壁，下残。素面。口径27、残高6.3厘米（图五八，9）。

标本G2①：799，夹砂红褐陶，敞口，圆唇，斜收腹，下残。素面。口径33、残高10.6厘米（图五八，3）。

标本G2①：800，夹砂红褐陶，敞口，圆唇，弧壁，下残。素面。口径28、残高8厘米（图五八，7）。

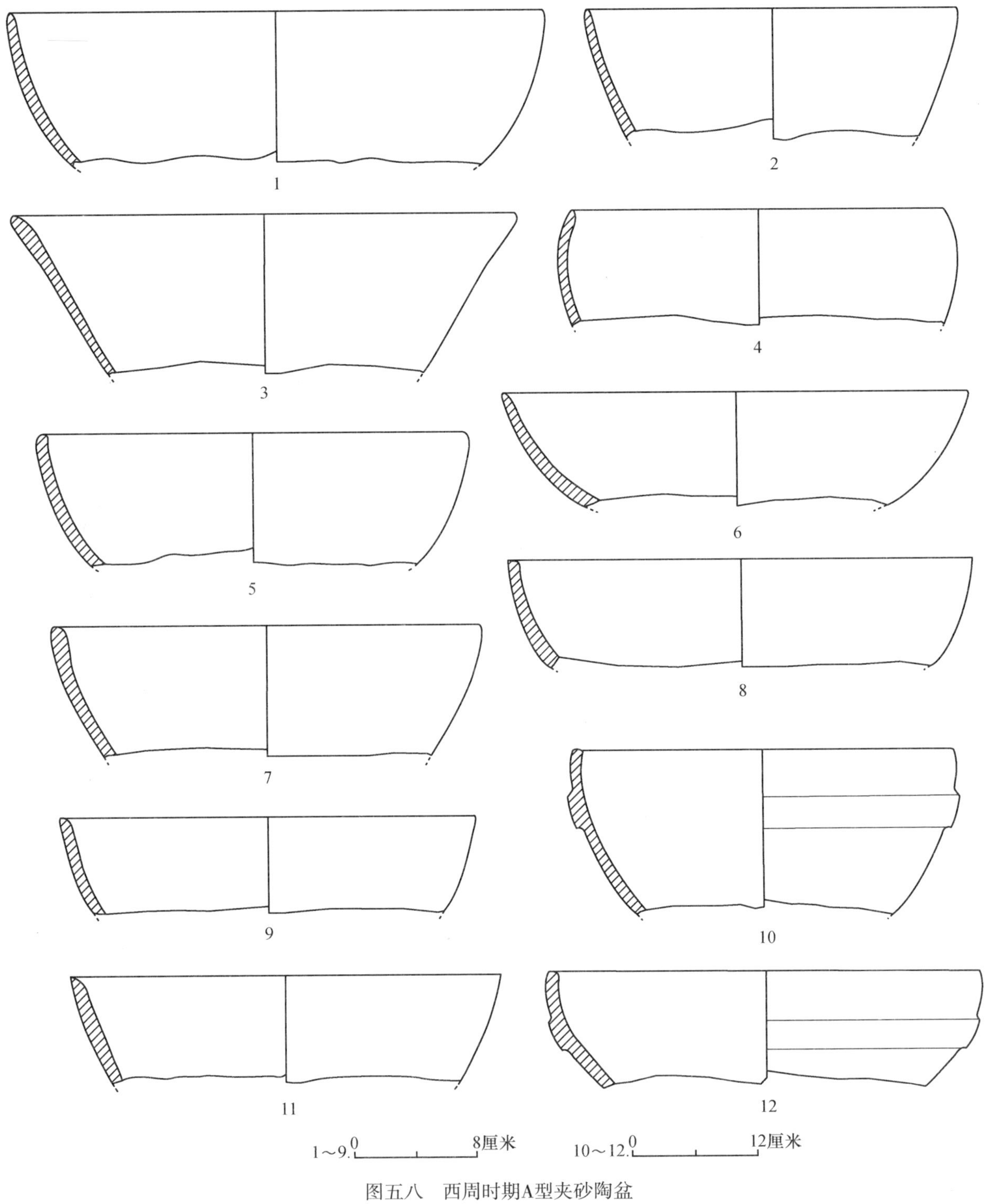


图五八　西周时期A型夹砂陶盆

1. T0920③B：2　2. T0822③B：2　3. G2①：799　4. G2①：842　5. G2①：737　6. G2①：826　7. G2①：800　8. G2①：843　9. G2①：796　10. G2①：801　11. G2①：735　12. G2①：779

标本G2①：801，夹砂红褐陶，敞口，方唇，弧壁，下残。近口沿处饰凸棱一周。口径36.4、残高14.8厘米（图五八，10）。

标本G2①：826，夹砂红褐陶，敞口，尖圆唇，弧腹，下残。素面。口径30、残高7.2厘米（图五八，6）。

标本G2①：842，夹砂黑褐陶，敛口，尖唇，弧腹，下残。素面。口径24、残高7厘米（图五八，4）。

标本G2①：843，夹砂红褐陶，弧敞口，方唇，弧壁，下残。素面。口径30、残高7厘米（图五八，8）。

标本T0822③B：2，夹砂红褐陶，敞口，圆唇，弧壁，下残。素面。口径24.6、残高8.4厘米（图五八，2）。

标本T0920③B：2，夹砂红褐陶，弧敞口，圆唇，弧壁，下残。素面。口径35、残高9.5厘米（图五八，1）。

B型　有明显口沿。标本G2⑤：334，夹砂黑褐陶，侈口，卷沿，圆唇，弧收腹，下残。腹部饰绳纹。口径30、残高6.6厘米（图五九，1）。

标本G2④：403，夹砂灰陶，折口，平沿，方唇，直腹微弧，下残。腹部饰绳纹。口径28、残高12厘米（图五九，2）。

标本G2④：451，夹砂灰陶，侈口，卷沿，方唇，弧腹，下残。腹部饰绳纹。口径43.2、残高13.2厘米（图五九，10）。

标本G2④：496，夹砂红褐陶，敞口，方唇，弧腹弧收，下残。素面。口径54、残高8厘米（图五九，12）。

标本G2④：511，夹砂黑褐陶，敞口，尖圆唇，折腹，弧壁，下残。腹部饰绳纹。口径37.6、残高7.2厘米（图五九，13）。

标本G2③：517，夹砂红陶，敞口，卷沿，圆唇，微弧腹，下残。素面。口径42、残高7.8厘米（图五九，9）。

标本G2③：518，夹砂灰陶，侈口，宽平沿，方唇，微弧腹，下残。腹部饰绳纹。口径28、残高7.6厘米（图五九，4）。

标本G2②：558，夹砂红陶，矮直领，直口，方唇，弧腹，下残。素面。口径63、残高8.8厘米（图五九，16）。

标本G2②：561，夹砂灰褐陶，直口较直，圆唇，鼓腹斜收，下残。肩部以下饰绳纹。口径28.8、残高9厘米（图五九，3）。

标本G2①：177，已修复。夹砂红褐陶，敞口，斜沿，尖唇，弧腹内收成平底微内凹。素面。口径24、底径10.7、高9厘米（图五九，6；图版二四，5）。

标本G2①：577，夹砂红褐陶，侈口，微卷沿，圆唇，弧收腹，下残。素面。口径30、残高7.2厘米（图五九，5）。

标本G2①：592，夹砂黑陶，侈口，卷沿，方唇，弧腹，下残。腹部饰绳纹。口径35.6、残高6厘米（图五九，11）。

标本G2①：613，夹砂红褐陶，侈口，卷沿，方唇，弧收腹，下残。素面。口径38.4、残高7.8厘米（图五九，15）。

标本G2①：736，夹砂红陶，侈口，卷沿，圆唇，弧收腹，下残。素面。口径27.2、残高10厘米（图五九，7）。

标本G2①：776，夹砂黑褐陶，弧敞口，卷沿，圆唇，弧腹，下残。素面。口径52.6、残高9.6厘米（图五九，8）。

标本G2①：827，夹砂红陶，窄侈口，方唇，弧壁近直，下残。口沿下饰数道弦纹，其下饰网格纹与绳纹。口径53.2、残高8.4厘米（图五九，14）。

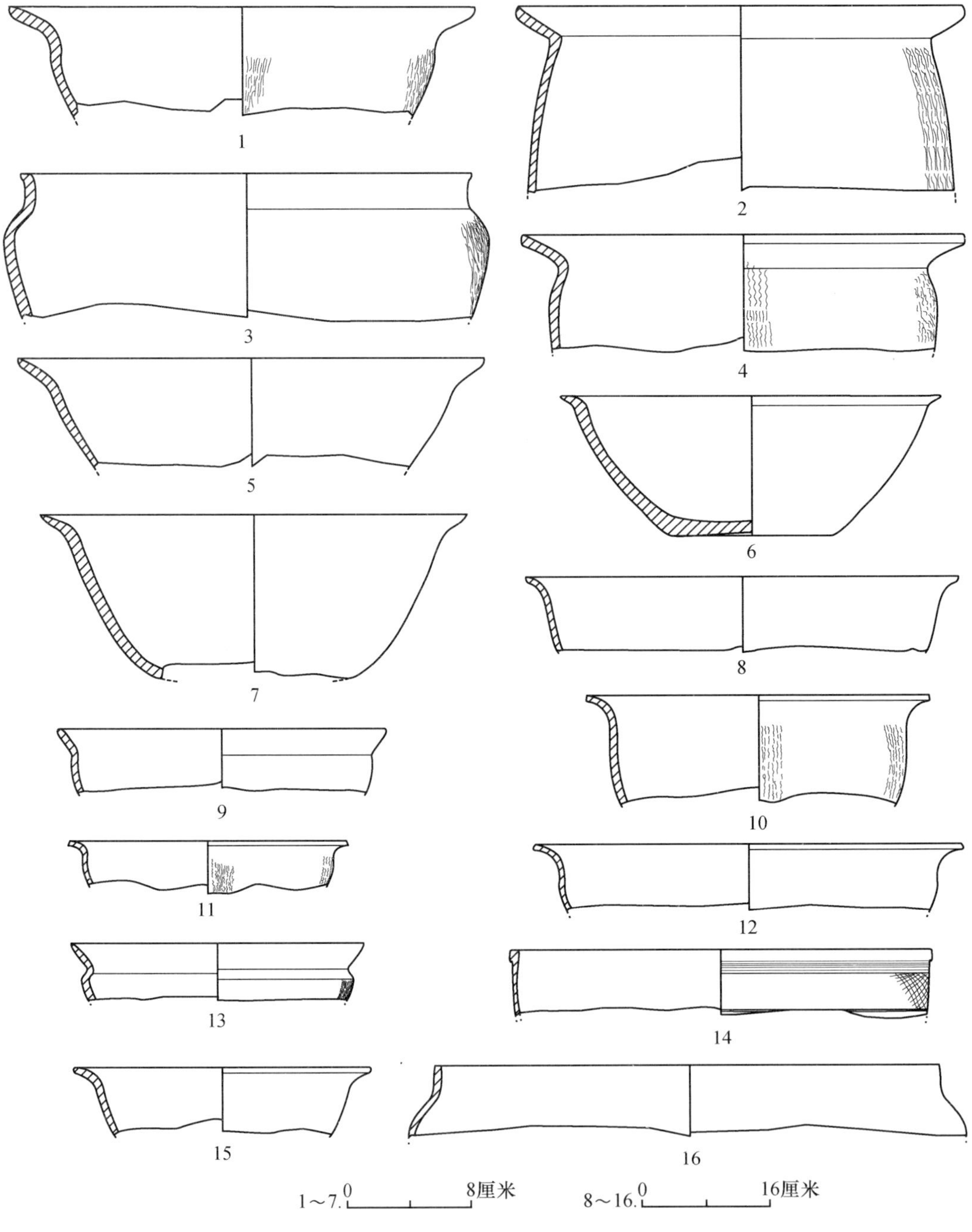


图五九　西周时期B型夹砂陶盆

1. G2⑤：334　2. G2④：403　3. G2②：561　4. G2③：518　5. G2①：577　6. G2①：177　7. G2①：736　8. G2①：776　9. G2③：517　10. G2④：451　11. G2①：592　12. G2④：496　13. G2④：511　14. G2①：827　15. G2①：613　16. G2②：558

标本T1020③B：2，夹砂黑褐陶，侈口，卷沿，方唇，弧腹，下残。素面。口径32、残高7.6厘米（图六〇，3）。

标本T1020③B：3，夹砂黑陶，侈口，折平沿，尖唇，束颈，弧腹，下残。素面。口径37、残高7.2厘米（图六〇，1）。

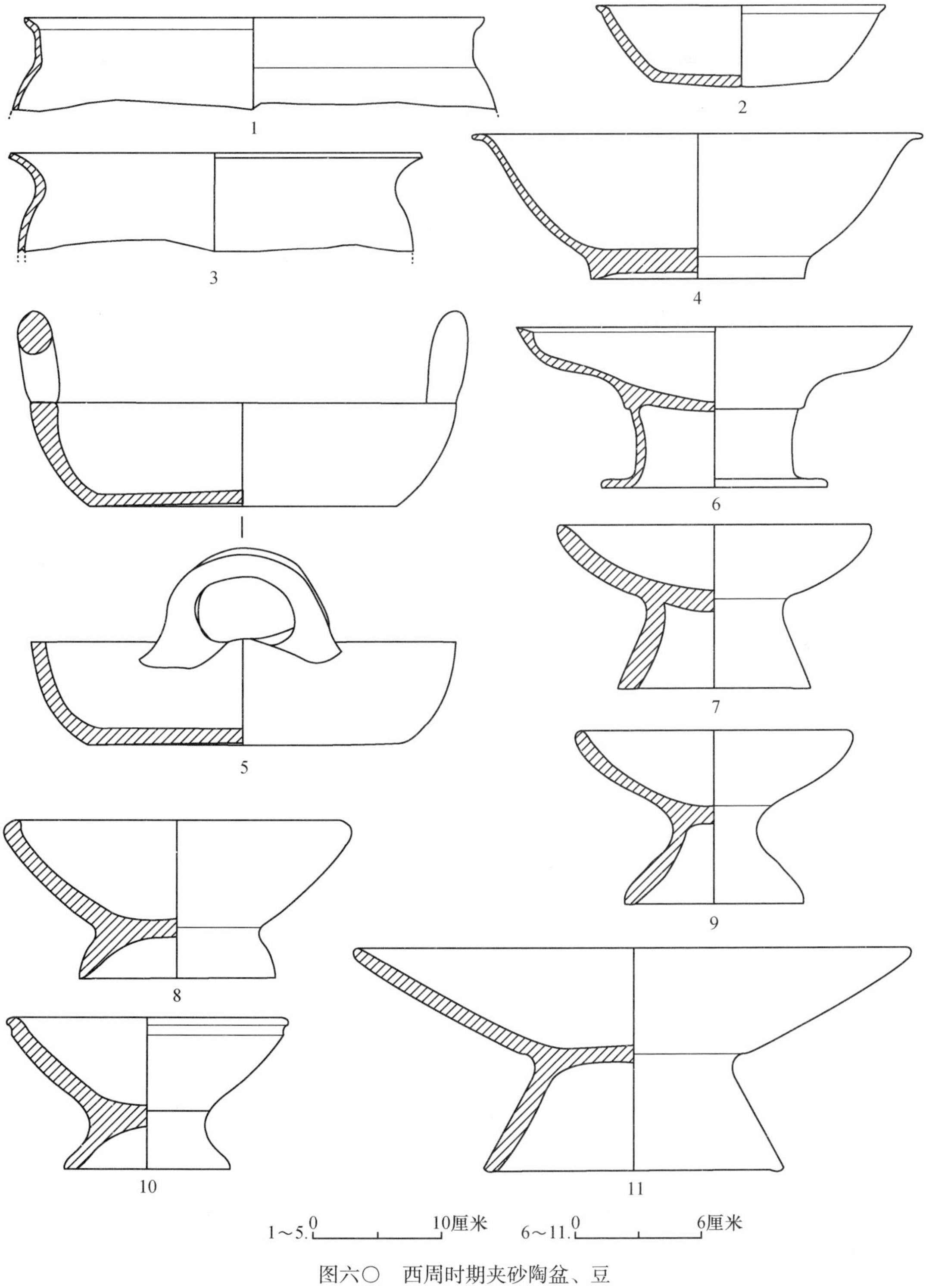


图六〇　西周时期夹砂陶盆、豆

1～4. B型盆（T1020③B：3、T1214③A：4、T1020③B：2、JD采：7）　5. C型盆（G2①：100）　6～11. A型豆（G2④：280、G2①：57、G2①：87、G2①：65、G2①：33、G2①：91）

标本T1214③A：4，已修复。夹砂红陶，敞口，平沿，尖唇，弧壁，平底，中部微有凸起。素面。口径23、底径14、高7.2厘米（图六〇，2；图版二四，6）。

标本JD采：7，夹砂红陶，敞口，斜卷沿，圆唇，弧腹，平底微内凹，成假圈足。素面。口径35.7、底径17.1、高11.4厘米（图六〇，4；图版二五，1）。

C型　有双立耳。标本G2①：100，已修复。夹砂红陶，敞口，平沿，方唇，弧壁，平底略内凹，口沿部有对称立耳。素面。口径33.3、底径24.3、高15.4厘米（图六〇，5；图版二五，2）。

**豆**　可辨器形20件，可修复器9件，另在晚期层位发现可修复器2件，依据腹部特征，分为二型。

A型　弧腹豆盘。标本G2④：280，已修复。夹砂红陶，弧敞口，小斜沿，方唇，矮圈足。素面。口径18.6、底径10.6、高7.6厘米（图六〇，6；图版二五，3）。

标本G2①：33，已修复。夹砂红陶，敞口，圆唇，弧壁，喇叭圈足。素面。口径13、底径8、高7.2厘米（图六〇，10；图版二五，4）。

标本G2①：57，已修复。夹砂红陶，敞口，圆唇，弧壁，喇叭状圈足。素面。口径15、底径9、高7.8厘米（图六〇，7；图版二五，5）。

标本G2①：65，已修复。夹砂红褐陶，敞口，圆唇，弧壁，喇叭状圈足。素面。口径13.2、底径8.9、高8.6厘米（图六〇，9；图版二五，6）。

标本G2①：87，已修复。夹砂红陶，敛口，圆唇，弧收腹，圈足。素面。口径16.25、底径9.85、高7.45厘米（图六〇，8；图版二六，1）。

标本G2①：91，已修复。夹砂红陶，敞口，方唇，弧壁，喇叭状圈足。素面。口径26.25、底径13.45、高10.6厘米（图六〇，11；图版二六，2）。

标本G2①：189，已修复。夹砂红褐陶，敞口，圆唇，弧壁，高圈足。素面。口径23、底径11.6、高13厘米（图六一，2；图版二六，3）。

标本G2①：191，已修复。夹砂红陶，敞口，圆唇，喇叭状圈足。素面。口径16、底径10.7、高8.4厘米（图六一，1；图版二六，4）。

标本G2①：192，已修复。夹砂红陶，敞口，尖圆唇，矮圈足。素面。口径15.6、底径10、高7.6厘米（图六一，5；图版二六，5）。

标本T1214④A：6，已修复，出土于唐宋层位。夹砂红褐陶，敞口，弧壁，矮圈足。素面。口径13.2、底径7.8、高6.4厘米（图六一，7；图版二六，6）。

弧腹豆盘　标本G2①：609，夹砂灰陶，敛口，方唇，弧壁，下残。腹部饰有两道弦纹。口径14、残高3.4厘米（图六一，8）。标本G2①：697，夹砂灰褐陶，敛口，圆唇，腹部斜弧，柄以下残。素面。口径14.6、残高5.4厘米（图六一，3）。标本G2①：698，夹砂红褐陶，直口微弧，方唇，弧折腹，弧收，下残。素面。口径33、残高6.6厘米（图六一，11）。标本G2①：731，夹砂红褐陶，微敛口，圆唇，弧收腹，下残。素面。口径26、残高4.5厘米（图六一，6）。标本G2①：738，夹砂红陶，直口微敛，圆唇，弧收腹，下残。素面。口径29.5、残高7.2厘米（图六一，9）。标本G2①：772，夹砂黑皮陶，直口，方唇，弧壁，其下残。素面。口径27.4、残高7.2厘米（图六一，4）。标本G2①：844，夹砂红褐陶，敞口，圆角方唇，弧壁，下残。素面。口径12、残高3.6厘米（图六一，10）。

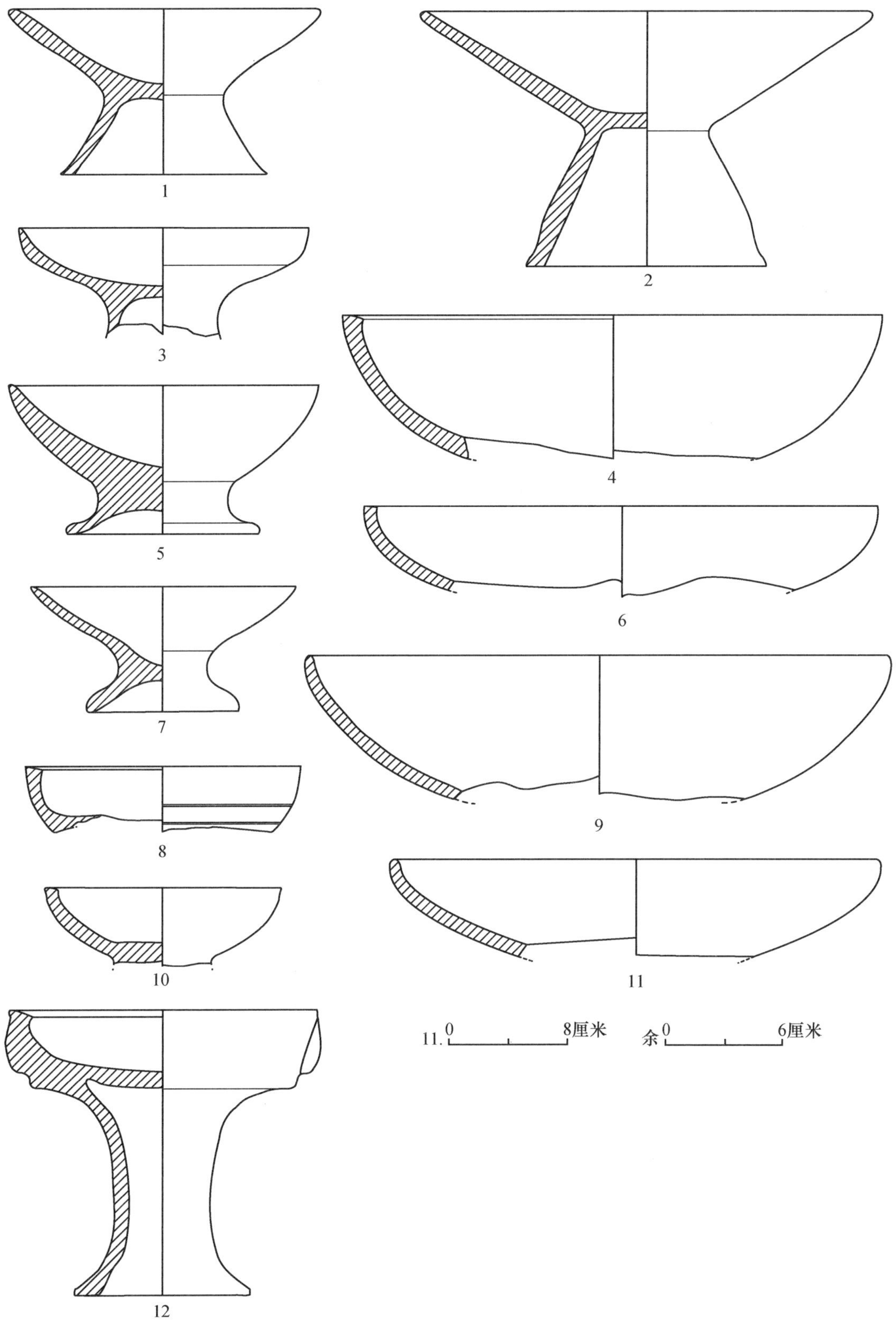


图六一　西周时期夹砂陶豆

1～11. A型（G2①：191、G2①：189、G2①：697、G2①：772、G2①：192、G2①：731、T1214④A：6、G2①：609、G2①：738、G2①：844、G2①：698）　12. B型（T1215②：1）

B型　折腹豆盘。标本T1215②：1，已修复，出土于唐宋层位。夹砂红褐陶，敞口，平沿，折腹，直柄外撇成喇叭状圈足，器形略有倾斜，盘壁外侧有一对圆纽对称分布。素面。口径15.6、底径9、高15厘米（图六一，12；图版二七，1）。

**罐**　可辨器形270件，可修复器13件，依据口部特征，分为四型。

A型　侈口。依据沿面宽窄分为二亚型。

Aa型　窄沿，器形一般较小。标本G2④：252，已修复。夹砂红褐陶，侈口，尖唇，弧腹，平底近圜，造型略不甚规整。素面。口径14.6、底径12、高19.6厘米（图六二，4；图版二七，2）。

标本G2④：278，已修复。夹砂红褐陶，侈口，斜沿，圆唇，弧腹内收，平底略内凹。素面。口径12.4、底径7、高13.8厘米（图六二，5；图版二七，3）。

标本G2④：287，已修复。夹砂黑褐陶，侈口，斜沿，尖圆唇，束颈，鼓腹弧收，小平底略内凹。素面。口径14、底径10.6、高18.4厘米（图六二，3；图版二七，4）。

标本G2③：240，基本完整。夹砂红褐陶，造型不甚规整，胎体厚重，制作粗糙，侈口，小斜沿，尖唇，折腹略下垂，平底微凹不平。素面。口径6.7、底径7、高9.2厘米（图六二，7；图版二七，5）。

标本G2①：73，已修复。夹砂黑褐陶，侈口，小斜沿，圆唇，弧腹，平底内凹。口沿处饰一圈指压纹。口径14、底径11、高16.4厘米（图六二，2；图版二七，6）。

标本G2①：168，已修复。夹砂黑褐陶，侈口，斜沿，圆唇，束颈，弧腹内收，小平底略内凹。素面。口径14.7、底径11、高18.6厘米（图六二，1；图版二八，1）。

标本G2④：377，夹砂红褐陶，侈口，卷沿，圆唇，鼓腹，下残。素面。口径18.8、残高6.4厘米（图六二，8）。

标本G2④：483，夹砂红褐陶，侈口，卷沿，圆唇，圆鼓腹，下残。素面。口径15.8、残高9.3厘米（图六二，6）。

标本G2③：523，夹砂红褐陶，侈口，卷沿，圆唇，鼓腹，下残。素面。口径22.4、残高16.8厘米（图六二，9）。

标本G2③：537，夹砂红陶，侈口，卷沿，圆唇，弧肩，下残。素面。口径16、残高6厘米（图六三，4）。

标本G2③：538，夹砂红褐陶，侈口，卷沿，尖圆唇，弧腹，下残。素面。口径17、残高7.2厘米（图六三，6）。

标本G2①：567，夹砂红陶，侈口，卷沿，圆唇，圆鼓腹，下残。素面。口径22、残高7.3厘米（图六三，8）。

标本G2①：744，夹砂红褐陶，侈口，卷沿，圆唇，圆鼓腹弧收，下残。素面。口径12、残高6.8厘米（图六三，5）。

标本G2①：752，夹砂红陶，侈口，卷沿，圆唇，鼓腹，下残。素面。口径22、残高6.4厘米（图六三，2）。

标本G2①：753，夹砂红褐陶，侈口，卷沿，圆唇，圆鼓腹，下残。素面。口径20、残高13.4厘米（图六三，1）。

标本G2①：754，夹砂红褐陶，侈口，卷沿，圆唇，圆鼓腹，下残。素面。口径20.2、残高11.7厘米（图六三，7）。

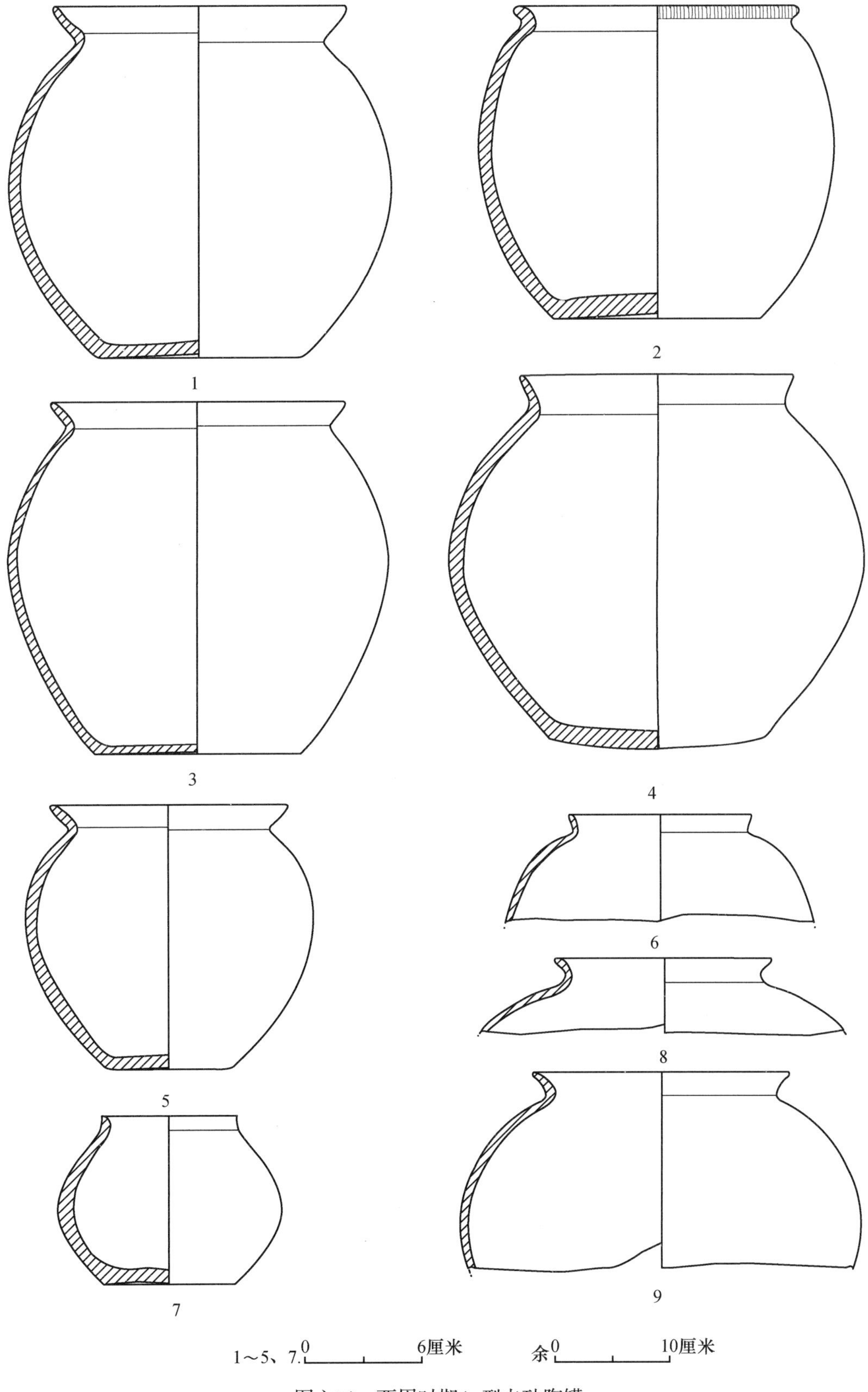


图六二　西周时期Aa型夹砂陶罐

1. G2①：168　2. G2①：73　3. G2④：287　4. G2④：252　5. G2④：278　6. G2④：483　7. G2③：240　8. G2④：377　9. G2③：523

标本G2①：786，夹砂红褐陶，侈口，圆唇，窄沿，弧腹。素面。口径32、残高7.6厘米（图六三，3）。

Ab型　宽沿，器形一般较大。标本G2④：258，已修复。夹砂黑陶，侈口，斜沿，圆唇，束颈，鼓腹平底略内凹。腹部饰弦纹、三角纹。口径22、底径10.8、最大腹径32.8、高35.7厘米（图六三，10；图版二八，2）。

图六三　西周时期夹砂陶罐

1～8. Aa型（G2①：753、G2①：752、G2①：786、G2③：537、G2①：744、G2③：538、G2①：754、G2①：567）

9、10. Ab型（G2①：62、G2④：258）

标本G2①：62，已修复。夹砂红褐陶，侈口，斜卷沿，圆唇，束颈，鼓腹弧收，小平底略内凹。素面。口径18.6、底径12.6、最大腹径29.6、高25厘米（图六三，9；图版二八，3）。

标本G2①：197，已修复。夹砂黑褐陶，侈口，斜沿，方唇，束颈，弧肩，鼓腹内敛，平底内凹。素面。口径19.3、底径15.6、最大腹径35.1、高33.9厘米（图六四，1；图版二八，4）。

标本G2⑤：349，夹砂红褐陶，侈口，卷沿，尖唇，鼓腹，下残。素面。口径30、残高5.2厘米（图六四，5）。

标本G2⑤：350，夹砂红陶，侈口，卷沿，方唇，弧腹，下残。素面。口径38、残高6.4厘米（图六四，7）。

标本G2④：391，夹砂红陶，侈口，卷沿，圆唇，鼓腹，下残。素面。口径23.2、残高4.2厘米（图六四，2）。

标本G2④：476，夹砂红陶，侈口，卷沿，圆唇，鼓腹，下残。素面。口径16、残高6厘米（图六四，9）。

标本G2④：477，夹砂红褐陶，侈口，卷沿，圆唇，圆鼓腹，下残。素面。口径18、残高11.6厘米（图六四，4）。

标本G2④：478，夹砂红陶，侈口，卷沿，圆唇，弧腹，下残。素面。口径17.1、残高8.1厘米（图六四，3）。

标本G2④：498，夹砂红褐陶，侈口，尖唇，弧腹，下残。下腹部饰弦纹、方格纹。口径22.8、残高9厘米（图六四，6）。

标本G2④：501，夹砂红陶，侈口，圆唇，鼓肩，弧腹，下残。素面。口径13.2、残高7.2厘米（图六四，8）。

标本G2④：502，夹砂红陶，侈口，卷沿，圆唇，弧腹，下残。素面。口径30.5、残高12厘米（图六四，10）。

标本G2③：536，夹砂红褐陶，侈口，卷沿，方唇，弧腹，下残。素面。口径17、残高5.4厘米（图六四，11）。

标本G2②：560，夹砂红褐陶，侈口，方唇，束颈，鼓肩，下残。颈部饰有弦纹五道，肩腹部饰绳纹。口径20.2、残高7.2厘米（图六四，13）。

标本G2①：588，夹砂灰褐陶，侈口，微卷沿，鼓腹，下残。素面。口径26.8、残高7.6厘米（图六四，12）。

标本G2①：595，夹砂红陶，侈口，宽卷沿，圆唇，鼓腹，下残。素面。口径23.5、残高4.6厘米（图六五，1）。

标本G2①：641，夹砂红褐陶，侈口，斜平沿，圆唇，微弧腹，下残。素面。口径30.3、残高15.6厘米（图六五，3）。

标本G2①：650，夹砂红陶，弧敞领，卷沿，圆唇，鼓腹，下残。素面。口径19.1、残高8.6厘米（图六五，2）。

标本G2①：652，夹砂红陶，侈口，卷沿，圆唇，鼓腹，下残。素面。口径20、残高10厘米（图六五，4）。

标本G2①：654，夹砂红褐陶，侈口，卷沿，圆唇，圆鼓腹，下残。素面。口径20、残高15.2厘米（图六五，5）。

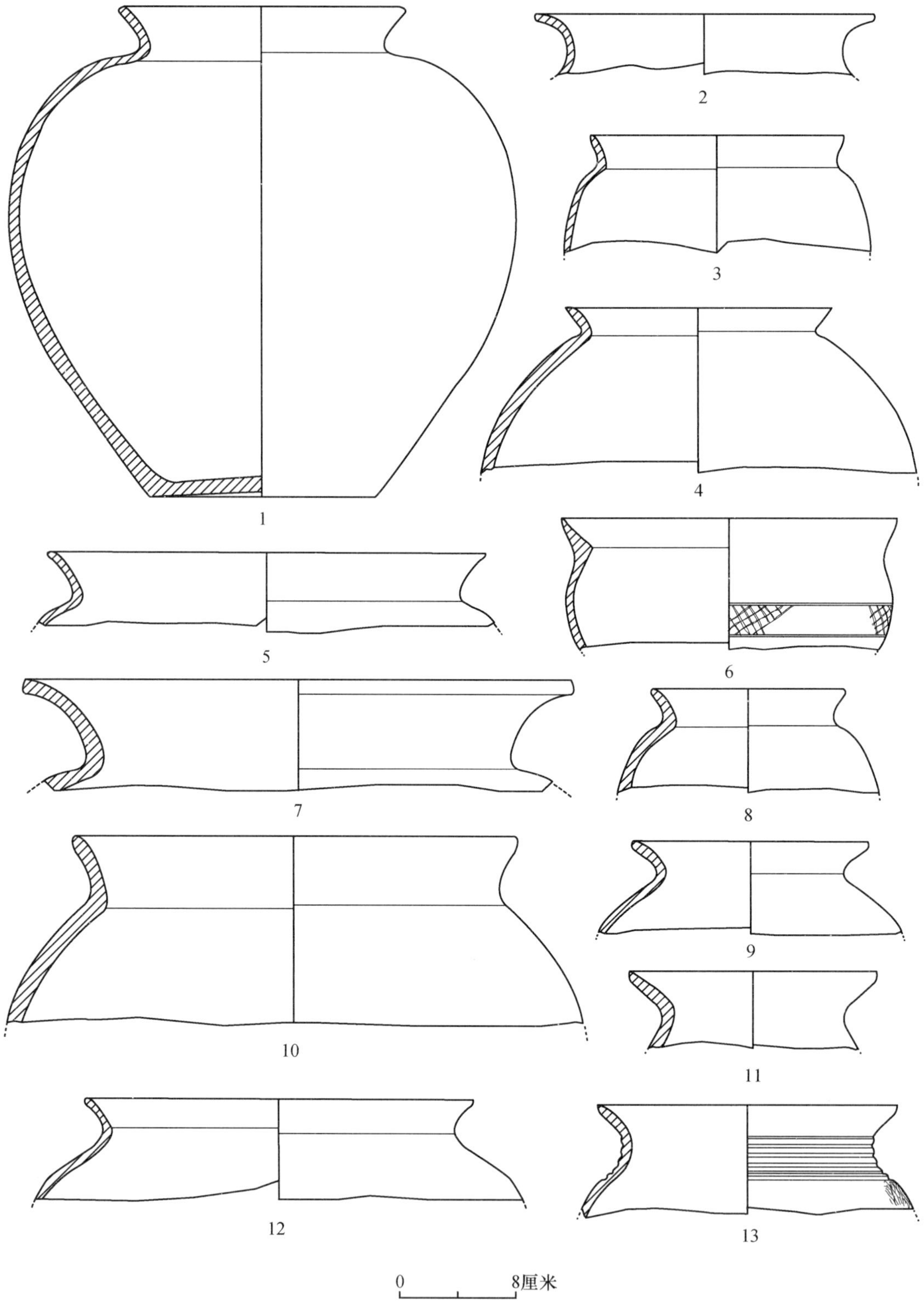


图六四　西周时期Ab型夹砂陶罐

1. G2①：197　2. G2④：391　3. G2④：478　4. G2④：477　5. G2⑤：349　6. G2④：498　7. G2⑤：350　8. G2④：501　9. G2④：476　10. G2④：502　11. G2③：536　12. G2①：588　13. G2②：560

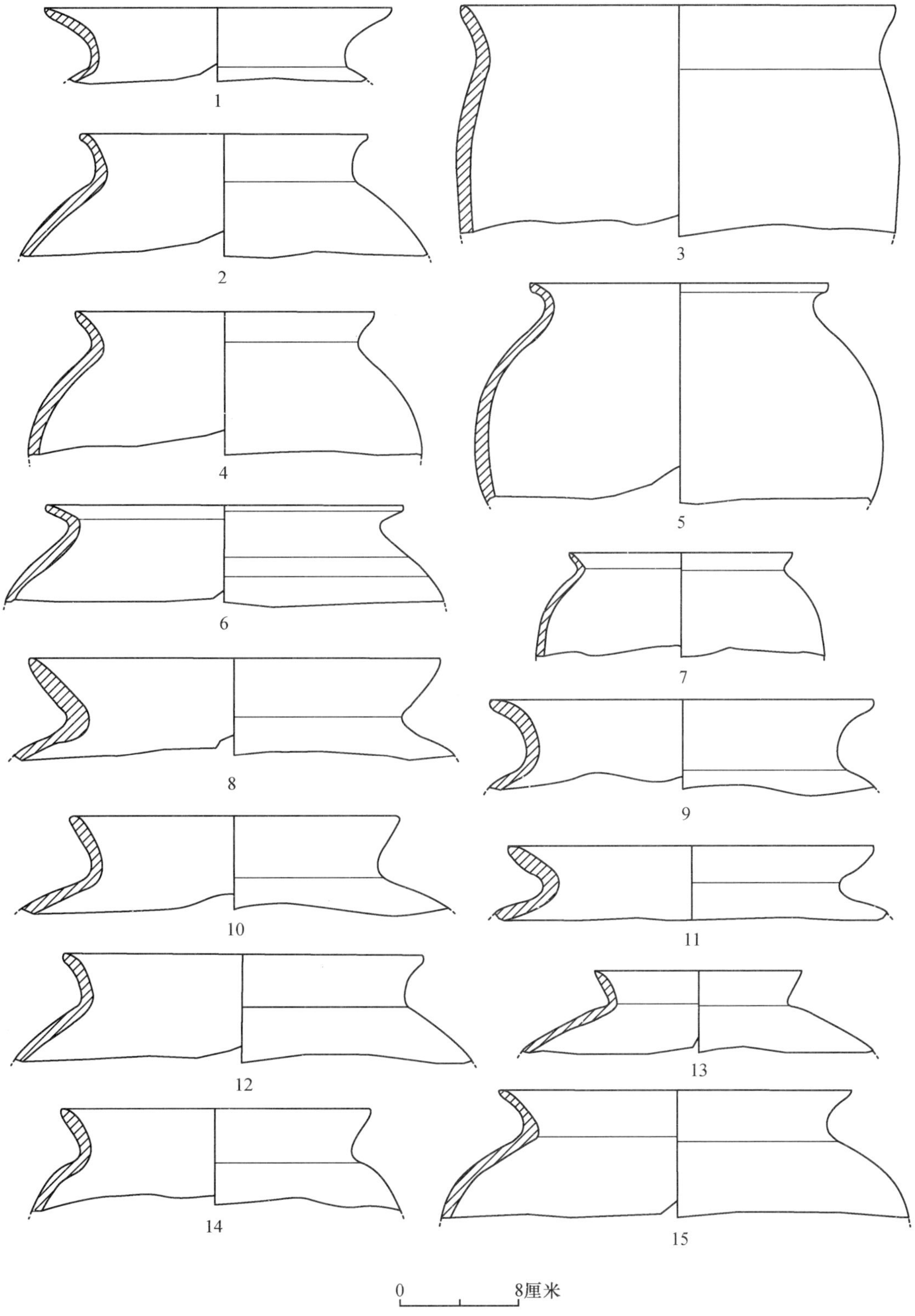


图六五　西周时期Ab型夹砂陶罐

1. G2①：595　2. G2①：650　3. G2①：641　4. G2①：652　5. G2①：654　6. G2①：658　7. G2①：661　8. G2①：662　9. G2①：663　10. G2①：664　11. G2①：665　12. G2①：666　13. G2①：669　14. G2①：670　15. G2①：671

标本G2①：658，夹砂红陶，侈口，卷沿，方唇，鼓腹，下残。饰弦纹。口径24、残高6.4厘米（图六五，6）。

标本G2①：661，夹砂红褐陶，侈口，弧折沿，沿面微凹，圆唇，弧鼓腹，下残。素面。口径15、残高7厘米（图六五，7）。

标本G2①：662，夹砂红褐陶，侈口，宽平沿，圆唇，鼓腹，下残。素面。口径27.8、残高6.2厘米（图六五，8）。

标本G2①：663，夹砂红褐陶，侈口，宽卷沿，圆唇，鼓腹，下残。素面。口径27、残高5.6厘米（图六五，9）。

标本G2①：664，夹砂红陶，侈口，卷沿，圆唇，鼓腹，下残。素面。口径22、残高5.6厘米（图六五，10）。

标本G2①：665，夹砂红褐陶，侈口，平沿，圆唇，鼓腹，下残。素面。口径25、残高4.6厘米（图六五，11）。

标本G2①：666，夹砂红褐陶，侈口，卷沿，圆唇，鼓腹，下残。素面。口径24、残高6.8厘米（图六五，12）。

标本G2①：669，夹砂红陶，侈口，卷沿，圆唇，鼓腹，下残。素面。口径14、残高5厘米（图六五，13）。

标本G2①：670，夹砂红陶，侈口，卷沿，圆唇，沿面外侧有一周不明显凹槽，鼓腹，下残。素面。口径20.8、残高6.4厘米（图六五，14）。

标本G2①：671，夹砂红褐陶，侈口，卷沿，圆唇，鼓腹，下残。素面。口径24、残高8厘米（图六五，15）。

标本G2①：740，夹砂红陶，侈口，卷沿，圆唇，弧鼓腹，下残。素面。口径38、残高7厘米（图六六，1）。

标本G2①：748，夹砂红陶，弧折口，宽平沿，沿面微鼓，圆唇，腹部残。素面。口径35、残高7.8厘米（图六六，4）。

标本G2①：751，夹砂红褐陶，侈口，卷沿，圆唇，鼓腹，下残。素面。口径18、残高8.2厘米（图六六，6）。

标本G2①：755，夹砂红陶，侈口，卷沿，圆唇，鼓腹，下残。素面。口径15、残高6.9厘米（图六六，5）。

标本G2①：756，夹砂红陶，侈口，卷沿，圆唇，鼓腹，下残。素面。口径16、残高6.3厘米（图六六，7）。

标本G2①：757，夹砂红褐陶，侈口，卷沿，圆角方唇，鼓腹，下残。素面。口径20.8、残高8.8厘米（图六六，9）。

标本G2①：774，夹砂红褐陶，侈口，尖唇，束颈，弧腹，下残。素面。口径22.6、残高4.8厘米（图六六，8）。

标本G2①：780，夹砂红陶，侈口，卷沿，圆唇，弧腹，下残。素面。口径14.4、残高4.4厘米（图六六，3）。

标本G2①：781，夹砂红褐陶，侈口，卷沿，尖唇，弧腹，下残。素面。口径19.4、残高5厘米

（图六六，10）。

标本G2①：787，夹砂红褐陶，侈口，卷沿，方唇，弧腹，下残。素面。口径19.6、残高11.6厘米（图六六，12）。

标本G2①：788，夹砂红褐陶，侈口，卷沿，圆唇，弧鼓腹，下残。素面。口径17.6、残高9.8厘米（图六六，14）。

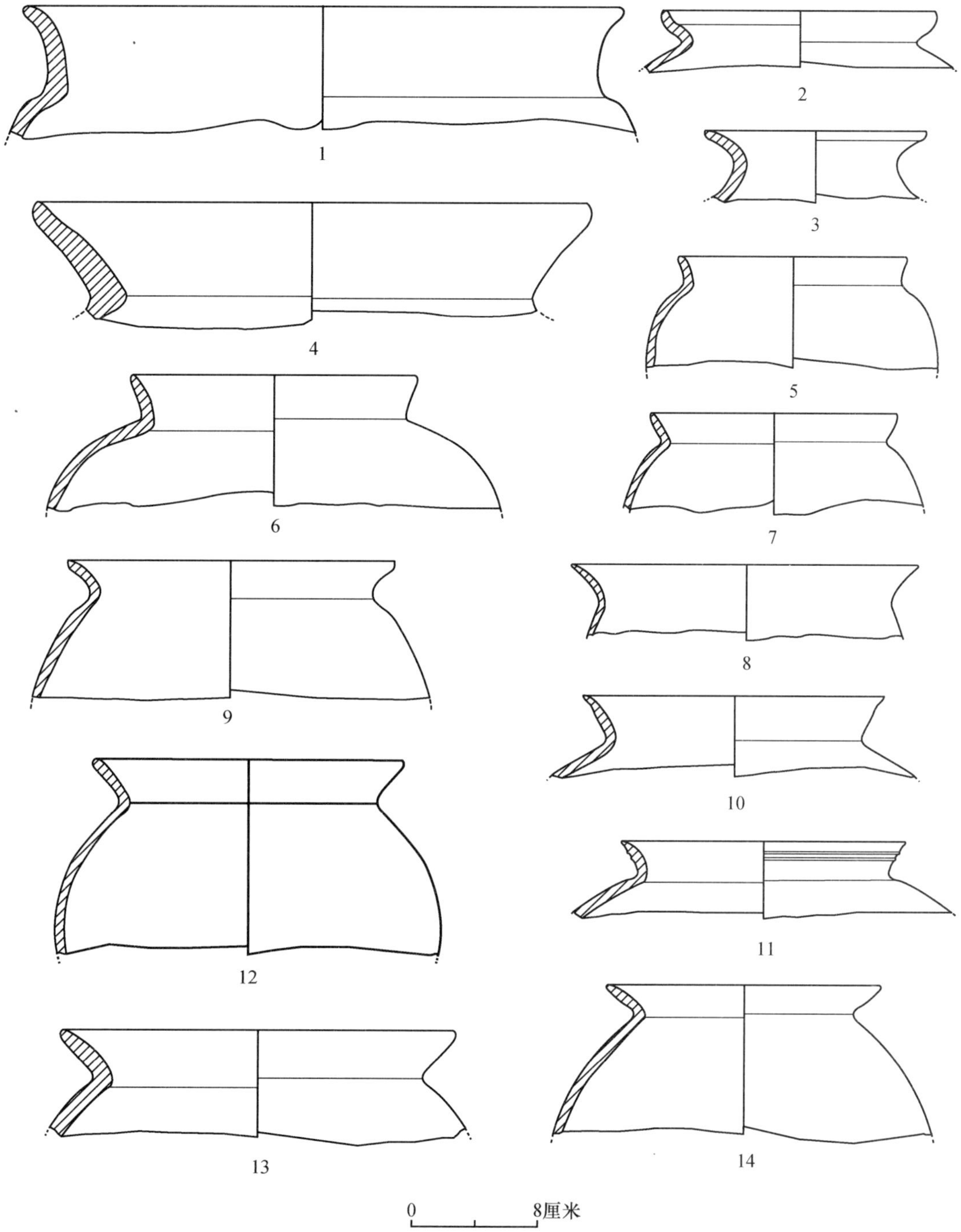


图六六　西周时期Ab型夹砂陶罐

1. G2①：740　2. G2①：833　3. G2①：780　4. G2①：748　5. G2①：755　6. G2①：751　7. G2①：756　8. G2①：774　9. G2①：757　10. G2①：781　11. G2①：837　12. G2①：787　13. G2①：789　14. G2①：788

标本G2①：789，夹砂红衣陶，侈口，方唇，宽沿，束颈，鼓肩，下残。素面。口径24.8、残高7.6厘米（图六六，13）。

标本G2①：833，夹砂红褐陶，弧折口，卷沿，圆唇，弧腹，下残。素面。口径17.6、残高4厘米（图六六，2）。

标本G2①：837，夹砂红褐陶，侈口，卷沿，尖唇，弧肩，下残。素面。口径18.5、残高6厘米（图六六，11）。

B型　弧领卷沿。标本G2④：308，已修复。夹砂红褐陶，矮领，卷沿，圆唇，弧肩，弧腹，平底略内凹。肩部饰刻划纹、弦纹。口径13.5、底径10.2、高21.9厘米（图六七，1；图版二八，5）。

标本G2②：232，已修复。夹砂红褐陶，矮领，窄卷沿，方唇，弧肩，鼓腹弧收，平底微内凹。素面。口径18.6、底径15.6、最大腹径33.6、高30.6厘米（图六七，2；图版二八，6）。

标本G2⑤：344，夹砂红陶，矮直领微斜，圆唇，圆鼓腹，下残。素面。口径9.9、腹径17.8、残高12.5厘米（图六七，3）。

标本G2④：376，夹砂红褐陶，弧领，卷沿，圆唇，弧鼓腹，下残。饰弦纹。口径33、残高6.6厘米（图六七，4）。

标本G2④：392，夹砂红褐陶，矮弧领，卷沿，圆唇，鼓腹，下残。腹部饰绳纹。口径9、残高5.8厘米（图六七，5）。

标本G2④：393，夹砂红褐陶，矮弧领，卷沿，圆唇，弧鼓腹，下残。素面。口径15、残高2.6厘米（图六七，10）。

标本G2③：539，夹砂黑陶，矮直领，窄卷沿，尖唇，弧壁，下残。肩部饰有弦纹。口径14.4、残高3.4厘米（图六七，8）。

标本G2①：593，夹砂红陶，弧领，卷沿，方唇，鼓腹，下残。素面。口径20、残高5.2厘米（图六八，1）。

标本G2①：651，夹砂红褐陶，弧敞领，卷沿，圆唇，鼓腹，下残。素面。口径20、残高8.4厘米（图六七，7）。

标本G2①：653，夹砂红褐陶，弧领，卷沿，圆唇，鼓腹，下残。素面。口径18、残高6厘米（图六七，11）。

标本G2①：655，夹砂红褐陶，弧敞领，卷沿，圆唇，鼓腹，下残。素面。口径26、残高7.4厘米（图六七，9）。

标本G2①：657，夹砂红陶，矮敞领，卷沿，方唇，鼓腹，下残。素面。口径21、残高4.4厘米（图六七，13）。

标本G2①：659，夹砂红陶，弧敞领，卷沿，圆唇，鼓腹，下残。素面。口径22、残高6.4厘米（图六七，6）。

标本G2①：667，夹砂红褐陶，弧领，卷沿，圆唇，鼓腹，下残。素面。口径22、残高9厘米（图六七，12）。

标本G2①：749，夹砂红陶，弧领，卷沿，圆唇，弧腹，下残。素面。口径18.8、残高7.2厘米（图六八，3）。

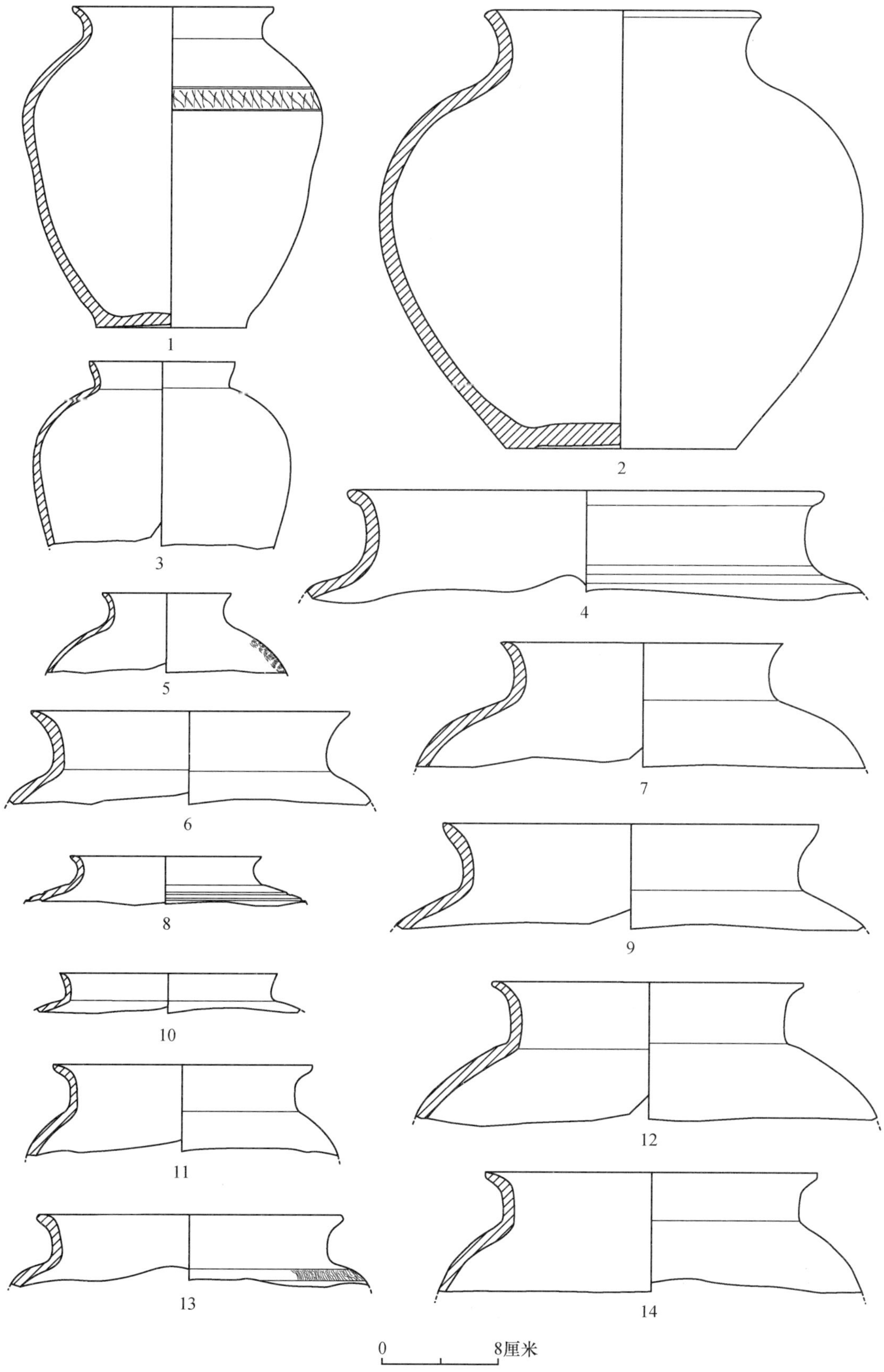


图六七 西周时期B型夹砂陶罐

1. G2④：308 2. G2②：232 3. G2⑤：344 4. G2④：376 5. G2④：392 6. G2①：659 7. G2①：651 8. G2③：539 9. G2①：655 10. G2④：393 11. G2①：653 12. G2①：667 13. G2①：657 14. G2①：758

标本G2①：750，夹砂红陶，弧敞领，卷沿，圆唇，鼓腹，下残。素面。口径22、残高8.4厘米（图六八，2）。

标本G2①：758，夹砂红褐陶，弧领，卷沿，圆唇，圆鼓腹，下残。素面。口径24、残高8.2厘米（图六七，14）。

C型 敛口。标本G2④：282，已修复。夹砂黑褐陶，敛口，圆唇，鼓腹，平底略内凹，造型不甚规整。素面。口径5.8、底径5.1、高7.4厘米（图六八，13；图版二九，1）。

标本G2①：69，已修复。夹砂红陶，敛口，方唇，弧肩，鼓腹，腹部外撇，平底内凹，造型不甚规整。素面。口径7.9、底径13.3、高5厘米（图六八，14；图版二九，2）。

标本G2①：648，夹砂红褐陶，敛口，圆唇，鼓腹，下残。素面。口径15、残高8.1厘米（图六八，4）。

标本G2①：649，夹砂红褐陶，敛口，圆唇，鼓腹，下残。素面。口径24、残高6厘米（图六八，5）。

标本G2①：685，夹砂红褐陶，敛口近直，圆唇，弧鼓腹，下残。素面。口径18.9、残高9厘米（图六八，6）。

标本G2①：739，夹砂红褐陶，敛口较直，圆唇，斜腹弧收，下残。素面。口径18、残高13厘米（图六八，9）。

标本G2①：831，夹砂黑褐陶，敛口，方唇，弧壁，下残。肩部有一对贯耳。素面。口径12、残高5.4厘米（图六八，7）。

标本G2①：834，夹砂红褐陶，敛口，圆唇，弧腹，下残。素面。口径20、残高6.8厘米（图六八，8）。

D型 直领直口。标本G2①：151，已修复。夹砂红褐陶，直口，尖唇，束颈，鼓腹下垂弧收，平底略内凹。素面。口径11、底径9.2、高16.6厘米（图六八，10；图版二九，3）。标本G2⑤：345，夹砂红褐陶，矮直领微弧，圆唇，弧鼓腹，下残。素面。口径12.1、残高3.5厘米（图六八，12）。标本G2①：668，夹砂红褐陶，矮斜直领，圆唇，鼓腹，下残。素面。口径15、残高8.4厘米（图六八，11）。

**钵** 钵和盆的口片有部分接近，在统计时未明确区分，属于这两器类的可辨器形有150件。本文以口径大小区分两器类，以明显为盆的T1214③A：4的口径23厘米作为参照，将口径23厘米以下归为钵，可修复器25件，另有晚期层位出土的可修复器2件。依据腹部深浅分为二型。

A型 深腹，器高超过口径的1/2，一般为敛口。标本G2④：315，已修复。夹砂红褐陶，敛口，斜沿，尖圆唇，弧腹内收，平底略内凹。素面。口径10.1、底径4.7、高7厘米（图六九，1；图版二九，4）。

标本G2①：26，已修复。夹砂红褐陶，敛口，鼓肩，弧腹，平底，造型不甚规整。素面。口径5、底径4.9、高8厘米（图六九，3；图版二九，5）。

标本G2①：48，基本完整。直口微敛，圆唇，弧直腹，平底略内凹，器形不甚规整，腹部有几处戳印痕迹。素面。口径9.3、底径6.7、高7.5厘米（图六九，5；图版二九，6）。

标本G2①：59，已修复。夹砂红陶，敛口，圆唇，鼓腹弧收成平地内凹。素面。口径12.3、底径5.5、高8.9厘米（图六九，2；图版三〇，1）。

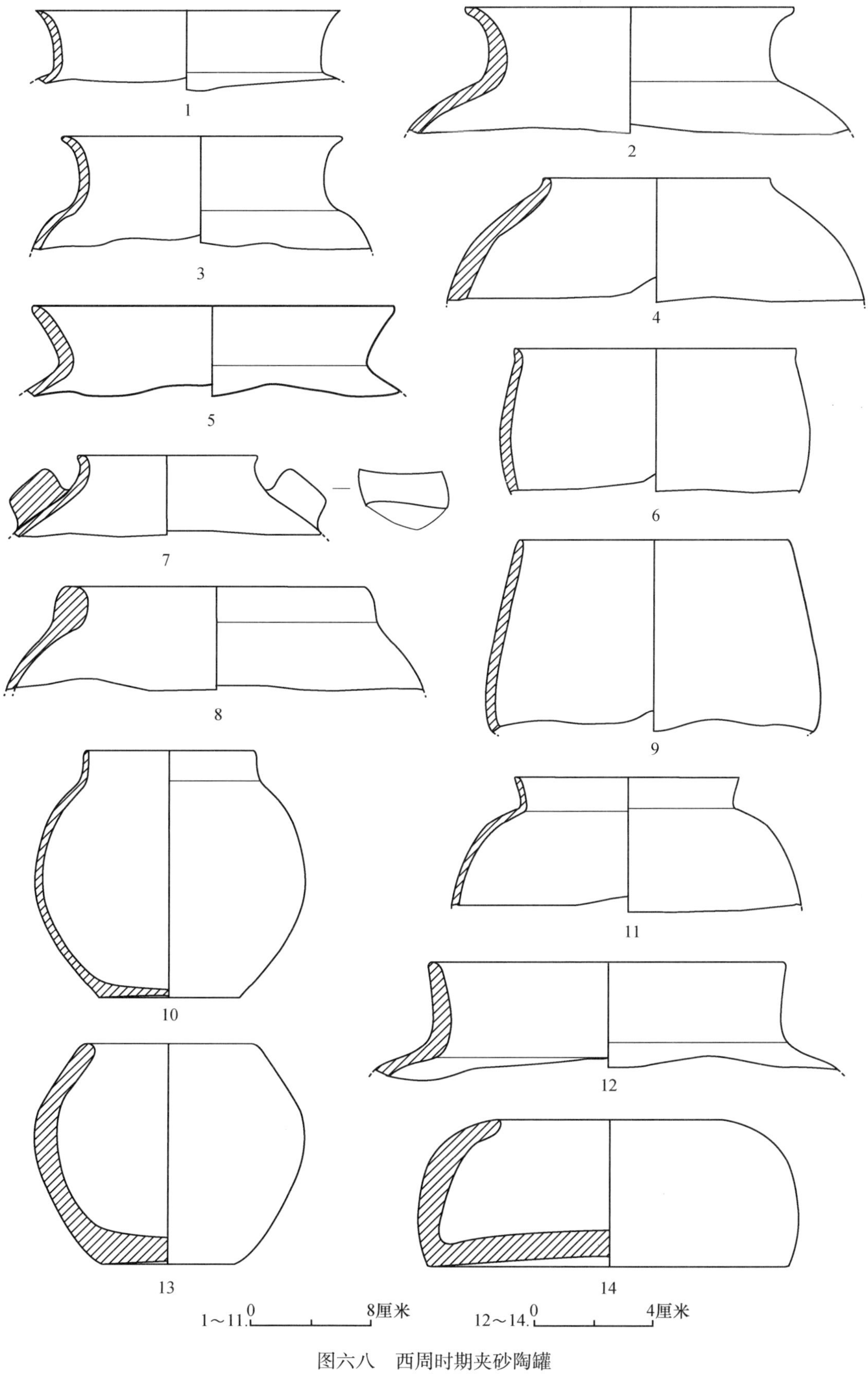


图六八　西周时期夹砂陶罐

1～3. B型（G2①：593、G2①：750、G2①：749）　4～9、13、14. C型（G2①：648、G2①：649、G2①：685、G2①：831、G2①：834、G2①：739、G2④：282、G2①：69）　10～12. D型（G2①：151、G2①：668、G2⑤：345）

标本G2①：78，已修复。夹砂红褐陶，敛口，尖唇，弧腹内收，平底。素面。口径8.8、底径4.3、高5.8厘米（图六九，7；图版三〇，2）。

标本G2①：84，已修复。夹砂黑褐陶，敛口，圆唇，鼓腹内收成平底微内凹。口径10.6、底径4.6、高9厘米（图六九，8；图版三〇，3）。

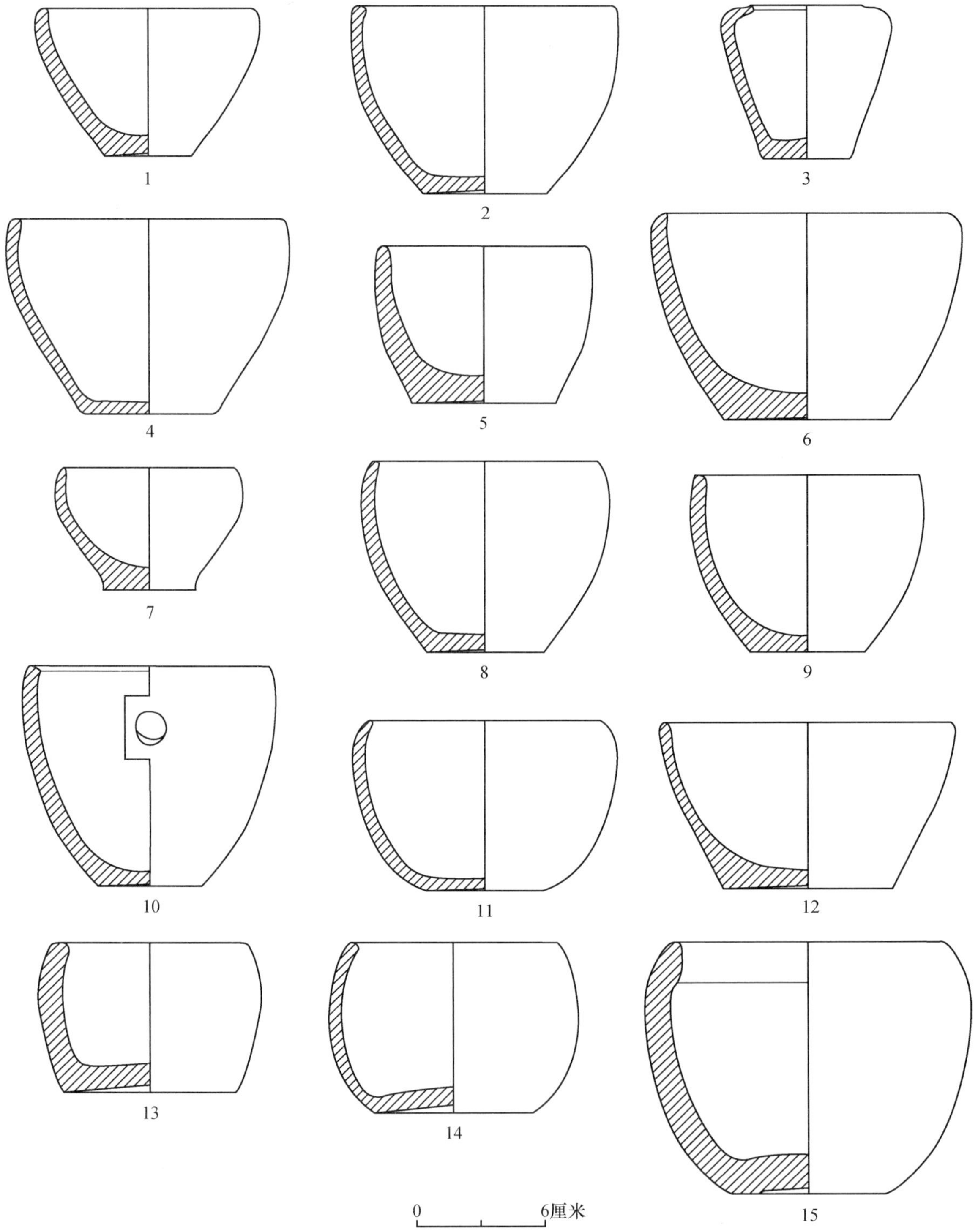


图六九　西周时期A型夹砂陶钵

1. G2④：315　2. G2①：59　3. G2①：26　4. G2①：158　5. G2①：48　6. G2①：89　7. G2①：78　8. G2①：84　9. G2①：156　10. G2①：161　11. G2①：172　12. G2①：227　13. G2①：173　14. G2①：186　15. G2①：196

标本G2①：89，已修复。夹砂红褐陶，口微敛，尖圆唇，弧腹，平底。素面。口径13.3、底径8、高9.8厘米（图六九，6；图版三〇，4）。

标本G2①：156，已修复。夹砂红褐陶，敛口，圆唇，弧腹内收成平底。素面。口径10.4、底径5.5、高8.4厘米（图六九，9；图版三〇，5）。

标本G2①：158，已修复。夹砂红陶，敛口，方唇，鼓腹弧收，小平底。素面。口径13、底径6.3、高9.2厘米（图六九，4；图版三〇，6）。

标本G2①：161，已修复。夹砂红陶，敛口，小斜沿，方唇，弧腹，内收成小平底略内凹。腹部偏上有一对圆形镂孔对称分布。素面。口径11.4、底径5.1、高10.4厘米（图六九，10；图版三一，1）。

标本G2①：172，已修复。夹砂红陶，敛口，圆唇，鼓腹弧收成小平底为内凹。素面。口径11.1、底径5、高8厘米（图六九，11；图版三一，2）。

标本G2①：173，已修复。夹砂红褐陶，敛口，鼓腹，平底内凹，胎体厚重，造型不甚整齐。素面。口径9.1、底径8.1、高7.1厘米（图六九，13；图版三一，3）。

标本G2①：174，已修复。夹砂红褐陶，敛口，尖圆唇，弧腹内收成小平底。肩腹部有一对圆形镂孔对称分布。素面。口径12.2、底径7.2、高14.4厘米（图七〇，1；图版三一，4）。

标本G2①：186，已修复。夹砂红褐陶，敛口，小斜沿，方唇，鼓腹，平底内凹，器形不甚规整。素面。口径10、底径7.6、高8厘米（图六九，14；图版三一，5）。

标本G2①：196，已修复。夹砂红褐陶，敛口，圆唇，弧腹近直，内敛成平底微凹，器胎体厚重，造型不很规整。素面。口径12.9、底径7.1、高12.3厘米（图六九，15；图版三一，6）。

标本G2①：227，已修复。夹砂红褐陶，口微敛，圆唇，弧腹内收，平底略内凹。素面。口径13.7、底径7.8、高7.8厘米（图六九，12；图版三二，1）。

标本T1312①：2，已修复。夹砂红陶，口微敛，圆唇，弧腹内敛成平底内凹。素面。口径11、底径5.3、高5.6厘米（图七〇，2；图版三二，2）。

标本T1313①：4，已修复。夹砂红褐陶，微敛口，尖唇，弧腹，平底。素面。口径10、底径4.8、高7.4厘米（图七〇，3；图版三二，3）。

B型 浅腹，器高不足口径的1/2，一般为敞口。标本G2④：307，已修复。夹砂红褐陶，敞口，圆唇，弧直壁，平底。素面。口径20、底径9.6、高5.2厘米（图七〇，12；图版三二，4）。

标本G2④：309，已修复。直口微敛，圆唇，微弧收腹，平底。素面。口径8.7、底径5.6、高3.8厘米（图七〇，8；图版三二，5）。

标本G2③：246，已修复。夹砂黑褐陶，直口，圆唇，弧腹，圜底近平，腹部见残断印记。素面。口径13.2、高5.6厘米（图七〇，5；图版三二，6）。

标本G2①：32，已修复。夹砂红褐陶，敞口，方唇，弧腹，平底。素面。口径16.6、底径9、高5.6厘米（图七〇，7；图版三三，1）。

标本G2①：67，已修复。夹砂红褐陶，微敛口，圆唇，弧壁，平底。素面。口径9.5、底径7.1、高3.8厘米（图七〇，11；图版三三，2）。

标本G2①：143，已修复。夹砂黑褐陶，敞口，圆唇，弧壁，平底略内凹。素面。口径10.4、底径4.8、高4.7厘米（图七〇，6；图版三三，3）。

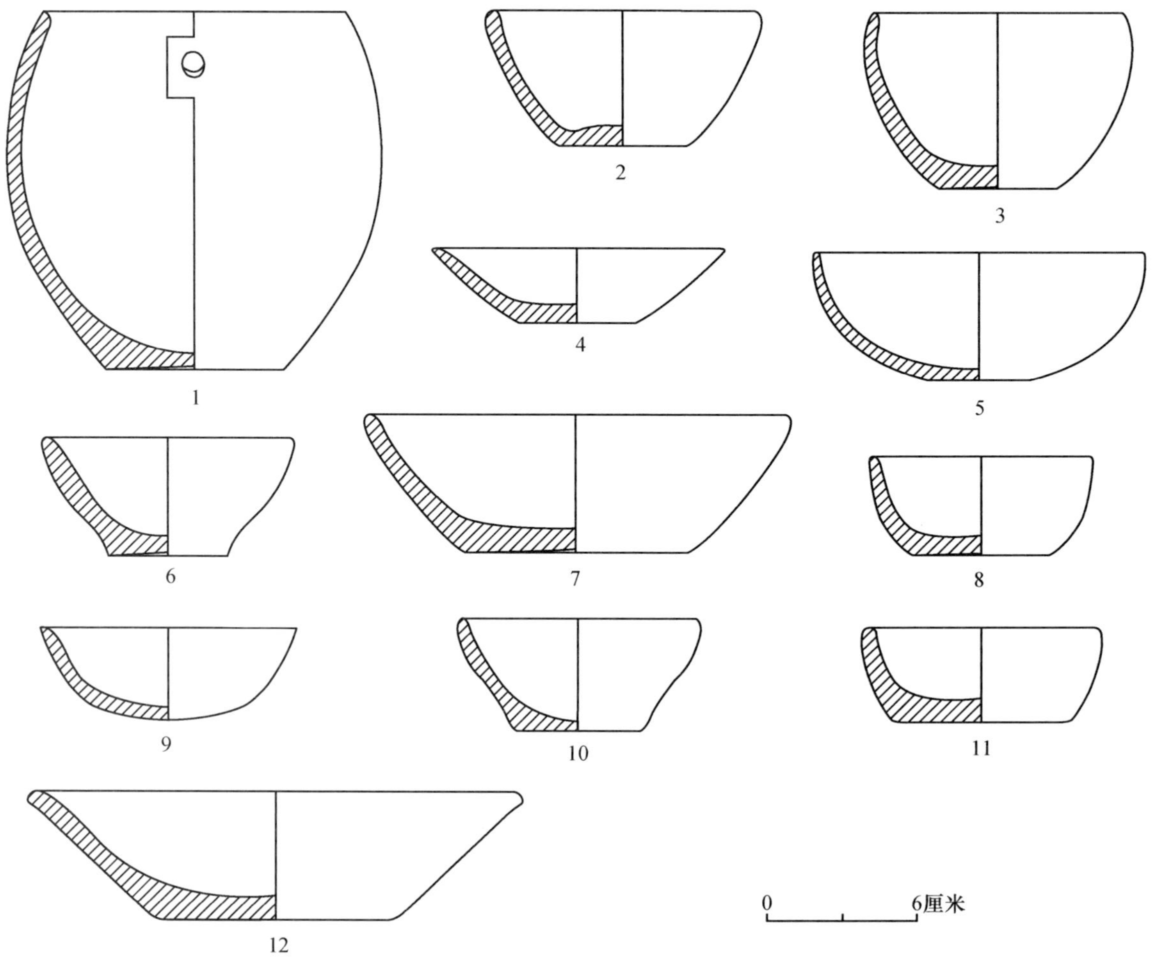


图七〇　西周时期夹砂陶钵

1～3. A型（G2①：174、T1312①：2、T1313①：4）　4～12. B型（G2①：146、G2③：246、G2①：143、G2①：32、G2④：309、G2①：147、G2①：190、G2①：67、G2④：307）

标本G2①：146，已修复。夹砂红褐陶，敞口，圆唇，弧壁，平底。素面。口径12、底径4.8、高3厘米（图七〇，4；图版三三，4）。

标本G2①：147，已修复。夹砂黑褐陶，敞口，圆唇，弧壁，圜底近平。素面。口径10.4、高3.8厘米（图七〇，9；图版三三，5）。

标本G2①：190，已修复。夹砂黑褐陶，口微敛，尖圆唇，弧腹，平底。素面。口径9.5、底径5.6、高4.6厘米（图七〇，10；图版三三，6）。

**钵口**　不分型，附列于此。标本G2⑤：335，夹砂红褐陶，微敛口，圆唇，鼓腹弧收，下残。素面。口径15、残高5.6厘米（图七一，1）。

标本G2④：400，夹砂红褐陶，弧敞口，圆唇，弧收腹，下残。素面。口径17.1、残高4厘米（图七一，9）。

标本G2④：401，夹砂红褐陶，敞口，圆唇，直腹微弧，下残。素面。口径18.3、残高7.2厘米（图七一，11）。

标本G2④：474，夹砂红陶，敞口，圆唇，斜收腹，下残。素面。口径20.8、残高4厘米（图七一，8）。

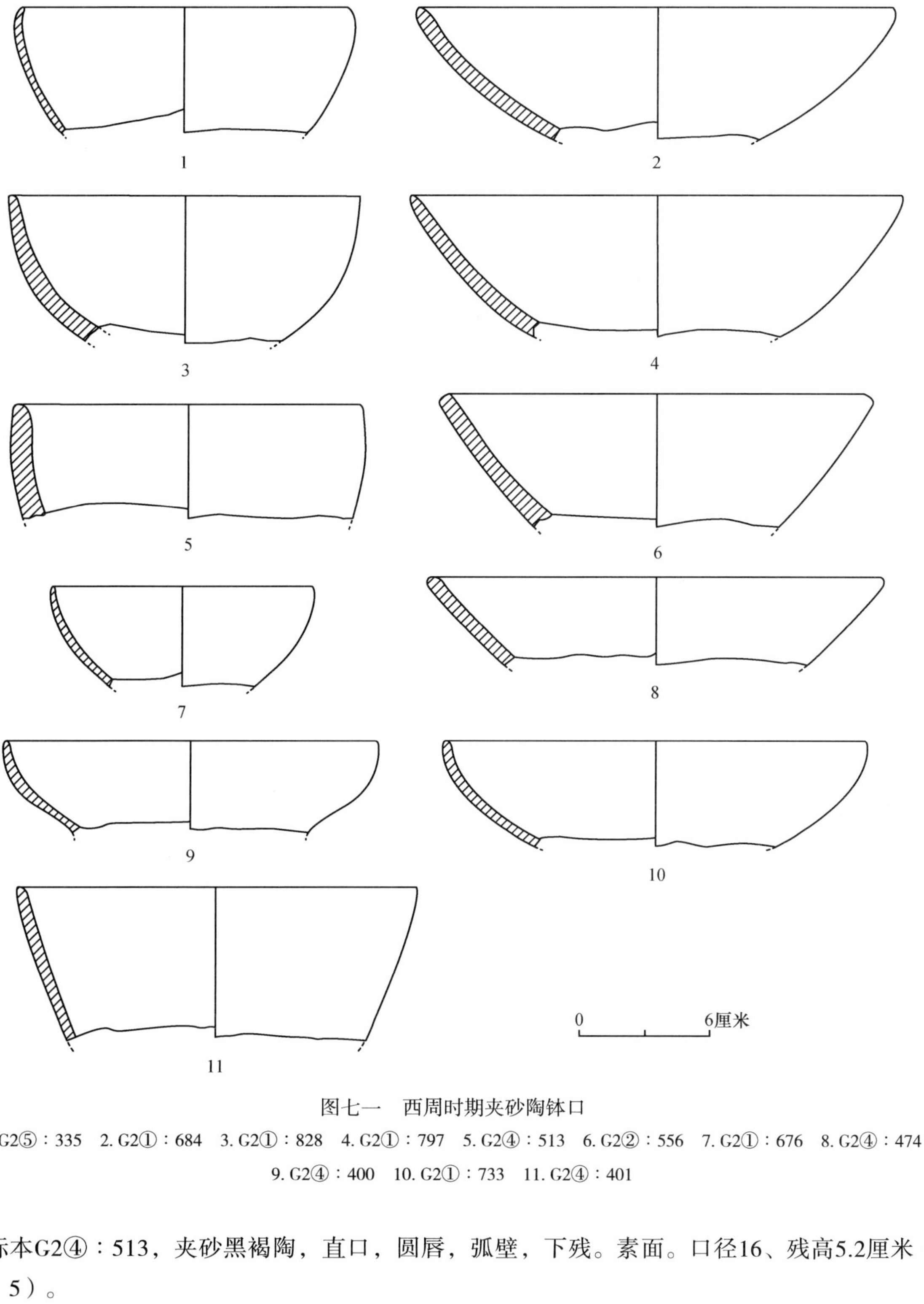


图七一　西周时期夹砂陶钵口

1. G2⑤：335　2. G2①：684　3. G2①：828　4. G2①：797　5. G2④：513　6. G2②：556　7. G2①：676　8. G2④：474　9. G2④：400　10. G2①：733　11. G2④：401

标本G2④：513，夹砂黑褐陶，直口，圆唇，弧壁，下残。素面。口径16、残高5.2厘米（图七一，5）。

标本G2②：556，夹砂红褐陶，敞口，方唇，弧壁斜收，下残。素面。口径19.6、残高5.8厘米（图七一，6）。

标本G2①：676，夹砂红褐陶，弧敞口，圆唇，弧收腹，下残。素面。口径12、残高4.4厘米（图七一，7）。

标本G2①：684，夹砂红陶，弧敞口，圆唇，弧收腹，下残。素面。口径22、残高6厘米（图七一，2）。

标本G2①：733，夹砂红褐陶，直口微敛，圆唇，弧收腹，下残。素面。口径19.5、残高4.8厘米（图七一，10）。

标本G2①：797，夹砂红褐陶，敞口，圆唇，斜弧壁，下残。素面。口径22.6、残高6厘米（图七一，4）。

标本G2①：828，夹砂红褐陶，弧敞口，方唇，弧壁，下残。素面。口径16、残高6.8厘米（图七一，3）。

**盘**　可辨器形8件，均修复，另有晚期层位出土的可修复器1件。器形基本接近，不分型。标本G2③：243，夹砂黑褐陶，敞口，方唇，斜壁，平底略内凹。素面。口径19.6、底径17.6、高3.6厘米（图七二，7；图版三四，1）。

标本G2③：244，夹砂红褐陶，敞口，浅壁（内壁），平底内凹。素面。口径11.6、底径7.2、高2.4厘米（图七二，2；图版三四，2）。

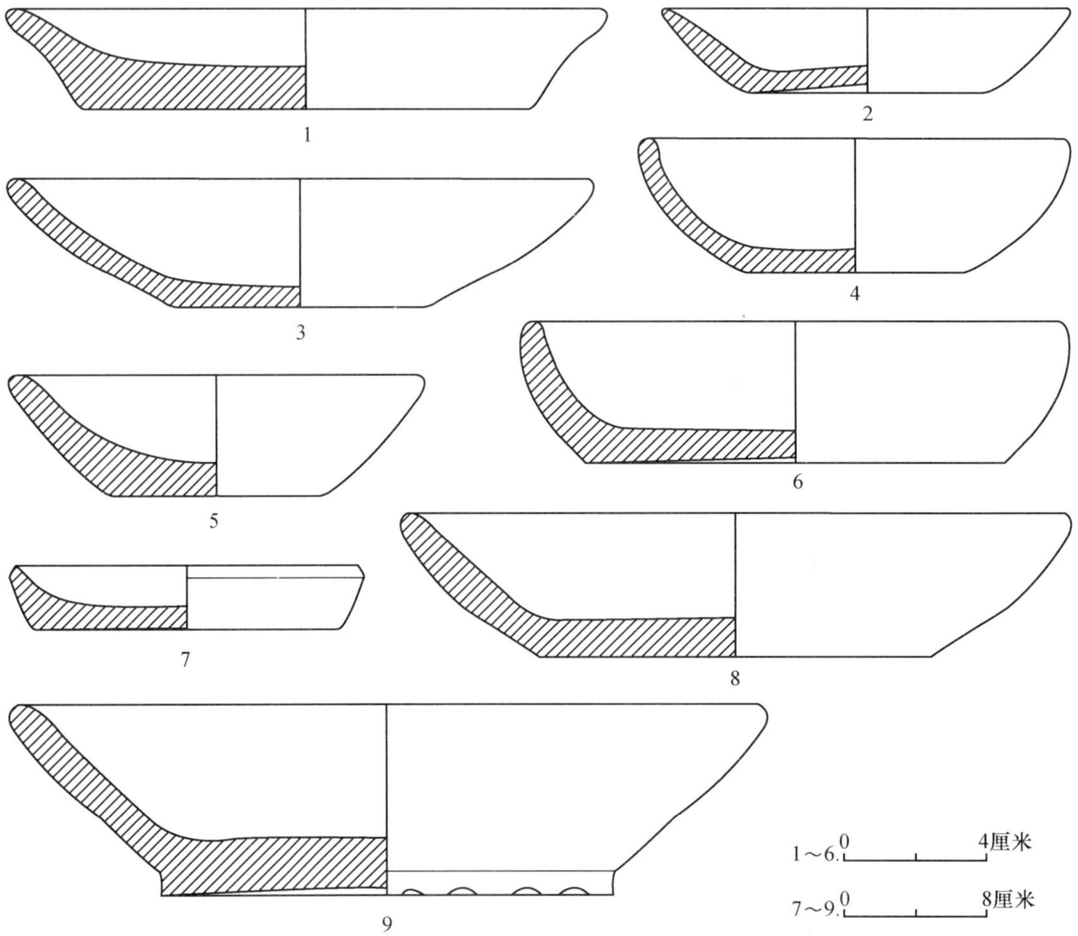


图七二　西周时期夹砂陶盘

1. G2①：170　2. G2③：244　3. G2①：218　4. G2①：83　5. G2①：90　6. T1317②：3　7. G2③：243　8. G2①：99　9. G2①：185

标本G2①：83，夹砂黑皮陶，敞口微敛，圆唇，平底，造型不甚规整。素面。口径12.1、底径6.1、高3.8厘米（图七二，4；图版三四，3）。

标本G2①：90，夹砂红褐陶，敞口，圆唇，平底。素面。口径11.8、底径6、高3.5厘米（图七二，5；图版三四，4）。

标本G2①：99，夹砂红褐陶，敞口，圆唇，弧腹，平底。素面。口径37.9、底径21.3、高8.1厘米（图七二，8；图版三四，5）。

标本G2①：170，夹砂红褐陶，敞口，圆唇，浅盘，平底。素面。口径17、底径12.9、高2.8厘米（图七二，1；图版三四，6）。

标本G2①：185，夹砂红褐陶，敞口，斜沿，方唇，弧壁，平底内凹。底部边缘处饰一周指窝纹。口径42.8、底径25.6、高10.8厘米（图七二，9；图版三五，1）。

标本G2①：218，夹砂黑褐陶，弧敞口，弧腹，小平底。素面。口径16.6、底径7.2、高3.6厘米（图七二，3；图版三五，2）。

标本T1317②：3，夹砂红褐陶，敞口，圆唇，弧壁，平底内凹。素面。口径15、底径12、高4厘米（图七二，6；图版三五，3）。

**圈足盘** 可辨器形8件，其中可修复5件，依据口部特征分为三型。

A型 侈口。标本G2④：289，已修复。夹砂红褐陶，侈口，尖圆唇，折腹，圈足。素面。口径15.6、底径11.1、高5.1厘米（图七三，1；图版三五，4）。

B型 弧敞口。标本G2①：75，已修复。夹砂红褐陶，敞口，圆唇，弧壁，圜底，圈足。素面。口径20、底径15.5、高7.3厘米（图七三，4；图版三五，5）。标本G2①：80，已修复。夹砂黑褐陶，敞口，尖唇，弧腹，圈足。腹部饰弦纹。口径21.2、底径15.8、高6.7厘米（图七三，2；图版三五，6）。标本G2①：82，已修复。夹砂黑褐陶，敞口，方唇，圜底，喇叭状圈足。腹部饰弦纹。口径18.7、底径12.8、高7厘米（图七三，3；图版三六，1）。

C型 敛口。标本G2①：142，已修复。夹砂红褐陶，敛口，方唇，弧腹，圈足。腹部饰弦纹。口径16、底径14、高6厘米（图七三，5；图版三六，2）。

**圈足** 可辨器形67件。标本G2①：769，夹砂红陶，喇叭状圈足。素面。底径16.4、残高9厘米（图七三，6）。标本G2①：785，夹砂红褐陶，圈足矮喇叭状。素面。足径15.8、残高7.2厘米（图七三，7）。

**缸** 可辨器形12件。体量较大，腹壁较直，均为残片。标本G2⑤：346，夹砂红褐陶，直口微弧敞，圆唇，直腹，下残。腹部饰刻划纹。口径42、残高6.6厘米（图七四，1）。

标本G2④：404，夹砂红陶，直口，宽唇，直腹，下残。上腹部饰一周泥条索状堆饰。口径42、残高6.7厘米（图七四，5）。

标本G2④：490，夹砂黑褐陶，侈口，方唇，弧腹，下残。颈部饰有一周附加堆纹，其上捺窝，周身饰绳纹。口径48、残高20厘米（图七四，3）。

标本G2①：578，夹砂红陶，直口微弧，宽圆唇，内唇部有一周高起的花边，直腹，下残。素面。无法复原口径。残宽11.6、残高11厘米（图七四，7）。

标本G2①：687，夹砂红陶，直口微敞，宽圆唇，直腹斜收，下残。腹部饰泥条索状堆饰。口径42、残高7.8厘米（图七四，2）。

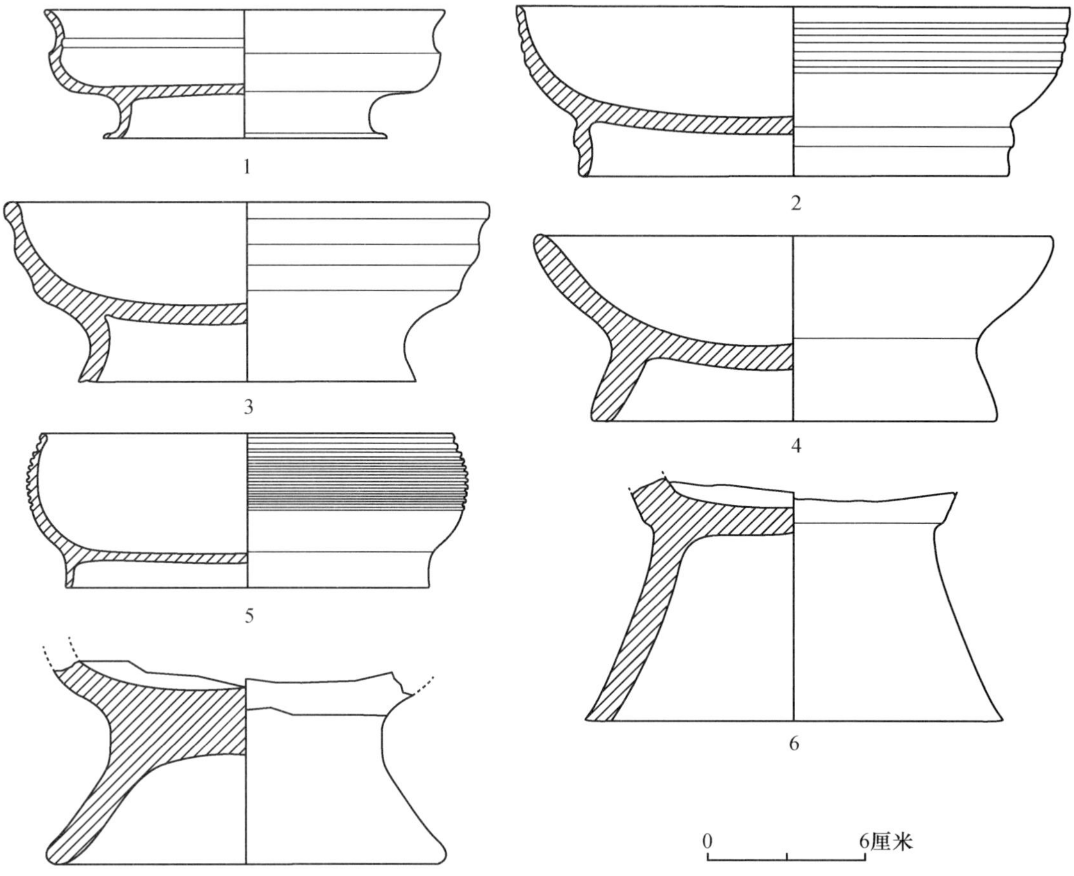


图七三　西周时期夹砂圈足陶盘、圈足

1. A型圈足盘（G2④：289）　2～4. B型圈足盘（G2①：80、G2①：82、G2①：75）　5. C型圈足盘（G2①：142）

6、7. 圈足（G2①：769、G2①：785）

标本G2①：688，夹砂红褐陶，敞口，圆角方唇，斜腹厚壁，下残。素面。口径41、残高14厘米（图七四，4）。

标本G2①：728，夹砂红陶，直口，斜沿面，下残。沿面及腹外侧饰凸弦纹。口片较小，无法复原口径。残高6.9厘米（图七四，6）。

**杯**　可辨器形11件。修复9件，另晚期层位修复1件。标本G2④：251，已修复。夹砂红褐陶，敞口，小斜沿，尖唇，弧腹内收，平底略圜，造型不甚规整。素面。口径10、底径3.7、高6.2厘米（图七五，5；图版三六，3）。

标本G2④：285，基本完整。夹砂红褐陶，微敛口，圆唇，微鼓腹，平底。素面。口径3.3、高3.1厘米（图七五，10；图版三六，4）。

标本G2①：9，基本完整。夹砂红褐陶，微敛口，圆唇，微弧鼓腹，平底。素面。口径4、高3.2厘米（图七五，7；图版三六，5）。

标本G2①：27，已修复。夹砂红褐陶，口微敛，圆唇，弧腹，平底器形略不规整。素面。口径6.7、底径4.5、高5.5厘米（图七五，3；图版三六，6）。

标本G2①：56，基本完整。夹砂红褐陶，敞口，圆唇，束腰，平底内凹，造型不甚规整。素

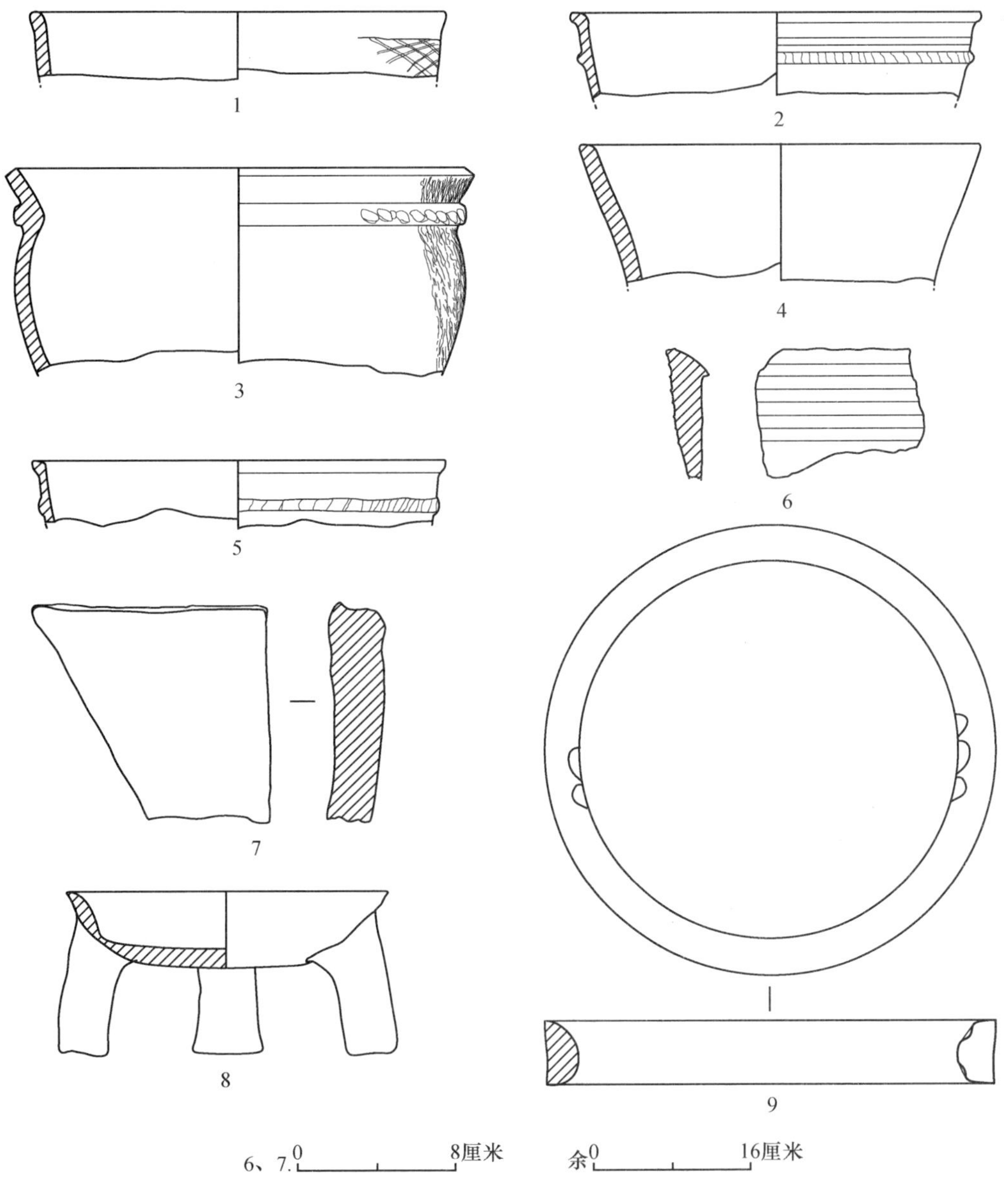


图七四　西周时期夹砂陶器

1～7. 缸（G2⑤：346、G2①：687、G2④：490、G2①：688、G2④：404、G2①：728、G2①：578）

8. 三足盘（G2⑤：322）　9. 圆支座（G2①：41）

面。口径8.9、底径7.6、高6厘米（图七五，2；图版三七，1）。

标本G2①：157，已修复。夹砂红褐陶，敞口，尖圆唇，弧腹，矮圈足。腹足相接处饰有刻划纹。口径7.2、底径5.7、高6厘米（图七五，4；图版三七，2）。

标本G2①：164，已修复。夹砂红褐陶，敞口，方圆唇，弧壁，平底，造型略不规整。素面。口径7.6、底径3.6、高3.4厘米（图七五，8；图版三七，3）。

标本G2①：175，已修复。夹砂红陶，造型不很规整，胎体厚重，敛口，平底。素面。口径3.2、底径4、高5.6厘米（图七五，1；图版三七，4）。

标本G2①：600，夹砂红褐陶，直口，圆唇，直腹微弧，下残。素面。口径18、残高6.6厘米

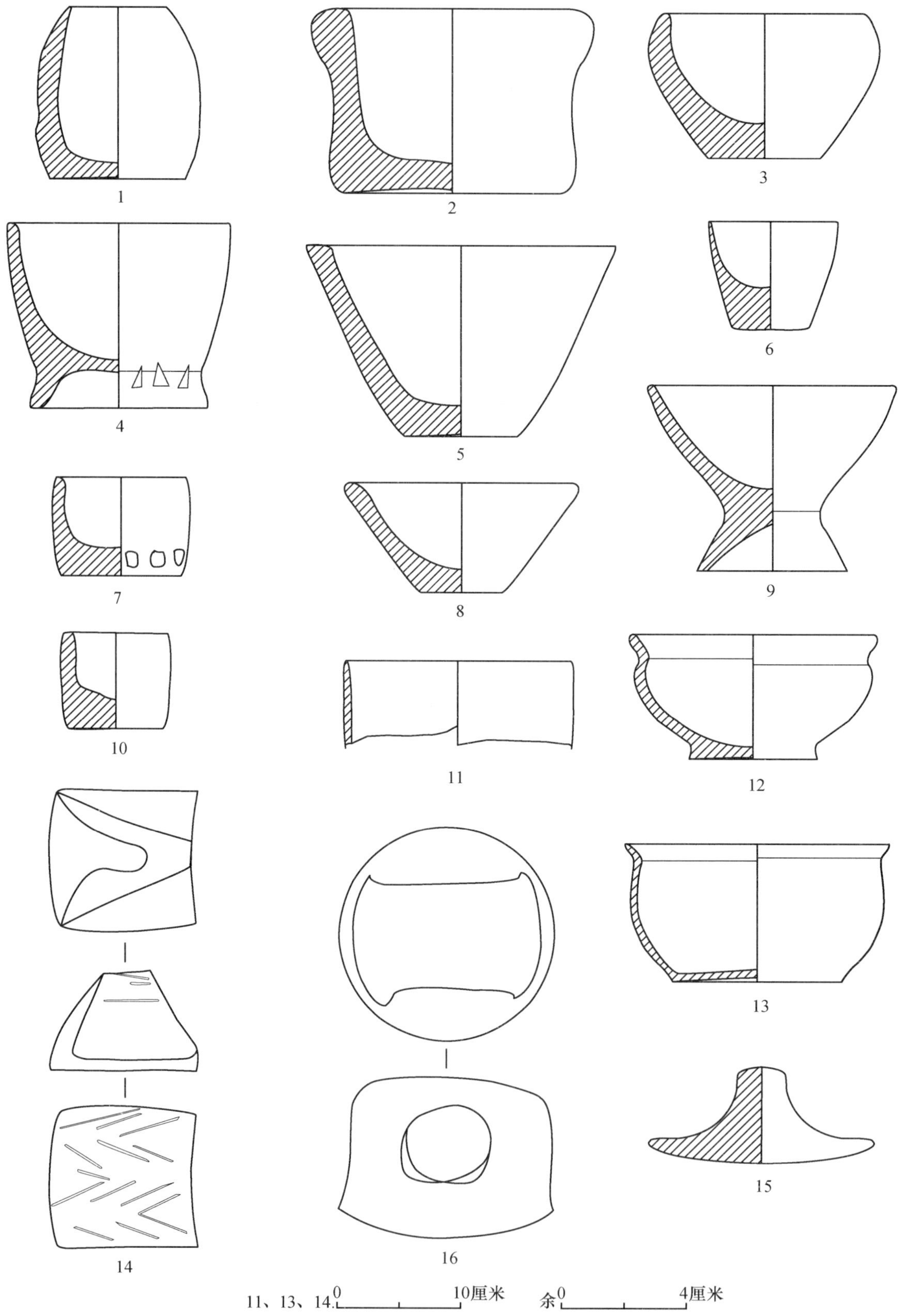


图七五　西周时期夹砂陶器

1～11. 杯（G2①：175、G2①：56、G2①：27、G2①：157、G2④：251、T0921③B：4、G2①：9、G2①：164、T1313①：2、G2④：285、G2①：600）　12、13. 碗（G2①：68、G2①：132）　14～16. 拍（T1214③A：5、G2①：44、G2①：123）

（图七五，11）。

标本T0921③B：4，基本完整。夹砂红褐陶，直口，尖唇，弧直壁，平底。素面。口径4、底径2.4、高3.4厘米（图七五，6；图版三七，5）。

标本T1313①：2，已修复。夹砂红褐陶，敞口，尖圆唇，束腰，圈足。素面。口径8、底径4.7、高6厘米（图七五，9；图版三七，6）。

**碗**　可辨器形2件，均修复。标本G2①：68，夹砂红褐陶，侈口，斜沿，圆唇，鼓腹弧收，柄部及以下残缺，残断底部有人工打磨痕迹，成小平底。素面。口径9、底径4.8、高4.6厘米（图七五，12；图版三八，1）。标本G2①：132，夹砂红褐陶，侈口，卷沿，尖唇，弧腹，平底略内凹，造型不甚规整。素面。口径21、底径13.4、高11.2厘米（图七五，13；图版三八，2）。

**三足盘**　1件（G2⑤：322）。已修复。夹砂红褐陶，敞口，圆唇，平底，三扁圆足。素面。口径32.6、高16.4厘米（图七四，8；图版三八，3）。

**圆支座**　1件（G2①：41）。已修复。夹砂红褐陶，圈状。饰指捺纹。口径46.8、高6.3厘米（图七四，9）。

**拍**　可辨器形2件，均修复。另晚期层位出1件修复器，可能是拍，一并介绍。标本G2①：44，夹砂红褐陶，拍面呈圆弧状，圆纽状捉手。素面。拍径8、高3.5厘米（图七五，15；图版三八，4）。标本G2①：123，夹砂黑褐陶，拍面微弧，桥形纽。素面。拍面径7.8、高5.8厘米（图七五，16；图版三八，5）。标本T1214③A：5，夹砂红褐陶，拍面平。饰刻划纹。长11.8、宽11、高7.9厘米（图七五，14；图版三八，6）。

**器盖**　可辨器形16件，修复9件。标本G2④：303，已修复。夹砂红褐陶，盖顶弧，圆唇。素面。盖径19.2、最厚2厘米（图七六，2；图版三九，1）。

标本G2④：313，已修复。夹砂红褐陶，圆饼状，盖顶微弧凹，捉手残。素面。盖径12.6、厚0.7厘米（图七六，4；图版三九，2）。

标本G2④：469，夹砂红陶，盖口斜敞，圆唇，上残。素面。口径34.2、残高4.8厘米（图七六，9）。

标本G2③：248，已修复。夹砂红陶，圆饼状，双面近平，边缘圆弧，有桥形纽残痕。素面。直径24、厚1.2厘米（图七六，10；图版三九，3）。

标本G2①：2，基本完整。夹砂红褐陶，敞口，覆盘状，倒锥形纽，胎体厚重。素面。口径15.8、高7.3厘米（图七六，8；图版三九，4）。

标本G2①：79，已修复。夹砂红褐陶，盖口方唇，弧顶。素面。口径22.6、高3.6厘米（图七六，5；图版三九，5）。

标本G2①：94，已修复。夹砂红褐陶，圆形，盖顶微弧，圆唇，有桥形捉手痕。素面。口径22.2、高2.2厘米（图七六，6；图版三九，6）。

标本G2①：200，已修复。夹砂红褐陶，盖面平，留圆形捉手痕。素面。口径18.2、厚1.4厘米（图七六，3；图版四〇，1）。

标本G2①：212，已修复。夹砂红陶，圆饼状，盖面微弧，留桥形纽残痕。素面。直径9.7、厚1.2厘米（图七六，7；图版四〇，2）。

标本T0822③B：1，已修复。夹砂红褐陶，覆盘状，圆唇，桥形系状纽，中有一圆孔。素面。

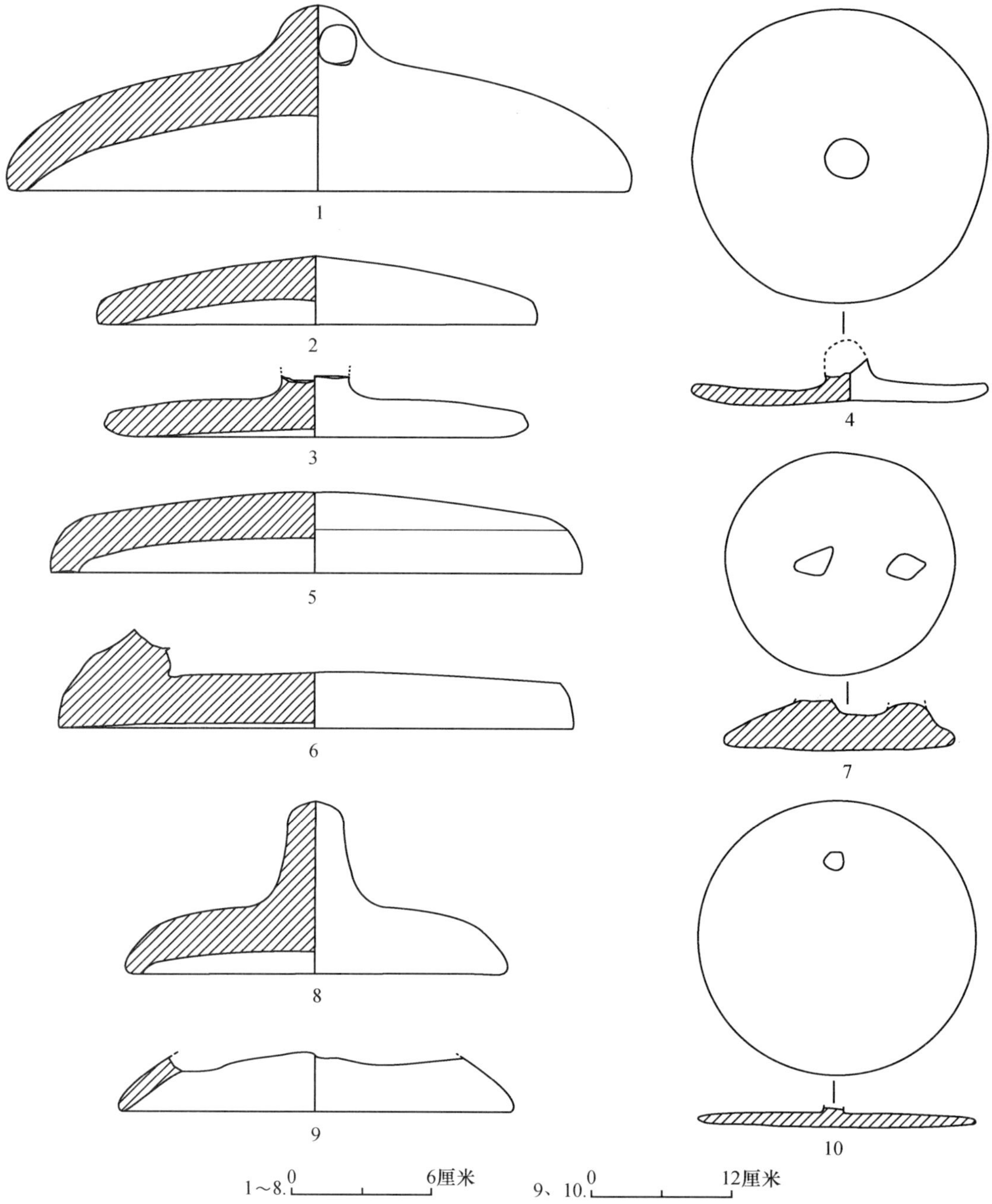


图七六　西周时期夹砂陶器盖

1. T0822③B：1　2. G2④：303　3. G2①：200　4. G2④：313　5. G2①：79　6. G2①：94　7. G2①：212　8. G2①：2　9. G2④：469　10. G2③：248

盖径26.7、纽径3.5厘米（图七六，1；图版四〇，3）。

**饼形器**　可辨器形85件，均修复或基本完整。另晚期层位出可修复器3件。器形简单，不分型。

标本G2⑤：325，夹砂红褐陶，基本完整。圆饼状，一面微弧鼓，另一面微弧凸，边缘弧圆。素面。直径10.8、厚1.6厘米（图七七，1；图版四〇，4）。

标本G2⑤：326，已修复。夹砂红褐陶，圆饼状，一面近平，另一面微弧鼓，有炭黑色，边缘弧圆。素面。直径12.2、厚1.7厘米（图七七，2；图版四〇，5）。

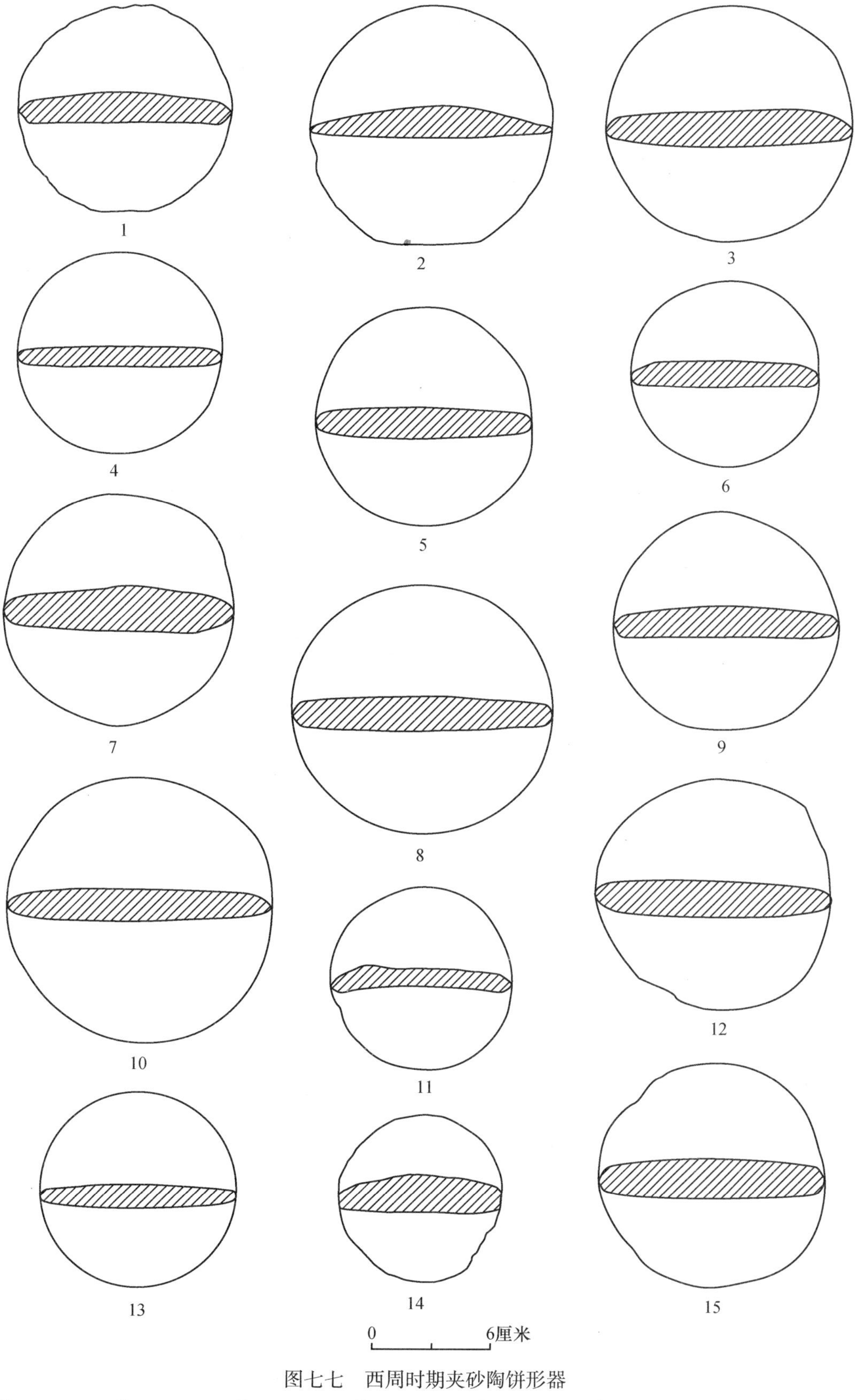


图七七　西周时期夹砂陶饼形器

1. G2⑤：325　2. G2⑤：326　3. G2③：247　4. G2⑤：327　5. G2④：299　6. G2④：306　7. G2④：263　8. G2④：304　9. G2③：250　10. G2④：305　11. G2④：294　12. G2①：3　13. G2①：6　14. G2①：5　15. G2①：7

标本G2⑤：327，已修复。夹砂红陶，圆饼状，双面近平，边缘弧圆。素面。直径10.3、厚1厘米（图七七，4；图版四〇，6）。

标本G2⑤：328，已修复。夹砂红褐陶，圆饼状，双面近平，边缘弧圆。素面。直径18、厚1厘米（图七八，1；图版四一，1）。

标本G2④：263，基本完整。夹砂红陶，圆饼状，一面为炭黑色，双面弧鼓。素面。直径11.6、厚2.2厘米（图七七，7；图版四一，2）。

标本G2④：294，已修复。夹砂红褐陶，圆饼状，一面微弧鼓，另一面微弧凹。素面。直径9.2、厚1.3厘米（图七七，11；图版四一，3）。

标本G2④：299，已修复。夹砂黑褐陶，圆饼状，一面微弧鼓，另一面近平，边缘弧圆。素面。直径10.9、厚1.6厘米（图七七，5；图版四一，4）。

标本G2④：300，基本完整。夹砂红褐陶，圆饼状，一面微鼓，另一面近平，边缘弧圆。素面。直径9、厚1.6厘米（图七八，14；图版四一，5）。

标本G2④：304，已修复。夹砂红褐陶，圆饼状，双面近平，均有炭黑色，边缘弧圆。素面。直径13.1、厚1.7厘米（图七七，8；图版四一，6）。

标本G2④：305，已修复。夹砂红陶，圆饼状，双面近平，一面有炭黑色，边缘部分弧圆。素面。直径13.5、厚1.6厘米（图七七，10；图版四二，1）。

标本G2④：306，已修复。夹砂红褐陶，圆饼状，双面近平，边缘部分弧圆。素面。直径9.6、厚1.4厘米（图七七，6；图版四二，2）。

标本G2③：247，已修复。夹砂黑褐陶，圆饼状，一面近平，另一面微弧鼓，有炭黑色，边缘部分弧圆。素面。直径12.6、厚1.8厘米（图七七，3；图版四二，3）。

标本G2③：250，已修复。夹砂红褐陶，圆饼状，双面近平，一面有炭黑色，边缘弧圆。素面。直径11.5、厚1.7厘米（图七七，9；图版四二，4）。

标本G2①：3，已修复。夹砂红褐陶，平面呈不规则圆形，边缘处圆滑，双面较平。素面。直径12.6、厚1.8厘米（图七七，12；图版四二，5）。

标本G2①：5，基本完整。夹砂黑褐陶，圆饼状，中部鼓，一面较平，一面凸鼓明显。素面。直径8.4、厚2厘米（图七七，14；图版四二，6）。

标本G2①：6，已修复。夹砂红褐陶，圆饼状，双面近平，边缘弧圆。素面。直径9.9、厚1.2厘米（图七七，13；图版四三，1）。

标本G2①：7，基本完整。夹砂红陶，圆饼状，一面微弧鼓，另一面近平，边缘弧圆。素面。直径11.6、厚2.1厘米（图七七，15；图版四三，2）。

标本G2①：11，已修复。夹砂红褐陶，圆饼状，双面近平，一面有炭黑色，边缘弧圆。素面。直径10.8、厚1.3厘米（图七八，10；图版四三，3）。

标本G2①：16，已修复。夹砂红褐陶，圆饼状，双面微弧鼓，边缘部分弧圆。素面。直径13.1、厚1.8厘米（图七八，6；图版四三，4）。

标本G2①：17，已修复。夹砂红陶，圆饼状，双面微弧鼓，边缘弧圆。素面。直径10.1、厚2.3厘米（图七八，4；图版四三，5）。

标本G2①：20，基本完整。夹砂黑褐陶，圆饼状，一面近平，一面弧鼓，边缘弧圆。素面。直

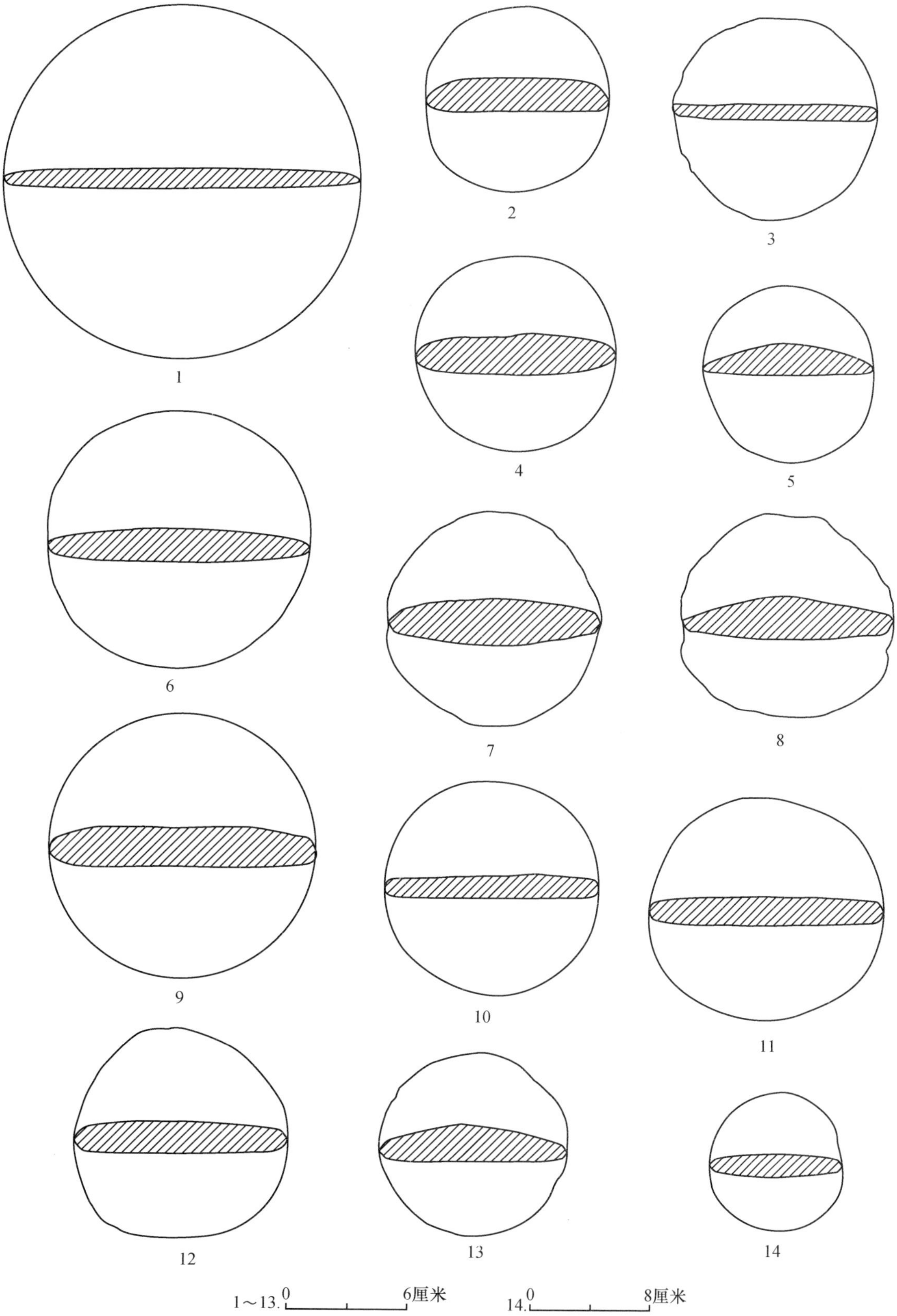


图七八　西周时期夹砂陶饼形器

1. G2⑤：328　2. G2①：20　3. G2①：28　4. G2①：17　5. G2①：30　6. G2①：16　7. G2①：35　8. G2①：36　9. G2①：34　10. G2①：11　11. G2①：22　12. G2①：38　13. G2①：37　14. G2④：300

径9.6、厚度1.8厘米（图七八，2；图版四三，6）。

标本G2①：22，基本完整。夹砂红褐陶，圆饼状，双面近平，一面有炭黑色，边缘弧圆。素面。直径11.9、残高1.4厘米（图七八，11；图版四四，1）。

标本G2①：28，基本完整。夹砂红褐陶，平面呈不规则圆形，双面近平，一面有炭黑色。素面。直径10、厚0.8厘米（图七八，3；图版四四，2）。

标本G2①：30，基本完整。夹砂黑褐陶，圆饼状，一面近平，一面弧鼓。素面。直径8.6、厚1.6厘米（图七八，5；图版四四，3）。

标本G2①：34，已修复。夹砂黑褐陶，圆饼状，一面近平，另一面微弧鼓，边缘部分弧圆。素面。直径13.4、厚2.1厘米（图七八，9；图版四四，4）。

标本G2①：35，基本完整。夹砂红陶，圆饼状，双面微弧鼓，边缘部分弧圆。素面。直径10.6、厚2.5厘米（图七八，7；图版四四，5）。

标本G2①：36，基本完整。夹砂红褐陶，圆饼状，一面微弧鼓，另一面近平，边缘弧圆。素面。直径10.7、厚2.2厘米（图七八，8；图版四四，6）。

标本G2①：37，基本完整。夹砂红褐陶，圆饼状，一面近平，另一面微弧鼓，有炭黑色，边缘弧圆唇。素面。直径9.4、厚2厘米（图七八，13；图版四五，1）。

标本G2①：38，基本完整。夹砂红褐陶，圆饼状，双面近平，一面有炭黑色，边缘弧圆。素面。直径10.7、厚1.7厘米（图七八，12；图版四五，2）。

标本G2①：40，已修复。夹砂红褐陶，圆饼状，双面微弧起，一面有炭黑色，边缘弧圆。素面。直径10.8、厚1.5厘米（图七九，1；图版四五，3）。

标本G2①：55，基本完整。夹砂红褐陶，圆饼状，一面近平，部分呈炭黑色，另一面微鼓。素面。直径10、宽1.8厘米（图七九，2；图版四五，4）。

标本G2①：76，已修复。夹砂红褐陶，圆饼状，双面近平，不甚规整，边缘弧圆。素面。直径15.8、厚2.4厘米（图七九，15；图版四五，5）。

标本G2①：101，基本完整。夹砂红褐陶，圆饼状，一面是黑色，一面微弧鼓，另一面近平。素面。直径11.2、厚1.8厘米（图七九，5；图版四五，6）。

标本G2①：102，基本完整。夹砂红陶，圆饼状，一面炭黑色，微弧鼓，另一面近平。素面。直径10.6、厚1.7厘米（图七九，6；图版四六，1）。

标本G2①：103，基本完整。夹砂红陶，圆饼状，一面近平，另一面微弧鼓。素面。直径11.5、厚1.8厘米（图七九，4；图版四六，2）。

标本G2①：104，基本完整。夹砂红褐陶，圆饼状，双面均近平。素面。直径9.8、厚1.7厘米（图七九，8；图版四六，3）。

标本G2①：106，基本完整。夹砂红陶，圆饼状，一面近平，有炭黑色，另一面微弧鼓。素面。直径10、厚2厘米（图七九，12；图版四六，4）。

标本G2①：107，基本完整。夹砂红陶，圆饼状，双面微弧鼓。素面。直径10.8、厚2厘米（图七九，9；图版四六，5）。

标本G2①：108，基本完整。夹砂红褐陶，圆饼状，一面整面炭黑色，一面边缘炭黑色，双面均近平。素面。直径12.3、厚1.2厘米（图七九，14；图版四六，6）。

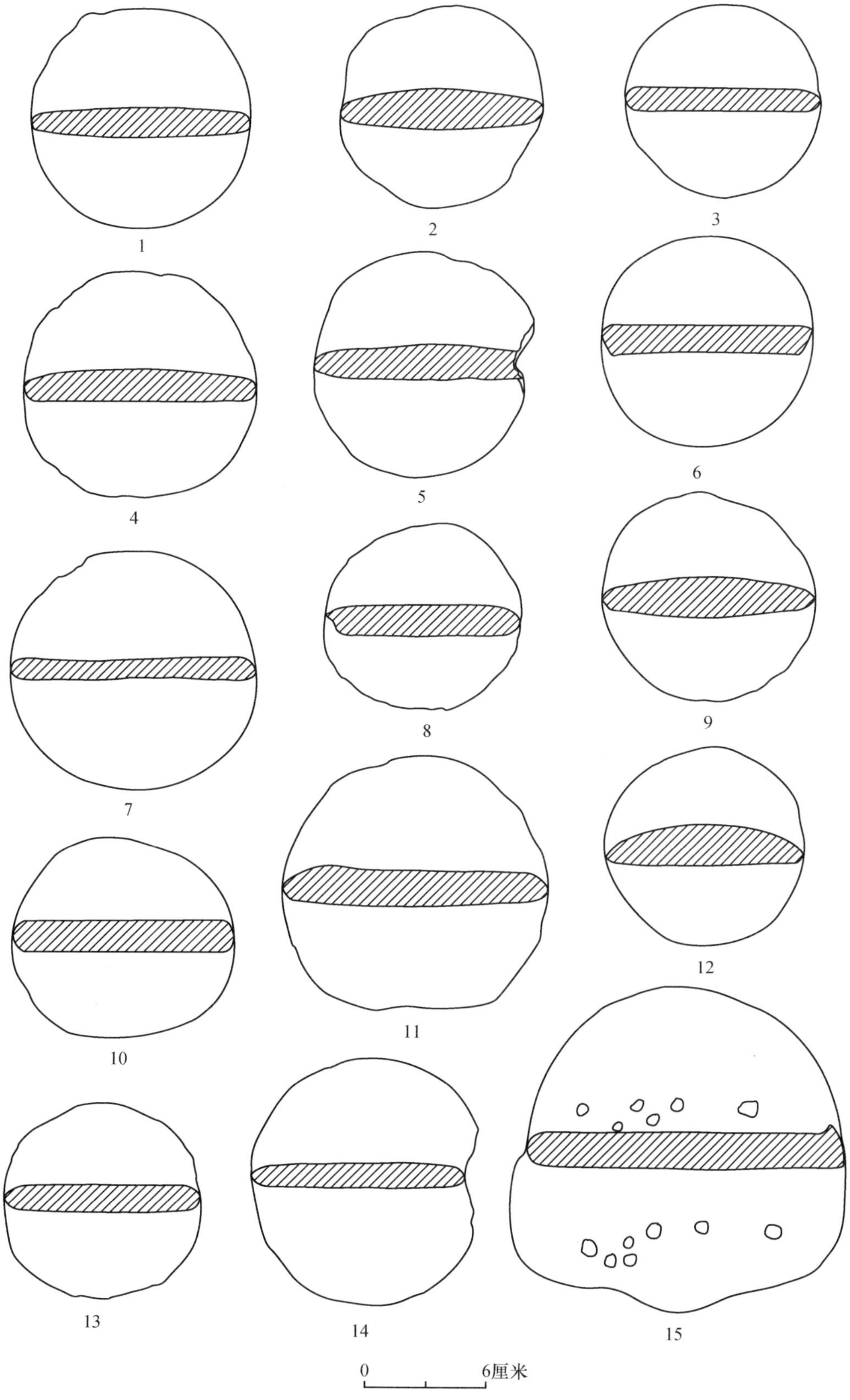

图七九　西周时期夹砂陶饼形器

1. G2①：40　2. G2①：55　3. G2①：112　4. G2①：103　5. G2①：101　6. G2①：102　7. G2①：111　8. G2①：104　9. G2①：107　10. G2①：113　11. G2①：110　12. G2①：106　13. G2①：109　14. G2①：108　15. G2①：76

标本G2①：109，基本完整。夹砂红陶，圆饼状，双面均近平。素面。直径9.8、厚1.4厘米（图七九，13；图版四七，1）。

标本G2①：110，基本完整。夹砂红陶，圆饼状，双面均近平。素面。直径13.3、厚1.8厘米（图七九，11；图版四七，2）。

标本G2①：111，已修复。夹砂红褐陶，圆饼状，一面近平，有炭黑色，另一面微弧凹。素面。直径12.2、厚1.1厘米（图七九，7；图版四七，3）。

标本G2①：112，基本完整。夹砂红褐陶，圆饼状，边缘有炭黑色，双面均近平。素面。直径9.7、厚1.2厘米（图七九，3；图版四七，4）。

标本G2①：113，已修复。夹砂红陶，圆饼状，一面有炭黑色，双面均近平。素面。直径10.7、厚1.6厘米（图七九，10；图版四七，5）。

标本G2①：114，基本完整。夹砂红褐陶，圆饼状，一面有炭黑色，双面均近平。素面。直径11、厚1.6厘米（图八〇，1；图版四七，6）。

标本G2①：115，已修复。夹砂红陶，圆饼状，表面有孔穿透，一面近平，另一面微弧鼓。素面。直径10.8、厚1.4厘米（图八〇，2；图版四八，1）。

标本G2①：116，已修复。夹砂红陶，圆饼状，一面有炭黑色，双面均近平。素面。直径12、厚1.5厘米（图八〇，3；图版四八，2）。

标本G2①：117，已修复。夹砂红陶，圆饼状，一面有炭黑色，近平，另一面微弧鼓。素面。直径13、厚1.8厘米（图八〇，5；图版四八，3）。

标本G2①：118，已修复。夹砂红陶，圆饼状，一面近平，另一面微弧鼓。素面。直径15、厚1.6厘米（图八〇，8；图版四八，4）。

标本G2①：119，已修复。夹砂红陶，圆饼状，一面近平，另一面微弧鼓。素面。直径11、厚1.5厘米（图八〇，6；图版四八，5）。

标本G2①：120，已修复。夹砂红陶，圆饼状，双面近平。素面。直径14、厚1.4厘米（图八〇，12；图版四八，6）。

标本G2①：121，已修复。夹砂红陶，圆饼状，一面有炭黑色、微弧鼓，另一面近平。素面。直径10、厚1.8厘米（图八〇，11；图版四九，1）。

标本G2①：122，已修复。夹砂红褐陶，圆饼状，一面微弧鼓，另一面近平，两面均有炭黑色，边缘弧圆。素面。直径10.4、厚1.7厘米（图八〇，9；图版四九，2）。

标本G2①：124，已修复。夹砂红陶，圆饼状，双面微弧鼓，一面有炭黑色，边缘弧圆。素面。直径14、厚1.6厘米（图八〇，4；图版四九，3）。

标本G2①：126，已修复。夹砂黑褐陶，圆饼状，双面近平，边缘弧折。素面。直径12.5、厚1.5厘米（图八〇，7；图版四九，4）。

标本G2①：131，已修复。夹砂红陶，圆饼状，双面微弧鼓，一面有炭黑色，有近20个圆形戳孔，边缘部分弧圆。素面。直径10.8、厚1.4厘米（图八〇，10；图版四九，5）。

标本G2①：133，已修复。夹砂红褐陶，圆饼状，双面微弧鼓，另一面近平，边缘弧圆。素面。直径10.4、厚1.5厘米（图八〇，14；图版四九，6）。

标本G2①：134，已修复。夹砂红陶，圆饼状，双面近平，边缘弧圆。素面。直径12.6、厚1.2

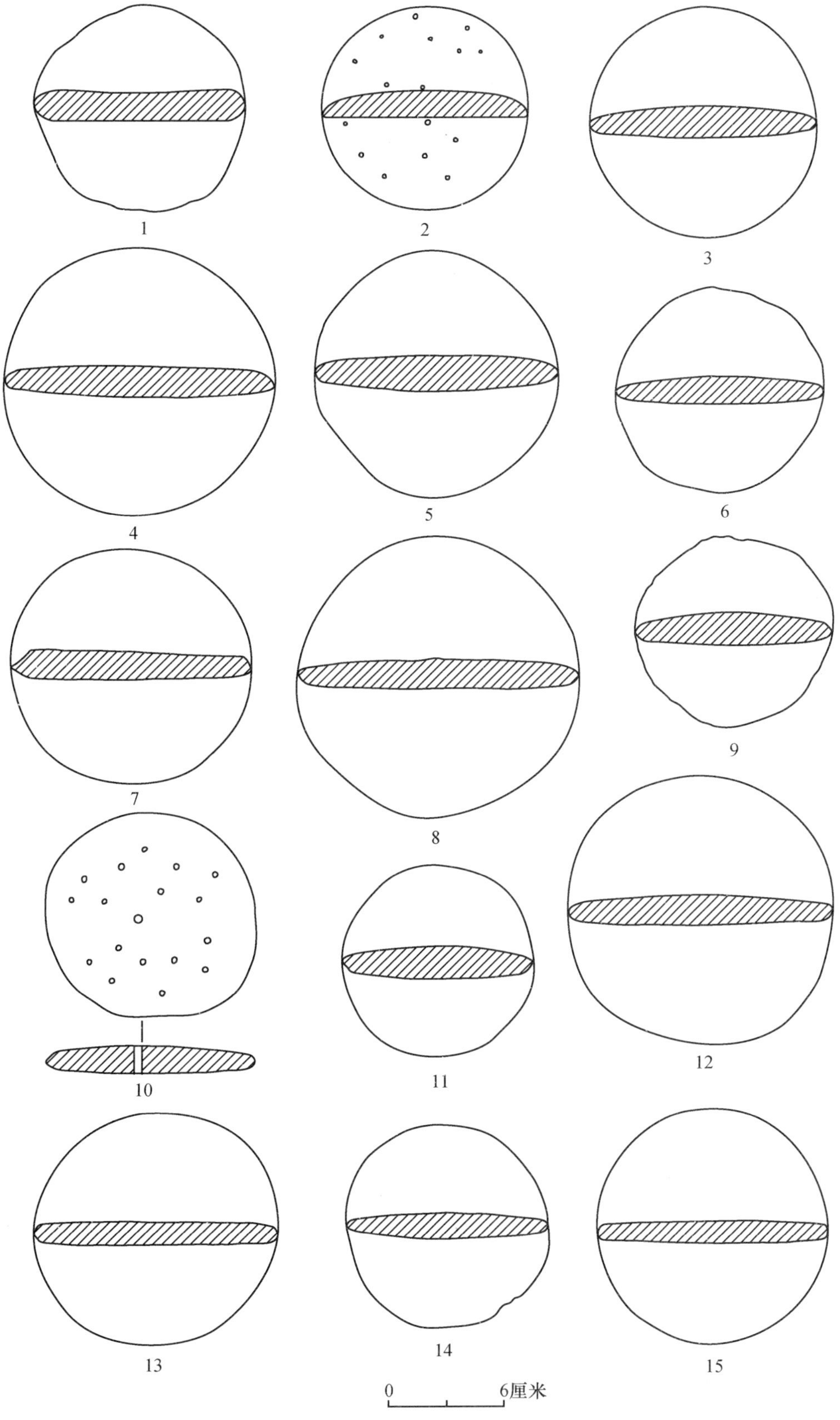


图八〇 西周时期夹砂陶饼形器

1. G2①：114 2. G2①：115 3. G2①：116 4. G2①：124 5. G2①：117 6. G2①：119 7. G2①：126 8. G2①：118 9. G2①：122 10. G2①：131 11. G2①：121 12. G2①：120 13. G2①：134 14. G2①：133 15. G2①：135

厘米（图八〇，13；图版五〇，1）。

标本G2①：135，已修复。夹砂红褐陶，圆饼状，双面近平，边缘弧圆。素面。直径12.1、厚1.2厘米（图八〇，15；图版五〇，2）。

标本G2①：136，已修复。夹砂黑褐陶，圆饼状，双面近平，一面部分炭黑色，边缘弧圆。素面。直径15、厚1.3厘米（图八一，8；图版五〇，3）。

标本G2①：137，已修复。夹砂红陶，圆饼状，一面近平，另一面微弧鼓，边缘部分弧圆。素面。直径9.6、厚1.6厘米（图八一，2；图版五〇，4）。

标本G2①：152，已修复。夹砂红褐陶，圆饼状，两面近平，边缘弧圆。素面。直径13.2、厚1.7厘米（图八一，3；图版五〇，5）。

标本G2①：179，已修复。夹砂红陶，圆饼状，双面较平，边缘微弧收。素面。直径11、厚1.8厘米（图八一，4；图版五〇，6）。

标本G2①：180，已修复。夹砂红陶，圆饼状，一面有炭黑色，较平，另一面微弧鼓。素面。直径10.4、厚1.8厘米（图八一，6；图版五一，1）。

标本G2①：181，已修复。夹砂红陶，圆饼状，两面均有炭黑色，边缘弧收。素面。直径9.8、厚1.8厘米（图八一，5；图版五一，2）。

标本G2①：182，已修复。夹砂红陶，圆饼状，一面有1/4大小的炭黑色，两面均微弧鼓。素面。直径10.2、厚1.5厘米（图八一，9；图版五一，3）。

标本G2①：183，已修复。夹砂红陶，圆饼状，一面有炭黑色，较平，另一面微弧鼓。素面。直径11.8、厚1.5厘米（图八一，1；图版五一，4）。

标本G2①：184，已修复。夹砂红陶，圆饼状，一面较平，一面微弧收。素面。直径13.4、厚1.5厘米（图八一，11；图版五一，5）。

标本G2①：199，已修复。夹砂红褐陶，圆饼状，一面微弧鼓，另一面近平，有炭黑色，边缘弧圆。素面。直径10.8、厚1.4厘米（图八一，7；图版五一，6）。

标本G2①：206，已修复。夹砂红褐陶，圆饼状，一面弧鼓，另一面微弧凹，有炭黑色，边缘弧圆。素面。直径11.8、厚1.7厘米（图八一，12；图版五二，1）。

标本G2①：207，基本完整。夹砂红褐陶，圆饼状，一面弧鼓，一面近平，部分有炭黑色，边缘弧圆。素面。直径10.4、厚1.3厘米（图八一，10；图版五二，2）。

标本G2①：208，基本完整。夹砂黑褐陶，圆饼状，一面近平，另一面微弧鼓，有炭黑色，边缘弧圆。素面。直径9.9、厚1.5厘米（图八一，13；图版五二，3）。

标本G2①：209，基本完整。夹砂灰褐陶，圆饼状，双面近平，边缘弧圆。素面。直径8.8、厚1.2厘米（图八一，15；图版五二，4）。

标本G2①：210，基本完整。夹砂红陶，圆饼状，两微弧鼓，一面有炭黑色，边缘尖圆。素面。直径10.9、厚1.5厘米（图八一，14；图版五二，5）。

标本G2①：213，已修复。夹砂红陶，圆饼状，双面近平，边缘弧圆。素面。直径11.3、厚2厘米（图八二，1；图版五二，6）。

标本G2①：214，已修复。夹砂红褐陶，圆饼状，两面微弧，边缘弧圆。素面。直径12.2、厚1.6厘米（图八二，2；图版五三，1）。

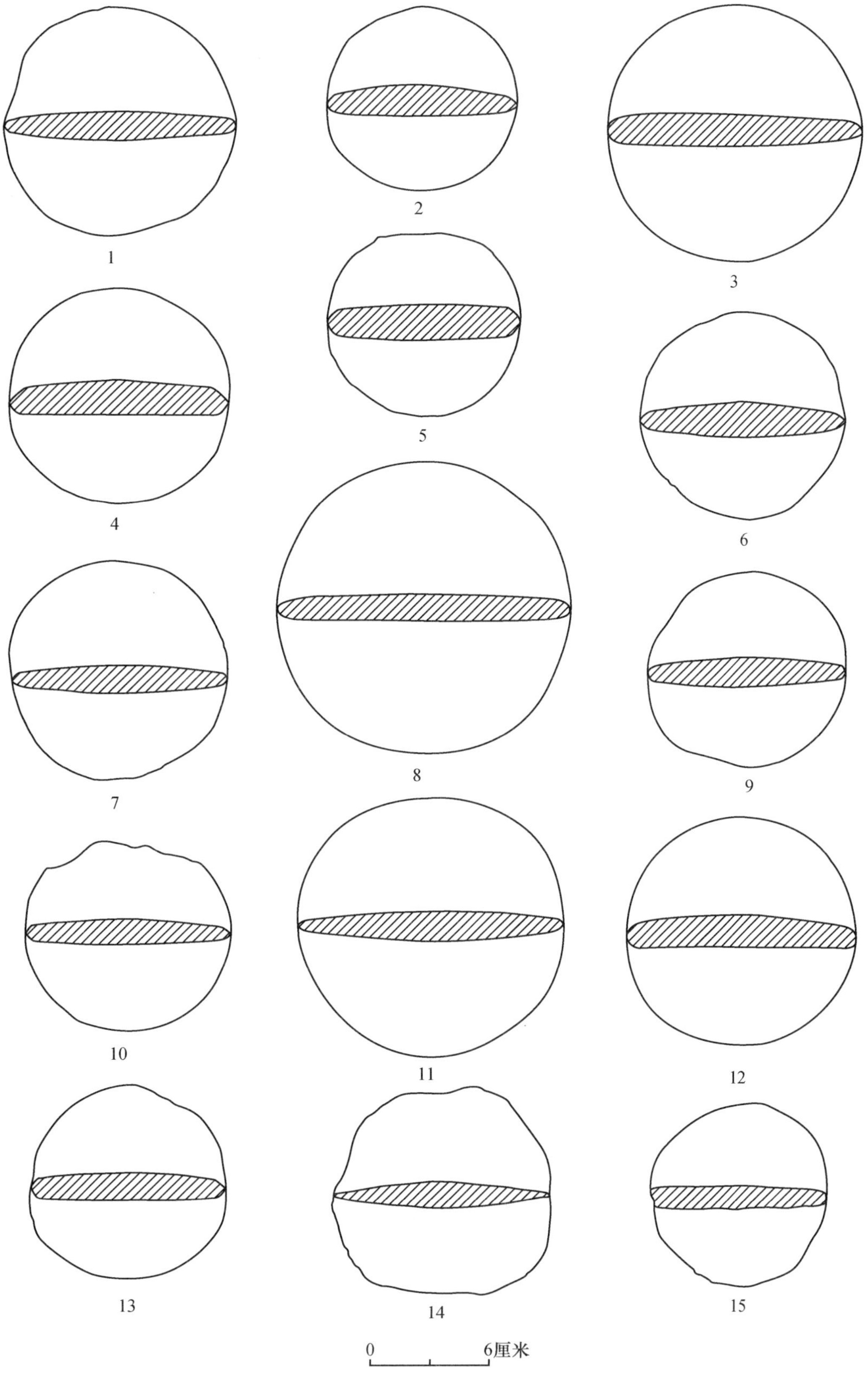


图八一　西周时期夹砂陶饼形器

1. G2①：183　2. G2①：137　3. G2①：152　4. G2①：179　5. G2①：181　6. G2①：180　7. G2①：199　8. G2①：136　9. G2①：182　10. G2①：207　11. G2①：184　12. G2①：206　13. G2①：208　14. G2①：210　15. G2①：209

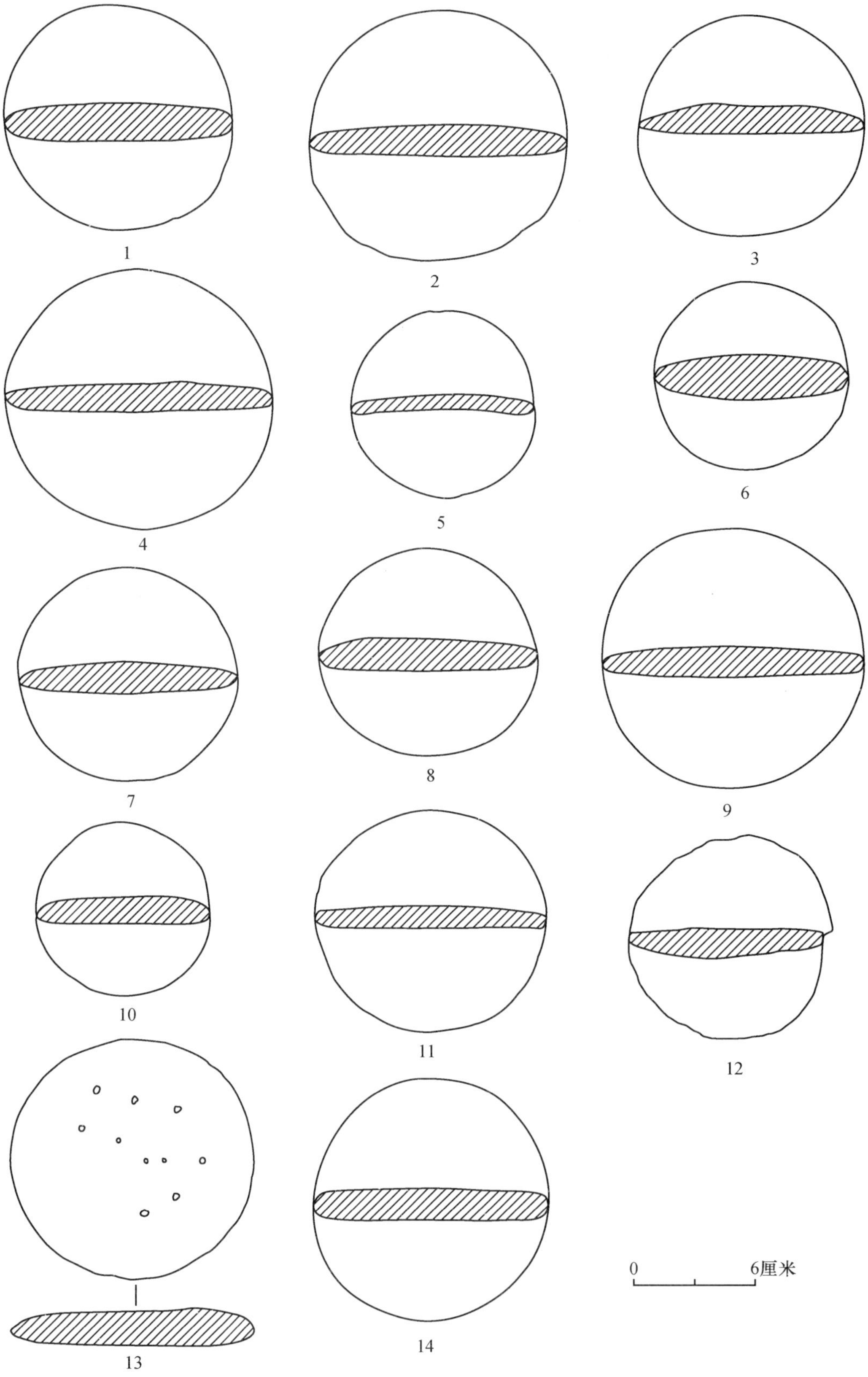


图八二　西周时期夹砂陶饼形器

1. G2①：213　2. G2①：214　3. G2①：217　4. G2①：220　5. G2①：221　6. T1218③A：4　7. G2①：222　8. G2①：223　9. G2①：224　10. T1312③A：4　11. G2①：230　12. T1219③A：2　13. G2①：231　14. G2①：225

标本G2①：217，已修复。夹砂黑褐陶，圆饼状，一面近平，一面微弧鼓，边缘弧圆。素面。直径11.1、厚1.5厘米（图八二，3；图版五三，2）。

标本G2①：220，已修复。夹砂红褐陶，圆饼状，双面近平，边缘弧圆。素面。直径13.5、厚1.5厘米（图八二，4；图版五三，3）。

标本G2①：221，已修复。夹砂黑褐陶，圆饼状，一面微弧鼓，另一面微弧凹，两面均有炭黑色，边缘弧圆。素面。直径9、厚0.7厘米（图八二，5；图版五三，4）。

标本G2①：222，已修复。夹砂红褐陶，圆饼状，一面微弧鼓，一面有炭黑色，边缘部分弧圆。素面。直径10.9、厚1.6厘米（图八二，7；图版五三，5）。

标本G2①：223，已修复。夹砂黑褐陶，圆饼状，一面近平，一面微弧鼓，边缘弧圆。素面。直径10.8、厚1.7厘米（图八二，8；图版五三，6）。

标本G2①：224，已修复。夹砂红陶，圆饼状，一面微弧鼓，另一面近平，有炭黑色，边缘弧圆。素面。直径12.9、厚1.6厘米（图八二，9；图版五四，1）。

标本G2①：225，已修复。夹砂黑褐陶，圆饼状，双面近平，一面有炭黑色，边缘部分弧圆。素面。直径11.2、厚1.6厘米（图八二，14；图版五四，2）。

标本G2①：230，已修复。夹砂红褐陶，圆饼状，一面弧收，另一面近平，有炭黑色，边缘弧圆。素面。直径11.4、厚1.2厘米（图八二，11；图版五四，3）。

标本G2①：231，已修复。夹砂红褐陶，圆饼状，一面近平，另一面微弧鼓，边缘处弧圆，部分有炭黑色。素面。直径12.1、厚1.8厘米（图八二，13；图版五四，4）。

标本T1218③A：4，基本完整。夹砂红褐陶，圆饼状，双面微弧鼓，边缘弧圆。素面。直径9.6、厚2.4厘米（图八二，6；图版五四，5）。

标本T1219③A：2，基本完整。夹砂红褐陶，圆饼状，一面近平，另一面微弧鼓，有炭黑痕。素面。直径10.2、厚1.6厘米（图八二，12；图版五四，6）。

标本T1312③A：4，基本完整。夹砂红褐陶，圆饼状，一面近平，一面微弧鼓，边缘弧圆。素面。直径8.6、厚1.3厘米（图八二，10；图版五五，1）。

## 二、泥质陶器

夹砂陶片占陶瓷片总量的8%；从陶色看，主要是黑褐色、灰色和红色，分别占约30%、30%、23%；从纹饰看，素面占66%，纹饰以绳纹为主，占24.8%，有少量镂孔、附加堆纹、刻划纹、弦纹、方格纹、席纹、雷纹、套菱纹、折线纹、梯格纹、叶脉纹、水波纹、变形鸟纹、弦纹与绳纹组合、弦纹与叶脉纹组合、方格纹与折线纹组合等（图版九〇～图版九二）；从器形看，可辨器形的口沿约236件，主要有盆、豆、罐、钵、盘、圈足盘、杯、器盖、鬲足模、纺轮等（见附表一三～附表一九）。

**鼎足**　可辨器形5件，均残片。标本G2④：426，泥质灰陶，圆锥形侧足。素面。残高11厘米（图八三，16）。标本G2①：603，泥质灰陶，圆锥形侧足，足尖部分微外撇。素面。残高12.4厘米（图八三，14）。标本G2①：692，泥质黑皮陶，圆锥形侧足，足根似蹄足上部。素面。残高4.6厘米（图八三，15）。标本G2①：693，泥质灰陶，圆锥形侧足。素面。残高11.8厘米（图八三，13）。

**盆**　可辨器形26件，均为残片，不分型。标本G2④：374，泥质红褐陶，侈口，卷沿，圆唇，腹较直，下残。腹部饰方格纹。口径34.8、残高12厘米（图八三，1）。

标本G2④：379，泥质黑陶，侈口，卷沿，圆唇，领腹间有折线，微弧腹，下残。素面。口径28.8、残高4.8厘米（图八三，5）。

标本G2④：387，泥质黑陶，侈口，宽沿，沿面微弧，方唇，弧收腹，下残。腹部饰不明显绳

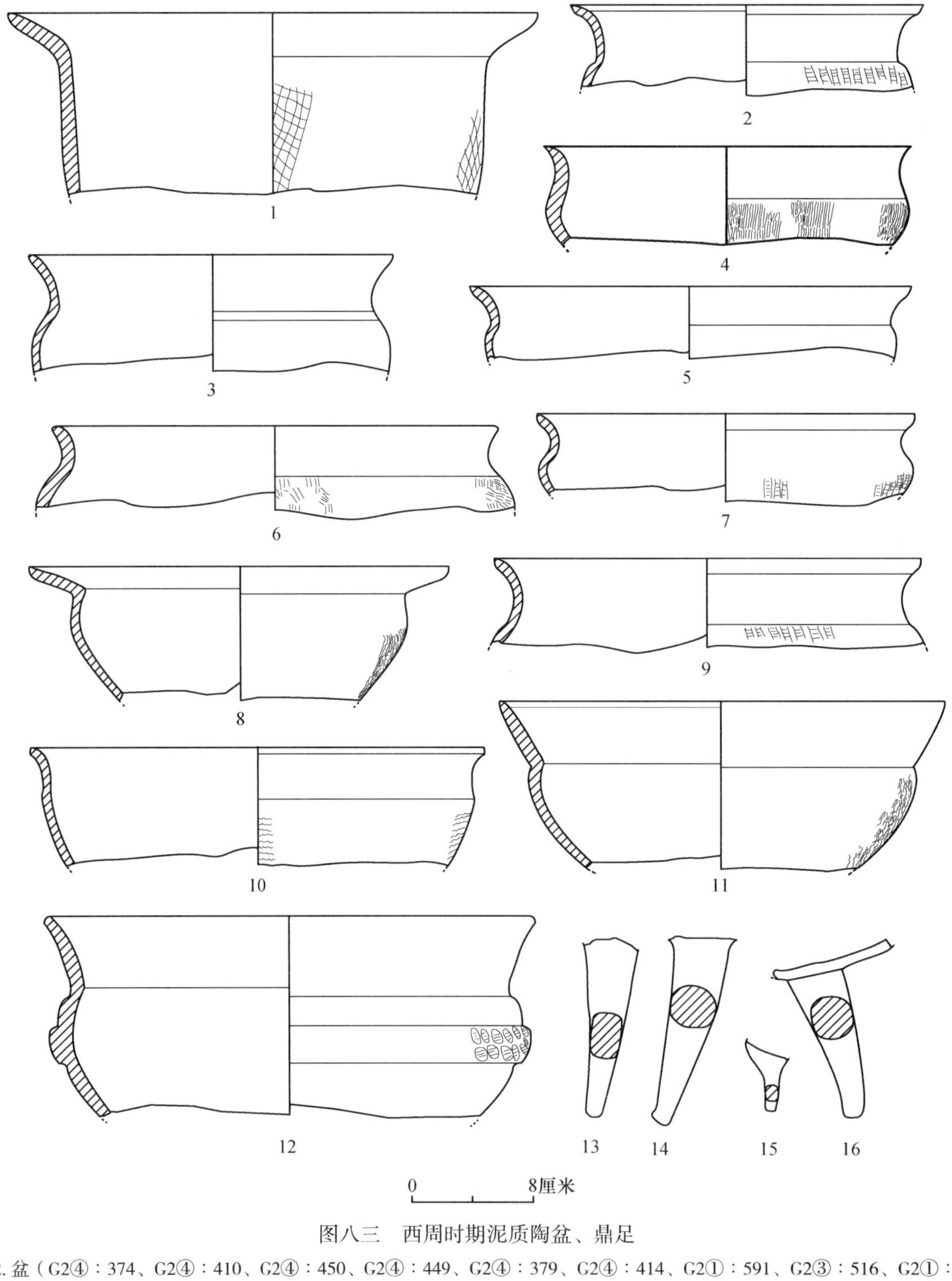


图八三　西周时期泥质陶盆、鼎足

1～12. 盆（G2④：374、G2④：410、G2④：450、G2④：449、G2④：379、G2④：414、G2①：591、G2③：516、G2①：565、G2③：514、G2④：387、G2②：559）　13～16. 鼎足（G2①：693、G2①：603、G2①：692、G2④：426）

纹。口径29、残高11.2厘米（图八三，11）。

标本G2④：410，泥质红陶，弧领，侈口，卷沿，圆唇，弧腹，下残。腹部饰梯格纹。口径23、残高6厘米（图八三，2）。

标本G2④：414，泥质灰胎黑皮陶，侈口，卷沿，沿面外侧有不明显凹槽，方唇，弧收腹，下残。腹部饰凹弦纹、刻画条带线纹。口径30、残高5.4厘米（图八三，6）。

标本G2④：449，泥质红褐陶，侈口，卷沿，圆唇，弧腹，下残。腹部饰绳纹。口径26、残高6.6厘米（图八三，4）。

标本G2④：450，泥质黑陶，侈口，卷沿，圆唇，弧腹，下残。素面。口径24、残高7.6厘米（图八三，3）。

标本G2③：514，泥质红陶，侈口，卷沿，圆唇，有不明显领部，弧腹，下残。腹部饰绳纹。口径30、残高8厘米（图八三，10）。

标本G2③：516，泥质黑陶，折口，宽平沿，方唇，弧腹，下残。腹部饰绳纹。口径28、残高8.4厘米（图八三，8）。

标本G2②：559，泥质黑褐陶，斜折口，宽卷沿，方唇，弧鼓腹，下残。腹部饰附加堆纹和绳纹。口径32、残高13.6厘米（图八三，12）。

标本G2①：565，泥质黑陶，有领，卷沿，沿面外侧有平台，圆唇，腹微外弧，下残。腹部饰梯格纹。口径28、残高5.8厘米（图八三，9）。

标本G2①：591，泥质红陶，侈口，卷沿，方唇，鼓腹，下残。腹部饰梯格纹。口径24.8、残高6.4厘米（图八三，7）。

**豆** 可辨器形99件，修复5件，依豆柄高矮可分为二型。

A型 矮柄豆，修复3件，依腹部特征分为二亚型。

Aa型 弧腹。标本G2①：70，已修复。泥质红陶，敞口微敛，平沿，方唇，盘较浅，短柄，喇叭状圈足。素面。口径15.2、底径9.3、高6.4厘米（图八四，1；图版五五，2）。

Ab型 弧折腹。标本G2①：167，泥质灰陶，直口，圆唇，圆形捉手。素面。口径16.2、底径7.8、高7.8厘米（图八四，3；图版五五，3）。标本G2①：195，已修复。泥质黑陶，敞口，圆唇，折腹，喇叭状圈足。素面。口径22.5、底径13.5、高9.5厘米（图八四，2；图版五五，4）。

B型 高柄豆，修复2件。标本G2①：144，已修复。泥质灰陶，直口，方唇，弧壁，喇叭状圈足。素面。口径12.2、底径9、高10.2厘米（图八四，5；图版五五，5）。标本G2①：187，已修复。泥质黑陶，直口微敛，小平沿，方唇，浅盘，柄部外撇成喇叭状圈足。素面。口径14.5、底径10.4、高11.3厘米（图八四，4；图版五五，6）。

**豆盘** 不分型。标本G2⑤：338，泥质灰陶，折口，斜平沿，圆唇，弧收腹，下残。素面。口径24.8、残高4厘米（图八四，17）。

标本G2④：382，泥质灰陶，折口，沿面微凹，圆唇，弧收腹，下残。素面。口径18、残高3.4厘米（图八四，13）。

标本G2④：435，泥质灰陶，直口微弧，圆角方唇，弧腹，弧收为圈足，下残。素面。口径15.9、残高9.3厘米（图八四，7）。

标本G2③：532，泥质黑陶，弧敞口，方唇，弧腹斜收，下残。素面。口径22、残高3.6厘米

（图八四，15）。

标本G2③：545，泥质红褐陶，口微敛，方唇，弧壁，下残。素面。口径18、残高4.4厘米（图八四，9）。

标本G2①：571，泥质红褐陶，弧折口，平沿，沿外面外侧有三周凹弦纹，弧收腹，下残。素面。口径18、残高4厘米（图八四，11）。

标本G2①：589，泥质灰褐陶，直口微敛，圆唇，斜腹微弧，弧底，喇叭形圈足，下残。腹部饰弦纹。口径15.7、残高9厘米（图八四，8）。

标本G2①：672，泥质灰陶，敞口，圆唇，斜收腹，有圈足残痕。素面。口径17、残高6厘米（图八四，10）。

标本G2①：674，泥质灰陶，微敛口，圆唇，浅弧腹，下残。腹部饰弦纹。口径15、残高3.4厘米（图八四，12）。

标本G2①：766，泥质黑陶，弧敛口，圆唇，折腹弧收，下残。腹部饰弦纹。口径20.8、残高2.8厘米（图八四，14）。

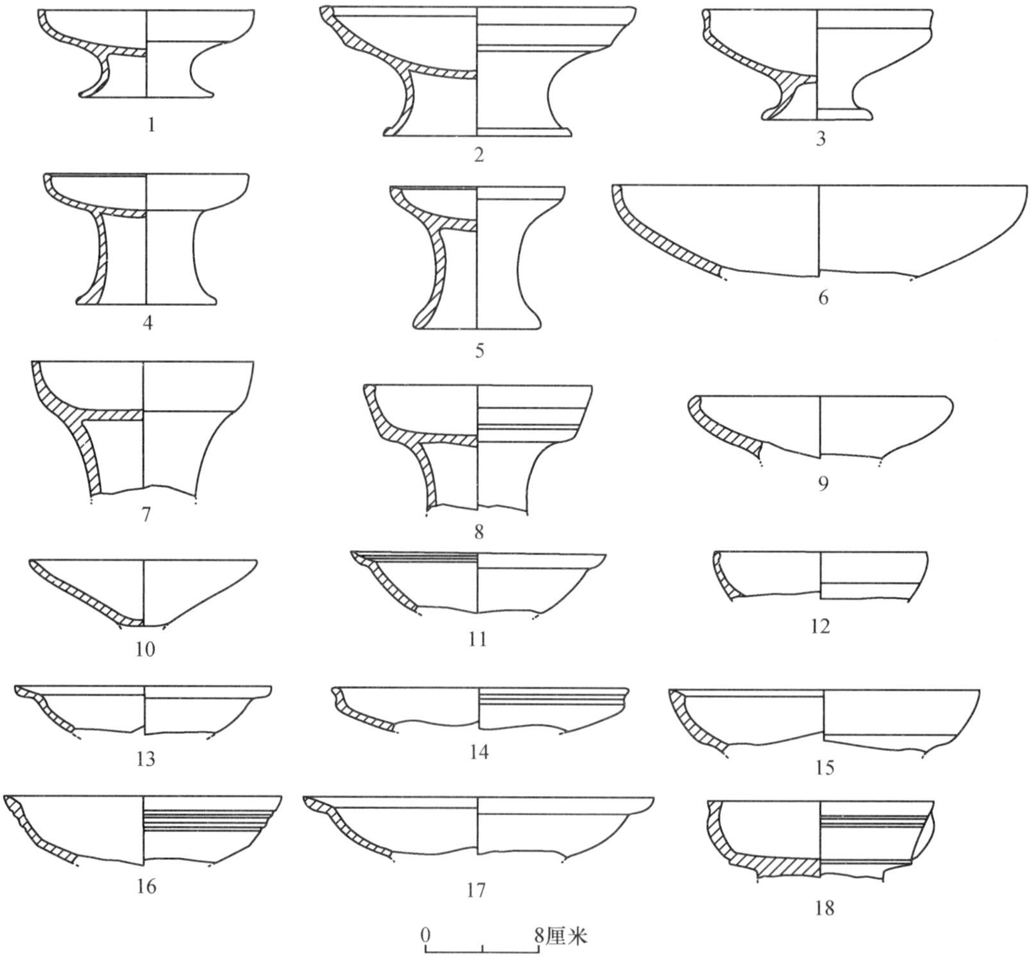


图八四　西周时期泥质陶豆

1. Aa型豆（G2①：70）　2、3. Ab型豆（G2①：195、G2①：167）　4、5. B型豆（G2①：187、G2①：144）
6～18. 豆盘（G2①：830、G2④：435、G2①：589、G2③：545、G2①：672、G2①：571、G2①：674、G2④：382、G2①：766、G2③：532、G2①：795、G2⑤：338、G2①：829）

标本G2①：795，泥质黑褐陶，敞口，圆唇，弧壁，下残。腹部饰弦纹。口径19.6、残高5厘米（图八四，16）。

标本G2①：829，泥质灰黑陶，敞口，方唇，弧壁，下残。腹部饰弦纹与乳钉纹。口径16、残高5.4厘米（图八四，18）。

标本G2①：830，泥质灰陶，直口，方唇，弧壁，下残。素面。口径29.2、残高6.4厘米（图八四，6）。

罐　可辨器形99件，均为口片。依据口部特征分为三型。

A型　矮领。标本G2⑤：343，泥质红陶，弧领，卷沿，沿面外侧有平台，圆唇，弧腹，下残。素面。口径31.2、腹径6.6厘米（图八五，1）。

标本G2④：378，泥质红陶，矮弧领，卷沿，方唇，弧鼓腹，下残。腹饰梯格纹。口径16.8、残高4.4厘米（图八五，2）。

标本G2④：407，泥质黑陶，弧领，卷沿，圆唇，鼓腹，下残。腹部饰弦纹和绳纹。口径19.2、残高7.2厘米（图八五，3）。

标本G2④：411，泥质红陶，弧领，卷沿，圆唇，鼓腹，下残。素面。口径23.2、残高4.8厘米（图八五，4）。

标本G2④：412，泥质黑陶，弧领，卷沿，圆唇，沿面外侧有一周凹槽，下残。素面。口径17、残高3.6厘米（图八五，5）。

标本G2④：482，泥质黑陶，弧敞领，卷沿，圆唇，沿面外侧有一周平台，鼓腹，下残。素面。口径18、残高5.7厘米（图八五，7）。

标本G2④：488，泥质灰褐陶，弧敞领，卷沿，圆唇，鼓腹，下残。腹部饰绳纹。口径19、残高5.1厘米（图八五，6）。

标本G2④：512，泥质黑皮陶，弧敞领，卷沿，圆唇，弧壁，下残。素面。口径20.8、残高4.4厘米（图八五，8）。

标本G2①：742，泥质灰陶，弧敞领，卷沿，圆唇，鼓腹，下残。素面。口径14、残高4.6厘米（图八五，9）。

标本G2①：771，泥质红褐陶，卷沿，方唇，弧领，弧腹，下残。肩部饰有一道弦纹，其下饰席纹。口径16.2、残高8.6厘米（图八五，10）。

标本G2①：775，泥质灰陶，卷沿，圆唇，弧颈，下残。素面。口径14.4、残高4.6厘米（图八五，11）。

B型　侈口。依据口沿宽窄分为二亚型。

Ba型　宽沿。标本G2④：375，泥质红褐陶，弧领，卷沿，圆唇，弧鼓腹，下残。素面。口径16、残高6厘米（图八五，12）。

标本G2④：386，泥质灰褐陶，侈口，卷沿，方唇，弧腹，下残。口沿外侧、腹部饰绳纹。口径21.6、残高13.2厘米（图八五，13）。

标本G2④：479，泥质黑皮陶，侈口，卷沿，圆唇，鼓腹，下残。腹部饰绳纹。口径15.9、残高5.2厘米（图八五，14）。

标本G2④：480，泥质灰黄陶，侈口，卷沿，圆唇，鼓腹，下残。腹部饰绳纹。口径17、残高

图八五　西周时期泥质陶罐

1～11. A型（G2⑤：343、G2④：378、G2④：407、G2④：411、G2④：412、G2④：488、G2④：482、G2④：512、G2①：742、G2①：771、G2①：775）　12～19. Ba型（G2④：375、G2④：386、G2④：479、G2④：480、G2④：484、G2④：487、G2③：535、G2③：521）

4.2厘米（图八五，15）。

标本G2④：484，泥质红陶，侈口，卷沿，圆唇，鼓腹，下残。素面。口径24.8、残高5.6厘米（图八五，16）。

标本G2④：487，泥质红陶，侈口，卷沿，圆唇，鼓腹，下残。腹部饰梯格纹。口径19.6、残高3.5厘米（图八五，17）。

标本G2③：521，泥质红陶，侈口，卷沿，圆唇，弧腹，下残。素面。口径20.8、残高4.1厘米（图八五，19）。

标本G2③：535，泥质红褐陶，侈口，平沿，尖唇，鼓腹，下残。素面。口径16、残高5厘米（图八五，18）。

标本G2①：566，泥质红褐陶，侈口，卷沿，尖圆唇，弧鼓腹，下残。领部饰抹平绳纹，腹部饰间断绳纹。口径24.7、残高6.4厘米（图八六，1）。

标本G2①：568，泥质红陶，侈口，卷沿，沿面外侧微弧凹，圆唇，弧鼓腹，下残。腹部饰绳纹。口径18、残高5.8厘米（图八六，2）。

标本G2①：607，泥质红陶，侈口，卷沿，圆唇，鼓腹，下残。腹部饰梯格纹。口径19.2、残高4.6厘米（图八六，3）。

标本G2①：660，泥质黑陶，侈口，卷沿，方唇，鼓腹，下残。素面。口径22、残高4.8厘米（图八六，4）。

标本G2①：741，泥质黑皮陶，侈口，卷沿，方唇，鼓腹，下残。腹部饰绳纹。口径16、残高3.6厘米（图八六，7）。

标本G2①：745，泥质黑皮陶，侈口，平沿，尖圆唇，沿内侧微凹，弧肩，弧折腹，下残。腹部饰凹弦纹和绳纹。口径22、残高11.2厘米（图八六，5）。

标本G2①：746，泥质黑皮陶，侈口，卷沿，方唇，鼓腹，下残。素面。口径18.4、残高4.4厘米（图八六，6）。

标本G2①：747，泥质灰陶，侈口，平沿，尖圆唇，沿面弧凹，鼓腹，下残。腹部饰凹弦纹和绳纹。口径20、残高4.8厘米（图八六，9）。

标本G2①：759，泥质灰褐陶，侈口，卷沿，圆唇，鼓腹，下残。腹部饰凹弦纹和绳纹。口径20.9、残高7.2厘米（图八六，8）。

标本G2①：790，泥质黑褐陶，侈口，卷沿，方唇，弧鼓腹，下残。腹饰附加堆纹和绳纹。口径32、残高10.4厘米（图八六，11）。

标本G2①：791，泥质灰陶，侈口，卷沿，方唇，斜弧腹，下残。口沿以下饰绳纹。口径28、残高5.8厘米（图八六，13）。

标本G2①：792，泥质灰褐陶，侈口，尖圆唇，弧肩，鼓腹，肩腹部存耳残部，下残。腹部饰绳纹。口径13.2、残高6厘米（图八六，10）。

标本G2①：793，泥质灰陶，侈口，卷沿，方唇，弧肩，下残。腹饰方格纹。口径16、残高3.8厘米（图八六，16）。

标本G2①：794，泥质灰陶，侈口，卷沿，尖圆唇，弧肩折腹，下残。素面。口径18、残高9.3厘米（图八六，12）。

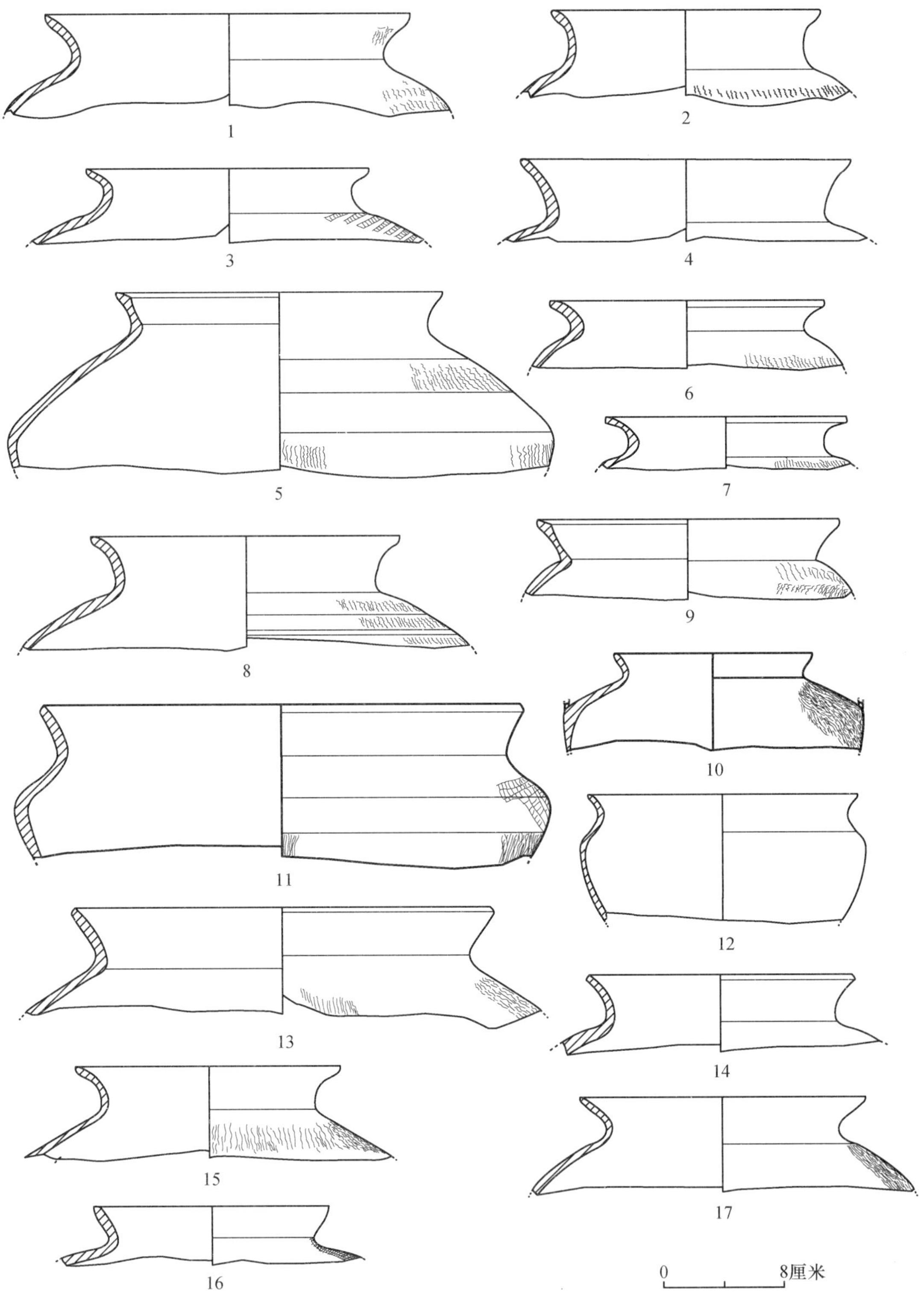


图八六　西周时期Ba型泥质陶罐

1. G2①：566　2. G2①：568　3. G2①：607　4. G2①：660　5. G2①：745　5. G2①：746　7. G2①：741　8. G2①：759　9. G2①：747　10. G2①：792　11. G2①：790　12. G2①：794　13. G2①：791　14. G2①：832　15. T0920③B：1　16. G2①：793　17. G2①：835

标本G2①：832，泥质灰陶，侈口，方唇，宽卷沿，弧腹，下残。素面。口径18、残高5.2厘米（图八六，14）。

标本G2①：835，泥质灰陶，侈口，卷沿，尖唇，弧肩腹，下残。肩部以下饰绳纹。口径19.2、残高6.4厘米（图八六，17）。

标本T0920③B：1，泥质黑褐陶，侈口，卷沿，方唇，弧腹，下残。腹部饰绳纹。口径18、残高6厘米（图八六，15）。

Bb型 窄沿。标本G2④：481，泥质红褐陶，侈口，卷沿，圆唇，弧鼓腹，下残。素面。口径17、残高5.7厘米（图八七，1）。标本G2④：486，泥质灰褐陶，微侈口，窄卷沿，圆唇，弧鼓腹，下残。素面。口径11、残高8.2厘米（图八七，3）。标本G2①：743，泥质黑陶，侈口，卷沿，圆唇，鼓腹，下残。腹部饰弦纹、方格纹。口径14、残高6.6厘米（图八七，2）。

C型 直口。标本G2③：522，泥质黑皮陶，直口微敞，方唇，弧鼓腹，下残。素面。口径21.6、残高4.4厘米（图八七，4）。标本G2③：540，泥质灰陶，直口微弧，尖唇，弧肩，下残。肩部饰梯格纹与弦纹。口径19、残高3.5厘米（图八七，8）。标本G2①：594，泥质红陶，直口，方唇，弧鼓腹，下残。素面。口径12、残高3.8厘米（图八七，5）。标本G2①：598，泥质红陶，直口微弧，圆唇，鼓腹，下残。素面。口径15、残高5.4厘米（图八七，9）。标本G2①：630，泥质

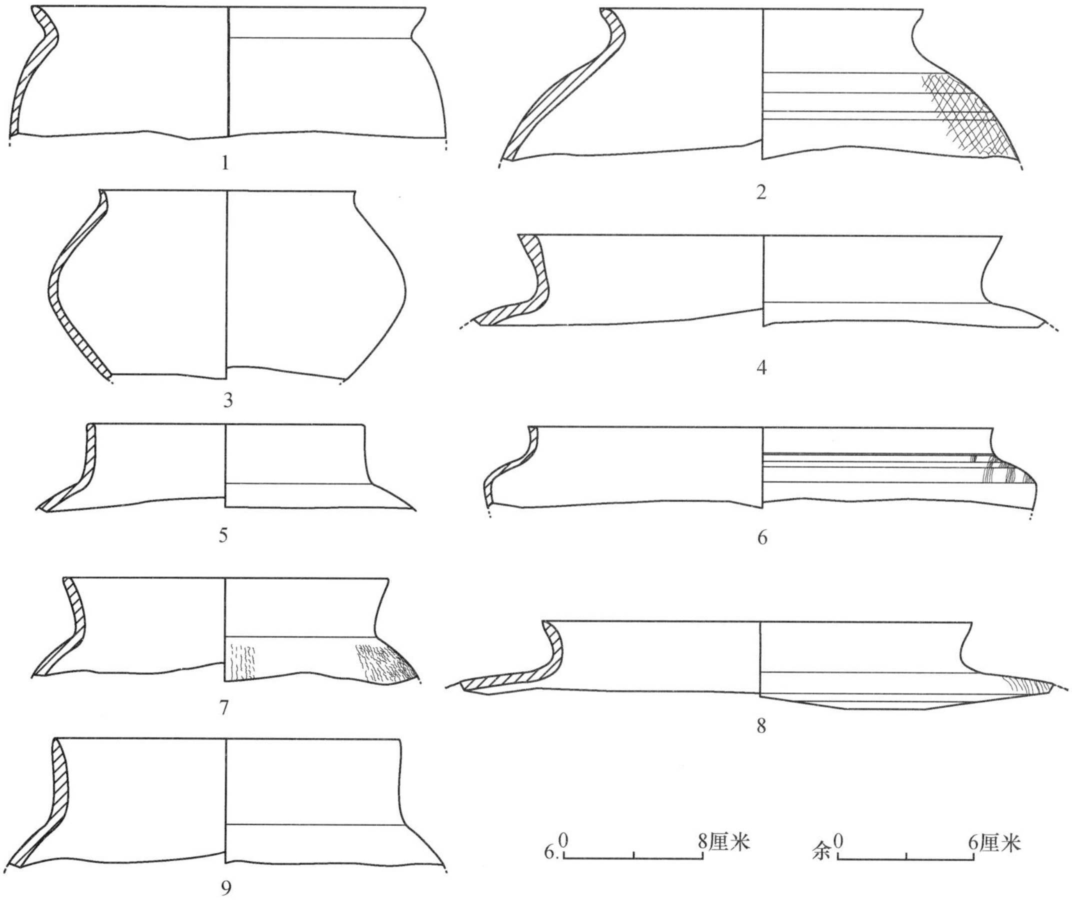


图八七 西周时期泥质陶罐

1～3. Bb型（G2④：481、G2①：743、G2④：486） 4～9. C型（G2③：522、G2①：594、G2①：782、G2①：630、G2③：540、G2①：598）

灰陶，直口微弧，圆唇，弧鼓腹，下残。腹部饰绳纹。口径14、残高4.4厘米（图八七，7）。标本G2①：782，泥质灰陶，矮直口，方唇，弧肩，下残。肩颈部饰有梯格纹和刻划纹。口径27.4、残高4.8厘米（图八七，6）。

**钵**　可辨器形23件，已修复11件。标本G2④：281，已修复。泥质红褐陶，敛口，鼓肩，弧腹内收，平底略向内凹。素面。口径15、底径7、高10.8厘米（图八八，2；图版五六，1）。

标本G2②：233，已修复。泥质红陶，敛口，方唇，鼓肩，弧腹内敛成小平底内凹。肩部以下至近底处饰有竖向绳纹。口径19、底径11、高10.6厘米（图八八，7；图版五六，2）。

标本G2②：234，已修复。泥质红陶，敛口，圆唇，弧壁，平底。素面。口径14.4、底径4.8、高11.4厘米（图八八，1；图版五六，3）。

标本G2①：12，已修复。泥质红褐陶，敛口，尖圆唇，弧腹，平底略内凹。素面。口径10.8、底径6.4、高6.5厘米（图八八，3；图版五六，4）。

标本G2①：42，基本完整。泥质灰陶，敛口，方唇，鼓肩，弧腹内收成平底内凹。腹饰不明显绳纹。口径14.4、底径8、高10.4厘米（图八八，4；图版五六，5）。

标本G2①：43，已修复。泥质灰褐陶，敛口，尖唇，鼓肩，弧腹内收成小平底，微内凹。素面。口径14.2、底径6.4、最大腹径15.4、高10.4厘米（图八八，6；图版五六，6）。

标本G2①：45，已修复。泥质灰陶，敛口，方唇，弧肩鼓腹，平底内凹。素面。口径7.2、底径5.2、高6.5厘米（图八八，5；图版五七，1）。

标本G2①：81，已修复。泥质灰陶，敛口，平沿微斜，方唇，鼓肩，弧腹内收成小平底微内凹。上腹部饰弦纹。口径16.6、底径10.6、高10厘米（图八八，8；图版五七，2）。

标本G2①：86，已修复。泥质黑陶，敛口，尖圆唇，鼓腹弧收成小平底。素面。口径14、底径7.5、高7.9厘米（图八八，10；图版五七，3）。

标本G2①：88，泥质黑陶，敛口，方唇，鼓肩，弧腹内收成小平底。素面。口径11.7、底径6.7、高9厘米（图八八，12；图版五七，4）。

标本G2①：226，泥质黑陶，敛口，小斜沿，尖唇，鼓肩，弧腹，平底内凹。素面。口径14、底径6、高11厘米（图八八，15；图版五七，5）。

标本G2④：381，泥质红褐陶，微敛口，圆唇，弧腹微鼓，弧收，下残。素面。口径15.2、残高7.2厘米（图八八，17）。

标本G2④：402，泥质黑陶，微敛口，尖唇，弧腹，下残。素面。口径24、残高6.2厘米（图八八，18）。

标本G2④：434，泥质红褐陶，弧敞口，方唇，弧收腹，下残。素面。口径13、残高3.8厘米（图八八，9）。

标本G2④：454，泥质红褐陶，弧敛口，圆唇，弧收腹，下残。素面。口径15、残高10厘米（图八八，11）。

标本G2④：455，泥质红褐陶，弧敛口，圆唇，弧收腹，下残。素面。口径15、残高5.2厘米（图八八，13）。

标本G2①：673，泥质灰陶，弧直口，方唇，弧折腹、斜收，下残。素面。口径31.8、残高7.8厘米（图八八，19）。

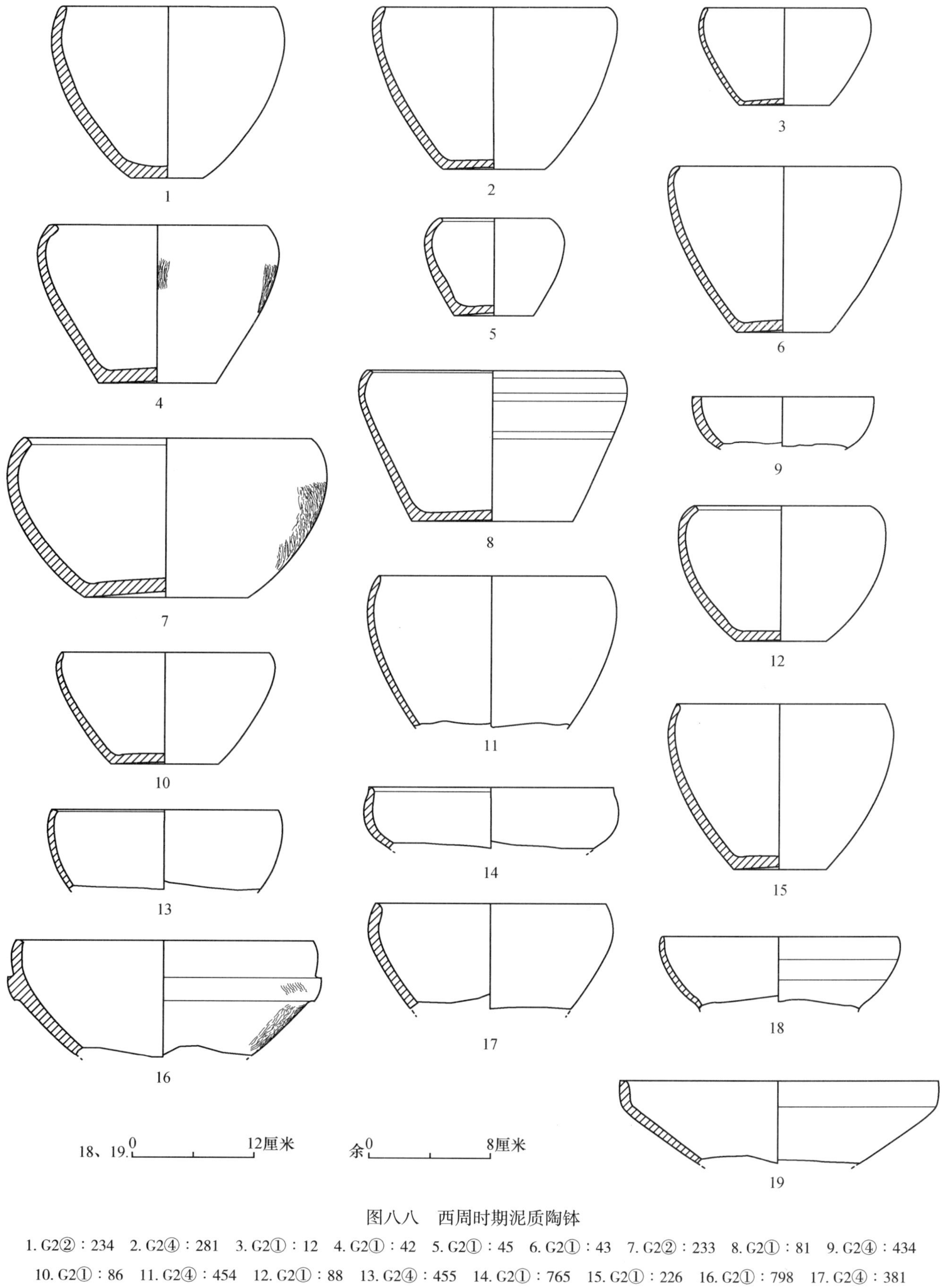


图八八 西周时期泥质陶钵

1. G2②：234 2. G2④：281 3. G2①：12 4. G2①：42 5. G2①：45 6. G2①：43 7. G2②：233 8. G2①：81 9. G2④：434 10. G2①：86 11. G2④：454 12. G2①：88 13. G2④：455 14. G2①：765 15. G2①：226 16. G2①：798 17. G2④：381 18. G2④：402 19. G2①：673

标本G2①：765，泥质红陶，弧敛口，圆唇，弧收，下残。素面。口径16、残高4厘米（图八八，14）。

标本G2①：798，泥质黑陶，微敛口，圆唇，弧壁，下残。腹部饰凸棱和绳纹。口径19.6、残高7.6厘米（图八八，16）。

**盘**　可辨器形6件，修复1件。标本G2①：171，已修复。泥质灰陶，敛口，尖圆唇，近直腹，平底内凹。腹部饰弦纹。口径16.6、底径16.2、高4.2厘米（图八九，1；图版五七，6）。

**圈足盘**　可辨器形12件，修复9件，另晚期层位出修复器2件。依据口部特征分为三型。

A型　侈口。标本G2⑤：352，泥质红陶，敛侈口，窄卷沿，尖唇，弧腹凹弧收接圈足，圈足下部残。腹部饰弦纹。口径19、残高3.7厘米（图八九，4）。标本G2④：425，泥质灰褐陶，侈口，卷沿，圆唇，鼓腹下弧收，圈足残。素面。口径21、残高5厘米（图八九，3）。标本G2①：155，泥质灰陶，侈口，斜卷沿，尖唇，腹部突鼓，圈足。素面。口径19.1、底径14.3、高6厘米（图八九，2）。

B型　敛口。标本G2④：302，已修复。泥质灰陶，直口微敛，尖圆唇，弧壁，圈足。腹部饰弦纹。口径19.6、底径16、高5.2厘米（图八九，5；图版五八，1）。标本G2③：242，已修复。泥质灰陶，口微敛，斜沿，方唇，弧腹。腹部饰弦纹。口径17.7、底径13.1、高6.1厘米（图八九，6；图版五八，2）。标本G2①：74，已修复。泥质红褐陶，口微敛，方唇，弧腹，近底处急折，圜底近平，圈足略内收。腹部饰弦纹。口径18、底径13.9、高5.6厘米（图八九，7；图版五八，3）。标本G2①：141，已修复。泥质灰陶，敛口，尖唇，弧腹，圈足。腹部饰弦纹。口径17.4、底径17.6、高5.9厘米（图八九，8；图版五八，4）。

C型　弧敞口。标本G2①：66，已修复。泥质灰陶，弧敞口，尖圆唇，折腹，微圜底，圈足。素面。口径19.2、底径14、高5厘米（图八九，9；图版五八，5）。标本G2①：139，已修复。泥质黑陶，弧敞口，尖唇，弧直壁，圈足。腹部饰弦纹。口径17.6、底径12.4、高5.4厘米（图八九，10；图版五八，6）。标本G2①：140，已修复。泥质黑陶，弧敞口，尖唇，弧壁，圈足。腹部饰弦纹。口径21.2、底径16、高6厘米（图八九，11；图版五九，1）。标本G2①：169，已修复。泥质灰陶，弧敞口，尖唇，折腹，圜底近平，圈足。素面。口径19.2、底径14.6、高5.8厘米（图八九，12；图版五九，2）。标本G2①：193，已修复。泥质黑陶，直口微弧敞，弧直壁略内敛，圜底近平，圈足。腹部饰弦纹。口径20.2、底径15.9、高6厘米（图八九，13；图版五九，3）。标本T0921②：2，已修复。泥质灰褐陶，敞口，斜沿，方唇，浅盘，圈足。腹部饰一圈凸棱。口径24.4、底径19、高4厘米（图八九，15；图版五九，4）。标本T1313①：3，已修复。泥质灰陶，弧敞口，尖唇，折腹，圜底，圈足。素面。口径22、底径17.7、高6.4厘米（图八九，14；图版五九，5）。

**圈足**　以豆圈足为主，有少量圈足盘的圈足。标本G2⑤：363，泥质黑陶，喇叭形，圈足弧敞底，圆唇，为豆的圈足。圈足上部饰弦纹。圈足径11.8、残高3.8厘米（图九〇，1）。

标本G2⑤：364，泥质黑陶，圈足弧敞口，圆唇，为圈足盘的圈足。圈足上部饰凸棱。圈足径18、残高3.3厘米（图九〇，3）。

标本G2④：436，泥质灰陶，喇叭形座，圆唇。素面。圈足径12.5、残高10厘米（图九〇，15）。

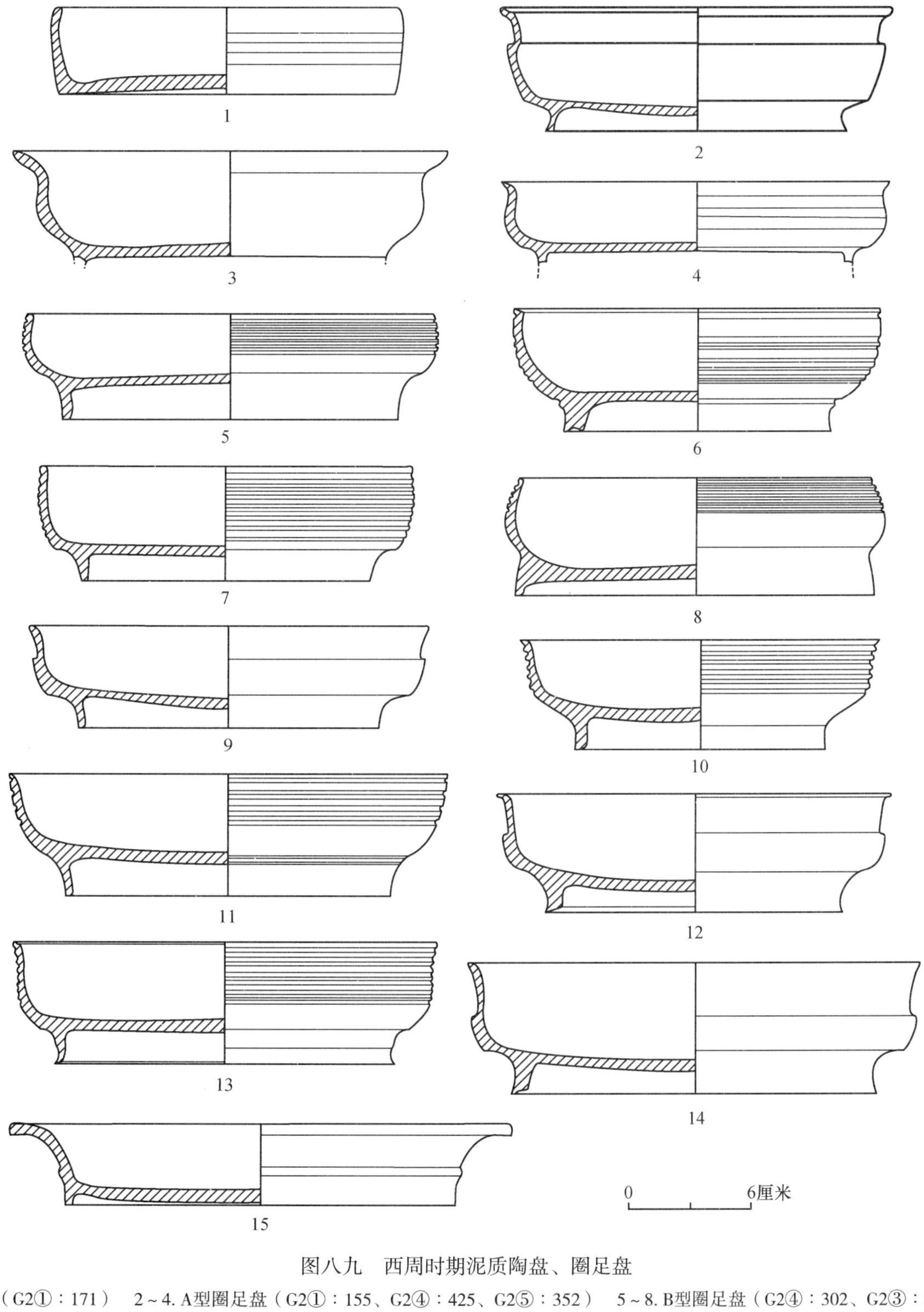


图八九 西周时期泥质陶盘、圈足盘

1. 盘（G2①：171） 2～4. A型圈足盘（G2①：155、G2④：425、G2⑤：352） 5～8. B型圈足盘（G2④：302、G2③：242、G2①：74、G2①：141） 9～15. C型圈足盘（G2①：66、G2①：139、G2①：140、G2①：169、G2①：193、T1313①：3、T0921②：2）

标本G2④：489，泥质灰陶，矮粗圈足，弧敞，方唇。素面。圈足径16、残高6厘米（图九〇，2）。

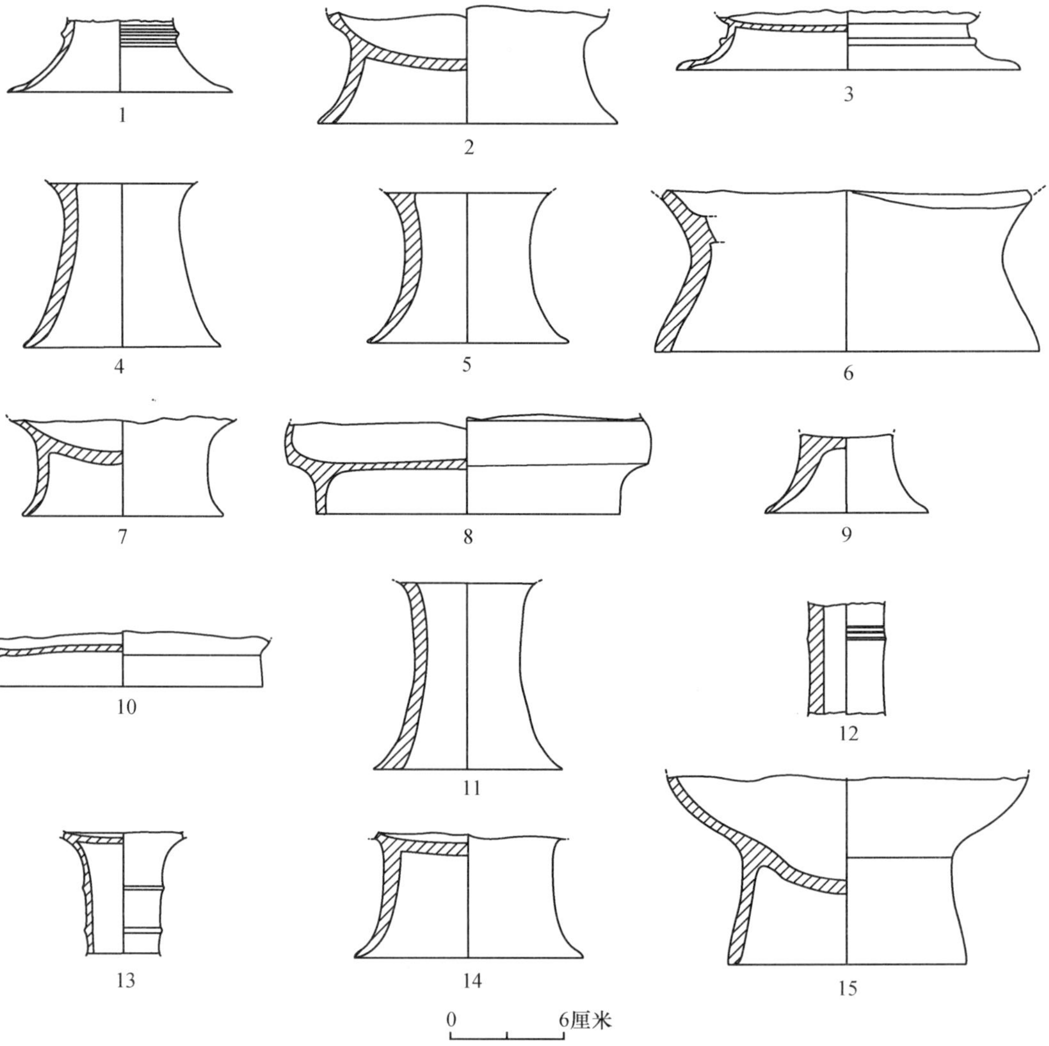


图九〇　西周时期泥质陶圈足

1. G2⑤：363　2. G2④：489　3. G2⑤：364　4. G2①：689　5. G2①：690　6. G2③：524　7. G2①：699　8. G2①：691　9. G2①：760　10. G2①：700　11. G2①：761　12. G2①：764　13. G2①：763　14. G2①：762　15. G2④：436

标本G2③：524，泥质黑陶，弧腹，粗喇叭状足，圆唇。素面。圈足径20.2、残高8.5厘米（图九〇，6）。

标本G2①：689，泥质灰陶，喇叭形圈足，圆唇，圈足中部弧收成亚腰形。素面。圈足径10.7、残高8.8厘米（图九〇，4）。

标本G2①：690，泥质灰陶，喇叭形圈足，圆唇，圈足中部弧收成亚腰形。素面。圈足径10.6、残高8厘米（图九〇，5）。

标本G2①：691，泥质黑皮陶，弧腹，折收底，有矮圈足，圆唇，为圈足盘的圈足。素面。圈足径16、残高5.1厘米（图九〇，8）。

标本G2①：699，泥质黑陶，喇叭状圈足，圆唇。素面。圈足径10.6、残高5厘米（图九〇，7）。

标本G2①：700，泥质黑陶，矮圈足，弧敞口，圆唇，为圈足盘的圈足。素面。圈足径15、残高3厘米（图九〇，10）。

标本G2①：760，泥质黑陶，喇叭状圈足，圆唇。素面。圈足径8.4、残高4厘米（图九〇，9）。

标本G2①：761，泥质红褐陶，喇叭形圈足，圆唇，为豆的圈足。素面。圈足径10、残高10厘米（图九〇，11）。

标本G2①：762，泥质灰褐陶，喇叭形座，圆唇，为豆的圈足。素面。圈足径12.2、残高6.4厘米（图九〇，14）。

标本G2①：763，泥质黑陶，细柄，下残，为豆的圈足。柄部饰凸棱。最大残径6.4、残高6.3厘米（图九〇，13）。

标本G2①：764，泥质黑陶，细柄，上下均残，为豆的圈足。中部饰弦纹。最大残径4、残高5.8厘米（图九〇，12）。

**杯** 1件（G2①：8）。基本完整。泥质红陶，直口，圆唇，直腹，平底。素面。口径3.6、高1.9厘米（图九一，5；图版五九，6）。

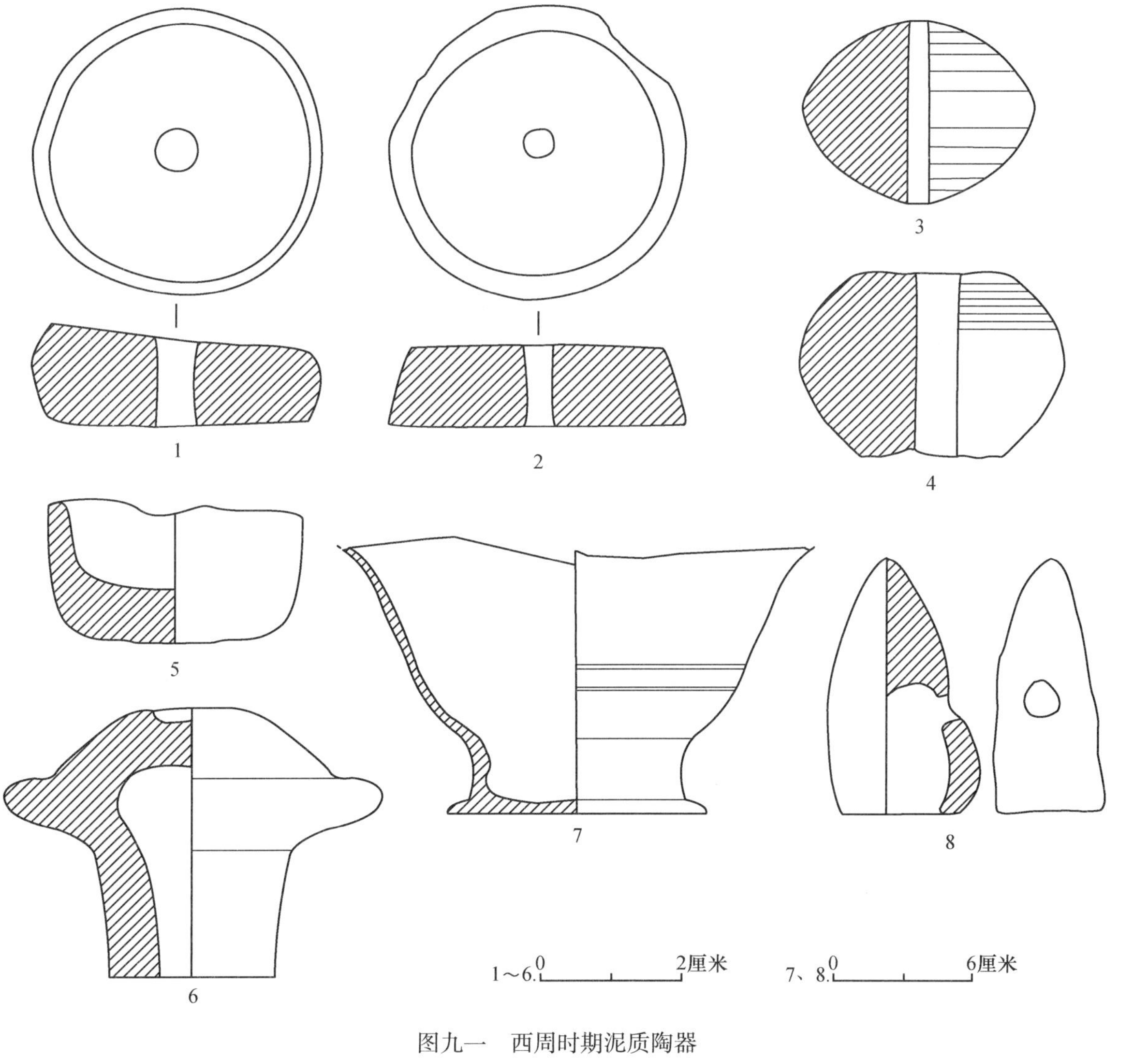


图九一 西周时期泥质陶器

1～4. 纺轮（G2①：49、G2④：284、G2①：150、G2①：51） 5. 杯（G2①：8） 6. 器盖（G2④：409）

7. 器底（G2④：405） 8. 鬲足模（G2①：178）

**器盖**　均残片。标本G2④：409，泥质灰陶，近算珠形纽，纽部有凹圆。素面。盖纽径5.4、残高3.8厘米（图九一，6；图版六〇，1）。

**器底**　均残片。标本G2④：405，泥质灰陶，敞口，折收底，假圈足。素面。残高11.3、底径11.2厘米（图九一，7）。

**鬲足模**　1件（G2①：178）。泥质黑陶，一侧弧圆，一侧圆鼓，有手握孔。近口部饰绳纹痕。长11、口径5.2厘米（图九一，8；图版六〇，2）。

**纺轮**　可辨器形4件，均可修复。标本G2④：284，基本完整。泥质黑褐陶，圆台形，略有残损，中孔系对钻而成。素面。长径4.5、短径3.6、厚1.1厘米（图九一，2；图版六〇，3）。标本G2①：49，泥质灰褐陶，器身中间略凸鼓，两面弧收，中有一孔。素面。长径4.1、短径3.9、厚1.5厘米（图九一，1；图版六〇，4）。标本G2①：51，泥质黑陶，基本完整。算珠状，中有一孔。饰弦纹。直径3.8、厚2.6厘米（图九一，4；图版六〇，5）。标本G2①：150，可修复。泥质灰褐陶，算珠形，侧面弧鼓，中有圆孔。饰弦纹。直径3.5、孔径0.5、厚2.6厘米（图九一，3；图版六〇，6）。

## 三、硬　陶　器

硬陶片不足陶瓷片总量的1%；从陶色看，主要是灰色，有少量灰褐色；从纹饰看，素面占54.9%，纹饰以回纹为主，占12.6%，有少量刻划纹、弦纹、方格纹、席纹、雷纹、菱形纹、套菱纹、折线纹、梯格纹、叶脉纹、方格纹与折线纹组合、回纹与折线纹组合、叶脉纹与折线纹组合等（图版九三～图版九五）；从器形看，可辨器形的口沿约21件，主要有豆、罐、瓿、杯、碗等（见附表一三～附表一九）。

**豆**　可辨器形6件，均为残片。标本G2⑤：341，灰红色硬陶，弧敞口，折平沿，圆唇，沿面有一道凸弦纹，弧收腹，近平底，底部留豆圈足痕。豆盘内壁有轮旋痕。口径20、残高4.6厘米（图九二，1）。标本G2④：383，灰红色硬陶，弧折敛口，尖唇，弧收腹，下残。敛口处有数周弦纹。口径18、高2.9厘米（图九二，3）。标本G2④：475，灰色硬陶，折口，平沿，圆唇，弧收腹，下残，沿面及内壁有轮旋痕。口径20、残高2.7厘米（图九二，2）。

**罐**　可辨器形10件，均为残片。标本G2④：390，灰红色硬陶，弧敞领，卷沿，圆唇，弧腹，下残。素面。口径21.2、残高3.2厘米（图九二，4）。标本G2①：569，灰褐色硬陶，矮弧领，卷沿，弧鼓腹，下残。领部有轮旋线，腹部饰折线纹与回纹组合。口径19.2、残高7.6厘米（图九二，10）。标本G2①：597，灰色硬陶，矮领，卷沿，圆唇，沿面外侧有一道凹槽，鼓腹，下残。腹部饰弦纹和席纹。口径20.2、残高6厘米（图九二，5）。标本G2①：599，灰色硬陶，矮弧领，卷沿，沿面有两周浅凹槽，鼓腹，下残。素面。口径23.6、残高4.4厘米（图九二，7）。标本G2①：608，灰红色硬陶，弧领，卷沿，圆唇，鼓腹，下残。领部饰弦纹。口径26、残高3.6厘米（图九二，9）。

**瓿**　可辨器形2件，修复1件。标本G2④：279，已修复。灰色印纹硬陶，侈口，卷沿，方唇，矮弧领，鼓肩，弧腹，平底内凹。口沿部饰有两道凹弦纹，肩部以下至近底处饰有回纹。口径14.5、底径15.7、高11.7厘米（图九二，6；图版六一，1；图版九五，7）。标本G2③：552，灰色

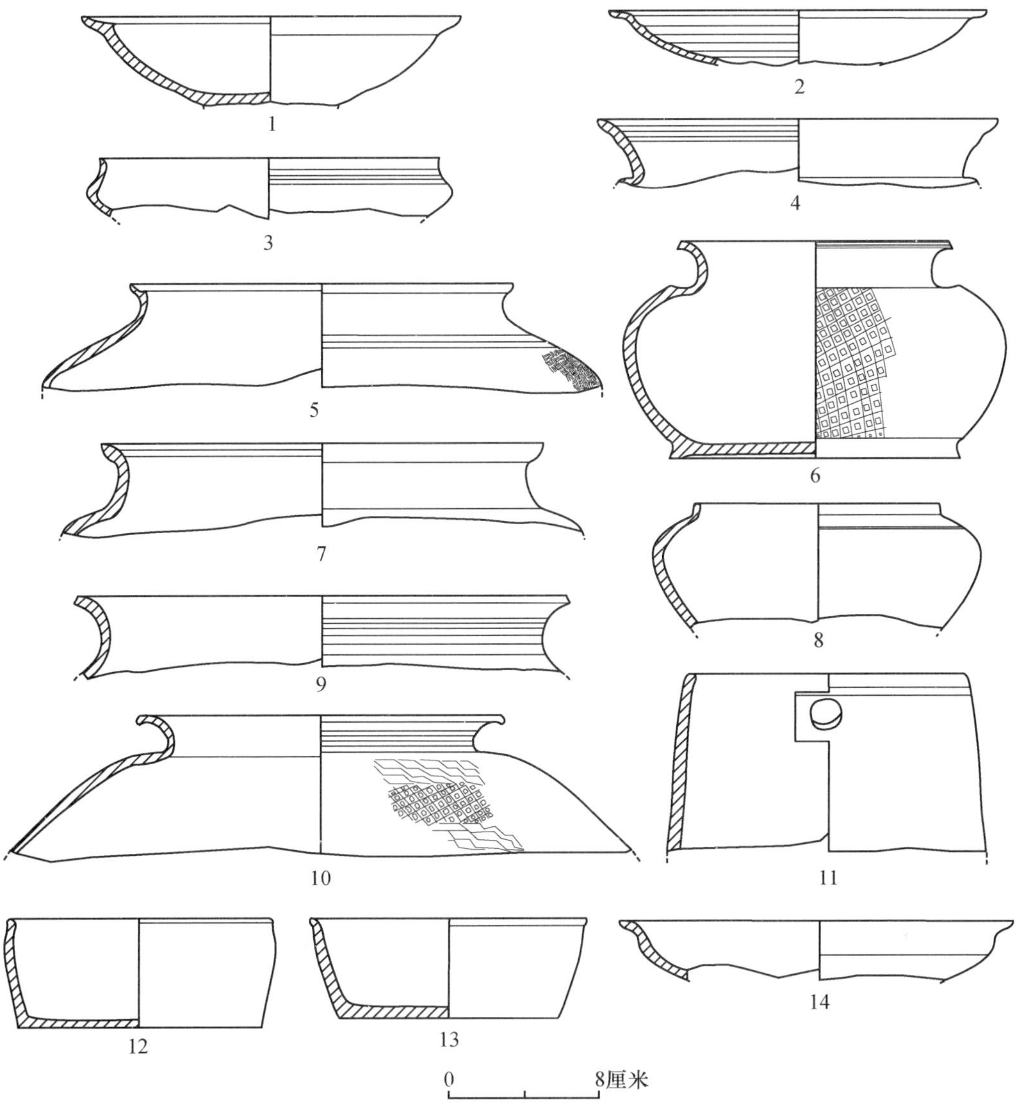


图九二 西周时期硬陶、原始瓷器

1～3. 硬陶豆（G2⑤：341、G2④：475、G2④：383） 4、5、7、9、10. 硬陶罐（G2④：390、G2①：597、G2①：599、G2①：608、G2①：569） 6、8. 硬陶瓿（G2④：279、G2③：552） 11. 硬陶杯（G2③：534） 12、13. 硬陶碗（G2④：298、T1316④A：1） 14. 原始瓷豆（G2①：621）

硬陶，直口，方唇，弧肩，鼓腹，下残。肩部饰弦纹。口径13.2、残高6.4厘米（图九二，8）。

**杯** 可辨器形1件，为残片。标本G2③：534，灰色硬陶，直口微斜收，圆唇，近直腹，上腹部有一孔，下残。近口部饰弦纹。口径15、残高9.3、孔径1.2厘米（图九二，11）。

**碗** 可辨器形1件，已修复，另晚期层位有可修复器1件。标本G2④：298，已修复。灰白色硬陶，近瓷胎，直口微弧敛，圆唇，弧腹，平底。腹部有轮旋痕。口径14.2、底径13、高6厘米（图九二，12；图版六一，2）。标本T1316④A：1，已修复。灰白色硬陶，近瓷胎，直口微弧敞，圆唇，弧腹，平底。腹部有轮旋痕。口径14.4、底径11.4、高5.3厘米（图九二，13；图版六一，3）。

## 四、原始瓷器

可辨器形仅1件，为豆。标本G2①：621，灰白色硬胎，施青绿釉，弧敞口，圆唇，折腹斜弧收，下残。素面。口径21、残高3厘米（图九二，14）。

## 五、石　器

计106件。另晚期层位出23件，有斧、锛、凿、镞、纺轮等。

斧　14件，有厚体和薄体两种，因残器较多，不分型。标本G2④：266，灰色石料，近梯形，双面微弧鼓，双面弧收成刃。长13.5、宽7.3、厚1.5厘米（图九三，1；图版六二，1）。

标本G2④：290，灰色石料，竖长方形，顶部微弧，双面弧收，折斜成刃。残长10.6、宽6.5、厚4.3厘米（图九三，2；图版六二，2）。

标本G2①：14，深灰色石料，近竖长方形，顶部残，残存半穿孔，为双面对穿，双面微弧鼓，近刃部斜收成刃。残长10.5、宽7.8、厚1.1厘米（图九三，3；图版六二，3）。

标本G2①：46，灰色石料，长方形，一面弧收，一面斜收斜折成刃部。长9.9、宽6.5、厚1.4厘米（图九三，4；图版六二，4）。

标本G2①：50，浅灰色石料，弧顶，双面斜收，刃部残略向外撇。长6、宽4.1、厚2.2厘米（图九三，5；图版六二，5）。

标本G2①：54，灰色石料，平顶，双面弧刃，均为斜收后折斜微弧成刃，周身磨制光滑。长4.1、宽3.6、厚0.6厘米（图九三，6；图版六二，6）。

标本G2①：228，灰色石料，残近方形，双面微弧鼓，双面弧收成刃部，顶部刃部残。残长8.3、宽8.2、厚2.3厘米（图九三，8；图版六三，1）。

标本T0921③B：3，深灰色石料，弧顶，平面略呈不规则梯形，上部有一钻孔，系对钻而成，刃部为两面打磨。长7.5、宽7.7、厚0.7厘米（图九三，9；图版六三，2）。

标本T1218④A：6，灰色石料，竖长方形，仅保留两侧和刃部磨面。长8.6、宽5.4、厚1.8厘米（图九三，11；图版六三，3）。

标本T1218②：1，灰色石料，顶略弧，平面略呈梯形，长条柱状，双面斜磨刃，刃部圆滑。长13.2、宽6.7、厚5.5厘米（图九三，7；图版六三，4）。

标本T1219②：1，深灰色石料，双面弧鼓，弧收成刃部。长14.8、宽7.2、厚4.6厘米（图九三，12；图版六三，5）。

标本T1320②：4，深灰色石料，顶部残，刃部为双面对磨而成，周身光滑。残长5.7、宽7.6、高1.9厘米（图九三，10；图版六三，6）。

标本T1313①：1，红褐色石料，顶部残，有磨平痕迹，存两孔，其一在顶部存半，另一在上部，圆形，皆对钻而成。残长7.7、宽5.7、厚0.9厘米（图九三，14；图版六四，1）。

标本JD采：4，灰色石料，竖长条形，双面弧鼓，弧折收成刃部。高10.2、宽3.5厘米（图九三，13；图版六四，2）。

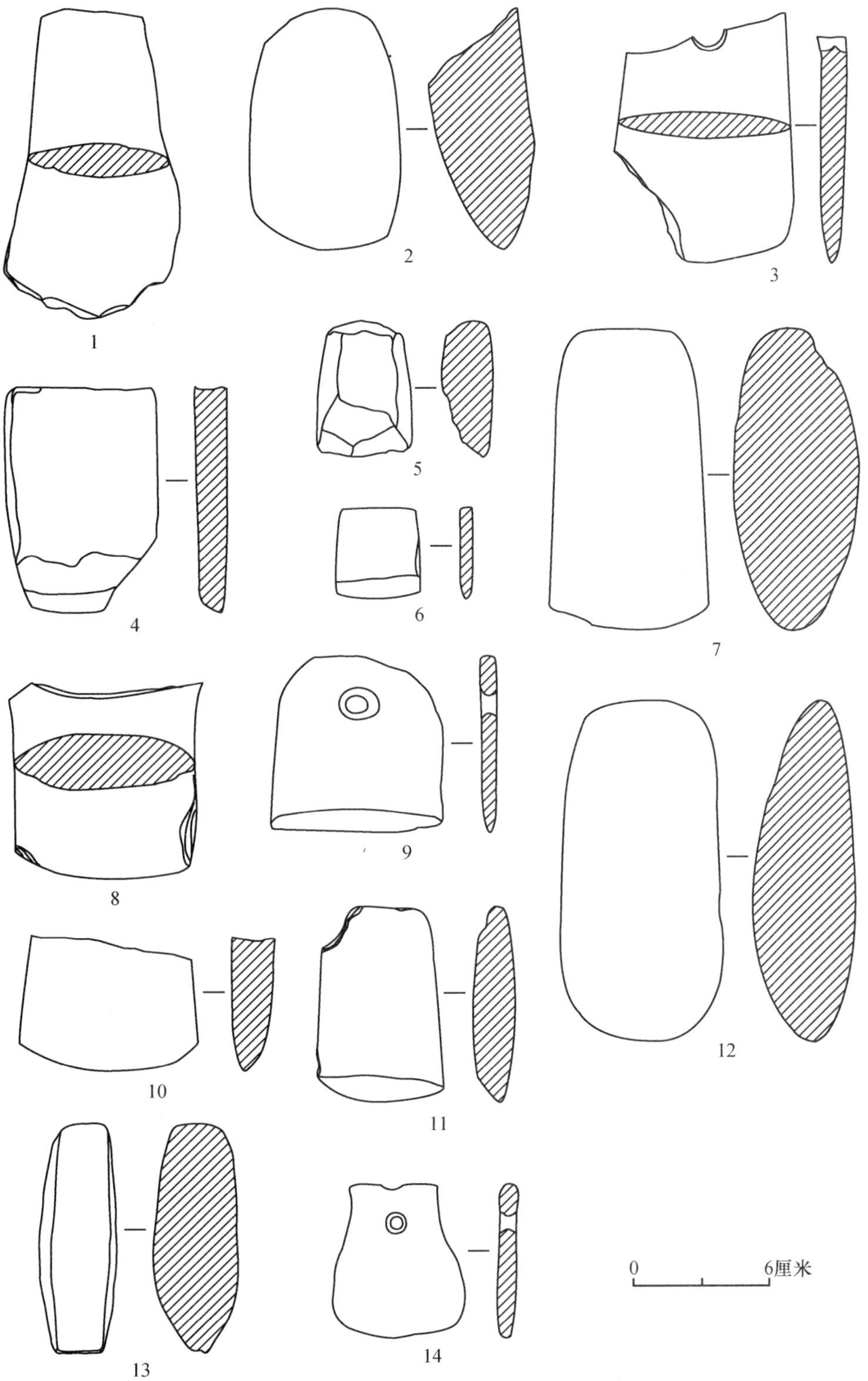


图九三 西周时期石斧

1. G2④：266 2. G2④：290 3. G2①：14 4. G2①：46 5. G2①：50 6. G2①：54 7. T1218②：1 8. G2①：228 9. T0921③B：3 10. T1320②：4 11. T1218④A：6 12. T1219②：1 13. JD采：4 14. T1313①：1

**锛**　46件，有厚体和薄体的差别，部分有肩，因残器较多，不分型。标本G2⑤：318，灰白色石料，平顶，弧刃，一面弧收，一面斜折成刃，磨制光滑。长3、宽2.6、厚0.6厘米（图九四，8；图版六四，3）。

标本G2⑤：319，灰白色石料，平顶，弧刃，器身一面有两处弧凹，下斜折成刃，另一面弧平。长6.2、宽4、厚1.1厘米（图九四，2；图版六四，4）。

标本G2⑤：330，浅灰色石料，竖长条形，平顶，弧刃，一面弧收，一面弧收斜折成刃，磨制。长12.3、宽3.4、厚3.5厘米（图九四，9；图版六四，5）。

标本G2⑤：331，浅灰色石料，长条形，双面弧收，刃部残。残长8.1、宽3.7、厚2.4厘米（图九四，3；图版六四，6）。

标本G2⑤：332，青灰色石料，近长条形，弧顶，磨制较为光滑，一面近平，一面弧收，刃部残。长8.4、宽3.7、厚3.1厘米（图九四，6；图版六五，1）。

标本G2④：253，灰白色石料，竖长方形，一面微弧收，一面近平，斜折成刃。长6.2、宽4.5、厚1厘米（图九四，1；图版六五，2）。

标本G2④：256，白色石灰石，平顶略弧，单刃面，一面弧收一面斜折成刃，周身磨制光滑，平面略呈长方形。长7.8、宽4.8、厚1.7厘米（图九四，10；图版六五，3）。

标本G2④：257，灰色石料，顶部略残，单面刃，一面微弧收，一面弧收斜折成刃。残长6.4、宽2.4、厚2.3厘米（图九四，7；图版六五，4）。

标本G2④：261，灰白色石料，顶近平，刃部锋利，周身光滑磨制器身，一面偏上处磨制有一道弧凹，该面弧收，另一面弧折成刃。长5.2、宽4.9、厚1.6厘米（图九四，11；图版六五，5）。

标本G2④：262，灰白色石料，竖长方形，上部残，一面弧收，一面弧折成刃。残长6.5、宽3.7、厚3.5厘米（图九四，4；图版六五，6）。

标本G2④：267，灰黄色石料，平面略呈梯形，平顶，单面刃，一面弧收，一面斜折成刃，器身磨制光滑。长6.1、宽1.8、厚1.3厘米（图九四，12；图版六六，1）。

标本G2④：274，灰褐色石料，近梯形，顶部微残，一面弧收，一面斜折成刃。残长7.5、宽5、厚1.6厘米（图九四，13；图版六六，2）。

标本G2④：275，白色石料，长条形，顶部平，一面弧收，一面斜折成刃。长6.9、宽3.7、厚1.2厘米（图九四，5；图版六六，3）。

标本G2④：276，灰色石料，竖长方形，四面均近平，一面略窄于背面。长7.1、宽4.3、厚3.9厘米（图九五，5；图版六六，4）。

标本G2④：286，浅灰色石料，竖长条形，双面微弧收，一面斜折成刃。长9.3、宽3.3、厚3.3厘米（图九五，4；图版六六，5）。

标本G2④：288，灰色石料，顶近平，弧刃，一面近平，另一面弧收，斜折成刃，磨制。长8.4、宽3.9、厚2.5厘米（图九五，3；图版六六，6）。

标本G2④：292，深灰色石料，竖长条形，顶部残，单面刃，一面微弧鼓，一面弧收，斜折成刃，刃部锋残，整身打磨。残长8.1、宽3.1、厚3.2厘米（图九五，7；图版六七，1）。

标本G2④：293，浅灰色石料，竖长条形，双面弧收，刃部残。长7.5、宽4、厚2厘米（图九五，6；图版六七，2）。

图九四　西周时期石锛

1. G2④：253　2. G2⑤：319　3. G2⑤：331　4. G2④：262　5. G2④：275　6. G2⑤：332　7. G2④：257　8. G2⑤：318　9. G2⑤：330　10. G2④：256　11. G2④：261　12. G2④：267　13. G2④：274

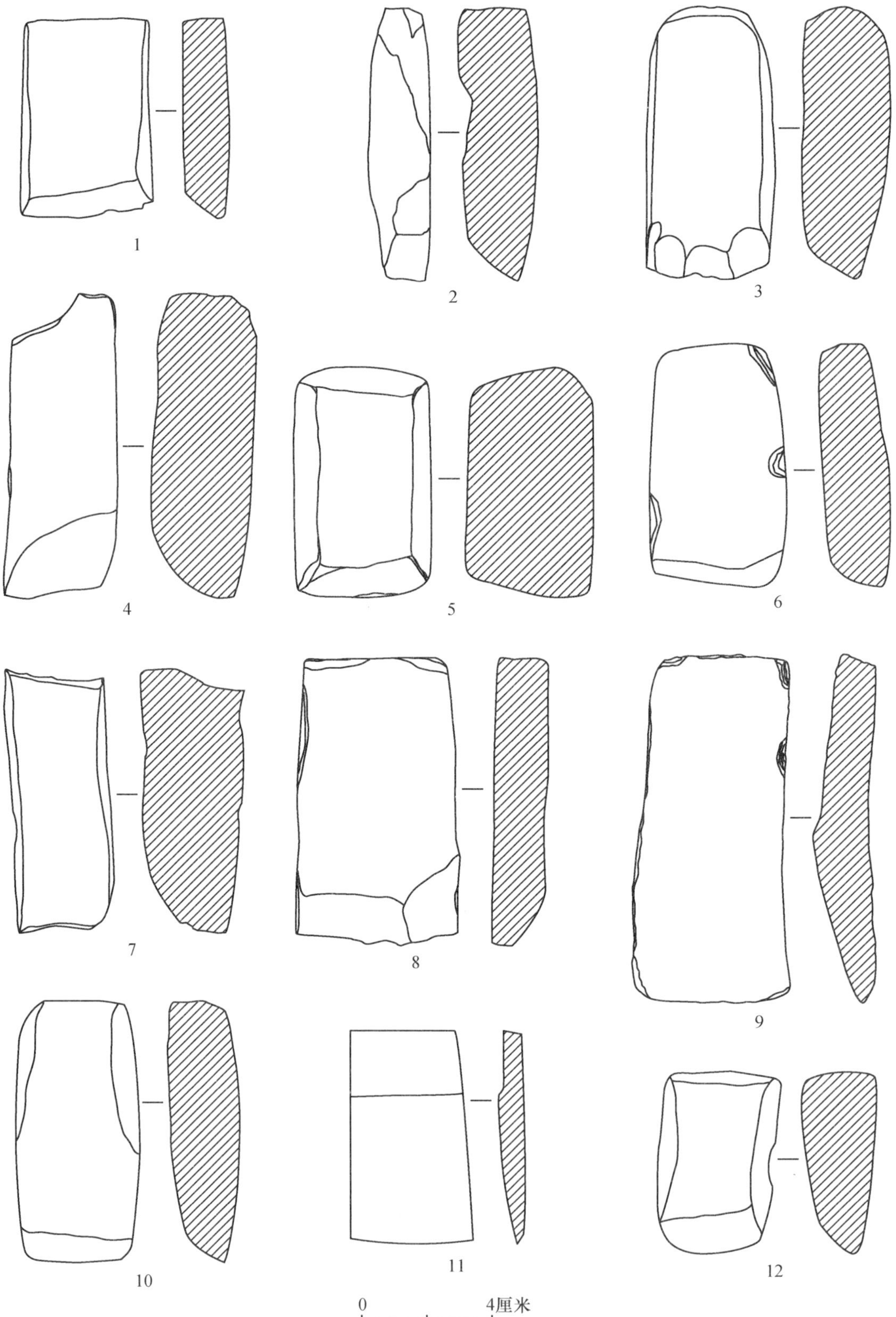


图九五　西周时期石锛

1. G2③：236　2. G2④：316　3. G2④：288　4. G2④：286　5. G2④：276　6. G2④：293　7. G2④：292　8. G2④：301　9. G2①：1　10. G2③：237　11. G2①：10　12. G2③：249

标本G2④：301，灰色石料，竖长方形，顶近平，一面微弧，另一面近平，斜收成刃。长8.8、宽5、厚1.7厘米（图九五，8；图版六七，3）。

标本G2④：316，浅灰色石料，竖长方形，顶近平，磨制，一面弧收，另一面微弧，斜折成刃部。长8.4、残宽1.9、厚2.3厘米（图九五，2；图版六七，4）。

标本G2③：236，灰绿色石料，竖长方形，上部残，一面微弧鼓，另一面近平，斜折成刃。长6.1、宽4.1、厚1.4厘米（图九五，1；图版六七，5）。

标本G2③：237，灰白色石料，竖长方形，顶平，一面弧收，另一面弧收斜折成刃。长8、宽3.8、高2.8厘米（图九五，10；图版六七，6）。

标本G2③：249，灰色石料，竖长条形，一面微弧收，一面弧收，斜折成刃部。长5.6、宽3.4、厚2.3厘米（图九五，12；图版六八，1）。

标本G2①：1，灰色石料，长条形，有不明显肩，弧背，另一侧折斜成刃。长10.7、宽4.7、厚1.7厘米（图九五，9；图版六八，2）。

标本G2①：10，灰色石料，竖长方形，顶近平，有明显折肩，一面弧收，另一面近平，斜折成刃部，切刃表面磨制较为光滑。长6.6、宽3.7、厚0.8厘米（图九五，11；图版六八，3）。

标本G2①：13，灰绿色石料，一面微弧收，一面平，下部斜折成刃。残长2.3、宽2.2、厚0.2厘米（图九六，12；图版六八，4）。

标本G2①：24，灰红色石料，顶部残断，单面刃，一面近平，一面弧收弧折成刃，周身磨制光滑。残长5.8、宽4.9、厚2.3厘米（图九六，2；图版六八，5）。

标本G2①：29，灰色石料，竖长方形，一面弧收，另一面近平，斜折成刃。长7.8、宽4.9、厚2.6厘米（图九六，3；图版六八，6）。

标本G2①：58，浅灰色石料，平顶，平面呈梯形，正面斜收，折斜成磨刃，刃部圆滑，另一面微弧收。长9.8、宽3.9、厚3.1厘米（图九六，4；图版六九，1）。

标本G2①：61，浅灰色石料，竖长条形，弧顶，一面弧收斜折成刃，周身磨制光滑，刃部略残。长9.3、宽3.4、厚3.2厘米（图九六，5；图版六九，2）。

标本G2①：72，浅灰色石料，竖长条形，平顶，一面弧收，另一面微弧，斜折收成刃，残，磨制。长9.4、宽3.7、厚3.2厘米（图九六，6；图版六九，3）。

标本G2①：77，深灰色石料，略成梯形，平顶，单面刃，一面弧收，另一面较平，斜折成刃，周身磨制光滑。长4.2、宽3.8、厚0.7厘米（图九六，1；图版六九，4）。

标本G2①：145，浅灰色石料，竖长条形，平顶，一面微弧，一面近平，斜收成刃部。长9.7、宽3.5、厚2.3厘米（图九六，8；图版六九，5）。

标本G2①：148，灰白色石料，竖长条形，平顶，上部有肩，弧刃，一面弧收，一面弧收斜折成刃，周身磨制光滑。长9、宽3、厚2.5厘米（图九六，9；图版六九，6）。

标本G2①：204，灰色石料，残存刃部，一面近平，另一面微弧，斜收成刃，磨制较为光滑。残长3.8、宽2.8、厚1.8厘米（图九六，13；图版七〇，1）。

标本G2①：229，灰色石料，竖长方形，上部有肩，一面弧收，另一面近平，斜折收成刃。长7、宽3.8、厚2.4厘米（图九六，11；图版七〇，2）。

标本T0724③B：2，灰色石料，竖长条形，单面刃，一侧弧体，一侧斜折成刃。残长10.4、宽4

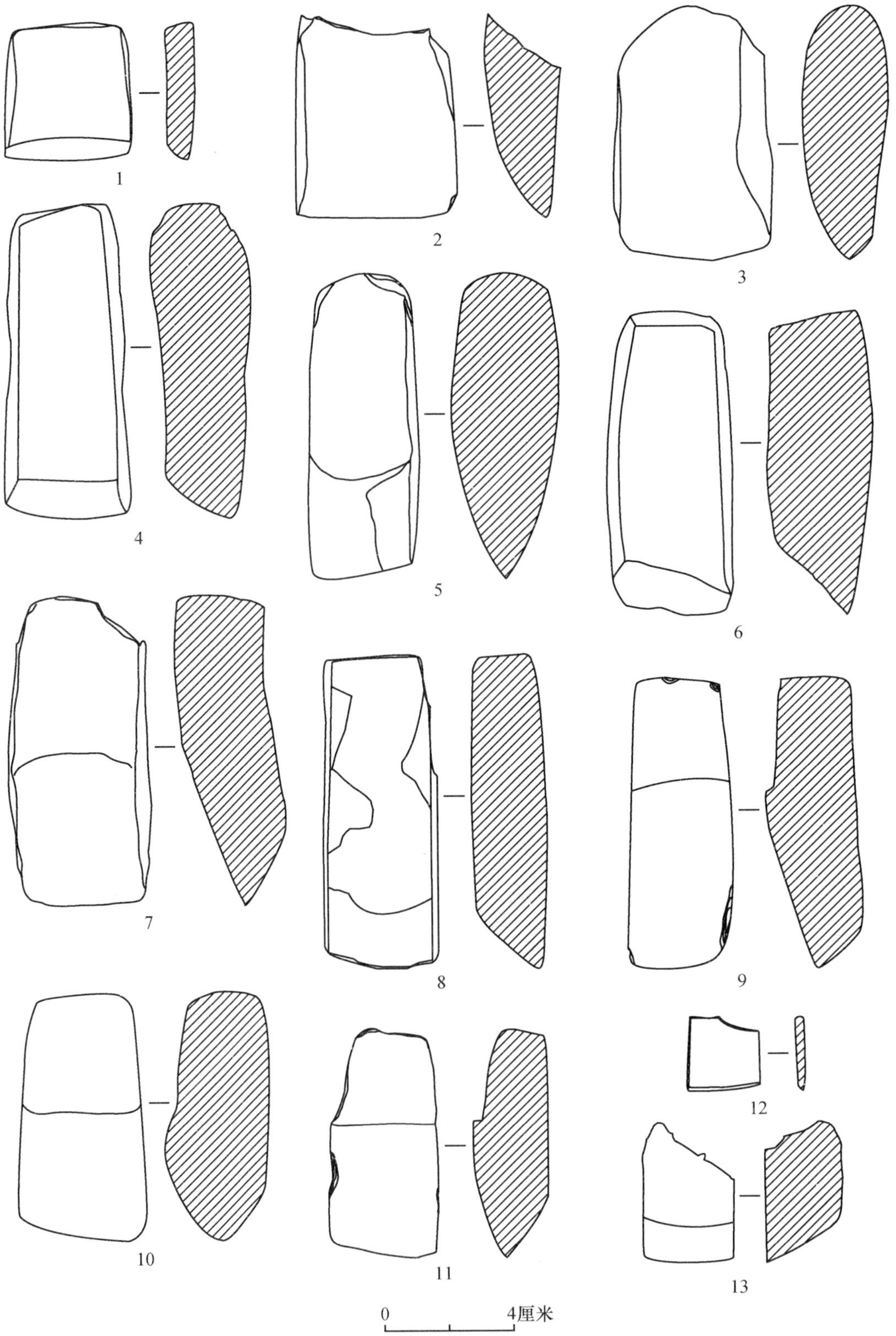


图九六　西周时期石锛

1. G2①：77　2. G2①：24　3. G2①：29　4. G2①：58　5. G2①：61　6. G2①：72　7. T0724③B：2　8. G2①：145　9. G2①：148　10. T1218④A：5　11. G2①：229　12. G2①：13　13. G2①：204

厘米（图九六，7；图版七〇，3）。

标本T1218④A：5，灰白色石料，有较明显肩部，顶近平，一面弧收，一面斜折成刃，周身磨制光滑。长7.7、宽4、厚3.2厘米（图九六，10；图版七〇，4）。

标本T1214③A：2，灰白色石料，竖长条形，平顶，弧刃，一面弧收，一面折斜成刃，周身磨刻光滑，器形略不甚整齐。长5.1、宽1.6、厚1.1厘米（图九七，7；图版七〇，5）。

标本T1214③A：3，灰白色石料，竖长条形，有明显折肩，刃部残。长9.1、宽3.5、厚2.7厘米（图九七，2；图版七〇，6）。

标本T1219③A：3，灰白色石料，竖长方形，单面刃，一面近平斜折成刃部，周身磨制光滑，另一面中部偏上处磨制有一道凹弧。长8.9、宽3.8、厚3.2厘米（图九七，1；图版七一，1）。

标本T1021②：3，灰色石料，竖长方形，顶部存部分磨面，正、背面均较弧，下残。长6.7、宽3.6、厚1.7厘米（图九七，6；图版七一，2）。

标本T1317②：2，灰白色石料，竖长条形，一面微弧收，另一面弧收，弧折成刃部。残长7.8、宽4.4、厚3.6厘米（图九七，5；图版七一，3）。

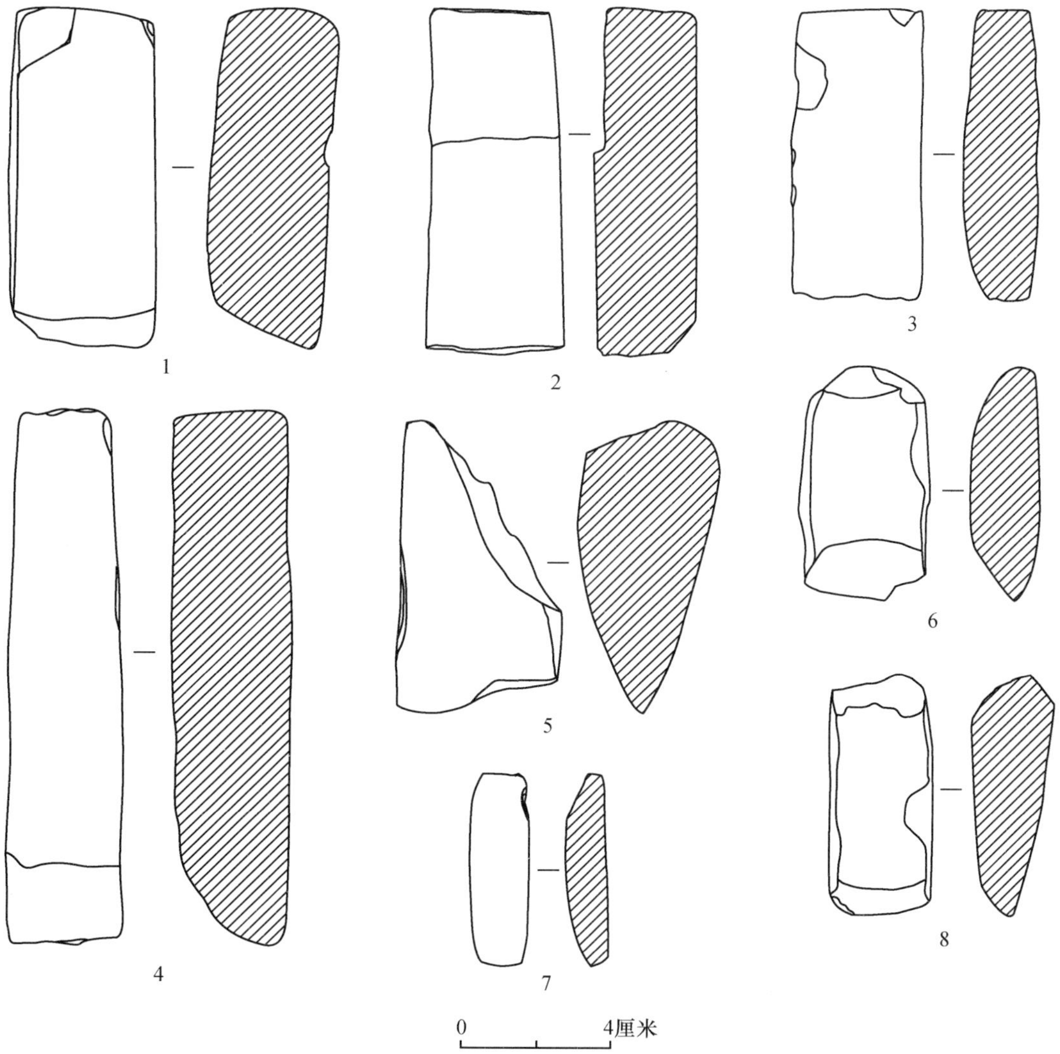


图九七　西周时期石锛

1. T1219③A：3　2. T1214③A：3　3. JD采：5　4. JD采：6　5. T1317②：2　6. T1021②：3　7. T1214③A：2　8. T1320②：2

标本T1320②：2，灰白色石料，竖长方形，顶部略残，磨制，一面弧收，另一面近平，斜折成刃。残长6.5、宽2.8、厚2厘米（图九七，8；图版七一，4）。

标本JD采：5，灰色石料，竖长条形，正面弧鼓，弧折成刃部，背面弧收，刃部残。长7.9、宽3、厚1.8厘米（图九七，3；图版七一，5）。

标本JD采：6，灰色石料，竖长条形，双面直，正面弧折成刃部，刃部残。高14、宽3、厚3厘米（图九七，4；图版七一，6）。

**凿**　7件，均近竖长条形，双面刃。标本G2①：25，紫红色石料，竖长方形，截面正方形，双面弧收，斜折成刃部，磨制。长14.2、宽3.8、厚3.4厘米（图九八，1；图版七二，1）。

标本G2①：71，黑色石料，厚体竖长条形，弧顶，双面磨刃。长11.8、宽3.7、厚4.3厘米（图九八，5；图版七二，2）。

标本G2①：128，青灰色石料，竖长条形，各面仅保留一小部分磨面，弧收斜折成刃。长12.1、宽3、厚2.8厘米（图九八，2；图版七二，3）。

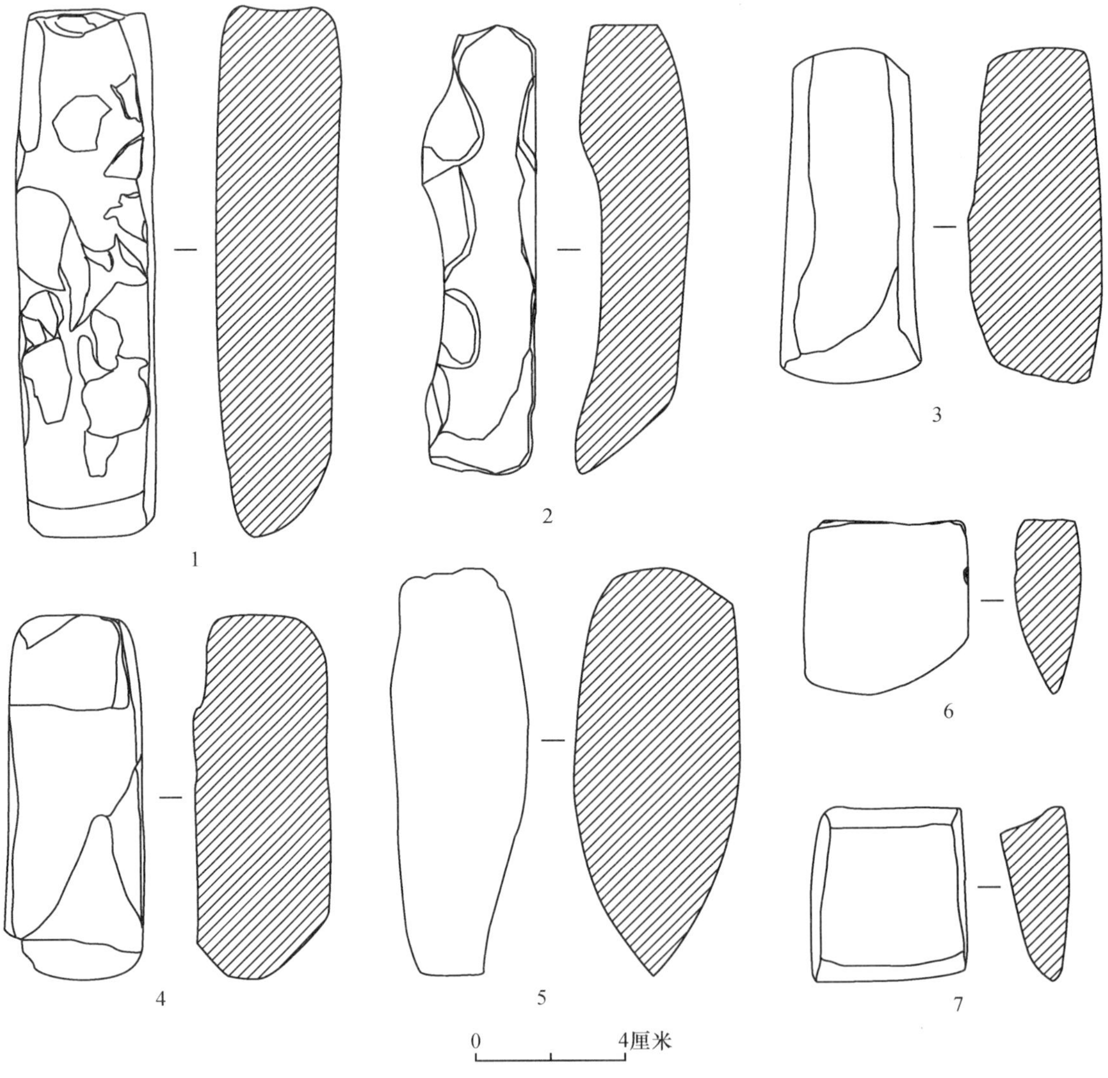


图九八　西周时期石凿

1. G2①：25　2. G2①：128　3. G2①：201　4. G2①：166　5. G2①：71　6. T1214①：1　7. T1312①：3

标本G2①：166，青灰色石料，近竖长条形，横截面方形，刃部残，残缺较明显，仅保留少量磨面。长9.8、宽3.6、厚3.3厘米（图九八，4；图版七二，4）。

标本G2①：201，灰色石料，近竖长条形，弧顶，磨面保存少，双面微弧鼓。长8.9、宽3.5、厚3.5厘米（图九八，3；图版七二，5）。

标本T1214①：1，灰白色石料，残存近刃部，双面弧折收成刃。残长4.6、宽4.4、厚1.7厘米（图九八，6；图版七二，6）。

标本T1312①：3，灰白色石料，斜顶，呈梯形，双面弧收斜折成刃。长4.6、宽4.1、厚1.8厘米（图九八，7；图版七三，1）。

**刀** 6件，均扁薄，形体差异大。标本G2④：271，紫红色石料，平顶，双面近平，体薄，刃部残。残长8.1、宽4.7、厚0.6厘米（图九九，7；图版七三，2）。标本G2①：129，灰红色石料，近横长方形，弧顶，表面磨制，双面弧收刃，残存两孔，孔为两面对钻。残长7.2、宽5.3、厚0.8厘米（图九九，3；图版七三，3）。标本G2①：176，灰黄色石料，弧背，刃部为双面磨制，中有钻孔，系对钻而成。长12.3、宽4.8、厚0.8厘米（图九九，2；图版七三，4）。标本G2①：205，灰白色石料，残存刃部，一面近平，另一面微弧，斜收成刃，磨制较为光滑。长9.3、宽3.4、厚0.7厘米（图九九，5；图版七三，5）。标本T1218③A：3，灰色石料，近横长条形，弧背，双面磨刃。残长10.9、宽4、厚1.1厘米（图九九，8；图版七三，6）。标本T1020①：1，灰色石料，横条弧边，弧背，双面刃，一端残。残长9.3、宽3.9、厚0.7厘米（图九九，6；图版七四，1）。

**碾砸器** 1件（G2①：165）。紫红色石料，卵石，有碾砸痕。长6.8、宽6.8、厚4.3厘米（图九九，1；图版七四，2）。

**砺石** 4件。标本G2⑤：323，灰色石料，近三角形，双面近平，有明显磨砺痕迹。长7.6、宽4.3、厚1.5厘米（图九九，4；图版七四，3）。标本G2①：202，灰黄色石料，两面近平，有明显磨蚀面。残长7.8、宽6.4、厚2.7厘米（图九九，10；图版七四，4）。标本T0724③B：3，灰褐色石料，两侧残，上下有弧形磨砺面。残长12、宽9.5厘米（图九九，11；图版七四，5）。标本T1217④A：2，灰黄色石料，近长方形，双面近平，有明显磨蚀痕。残长8.1、宽6.7、厚3.5厘米（图九九，9；图版七四，6）。

**纺轮** 2件。标本G2④：311，深灰色石料，圆形，中间孔系对钻而成。长径4.8、短径4.7、孔径0.6、厚0.4厘米（图一〇〇，1；图版七五，1）。标本G2①：154，灰色石料，圆饼状，中有一孔应系对钻而成。长径4.8、短径4.6、孔径0.6、厚0.8厘米（图一〇〇，2；图版七五，2）。

**镞** 21件，其中1件为圆锥状镞，余均柳叶状。标本G2⑤：320，灰黄色石料，叶状镞身，截面菱形，扁圆铤，下残。残长6.2、宽1.3、厚0.8厘米（图一〇〇，6；图版七五，3）。

标本G2④：255，深灰色石料，三角形锋，中有脊，两端皆有残缺，铤部残。残长7、宽2.4、厚0.5厘米（图一〇〇，4；图版七五，4）。

标本G2④：259，灰黄色石料，叶状镞身，截面菱形，铤部扁圆，下残。残长7.6、宽1.9、厚0.6厘米（图一〇〇，7；图版七五，5）。

标本G2④：260，深灰色石料，宽叶形镞身，截面菱形，下残。残长5.2、宽2.5、厚0.6厘米（图一〇〇，11；图版七五，6）。

标本G2④：269，深灰色石料，叶状镞身，截面菱形。残长5.6、宽2.4、厚0.6厘米（图

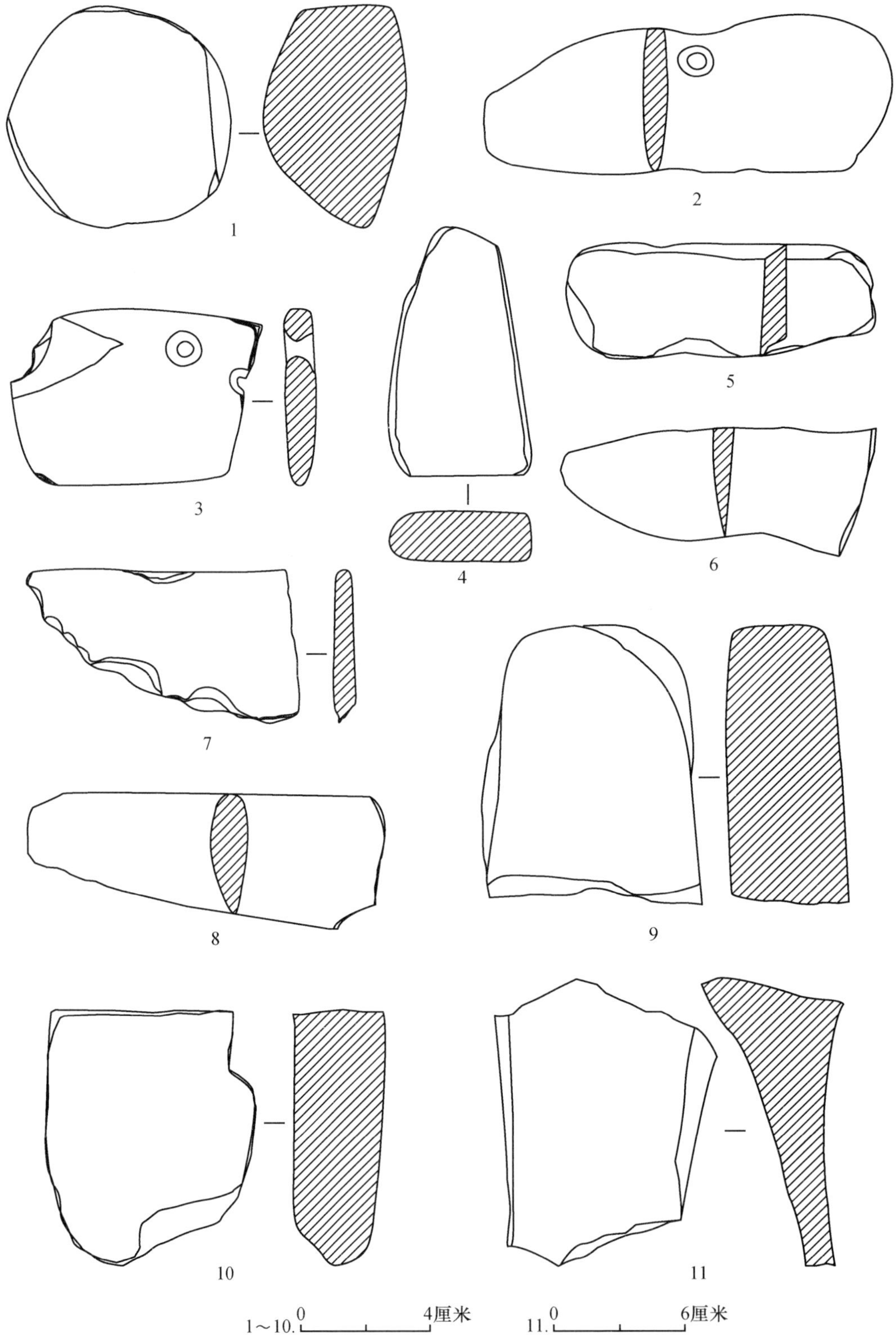


图九九　西周时期石器

1. 碾砸器（G2①：165）　2、3、5～8. 刀（G2①：176、G2①：129、G2①：205、T1020①：1、G2④：271、T1218③A：3）

4、9～11. 砺石（G2⑤：323、T1217④A：2、G2①：202、T0724③B：3）

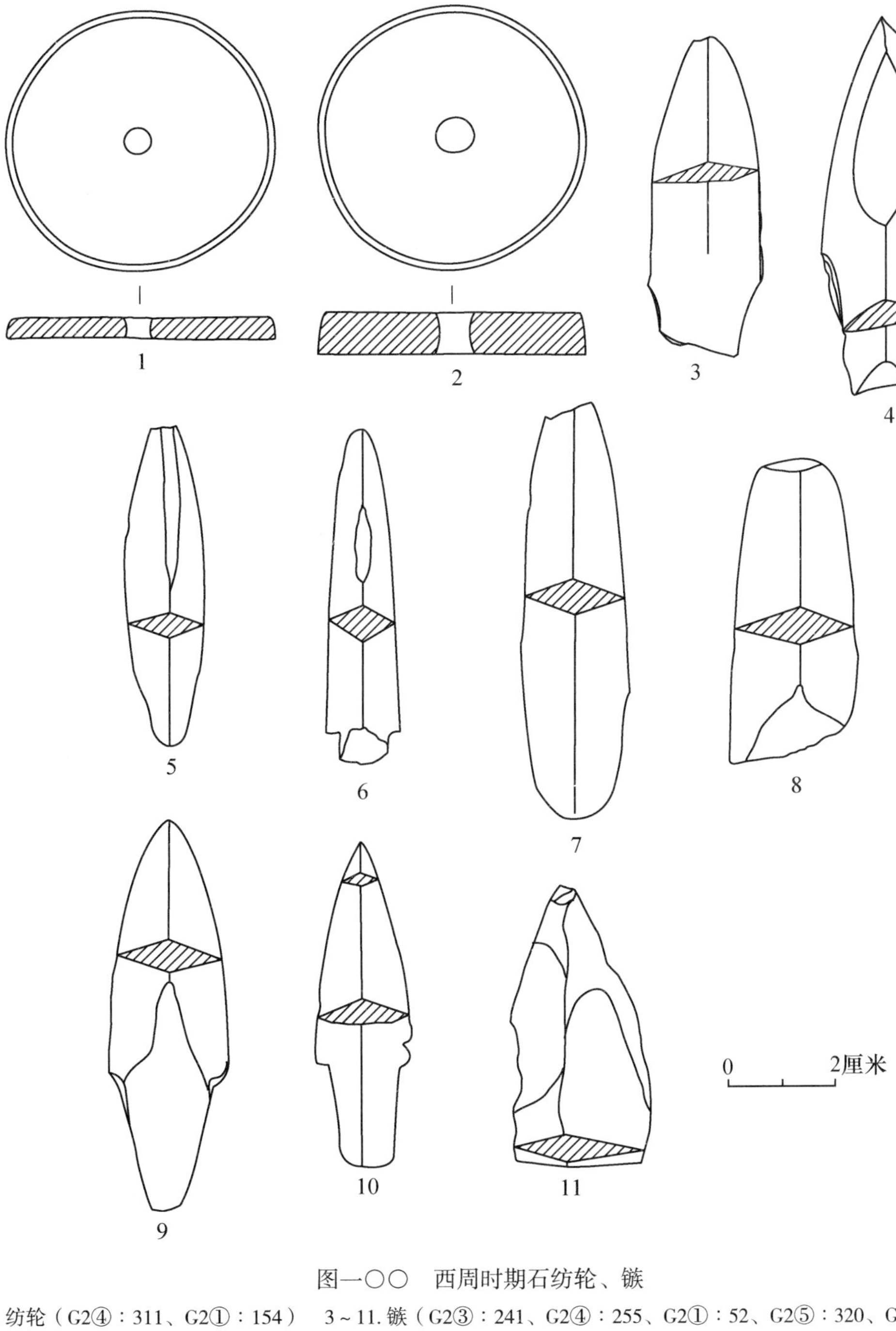


图一〇〇　西周时期石纺轮、镞

1、2. 纺轮（G2④：311、G2①：154）　3～11. 镞（G2③：241、G2④：255、G2①：52、G2⑤：320、G2④：259、G2④：269、G2④：277、G2③：238、G2④：260）

一〇〇，8；图版七六，1）。

标本G2④：277，灰色石料，三角形镞身，截面菱形，扁圆铤。长7.2、宽2.2、厚0.6厘米（图一〇〇，9；图版七六，2）。

标本G2③：238，深灰色石料，三角形锋，截面菱形，菱形铤，后残。长6.1、宽1.7、厚0.3厘米（图一〇〇，10；图版七六，3）。

标本G2③：241，灰黄色石料，叶形镞身，两端皆残，其一面损坏不平，两侧锋利，中部略弧凸，截面近菱形，铤部扁圆形。残长5.9、宽2.1、厚0.3厘米（图一〇〇，3；图版七六，4）。

标本G2①：52，深灰色石料，叶形镞身，截面菱形，菱形微弧铤。长5.9、宽1.5、厚0.5厘米（图一〇〇，5；图版七六，5）。

标本G2①：85，灰白色石料，镞身残存下半部分，截面菱形，有铤，截面扁圆形。残长2.8、宽1.8、厚0.7厘米（图一〇一，12；图版七六，6）。

标本G2①：162，灰色石料，三角形锋，截面菱形，中有铤，基本完整。长4.6、宽1.3、厚0.3厘米（图一〇一，5；图版七七，1）。

标本T0823③B：1，深灰色石料，三角形锋，有铤，残断。残长6、宽2.7、厚1.2厘米（图一〇一，7；图版七七，2）。

标本T0823③B：2，深灰色石料，三角形锋，锋部残，截面菱形，扁形铤残。残长3.8、宽2、厚0.7厘米（图一〇一，11；图版七七，3）。

标本T1218③A：2，深灰色石料，叶形镞身，截面菱形，扁圆形铤，下残。残长4.8、宽2.3、厚0.5厘米（图一〇一，9；图版七七，4）。

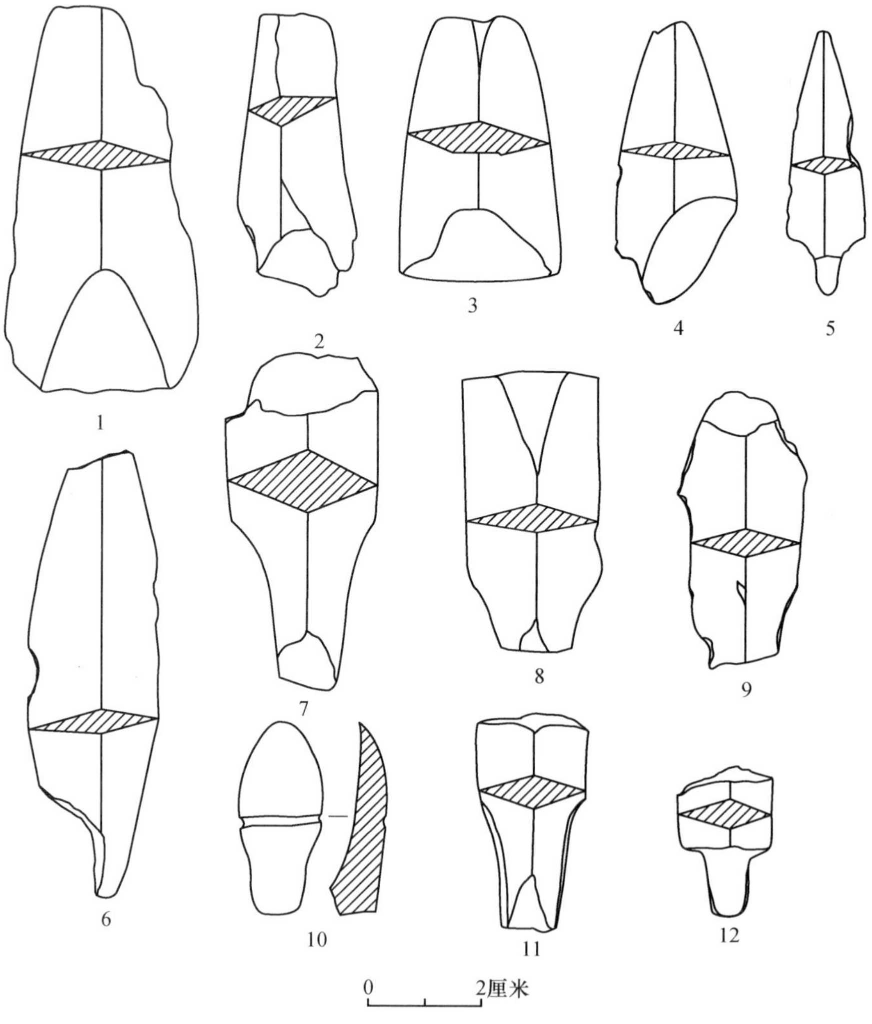


图一〇一　西周时期石镞

1. JD采：1　2. T1021②：2　3. JD采：2　4. JD采：3　5. G2①：162　6. T1021①：1　7. T0823③B：1　8. T1320②：3　9. T1218③A：2　10. T0724①：1　11. T0823③B：2　12. G2①：85

标本T1021②：2，深灰色石料，三角形镞身，截面菱形，上下残。残长5、残宽2.1、厚0.5厘米（图一〇一，2；图版七七，5）。

标本T1320②：3，灰色石料，叶形镞身，截面菱形，扁圆铤，后残。残长4.9、宽2.4、厚0.5厘米（图一〇一，8；图版七七，6）。

标本T0724①：1，深灰色石料，圆锥状，圆铤残。残长3.4、最宽1.8厘米（图一〇一，10；图版七八，1）。

标本T1021①：1，灰色石料，叶状镞身，两端皆残缺，截面菱形，中有脊，两侧锋利。残长7.9、宽2.4、厚0.5厘米（图一〇一，6；图版七八，2）。

标本JD采：1，深灰色石料，叶形镞身，近铤部有平台，铤部残。残长7、宽3.5、厚0.5厘米（图一〇一，1；图版七八，3）。

标本JD采：2，深灰色石料，叶形镞身，近铤部有平台，锋、铤残。长4.6、宽2.7、厚0.5厘米（图一〇一，3；图版七八，4）。

标本JD采：3，灰色石料，叶形镞身，三角形锋，有脊，截面菱形，铤部残。残长5、宽2.2、厚0.4厘米（图一〇一，4；图版七八，5）。

**残石器**　28件，难定准确器类。标本G2⑤：317，浅灰色石料，竖长方形，刃部残。残长7.8、宽5.3、厚2.6厘米（图一〇二，1；图版七八，6）。

标本G2⑤：324，灰色石料，近长条形，保留正面、左侧磨面。长11.7、宽3.9、厚2.2厘米（图一〇二，2；图版七九，1）。

标本G2⑤：333，灰色石料，正背面磨面均较平。残长7.2、宽7.2、厚1.3厘米（图一〇二，3；图版七九，2）。

标本G2④：265，灰绿色石料，近长条形，顶近平，两面均近平，一面上部残，刃部残。残长6.3、宽3.6、厚2厘米（图一〇二，5；图版七九，3）。

标本G2④：270，深灰色石料，有一面磨面，边缘有线割痕。残长6.4、宽2.8、厚1.6厘米（图一〇二，4；图版七九，4）。

标本G2④：272，灰白色石料，竖长条形，顶近平，磨制，下部残。长11.6、宽4.6、厚3.9厘米（图一〇二，12；图版七九，5）。

标本G2④：273，灰白色石料，竖长方形，顶部残，双面斜磨刃，刃部稍残。残长10.3、宽5.6、厚3.1厘米（图一〇二，8；图版七九，6）。

标本G2④：283，浅灰色石料，竖长条形，截面近正方形，双面微弧，下残。长6.1、宽3.3、厚3.2厘米（图一〇二，6；图版八〇，1）。

标本G2④：291，深灰色石料，叶状，中部弧鼓，三侧弧收成刃。长11、宽3.2、厚1.3厘米（图一〇二，10；图版八〇，2）。

标本G2④：312，深灰色石料，近梯形，磨制，双面微弧收，正面有一凹槽。残长6.3、宽4.2、厚1.9厘米（图一〇二，9；图版八〇，3）。

标本G2④：314，浅灰色石料，残存近长方形，双面近平，保留一面的近刃部斜收成刃。残长4.7、宽4.2、厚1厘米（图一〇二，11；图版八〇，4）。

标本G2①：15，红褐色石料，竖长条形，弧顶，双面微弧鼓。残长3.7、宽2.7、厚1.1厘米（图一〇三，1；图版八〇，5）。

标本G2①：18，灰黄色石料，近长条形，两侧均残，一面平，另一面弧收，刃部残。长8、宽1.5、厚3厘米（图一〇二，7；图版八〇，6）。

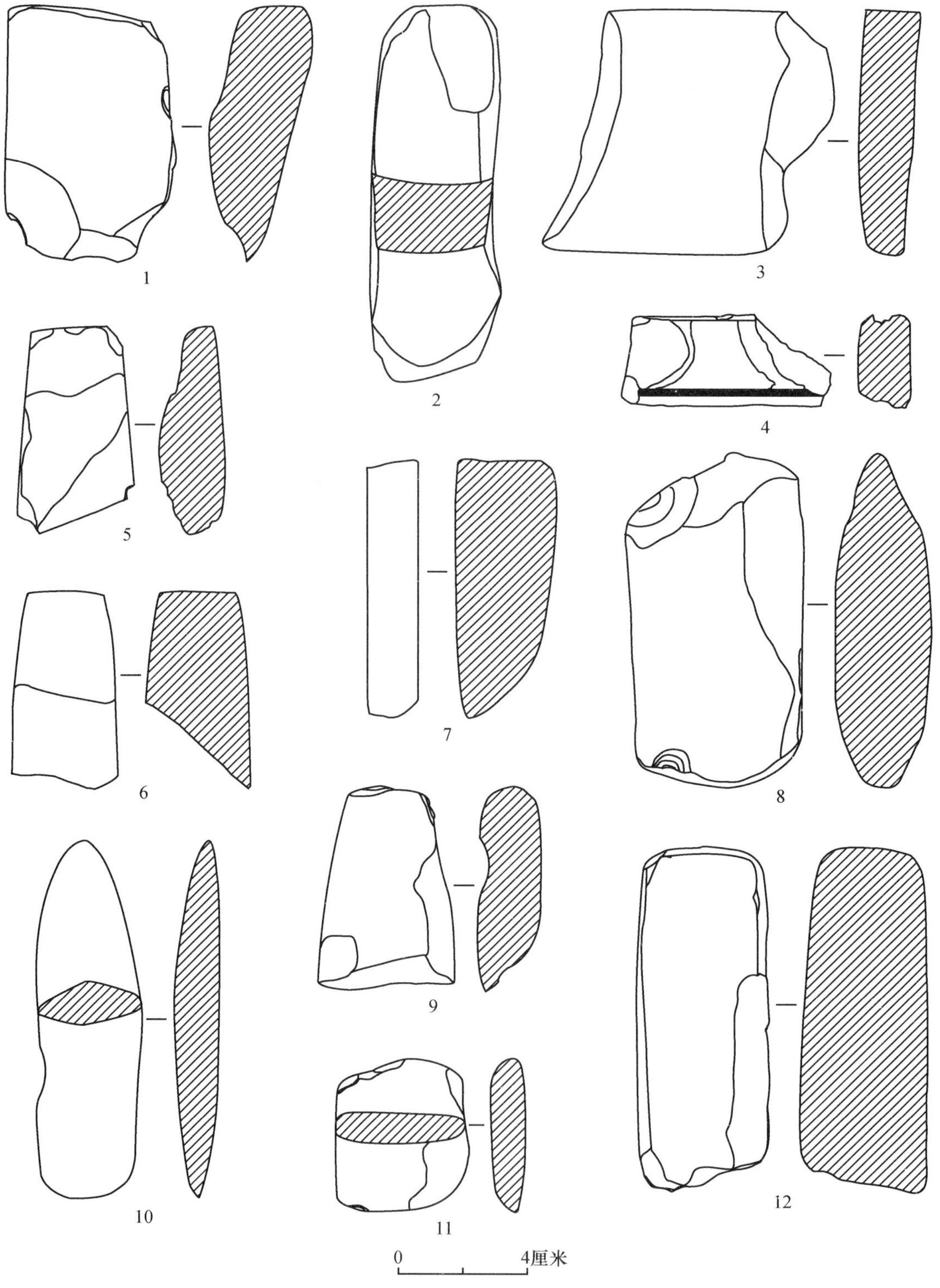

图一〇二　西周时期残石器

1. G2⑤：317　2. G2⑤：324　3. G2⑤：333　4. G2④：270　5. G2④：265　6. G2④：283　7. G2①：18　8. G2④：273　9. G2④：312　10. G2④：291　11. G2④：314　12. G2④：272

标本G2①：19，深灰色石料，残存正面和顶部磨面。残长5.1、宽6.7、厚0.9厘米（图一〇三，2；图版八一，1）。

标本G2①：21，浅灰色石料，残存近方形，顶平，两面及侧面均近平，下部残。残长4.6、宽4.8、厚1.5厘米（图一〇三，5；图版八一，2）。

标本G2①：23，灰色石料，残存正面和右侧磨面。残长6.2、宽6.6、厚2厘米（图一〇三，3；图版八一，3）。

标本G2①：39，浅灰色石料，仅存正面磨面。残长5.9、宽3.3、厚0.8厘米（图一〇三，9；图版八一，4）。

标本G2①：47，浅灰色石料，长条形，平顶，磨制，刃部残缺。残长9.8、宽3.5、厚2.7厘米（图一〇三，6；图版八一，5）。

标本G2①：60，深灰色石料，双面均斜收，上下均残。长8.8、宽5.2、厚1.1厘米（图一〇三，8；图版八一，6）。

标本G2①：64，深灰色石料，存三面磨面，另一面及上下均残。长8.3、宽3.6、厚3.9厘米（图一〇三，7；图版八二，1）。

标本G2①：125，灰色石料，近1/4圆形，保留一面磨面，近平。残长11.7、宽8.4、厚0.7厘米（图一〇三，10；图版八二，2）。

标本G2①：127，灰色石料，竖长条形，背面及下部残，顶部较平，正面微弧。残长4.5、宽3.8、厚1.5厘米（图一〇三，4；图版八二，3）。

标本G2①：149，浅灰色石料，竖长条形，弧顶，刃部残缺，双面近平。长6.5、宽3.6、厚3.5厘米（图一〇三，11；图版八二，4）。

标本G2①：163，灰色石料，两侧开刃，中间略凸起，下部残。残长10、宽2.6、厚0.5厘米（图一〇三，16；图版八二，5）。

标本G2①：203，深灰色石料，平顶，磨制，保留双面及一侧磨面，均近平。残长6.2、宽2.8、厚0.7厘米（图一〇三，15；图版八二，6）。

标本T1214④A：7，深灰色石料，竖长条形，正背面近平。长7.7、宽3.2、厚2.6厘米（图一〇三，13；图版八三，1）。

标本T1021②：4，灰黄色石料，残长条形，双面近平，刃部残，磨制。残长9.6、宽4.5、厚1.1厘米（图一〇三，12；图版八三，2）。

标本T1312①：1，灰白色石料，存三面磨面，另一面残。残长5.6、宽4.2、厚2.6厘米（图一〇三，14；图版八三，3）。

## 六、玉 器

仅出土1件（G2④：254）。灰白色，器物加工痕迹明显，周身光滑，质感细腻。残长6.7、宽2.6、厚0.3厘米（图一〇四，1；图版八三，4）。

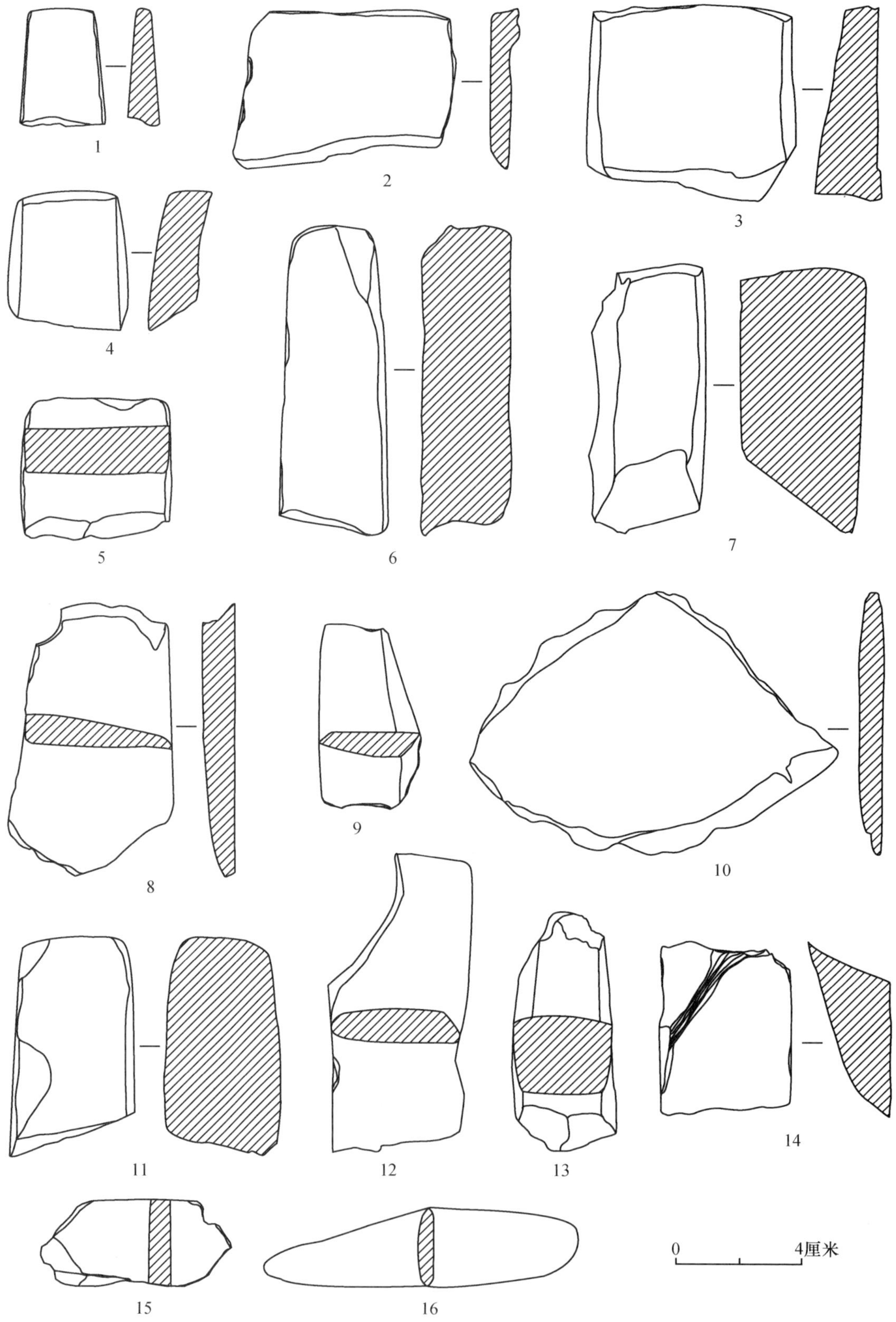


图一〇三　西周时期残石器

1. G2①：15　2. G2①：19　3. G2①：23　4. G2①：127　5. G2①：21　6. G2①：47　7. G2①：64　8. G2①：60　9. G2①：39　10. G2①：125　11. G2①：149　12. T1021②：4　13. T1214④A：7　14. T1312①：1　15. G2①：203　16. G2①：163

## 七、铜 器

仅出土残片1件（G2④：268）。似铜削锋部，身、柄均不见。残长2.4、宽1.6、厚0.2厘米（图一〇四，2；图版八三，5）。

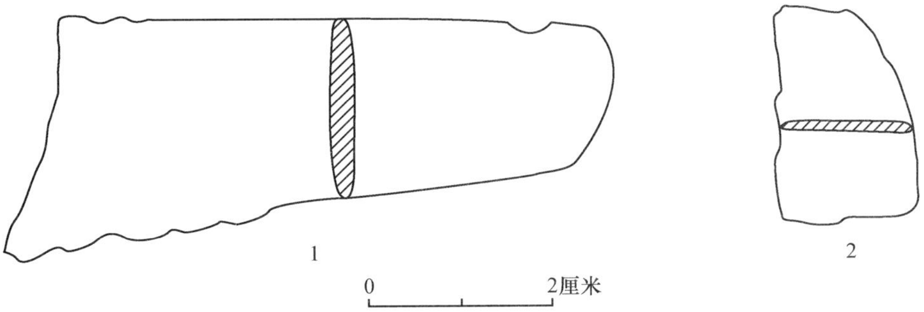


图一〇四 西周时期玉器、铜器
1. 玉器（G2④：254） 2. 铜器（G2④：268）

# 第三节 春秋时期遗物

春秋时期遗物均出土于土墩墓，包括夹砂陶器，泥质陶器，硬陶器等。

## 一、夹砂陶器

共4件，均修复，器形有鼎和杯。

**鼎** 3件，均出土于Q1。标本D1Q1：1，夹砂红陶，侈口，斜沿，尖唇，弧腹，圜底，三凿形足。素面。口径18.2、高15.4厘米（图一〇五，1；图版八四，1）。标本D1Q1：5，夹砂红褐陶，侈口，窄沿，弧直腹，圜底近平，三凿形足。素面。口径18.6、高12.8厘米（图一〇五，2；图版八四，2）。标本D1Q1：7，夹砂红褐陶，侈口，平沿，尖唇，直腹微弧，圜底，三扁凿形足。素面。口径11.7、高8.5厘米（图一〇五，3；图版八四，3）。

**杯** 1件（D1①：1）。夹砂红褐陶，微敛口，圆唇，弧腹，平底，造型较不规整。素面。口径3.1、底径2.6、高4.3厘米（图一〇五，4；图版八四，4）。

## 二、泥质陶器

共5件，均修复，器形有盆和罐。

**盆** 3件，依口部特点分为二型。

A型 敛口。标本D1Q1：2，泥质灰陶，敛口，卷沿，弧肩，鼓腹弧收，平底内凹。素面。口径16、底径13、高6.6厘米（图一〇六，3；图版八五，1）。标本D1Q2：1，泥质黑皮陶，敛口，方

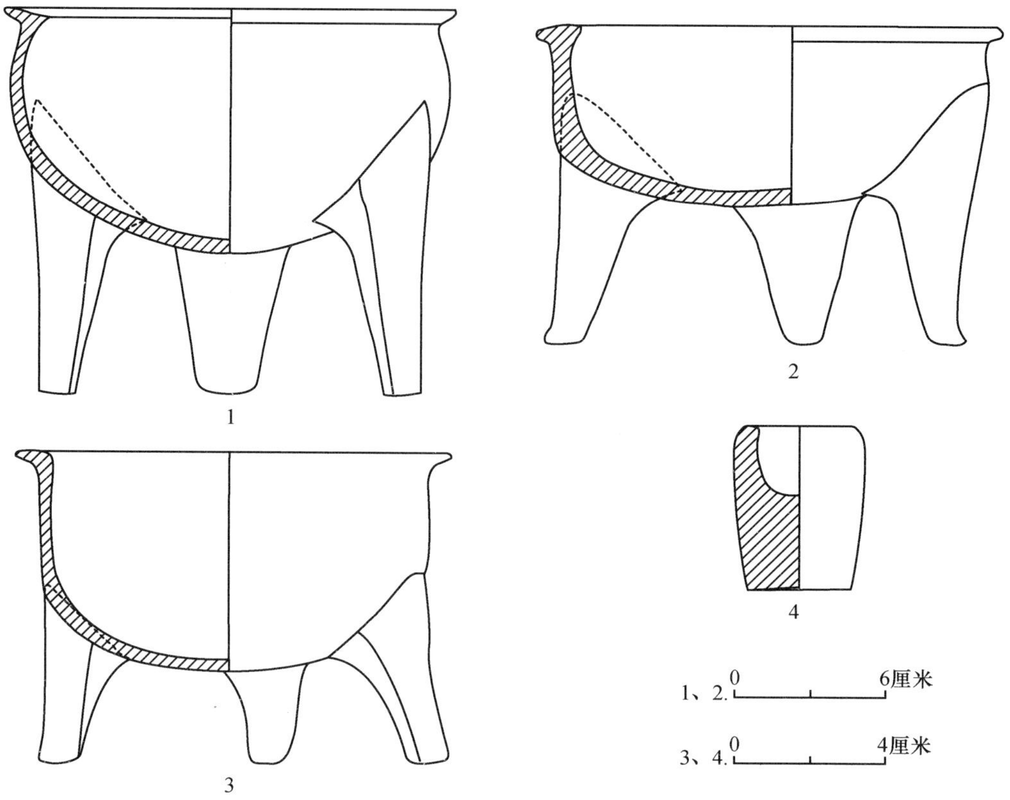


图一〇五　春秋时期夹砂陶器

1～3. 鼎（D1Q1：1、D1Q1：5、D1Q1：7）　4. 杯（D1①：1）

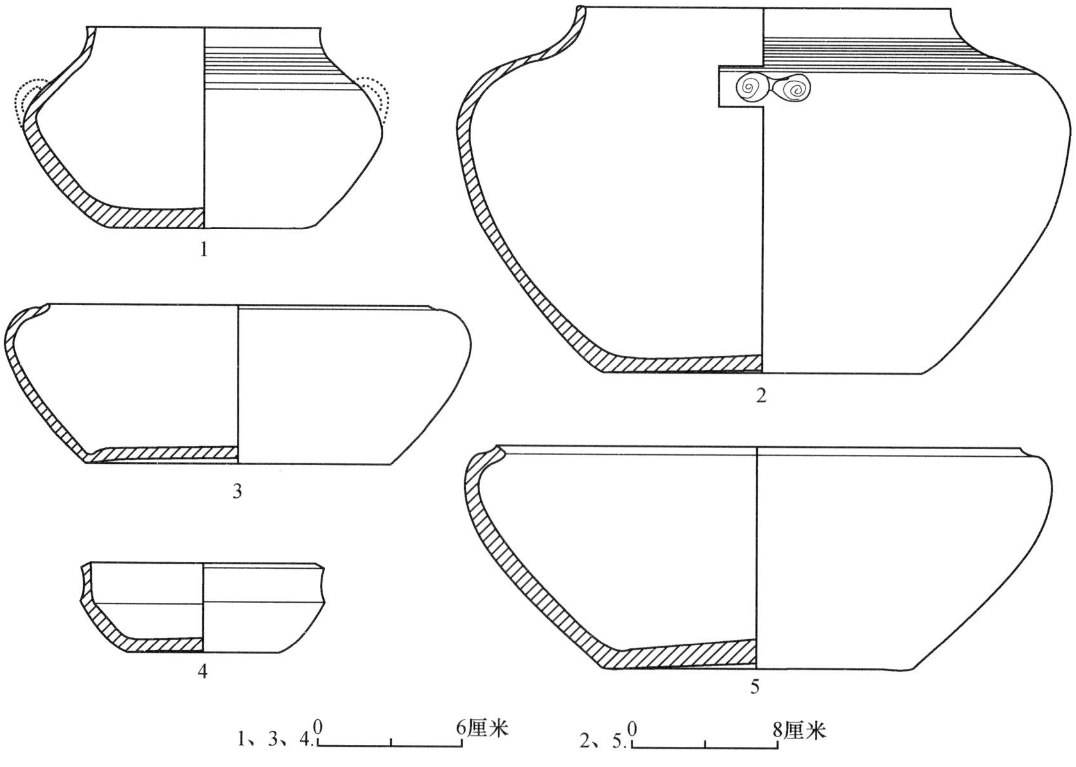


图一〇六　春秋时期泥质陶器

1、2. 罐（D1Q3：2、D1Q2：2）　3、5. A型盆（D1Q1：2、D1Q2：1）　4. B型盆（D1Q1：6）

唇，鼓肩，弧腹，平底微凹。素面。口径32.4、底径19.6、高12.4厘米（图一〇六，5；图版八五，2）。

B型　直口。标本D1Q1∶6，泥质红胎黑皮陶，直口，小斜沿外卷，方唇，折腹，平底略内凹。素面。口径9.6、底径6、高3.8厘米（图一〇六，4；图版八五，3）。

**罐**　2件。均为直口微敛。标本D1Q2∶2，泥质黑陶，直口微敛，方唇，弧肩，鼓腹弧收，平底略内凹。近口部饰弦纹。口径20.6、底径18.3、高20.8厘米（图一〇六，2；图版八五，4）。标本D1Q3∶2，泥质灰陶，直口微敛，方唇，束颈，弧肩，鼓腹，平底，腹部最宽处饰有一对称耳，皆残。近口部饰弦纹。口径9.9、底径8.9、高8.4厘米（图一〇六，1；图版八五，5）。

## 三、硬　陶　器

2件。均为瓿，基本完整，最大腹径的位置微有差异。标本D1Q1∶4，灰红色印纹硬陶，小侈口，卷沿，尖唇，弧领，鼓腹，平底略内凹。肩部饰有四道凹弦纹，其下饰有席纹至近底处。口径11、最大腹径16.6、底径13.2、高10.4厘米（图一〇七，1；图版八四，5；图版九四，5）。标本D1Q3∶1，灰色印纹硬陶，侈口，卷沿，尖唇，弧领，鼓腹，平底内凹。肩部饰有数道凹弦纹，其下腹部至近底处饰有席纹。口径11、最大腹径18.6、底径14.4、高11.4厘米（图一〇七，2；图版八四，6；图版九四，4）。

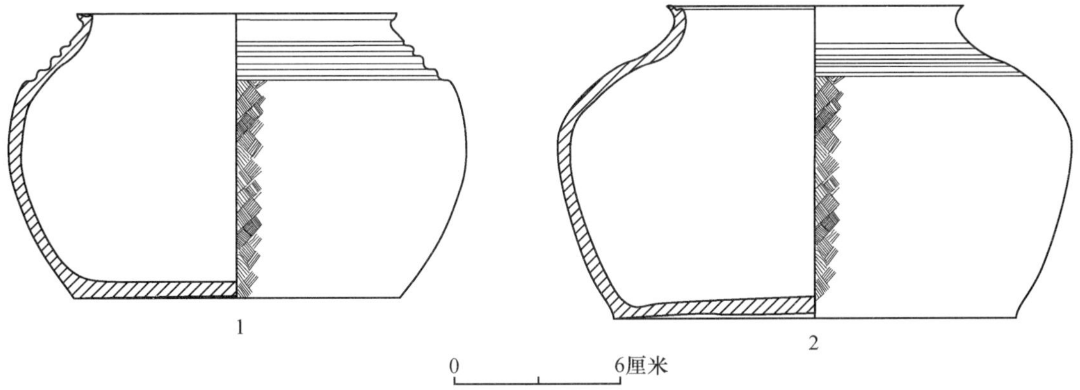


图一〇七　春秋时期硬陶瓿

1. D1Q1∶4　2. D1Q3∶1

## 四、原始瓷器

1件，为原始瓷碗（D1Q1∶3），已修复。敞口，小斜沿，尖唇，弧壁，平底为豆盘部分，在底部有人工平整痕迹，灰黄色胎，施黄绿釉，脱落较多。器内底部有轮旋痕。口径12.1、底径5.6、高4.6厘米（图一〇八；图版八五，6）。

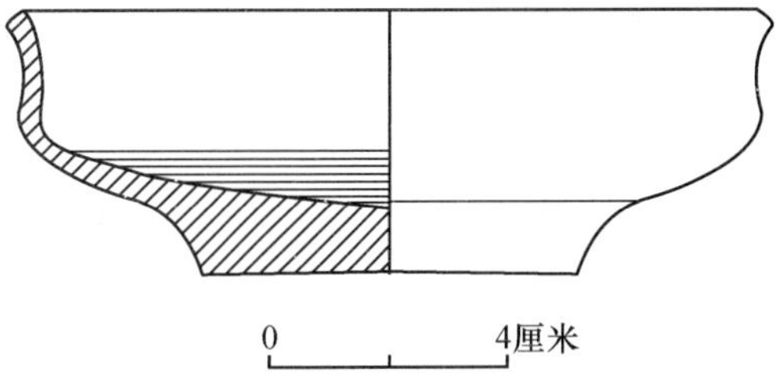


图一〇八　春秋时期原始瓷碗（D1Q1∶3）

# 第四节　六朝至北宋时期遗物

主要为墓葬出土，少量出土于第4A层和第2层。包括釉陶器、瓷器、石器、铜器、铁器。

## 一、釉　陶　器

5件，可修复和完整器3件，有罐、韩瓶、盏。

**罐**　1件（T1218④A：7）。黄褐色釉陶，矮弧领，卷沿，圆唇，鼓腹，上腹部有桥形耳，下残。素面。口径18、残高7.2厘米（图一〇九，1）。

**韩瓶**　2件，形制接近。标本M4：1，基本完整。灰胎黄褐色釉陶，敛口，外卷沿，方圆唇，束颈，弧直腹，平底内凹。肩部有四系穿耳，其中两个残，腹部有轮制形成数道轮旋痕。口径5.7、底径7.7、高24.5厘米（图一〇九，5；图版八六，3）。标本M5：1，基本完整。灰胎黄褐色釉陶，敛口，外卷斜沿，方圆唇，束颈，弧肩，腹近直，平底内凹，肩部有四系穿耳，皆残，腹部有轮制形成数道轮旋痕。口径5.2、底径7.7、高25厘米（图一〇九，6；图版八六，4）。

**盏**　1件（M5：3）。基本完整。酱色釉陶，微敛口，尖唇，弧收腹，底微凹。素面。口径10.2、底径3.6、高3厘米（图一〇九，2；图版八六，2）。

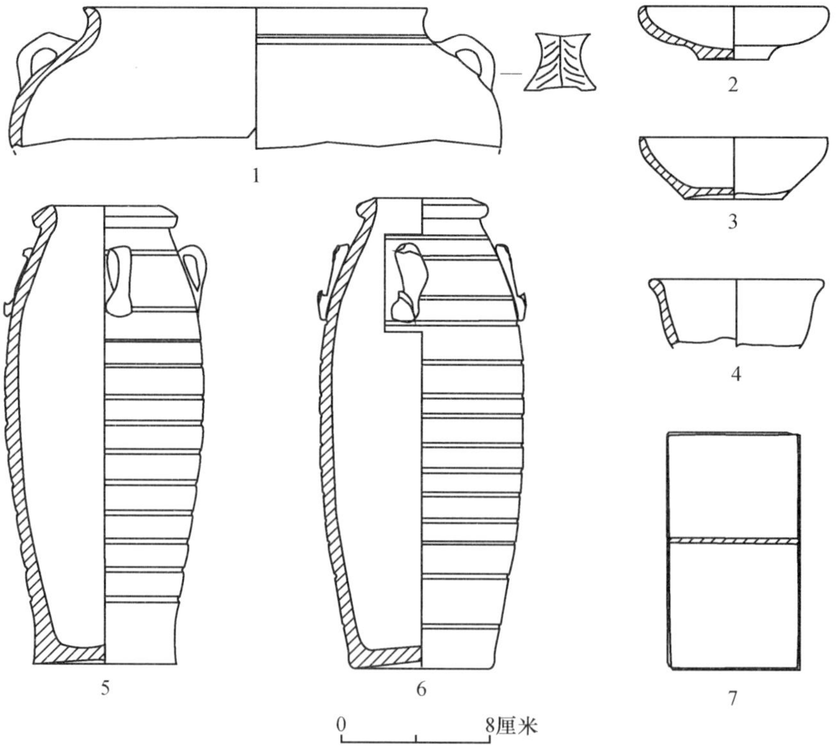


图一〇九　六朝至北宋时期釉陶器、瓷器、石黛板

1. 釉陶罐（T1218④A：7）　2. 釉陶盏（M5：3）　3、4. 瓷碗（T1216④A：1、T1316④A：2）

5、6. 韩瓶（M4：1、M5：1）　7. 石黛板（M1：3）

## 二、瓷　　器

2件，均为瓷碗，修复1件。标本T1216④A：1，已修复。灰胎，青釉，弧直口，圆唇，弧折腹，斜收，平底微内凹，除器底外侧外通体施青绿釉。素面。口径10、底径5、高3.4厘米（图一〇九，3；图版八七，1）。标本T1316④A：2，灰胎，青釉，弧敞口，卷沿，圆唇，弧收腹，下残。素面。口径9、残高3.6厘米（图一〇九，4）。

## 三、石　　器

**黛板**　1件（M1：3）。已修复。青灰色石料，平面呈长方形，体薄，面平。长12.7、宽7、厚0.3厘米（图一〇九，7；图版八六，1）。

## 四、铜　　器

22件，器类有镜和钱币。

**镜**　1件（M1：1）。已修复。圆形，一周宽缘，方唇，半球状纽，铸连弧纹与瑞兽纹。直径10.7、厚0.4、纽径2.8厘米（图一一〇，1；图版八七，2；图版九六，9）。

**钱币**　21件，为唐及北宋时期有年号铜钱。标本M2：1-2，圣宋元宝，圆形方孔，正背面均内外有郭，正面有“圣宋元宝”四字。外郭2.4、内径2、方孔0.6、厚0.1厘米（图一一〇，2）。

标本M2：1-3，熙宁元宝，圆形方孔，正背面均内外有郭，正面有“圣通元宝”四字。外郭2.5、内径2、方孔0.6、厚0.1厘米（图一一〇，3）。

标本M2：1-4，皇宋通宝，圆形方孔，双面均内外有郭，正面有“皇宋通宝”四字。外郭2.6、内径1.9、方孔0.6、厚0.1厘米（图一一〇，4；图版八八，1；图版九六，3）。

标本M2：1-5，元丰通宝，圆形方孔，双面均内外有郭，正面有“元丰通宝”四字。外郭2.5、内径2.1、方孔0.7、厚0.1厘米（图一一〇，5；图版八八，2；图版九六，4）。

标本M4：2-1，元丰通宝，圆形方孔，正背面均内外有郭，正面有“元丰通宝”四字。直径2.5、孔径0.6厘米（图一一〇，6；图版八八，3；图版九六，1）。

标本M4：2-2，景德元宝，圆形方孔，正背面均内外有郭，正面有“景通元宝”四字。直径2.5、孔径0.5厘米（图一一〇，7；图版九六，2）。

标本M4：2-3，天圣元宝，圆形方孔，正背面均内外有郭，正面有“天圣元宝”四字。直径2.5、孔径0.6厘米（图一一〇，8）。

标本M4：2-4，元丰通宝，圆形方孔，正背面均内外有郭，正面有“元丰通宝”四字。直径2.5、孔径0.6厘米（图一一〇，9）。

标本M4：2-5，圆形方孔，正背面均内外有郭，正面有“皇宋通宝”四字。直径2.5、孔径0.7厘米（图一一〇，10）。

图一一〇　六朝至北宋时期铜器

1. 铜镜（M1：1）　2～22. 铜钱（M2：1-2、M2：1-3、M2：1-4、M2：1-5、M4：2-1、M4：2-2、M4：2-3、M4：2-4、M4：2-5、M5：2-1、M5：2-2、M5：2-3、M5：2-4、M5：2-5、M5：2-6、M5：2-7、M5：2-8、M5：2-9、T1317②：1、T1416②：1、T1416②：2）

标本M5：2-1，太平通宝，圆形方孔，正背面均内外有郭，正面有“太平通宝”四字。直径2.5、孔径0.5厘米（图一一〇，11；图版九六，5）。

标本M5：2-2，圣宋元宝，圆形方孔，正背面均内外有郭，正面有“圣宋元宝”四字。直径2.5、孔径0.5厘米（图一一〇，12）。

标本M5：2-3，开元通宝，圆形方孔，正背面均内外有郭，正面有“开元通宝”四字。直径2.5、孔径0.6厘米（图一一〇，13；图版八八，4；图版九六，6）。

标本M5：2-4，元丰通宝，圆形方孔，正背面均内外有郭，正面有“元丰通宝”四字。直径2.5、孔径0.5厘米（图一一〇，14）。

标本M5：2-5，治平元宝，圆形方孔，正背面均内外有郭，正面有“治平元宝”四字。直径2.5、孔径0.5厘米（图一一〇，15）。

标本M5：2-6，元丰通宝，圆形方孔，正背面均内外有郭，正面有“元丰通宝”四字。直径2.6、孔径0.5厘米（图一一〇，16）。

标本M5：2-7，开元通宝，圆形方孔，正背面均内外有郭，正面有“开元通宝”四字。直径2.4、孔径0.6厘米（图一一〇，17）。

标本M5：2-8，元祐通宝，圆形方孔，正背面均内外有郭，正面有“元祐通宝”四字。直径2.5、孔径0.6厘米（图一一〇，18；图版九六，7）。

标本M5：2-9，元丰通宝，圆形方孔，正背面均内外有郭，正面有“元丰通宝”四字。直径2.9、孔径0.6厘米（图一一〇，19；图版九六，8）。

标本T1317②：1，皇宋通宝，圆形方孔，正面内外有郭，肉部有“皇宋通宝”四字，背面平。直径2.4、厚0.1厘米（图一一〇，20）。

标本T1416②：1，祥符通宝，圆形方孔，正背面均内外有郭，正面肉部有“祥符通宝”四字。直径2.5、厚0.1厘米（图一一〇，21；图版八八，5）。

标本T1416②：2，熙宁元宝，圆形方孔，正背面均内外有郭，正面肉部有“熙宁元宝”四字。直径2.3、厚0.1厘米（图一一〇，22；图版八八，6）。

## 五、铁 器

2件，器类为削和锸。

**削** 1件（M1：2）。近长条形，斜收成刃，锋部弧残，柄部残。残长14.8、宽2.2厘米（图一一一，1）。

**锸** 1件（T1217④A：1）。长方形，双面斜收成刃，有銎。高12.5、宽8.8厘米（图一一一，2；图版八七，3）。

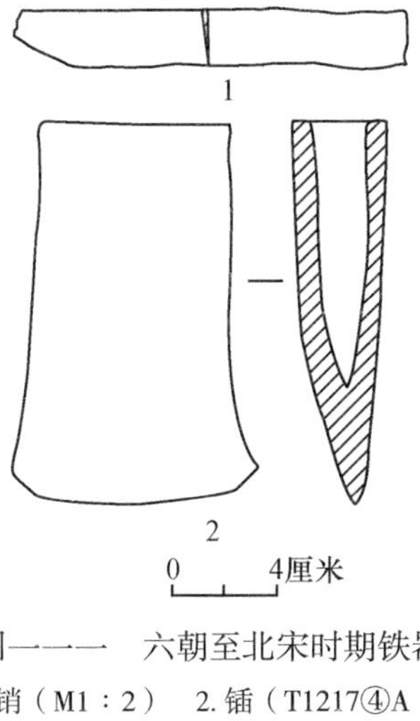


图一一一 六朝至北宋时期铁器

1. 铁销（M1：2） 2. 锸（T1217④A：1）

# 第四章　结　　语

## 第一节　时代分析与遗迹时代概述

东岗头遗址是一处重要的古代聚落遗存，保存状况较好，文化堆积厚，遗存内涵丰富，包括时代有新石器时代、西周、春秋、六朝至北宋时期。

遗址的西周时期文化遗存共存出土物中绳纹陶鬲、陶豆和陶钵等具有西周时期的周文化、淮文化特征，时代上属西周中期，由此可以确认遗址的时代为西周中期。

此外，素面鬲、甗、圈足盘等则是本地区的特征。宁镇地区的商代以及西周早期墓葬的发现较少，而且很难有随葬品出土，而遗址由于晚期地层的早期遗物是沿用还是当时扰动而进入，则很难分辨，这样确定遗物的共存关系难度较大，沿用时代相对较短的遗址可以一定程度上弥补这一方面的不足。

一些主要遗迹的时代概述如下。

### 一、G1

G1位于两个土台的北侧。该河道在现发掘区内未与商周河道有相连接现象，从该河道的主要废弃时间为新石器晚期分析，该河道应是新石器时期生活区附近的主要河道。

### 二、G2

G2自大山边西北侧南流，环绕大山边西侧，在大山边西南入现存的高阳河，河道宽窄有差异，覆盖河道的堆积属于西周时期，该河道的使用期为早期，遗物相对较少，在晚期河道南部已经淤塞，其余部分也已大部分废弃，在土台之间的中部地区形成一洼地，这一洼地可能的废弃时间为宋代。

### 三、D1

该土墩墓由于晚期堆积的影响已不完整，土墩的封土分为二层，分别为黄褐夹烧土粒层和灰黑土层，现存器物群三组和石床墓葬一座，器物群一（Q1）和器物群二（Q2）均为上层封土中的遗迹，器物群三（Q3）为下层封土内的遗迹，石床墓葬仅有部分为下层封土所压，其余均为晚期文化层扰乱。该土墩墓虽然受到扰乱，仍然有15件的遗物出土，而且有较完整的组合，炊、食器比较完备，主要有夹砂陶鼎、硬陶瓿、瓷碗、泥质陶盆、盘、钵等，时代属于春秋中期。

### 四、M1

发现一座，位于T0920北部并且进入该方隔梁，为长方形竖穴土坑墓，长约2、宽约0.4米，人骨架未见痕迹，在南部有遗物出土，包括一件铜镜、一件铁削和一组黛板，此外还有应作为垫头用的青砖。

### 五、M2～M5

主要集中于发掘区中部，是商周河道遗留下的水塘在宋时淤塞后所葬，均为长方形竖穴土坑木棺墓，土坑长约2.8、宽约1.2米，木棺基本未能保存，存在少量木头，板灰痕迹较明显，主要随葬品为釉陶韩瓶和北宋时期的铜钱，可以确认墓葬时代为北宋。

### 六、土筑遗迹

是一时代相对较早的建筑遗迹，该遗迹为G2打破，时代应该早于G2，这一遗迹的功用暂时还不能推定。

## 第二节　性质分析及对湖熟文化研究的启示

湖熟文化是江苏及周边地区重要的商代考古学文化，曾昭燏、尹焕章两先生于1959年命名[①]，是中国考古学史上最早命名的考古学文化之一，该文初步概括了该文化具有与中原和周边地区不同的特点，如台形遗址、素面鬲、印纹硬陶等。该文化命名已有近60年，对于湖熟文化作为一个独立的考古学文化在学术界是共认的，但对文化的深入研究一直受到资料的限制，在文化内涵、时代上仍未达成学术共识。

从曾、尹两先生提出湖熟文化的命名以来，素面鬲一直共认为该文化的典型因素，从这个方面讲，东岗头遗址的西周时期文化遗存是典型的湖熟文化。遗址地处湖熟文化中心区秦淮河流域，古河道和台形遗址是许多湖熟文化中比较重要的共同现象，丹阳沈家山、贺家山、三城巷等遗址均发现了大型壕沟或河道，这些河道或壕沟除了生活用水作用外是否还存在其他作用值得思考，这次发掘注意考虑了河道与土台的关系并加以揭露，为以后进一步再做工作奠定了基础。

① 曾昭燏、尹焕章：《试论湖熟文化》，《考古学报》1959年第4期。

素面鬲除在宁镇地区常见外，在江淮之间的发现也较多。与宁镇地区风格接近的素面鬲的时代尚无明确的资料可以早至商代早期。如：姜堰天目山西周城址出土的器物组合显示，素面陶鬲与绳纹盆、绳纹簋共存，绳纹陶鬲在上一文化层出现①。安徽马鞍山五担岗遗址素面鬲与绳纹罐等共存，时代显示为商末周初②；枞阳汤家墩遗址出土的少量素面陶鬲与宁镇地区素面鬲风格差异较大③。山东胶县西菴遗址M1出土素面陶鬲及绳纹陶罐具有明显的西周特征，应属西周早期④。从东岗头遗址和江淮地区出土的器物组合来看，素面陶鬲的出现均在西周早中期。不过，北阴阳营H48出土的素面鬲，开口于第3层下，第3层的$^{14}$C测年为公元前1540年±90年，时代为商代早期，从层位上讲应可以早到商代早期，因为北阴阳营第3层出土二里冈文化绳纹鬲，其特征是短折沿，方唇，伴出的器物组合为刻槽盆、宽扁器耳硬陶钵、三足盘、细柄硬陶豆等⑤。但其他遗址的商代早中期层位难以见到素面鬲，如团山H9、H13、第10层为商代早中期，这几个层位均无素面鬲。再如宁镇地区出土二里冈文化绳纹鬲的城头山H2⑥、新浮第4层⑦、点将台第3层⑧（中文化层）等均无素面鬲出土，素面鬲的准确出现时代还存在疑问（图一一二）。

这样看来，如果以素面鬲作为湖熟文化特征之一，这些无素面鬲出土的遗存的文化归属就值得思考；如果以这些遗存作为湖熟文化，包含素面鬲的遗存的文化属性也需要思考。目前看来，素面鬲存在早到商周之际的可能。但晚商时期的形态特点、早中商是否存在素面鬲，这些都是在探讨湖熟文化的内涵时值得重视的方面。

理清内涵是一个考古学文化命名具有存在价值的基础，只有内涵清晰了，对湖熟文化开展深入研究才具有基础。从新浮遗址⑨、东岗头遗址等看，宁镇地区可以确认的文化因素在时代上并没有完全延续下来，一种是与二里冈文化因素共存的刻槽盆、硬陶高柄豆等组合，一种是与早、中期西周文化因素共存的素面鬲、圈足盘等组合，后一种组合的分布范围可能接近南淮夷族群。

此外，学术界有素面鬲的源泉在山东的观点，从素面鬲的分布看，可能莱夷、淮夷、南淮夷存在同源的可能，但从龙山文化素面鬲到西周时期各地不同的素面鬲之间存在时间缺环长、器物形态差异大等现象，素面鬲的同源说目前还只能说是处于推测阶段。

---

① 南京博物院等：《江苏姜堰天目山西周城址发掘报告》，《考古学报》2009年第1期。

② 南京大学历史学系考古专业等：《安徽省马鞍山市五担岗遗址发掘简报》，《东南文化》2012年第6期。

③ 安徽省文物考古研究所：《安徽枞阳县汤家墩遗址发掘简报》，《中原文物》2004年第4期。

④ 山东省昌潍地区文物管理组：《胶县西菴遗址调查试掘简报》，《文物》1977年第4期。

⑤ 南京博物院：《北阴阳营——新石器时代及商周时期遗址发掘报告》，文物出版社，1993年，第149页。

⑥ 镇江市博物馆：《江苏句容城头山遗址试掘简报》，《考古》1985年第4期。

⑦ 南京博物院：《江苏金坛市新浮遗址的试掘》，《考古》2008年第10期。

⑧ 同⑦。

⑨ 南京博物院：《江宁汤山点将台遗址》，《东南文化》1987年第3期。

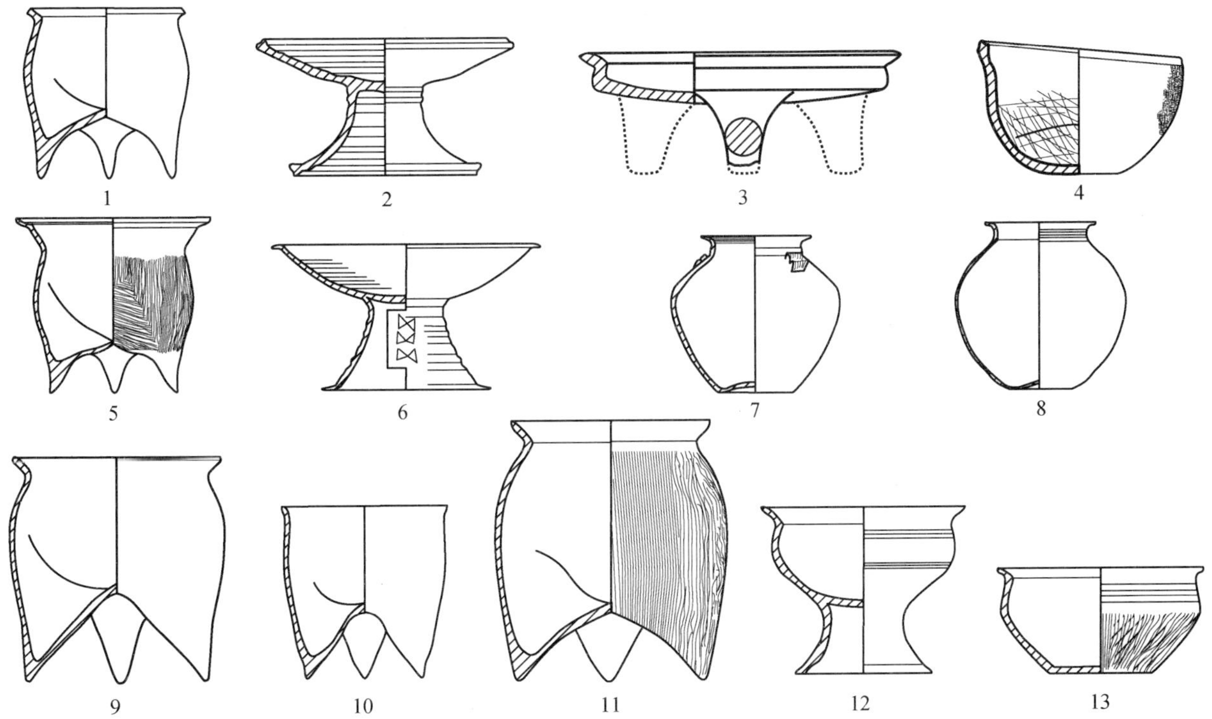


图一一二　器物组合对比

北阴阳营遗址：1. 陶鬲（H48：60）　2. 陶豆（T591③：19）　3. 陶三足盘（T492③：27）　4. 陶研磨盆（T373③：83）

新浮遗址：5. 陶鬲（T1④：7）　6. 硬陶豆（T1④：2）　7. 硬陶罐（T1④：48）　8. 泥质陶罐（T1④：19）

天目山遗址：9～11. 陶鬲（H2：1、T4623⑥：27、T4623⑤：5）　12. 陶簋（T4425⑦：2）　13. 陶盆（T4623⑥：8）

# 第三节　关于文物保护与考古学的课题意识的思考

目前东岗头遗址邻近地区的考古发掘和文物保护出现明显的不同步现象，如经过考古发掘安怀村、北阴阳营、锁金村等遗址并不在文物保护单位中，实际上这些遗址已经不复存在。目前有商周时期的各级文物保护单位20余处（表一），其中经过考古发掘并发表考古报告的很少，文物保护和考古发掘的不同步对深入开展工作很不利，一些在考古发掘和后续研究中提出的问题，就无法迅速地通过在已经知道有解决问题的遗址中进行。

可见，依据确认湖熟文化内涵的需要，选择宁镇地区有考古发掘价值的商周遗址，重点确定具有本地区的素面鬲、刻槽盆、硬陶高柄豆、圈足盘等器物的共存与使用时代，做好基础工作，通过确定这几类一般归属于湖熟文化典型器的器类的沿用时代，才能真正把握湖熟文化的内涵。

在新的工作中，注重考古发掘和文物保护同步性，尤其是目前约20处商周时期的各级文物保护单位，有必要开展适当的考古工作，一方面补充湖熟文化研究所需要的基础资料，另一方面，确认遗址的准确内涵，从湖熟文化研究角度，增加省级及以上的文物保护单位，更好地、准确地做好文物保护工作，做好保护工作不但服务了社会，也能保证湖熟文化研究工作可以不断深入。

**表一　宁镇地区与湖熟文化相关的遗址类文物保护单位**

| 文保单位名 | 公布时代 | 公布地 | 文物保护单位级别 |
|---|---|---|---|
| 城上村遗址 | 新石器—周 | 江苏省句容市 | 国保 |
| 葛城遗址（苏） | 西周—春秋 | 江苏省丹阳市珥陵镇祥里村南葛城 | 国保 |
| 断山墩遗址 | 新石器时代 | 江苏省丹徒县丁岗乡东平昌村东南面 | 省保 |
| 龙脉团山遗址 | 商周 | 江苏省镇江市润州区 | 省保 |
| 磨盘墩遗址 | 春秋 | 江苏省镇江市丹徒镇南罗湖村北200米处 | 市保 |
| 神河头遗址 | 春秋 | 江苏省丹阳市珥陵镇祥里神河头村西北 | 市保 |
| 枕子山遗址 | 商—春秋 | 江苏省镇江市蒋乔镇大华山村东南 | 市保 |
| 南神墩遗址 | 商周 | 江苏省镇江市镇江新区 | 市保 |
| 北阴阳营遗址 | 新石器、商周 | 江苏省南京市鼓楼区宁海路街道北阴阳营8号院内 | 县区保 |
| 湖头村神墩遗址 | 商周 | 江苏省南京市江宁区横溪街道西泉社区 | 县区保 |
| 大花区村庙墩遗址 | 商周 | 江苏省南京市江宁区淳化街道茶岗社区 | 县区保 |
| 磨盘山 | 周 | 江苏省南京市江宁区方山建康村 | 县区保 |
| 前梅村佘氏墩遗址 | 商周 | 江苏省南京市江宁区秣陵街道新林社区 | 县区保 |
| 山坎村冷饭墩遗址 | 商周 | 江苏省南京市江宁区禄口街道陆岗社区 | 县区保 |
| 山业村柴鸽墩遗址 | 商周 | 江苏省南京市江宁区禄口街道谢村社区 | 县区保 |
| 上新丰村神墩遗址 | 商周 | 江苏省南京市江宁区秣陵街道家园社区 | 县区保 |
| 石坝山遗址 | 商周 | 江苏省南京市江宁区横溪街道陶吴社区 | 县区保 |
| 西阳湖村乌龟墩遗址 | 商周 | 江苏省南京市江宁区湖熟街道耀华社区 | 县区保 |
| 新兴社区吴帅墩遗址 | 商周 | 江苏省南京市江宁区淳化街道新兴社区 | 县区保 |
| 赵家边乌龟山遗址 | 商周 | 江苏省南京市江宁区湖熟街道河北社区 | 县区保 |
| 中和村花庙山遗址 | 商周 | 江苏省南京市江宁区江宁街道中和村 | 县区保 |

# 附录　本报告器物编号与器物上实际写号的说明

本报告的器物编号是采用统一地层后调整的编号，器物上的实际写号并没有同时调整。我们认为，可以通过对应表方式来尝试取代统一层位并调整器物实际写号的方法。器物的实际写号因为发掘层位认识的变化而需要调整，在考古发掘中比较常见，同时对一个遗址的多次发掘，出现新层位，使原有层位的序号出现变化也较常见，可以因为这些变化而调整原来的器物层位号，也应该可以采用对应表的方式，在报告中进行层位的调整，实际的器物号不作变化，本报告即采用这一方式。详见下表：

| 器物写号 | 报告出版号 | 器物写号 | 报告出版号 | 器物写号 | 报告出版号 |
|---|---|---|---|---|---|
| D1Q1：1 | D1Q1：1 | M1：3 | M1：3 | M5：2-9 | M5：2-9 |
| D1Q1：2 | D1Q1：2 | M2：1-2 | M2：1-2 | M5：3 | M5：3 |
| D1Q1：3 | D1Q1：3 | M2：1-3 | M2：1-3 | T0724①：1 | T0724①：1 |
| D1Q1：4 | D1Q1：4 | M2：1-4 | M2：1-4 | T0724③：2 | T0724③B：2 |
| D1Q1：5 | D1Q1：5 | M2：1-5 | M2：1-5 | T0724③：3 | T0724③B：3 |
| D1Q1：6 | D1Q1：6 | M4：1 | M4：1 | T0724④：4 | T0724⑤B：4 |
| D1Q1：7 | D1Q1：7 | M4：2-1 | M4：2-1 | T0724③：5 | T0724④B：5 |
| D1Q2：8 | D1Q2：1 | M4：2-2 | M4：2-2 | T0724③：6 | T0724④B：6 |
| D1Q2：9 | D1Q2：2 | M4：2-3 | M4：2-3 | T0724③：7 | T0724④B：7 |
| D1Q3：10 | D1Q3：1 | M4：2-4 | M4：2-4 | T0724③：8 | T0724④B：8 |
| D1Q3：11 | D1Q3：2 | M4：2-5 | M4：2-5 | T0822③：1 | T0822③B：1 |
| JD采：1 | JD采：1 | M5：1 | M5：1 | T0822②：2 | T0822③B：2 |
| JD采：2 | JD采：2 | M5：2-1 | M5：2-1 | T0822②：3 | T0822③B：3 |
| JD采：3 | JD采：3 | M5：2-2 | M5：2-2 | T0822②：4 | T0822③B：4 |
| JD采：4 | JD采：4 | M5：2-3 | M5：2-3 | T0823②：1 | T0823③B：1 |
| JD采：5 | JD采：5 | M5：2-4 | M5：2-4 | T0823②：2 | T0823③B：2 |
| JD采：6 | JD采：6 | M5：2-5 | M5：2-5 | T0823②：3 | T0823③B：3 |
| JD采：7 | JD采：7 | M5：2-6 | M5：2-6 | T0823③：4 | T0823⑤B：4 |
| M1：1 | M1：1 | M5：2-7 | M5：2-7 | T0920③a：1 | G1④：24 |
| M1：2 | M1：2 | M5：2-8 | M5：2-8 | T0920③a：2 | G1④：25 |

续表

| 器物写号 | 报告出版号 | 器物写号 | 报告出版号 | 器物写号 | 报告出版号 |
|---|---|---|---|---|---|
| T0920③a：3 | G1④：26 | T0921⑨：12 | G1⑥：45 | T0921⑨：38 | G1⑥：71 |
| T0920③a：4 | G1④：27 | T0921⑥：13 | G1③：10 | T0921⑨：39 | G1⑥：72 |
| T0920④：5 | G1⑥：53 | T0921⑨：13 | G1⑥：46 | T0921⑦：40 | G1④：74 |
| T0920④：6 | G1⑥：54 | T0921⑥：14 | G1③：11 | T0921⑦：41 | G1④：75 |
| T0920③a：7 | G1④：76 | T0921⑨：14 | G1⑥：47 | T0921⑨b：42 | G1⑥：73 |
| T0920③a：8 | G1④：77 | T0921⑥：15 | G1③：12 | T1020①：1 | T1020①：1 |
| T0920③a：9 | G1④：78 | T0921⑨：15 | G1⑥：48 | T1020④：2 | T1020③B：2 |
| T0920③a：10 | G1④：79 | T0921⑥：16 | G1③：13 | T1020④：3 | T1020③B：3 |
| T0920③a：11 | G1④：80 | T0921⑨：16 | G1⑥：49 | T1021①：1 | T1021①：1 |
| T0920③a：12 | G1④：81 | T0921⑥：17 | G1③：14 | T1021②：2 | T1021②：2 |
| T0920③a：13 | G1④：82 | T0921⑨：17 | G1⑥：50 | T1021③a：3 | G1④：28 |
| T0920③：14 | T0920③B：1 | T0921⑥：18 | G1③：15 | T1021⑤：4 | G1⑦：59 |
| T0920③：15 | T0920③B：2 | T0921⑩：18 | G1⑦：64 | T1021⑤：5 | G1⑦：60 |
| T0920③：16 | T0920③B：3 | T0921⑥：19 | G1③：16 | T1021③：6 | G1④：29 |
| T0921⑦：1 | G1④：18 | T0921⑩：19 | G1⑦：56 | T1021③：7 | G1④：30 |
| T0921②：1 | T0921②：1 | T0921⑥：20 | G1③：17 | T1021③：8 | G1④：31 |
| T0921⑦：2 | G1④：19 | T0921⑩：20 | G1⑦：57 | T1021③：9 | G1④：32 |
| T0921②：2 | T0921②：2 | T0921⑦：21 | G1④：22 | T1021②：10 | T1021②：3 |
| T0921⑦：3 | G1④：20 | T0921⑩：21 | G1⑦：58 | T1021③：11 | G1④：33 |
| T0921③：3 | T0921③B：3 | T0921⑦：22 | G1④：23 | T1021③：12 | G1④：83 |
| T0921④：4 | G1①：1 | T0921⑨：22 | G1⑥：51 | T1021②：13 | T1021②：4 |
| T0921⑦：4 | G1④：21 | T0921⑧：23 | G1⑤：34 | T1021③：14 | G1④：84 |
| T0921④：5 | G1①：2 | T0921⑨：23 | G1⑥：52 | T1021③：15 | G1④：85 |
| T0921⑨：5 | G1⑥：38 | T0921⑧：24 | G1⑤：35 | T1021③：16 | G1④：86 |
| T0921④：6 | G1①：3 | T0921⑧：25 | G1⑤：36 | T1021③：17 | G1④：87 |
| T0921⑨：6 | G1⑥：39 | T0921⑧：26 | G1⑤：37 | T1214①：1 | T1214①：1 |
| T0921④：7 | G1①：4 | T0921③：27 | T0921③B：4 | T1214③：2 | T1214③A：2 |
| T0921⑨：7 | G1⑥：40 | T0921⑫：28 | G1⑨：61 | T1214③：3 | T1214③A：3 |
| T0921④：8 | G1①：5 | T0921⑫：29 | G1⑨：62 | T1214③：4 | T1214③A：4 |
| T0921⑨：8 | G1⑥：41 | T0921⑪：30 | G1⑧：63 | T1214⑤：5 | G2①：1 |
| T0921⑤：9 | G1②：6 | T0921⑩：31 | G1⑦：65 | T1214⑤：6 | G2①：2 |
| T0921⑨：9 | G1⑥：42 | T0921⑨b：32 | G1⑥：66 | T1214⑤：7 | G2①：3 |
| T0921⑤：10 | G1②：7 | T0921⑨b：33 | G1⑥：67 | T1214⑤：8 | G2①：4 |
| T0921⑨：10 | G1⑥：43 | T0921⑨b：34 | G1⑥：68 | T1214⑤：9 | G2①：5 |
| T0921⑥：11 | G1③：8 | T0921⑨b：35 | G1⑥：69 | T1214⑦：10 | G2④：251 |
| T0921⑨：11 | G1⑥：44 | T0921⑨：36 | G1⑥：55 | T1214⑦：11 | G2④：252 |
| T0921⑥：12 | G1③：9 | T0921⑨：37 | G1⑥：70 | T1214⑤：12 | G2①：6 |

续表

| 器物写号 | 报告出版号 | 器物写号 | 报告出版号 | 器物写号 | 报告出版号 |
|---|---|---|---|---|---|
| T1214⑤：13 | G2①：7 | T1214⑤：50 | G2①：565 | T1215⑤：13 | G2④：263 |
| T1214⑤：14 | G2①：8 | T1214⑤：51 | G2①：566 | T1215⑥：14 | G2⑤：317 |
| T1214⑤：15 | G2①：9 | T1214⑤：52 | G2①：567 | T1215⑥：15 | G2⑤：318 |
| T1214⑤：16 | G2①：10 | T1214⑤：53 | G2①：568 | T1215⑥：16 | G2⑤：319 |
| T1214⑤：17 | G2①：11 | T1214⑤：54 | G2①：569 | T1215⑥：17 | G2⑤：320 |
| T1214⑤：18 | G2①：12 | T1214⑤：55 | G2①：570 | T1215⑥：18 | G2⑤：321 |
| T1214④：19 | T1214④A：7 | T1214⑤：56 | G2①：571 | T1215⑤：19 | G2④：264 |
| T1214④：20 | T1214④A：6 | T1214⑤：57 | G2①：572 | T1215⑤：20 | G2④：386 |
| T1214③：21 | T1214③A：5 | T1214⑤：58 | G2①：573 | T1215⑤：21 | G2④：265 |
| T1214⑧：22 | G2⑤：334 | T1214⑤：59 | G2①：574 | T1215⑤：22 | G2④：266 |
| T1214⑧：23 | G2⑤：335 | T1214⑤：60 | G2①：575 | T1215⑤：23 | G2④：387 |
| T1214⑧：24 | G2⑤：336 | T1214⑤：61 | G2①：576 | T1215③：24 | G2①：14 |
| T1214⑧：25 | G2⑤：337 | T1214⑤：62 | G2①：577 | T1215③：25 | G2①：15 |
| T1214⑦：26 | G2④：365 | T1214⑤：63 | G2①：578 | T1215③：26 | G2①：589 |
| T1214⑦：27 | G2④：366 | T1214⑤：64 | G2①：579 | T1215③：27 | G2①：16 |
| T1214⑦：28 | G2④：367 | T1214⑤：65 | G2①：580 | T1215⑥：28 | G2⑤：338 |
| T1214⑦：29 | G2④：368 | T1214⑤：66 | G2①：581 | T1215⑥：29 | G2⑤：339 |
| T1214⑦：30 | G2④：369 | T1214⑤：67 | G2①：582 | T1215⑥：30 | G2⑤：340 |
| T1214⑦：31 | G2④：370 | T1214⑤：68 | G2①：583 | T1215⑥：31 | G2⑤：341 |
| T1214⑦：32 | G2④：371 | T1214⑤：69 | G2①：584 | T1215⑤：32 | G2④：388 |
| T1214⑦：33 | G2④：372 | T1214⑤：70 | G2①：585 | T1215⑤：33 | G2④：389 |
| T1214⑦：34 | G2④：373 | T1214⑤：71 | G2①：586 | T1215⑤：34 | G2④：390 |
| T1214⑦：35 | G2④：374 | T1214⑤：72 | G2①：587 | T1215⑤：35 | G2④：391 |
| T1214⑦：36 | G2④：375 | T1214⑤：73 | G2①：588 | T1215⑤：36 | G2④：392 |
| T1214⑦：37 | G2④：376 | T1214③：74 | T1214③A：8 | T1215⑤：37 | G2④：393 |
| T1214⑦：38 | G2④：377 | T1215②：1 | T1215②：1 | T1215⑤：38 | G2④：394 |
| T1214⑦：39 | G2④：378 | T1215③：2 | G2①：13 | T1215⑤：39 | G2④：395 |
| T1214⑦：40 | G2④：379 | T1215⑤：3 | G2④：253 | T1215⑤：40 | G2④：396 |
| T1214⑦：41 | G2④：380 | T1215⑤：4 | G2④：254 | T1215⑤：41 | G2④：397 |
| T1214⑦：42 | G2④：381 | T1215⑤：5 | G2④：255 | T1215⑤：42 | G2④：398 |
| T1214⑦：43 | G2④：382 | T1215⑤：6 | G2④：256 | T1215⑤：43 | G2④：399 |
| T1214⑦：44 | G2④：383 | T1215⑤：7 | G2④：257 | T1215⑤：44 | G2④：400 |
| T1214⑦：45 | G2④：384 | T1215⑤：8 | G2④：258 | T1215⑤：45 | G2④：401 |
| T1214⑦：46 | G2④：385 | T1215⑤：9 | G2④：259 | T1215⑤：46 | G2④：402 |
| T1214⑤：47 | G2①：562 | T1215⑤：10 | G2④：260 | T1215⑤：47 | G2④：403 |
| T1214⑤：48 | G2①：563 | T1215⑤：11 | G2④：261 | T1215⑤：48 | G2④：404 |
| T1214⑤：49 | G2①：564 | T1215⑤：12 | G2④：262 | T1215⑤：49 | G2④：405 |

续表

| 器物写号 | 报告出版号 | 器物写号 | 报告出版号 | 器物写号 | 报告出版号 |
|---|---|---|---|---|---|
| T1215④：50 | G2③：514 | T1216⑤：13 | G2①：599 | T1218④：7 | T1218④A：6 |
| T1215④：51 | G2③：515 | T1216⑤：14 | G2①：600 | T1218③：8 | T1218③A：4 |
| T1215④：52 | G2③：516 | T1217④：1 | T1217④A：1 | T1218⑤：9 | G2①：604 |
| T1215④：53 | G2③：517 | T1217⑦：2 | G2④：272 | T1218⑤：10 | G2①：605 |
| T1215④：54 | G2③：518 | T1217⑦：3 | G2④：273 | T1218⑤：11 | G2①：606 |
| T1215④：55 | G2③：519 | T1217⑦：4 | G2④：274 | T1218⑤：12 | G2①：607 |
| T1215④：56 | G2③：520 | T1217⑦：5 | G2④：275 | T1218⑤：13 | G2①：608 |
| T1215④：57 | G2③：521 | T1217⑧：6 | G2⑤：322 | T1218④：14 | T1218④A：7 |
| T1215④：58 | G2③：522 | T1217⑧：7 | G2⑤：323 | T1219②：1 | T1219②：1 |
| T1215④：59 | G2③：523 | T1217⑦：8 | G2④：409 | T1219③：2 | T1219③A：2 |
| T1215④：60 | G2③：524 | T1217⑥：9 | G2③：236 | T1219③：3 | T1219③A：3 |
| T1215④：61 | G2③：525 | T1217⑥：10 | G2③：532 | T1219⑦：4 | G2⑤：324 |
| T1215④：62 | G2③：526 | T1217⑥：11 | G2③：533 | T1219⑦：5 | G2⑤：325 |
| T1215④：63 | G2③：527 | T1217⑤：12 | G2①：18 | T1219⑦：6 | G2⑤：326 |
| T1215④：64 | G2③：528 | T1217⑤：13 | G2①：19 | T1219⑦：7 | G2⑤：327 |
| T1215④：65 | G2③：529 | T1217⑤：14 | G2①：20 | T1219⑦：8 | G2⑤：328 |
| T1215④：66 | G2③：530 | T1217⑤：15 | G2①：21 | T1219⑦：9 | G2⑤：329 |
| T1215④：67 | G2③：531 | T1217④：16 | T1217④A：2 | T1219⑤：10 | D1①：1 |
| T1215③：68 | G2①：590 | T1217⑧：17 | G2⑤：342 | T1219⑦：12 | G2⑤：347 |
| T1215③：69 | G2①：591 | T1217⑧：18 | G2⑤：343 | T1219⑦：13 | G2⑤：348 |
| T1215③：70 | G2①：592 | T1217⑧：19 | G2⑤：344 | T1219⑦：14 | G2⑤：349 |
| T1215③：71 | G2①：593 | T1217⑧：20 | G2⑤：345 | T1219⑦：15 | G2⑤：350 |
| T1215③：72 | G2①：594 | T1217⑧：21 | G2⑤：346 | T1219⑦：16 | G2⑤：351 |
| T1215③：73 | G2①：595 | T1217⑦：22 | G2④：410 | T1219⑦：17 | G2⑤：352 |
| T1215③：74 | G2①：596 | T1217⑦：23 | G2④：411 | T1312①：1 | T1312①：1 |
| T1216⑥：1 | G2④：267 | T1217⑦：24 | G2④：412 | T1312①：2 | T1312①：2 |
| T1216⑥：2 | G2④：268 | T1217⑦：25 | G2④：413 | T1312①：3 | T1312①：3 |
| T1216⑥：3 | G2④：269 | T1217⑥：26 | G2③：534 | T1312④：4 | G2①：24 |
| T1216⑥：4 | G2④：270 | T1217⑤：28 | G2①：601 | T1312④：5 | G2①：25 |
| T1216⑥：5 | G2④：271 | T1217⑤：29 | G2①：602 | T1312④：6 | G2①：26 |
| T1216⑥：6 | G2④：406 | T1217⑤：30 | G2①：603 | T1312④：7 | G2①：27 |
| T1216⑤：7 | G2①：17 | T1218②：1 | T1218②：1 | T1312④：8 | G2①：28 |
| T1216④：8 | T1216④A：1 | T1218③：2 | T1218③A：2 | T1312④：9 | G2①：29 |
| T1216⑥：9 | G2④：407 | T1218③：3 | T1218③A：3 | T1312④：10 | G2①：30 |
| T1216⑥：10 | G2④：408 | T1218④：4 | T1218④A：5 | T1312④：11 | G2①：31 |
| T1216⑤：11 | G2①：597 | T1218⑤：5 | G2①：22 | T1312⑤：12 | G2④：276 |
| T1216⑤：12 | G2①：598 | T1218⑤：6 | G2①：23 | T1312⑤：13 | G2④：277 |

续表

| 器物写号 | 报告出版号 | 器物写号 | 报告出版号 | 器物写号 | 报告出版号 |
|---|---|---|---|---|---|
| T1312⑥：14 | G2⑤：330 | T1312④：51 | G2①：621 | T1312④：88 | G2①：658 |
| T1312④：15 | G2①：609 | T1312④：52 | G2①：622 | T1312④：89 | G2①：659 |
| T1312④：16 | G2①：32 | T1312④：53 | G2①：623 | T1312④：90 | G2①：660 |
| T1312④：17 | G2①：33 | T1312④：54 | G2①：624 | T1312④：91 | G2①：661 |
| T1312④：18 | G2①：34 | T1312④：55 | G2①：625 | T1312④：92 | G2①：662 |
| T1312④：19 | G2①：35 | T1312④：56 | G2①：626 | T1312④：93 | G2①：663 |
| T1312④：20 | G2①：36 | T1312④：57 | G2①：627 | T1312④：94 | G2①：664 |
| T1312④：21 | G2①：37 | T1312④：58 | G2①：628 | T1312④：95 | G2①：665 |
| T1312④：22 | G2①：38 | T1312④：59 | G2①：629 | T1312④：96 | G2①：666 |
| T1312④：23 | G2①：39 | T1312④：60 | G2①：630 | T1312④：97 | G2①：667 |
| T1312③：24 | T1312③A：4 | T1312④：61 | G2①：631 | T1312④：98 | G2①：668 |
| T1312⑥：25 | G2⑤：353 | T1312④：62 | G2①：632 | T1312④：99 | G2①：669 |
| T1312④：26 | G2①：40 | T1312④：63 | G2①：633 | T1312④：100 | G2①：670 |
| T1312⑥：27 | G2⑤：354 | T1312④：64 | G2①：634 | T1312④：101 | G2①：671 |
| T1312⑤：28 | G2④：414 | T1312④：65 | G2①：635 | T1312④：102 | G2①：672 |
| T1312⑤：29 | G2④：415 | T1312④：66 | G2①：636 | T1312④：103 | G2①：673 |
| T1312⑤：30 | G2④：416 | T1312④：67 | G2①：637 | T1312④：104 | G2①：674 |
| T1312⑤：31 | G2④：417 | T1312④：68 | G2①：638 | T1312④：105 | G2①：675 |
| T1312⑤：32 | G2④：418 | T1312④：69 | G2①：639 | T1312④：106 | G2①：676 |
| T1312⑤：33 | G2④：419 | T1312④：70 | G2①：640 | T1312④：107 | G2①：677 |
| T1312⑤：34 | G2④：420 | T1312④：71 | G2①：641 | T1312④：108 | G2①：678 |
| T1312⑤：35 | G2④：421 | T1312④：72 | G2①：642 | T1312④：109 | G2①：679 |
| T1312⑤：36 | G2④：422 | T1312④：73 | G2①：643 | T1312④：110 | G2①：680 |
| T1312⑤：37 | G2④：423 | T1312④：74 | G2①：644 | T1312④：111 | G2①：681 |
| T1312⑤：38 | G2④：424 | T1312④：75 | G2①：645 | T1312④：112 | G2①：682 |
| T1312④：39 | G2①：41 | T1312④：76 | G2①：646 | T1312④：113 | G2①：683 |
| T1312④：40 | G2①：610 | T1312④：77 | G2①：647 | T1312④：114 | G2①：684 |
| T1312④：41 | G2①：611 | T1312④：78 | G2①：648 | T1312④：115 | G2①：685 |
| T1312④：42 | G2①：612 | T1312④：79 | G2①：649 | T1312④：116 | G2①：686 |
| T1312④：43 | G2①：613 | T1312④：80 | G2①：650 | T1312④：117 | G2①：687 |
| T1312④：44 | G2①：614 | T1312④：81 | G2①：651 | T1312④：118 | G2①：688 |
| T1312④：45 | G2①：615 | T1312④：82 | G2①：652 | T1312④：119 | G2①：689 |
| T1312④：46 | G2①：616 | T1312④：83 | G2①：653 | T1312④：120 | G2①：690 |
| T1312④：47 | G2①：617 | T1312④：84 | G2①：654 | T1312④：121 | G2①：691 |
| T1312④：48 | G2①：618 | T1312④：85 | G2①：655 | T1312④：122 | G2①：692 |
| T1312④：49 | G2①：619 | T1312④：86 | G2①：656 | T1312④：123 | G2①：693 |
| T1312④：50 | G2①：620 | T1312④：87 | G2①：657 | T1313①：1 | T1313①：1 |

续表

| 器物写号 | 报告出版号 | 器物写号 | 报告出版号 | 器物写号 | 报告出版号 |
|---|---|---|---|---|---|
| T1313①：2 | T1313①：2 | T1313②：39 | G2①：75 | T1313②：76 | G2①：111 |
| T1313①：3 | T1313①：3 | T1313②：40 | G2①：76 | T1313②：77 | G2①：112 |
| T1313②：4 | G2①：42 | T1313②：41 | G2①：77 | T1313②：78 | G2①：113 |
| T1313②：5 | G2①：43 | T1313②：42 | G2①：696 | T1313②：79 | G2①：114 |
| T1313②：6 | G2①：44 | T1313②：43 | G2①：78 | T1313②：80 | G2①：115 |
| T1313②：7 | G2①：45 | T1313②：44 | G2①：79 | T1313②：81 | G2①：116 |
| T1313②：8 | G2①：46 | T1313②：45 | G2①：80 | T1313②：82 | G2①：117 |
| T1313②：9 | G2①：47 | T1313②：46 | G2①：81 | T1313②：83 | G2①：118 |
| T1313②：10 | G2①：48 | T1313②：47 | G2①：82 | T1313②：84 | G2①：119 |
| T1313②：11 | G2①：49 | T1313②：48 | G2①：83 | T1313②：85 | G2①：120 |
| T1313②：12 | G2①：50 | T1313②：49 | G2①：84 | T1313②：86 | G2①：121 |
| T1313②：13 | G2①：51 | T1313②：50 | G2①：85 | T1313③：87 | G2④：278 |
| T1313②：14 | G2①：52 | T1313②：51 | G2①：86 | T1313③：88 | G2④：279 |
| T1313②：15 | G2①：53 | T1313②：52 | G2①：87 | T1313③：89 | G2④：280 |
| T1313②：16 | G2①：54 | T1313②：53 | G2①：88 | T1313③：90 | G2④：281 |
| T1313②：17 | G2①：55 | T1313②：54 | G2①：89 | T1313③：91 | G2④：282 |
| T1313②：18 | G2①：56 | T1313②：55 | G2①：90 | T1313③：92 | G2④：283 |
| T1313②：19 | G2①：57 | T1313②：56 | G2①：91 | T1313③：93 | G2④：284 |
| T1313②：20 | G2①：58 | T1313②：57 | G2①：92 | T1313③：94 | G2④：285 |
| T1313②：21 | G2①：59 | T1313②：58 | G2①：93 | T1313③：95 | G2④：286 |
| T1313②：22 | G2①：60 | T1313②：59 | G2①：94 | T1313③：96 | G2④：287 |
| T1313②：23 | G2①：61 | T1313②：60 | G2①：95 | T1313③：97 | G2④：288 |
| T1313②：24 | G2①：62 | T1313②：61 | G2①：96 | T1313③：98 | G2④：289 |
| T1313②：25 | G2①：694 | T1313②：62 | G2①：97 | T1313③：99 | G2④：290 |
| T1313②：26 | G2①：63 | T1313②：63 | G2①：98 | T1313③：100 | G2④：291 |
| T1313②：27 | G2①：64 | T1313②：64 | G2①：99 | T1313③：101 | G2④：292 |
| T1313②：28 | G2①：65 | T1313②：65 | G2①：100 | T1313③：102 | G2④：293 |
| T1313②：29 | G2①：66 | T1313②：66 | G2①：101 | T1313③：103 | G2④：294 |
| T1313②：30 | G2①：67 | T1313②：67 | G2①：102 | T1313③：104 | G2④：295 |
| T1313②：31 | G2①：68 | T1313②：68 | G2①：103 | T1313③：105 | G2④：296 |
| T1313②：32 | G2①：69 | T1313②：69 | G2①：104 | T1313③：106 | G2④：297 |
| T1313②：33 | G2①：70 | T1313②：70 | G2①：105 | T1313②：107 | G2①：122 |
| T1313②：34 | G2①：695 | T1313②：71 | G2①：106 | T1313③：108 | G2④：298 |
| T1313②：35 | G2①：71 | T1313②：72 | G2①：107 | T1313④：109 | G2⑤：331 |
| T1313②：36 | G2①：72 | T1313②：73 | G2①：108 | T1313④：110 | G2⑤：355 |
| T1313②：37 | G2①：73 | T1313②：74 | G2①：109 | T1313③：111 | G2④：425 |
| T1313②：38 | G2①：74 | T1313②：75 | G2①：110 | T1313④：112 | G2⑤：332 |

续表

| 器物写号 | 报告出版号 | 器物写号 | 报告出版号 | 器物写号 | 报告出版号 |
|---|---|---|---|---|---|
| T1313④：113 | G2⑤：333 | T1313②：150 | G2①：147 | T1313③：191 | G2④：456 |
| T1313③：114 | G2④：299 | T1313①：151 | T1313①：4 | T1313③：192 | G2④：457 |
| T1313③：115 | G2④：300 | T1313④：152 | G2⑤：356 | T1313③：193 | G2④：458 |
| T1313③：116 | G2④：301 | T1313④：153 | G2⑤：357 | T1313③：194 | G2④：459 |
| T1313③：117 | G2④：302 | T1313④：154 | G2⑤：358 | T1313③：195 | G2④：460 |
| T1313③：118 | G2④：303 | T1313④：155 | G2⑤：359 | T1313③：196 | G2④：461 |
| T1313③：119 | G2④：304 | T1313④：156 | G2⑤：360 | T1313③：197 | G2④：462 |
| T1313③：120 | G2④：305 | T1313④：157 | G2⑤：361 | T1313③：198 | G2④：463 |
| T1313③：121 | G2④：306 | T1313④：158 | G2⑤：362 | T1313③：199 | G2④：464 |
| T1313③：122 | G2④：307 | T1313④：159 | G2⑤：363 | T1313③：200 | G2④：465 |
| T1313③：123 | G2④：308 | T1313④：160 | G2⑤：364 | T1313③：201 | G2④：466 |
| T1313②：124 | G2①：123 | T1313③：161 | G2④：426 | T1313③：202 | G2④：467 |
| T1313②：125 | G2①：124 | T1313③：162 | G2④：427 | T1313③：203 | G2④：468 |
| T1313②：126 | G2①：125 | T1313③：165 | G2④：430 | T1313③：204 | G2④：469 |
| T1313②：127 | G2①：126 | T1313③：166 | G2④：431 | T1313③：205 | G2④：470 |
| T1313②：128 | G2①：127 | T1313③：169 | G2④：434 | T1313③：206 | G2④：471 |
| T1313②：129 | G2①：128 | T1313③：170 | G2④：435 | T1313③：207 | G2④：472 |
| T1313②：130 | G2①：129 | T1313③：171 | G2④：436 | T1313③：208 | G2④：473 |
| T1313②：131 | G2①：130 | T1313③：172 | G2④：437 | T1313③：209 | G2④：474 |
| T1313②：132 | G2①：131 | T1313③：173 | G2④：438 | T1313③：210 | G2④：475 |
| T1313②：133 | G2①：132 | T1313③：174 | G2④：439 | T1313③：211 | G2④：476 |
| T1313②：134 | G2①：133 | T1313③：175 | G2④：440 | T1313③：212 | G2④：477 |
| T1313②：135 | G2①：134 | T1313③：176 | G2④：441 | T1313③：213 | G2④：478 |
| T1313②：136 | G2①：135 | T1313③：177 | G2④：442 | T1313③：214 | G2④：479 |
| T1313②：137 | G2①：136 | T1313③：178 | G2④：443 | T1313③：215 | G2④：480 |
| T1313②：138 | G2①：137 | T1313③：179 | G2④：444 | T1313③：216 | G2④：481 |
| T1313②：139 | G2①：138 | T1313③：180 | G2④：445 | T1313③：217 | G2④：482 |
| T1313②：140 | G2①：697 | T1313③：181 | G2④：446 | T1313③：218 | G2④：483 |
| T1313②：141 | G2①：139 | T1313③：182 | G2④：447 | T1313③：219 | G2④：484 |
| T1313②：142 | G2①：140 | T1313③：183 | G2④：448 | T1313②：220 | G2①：698 |
| T1313②：143 | G2①：141 | T1313③：184 | G2④：449 | T1313②：221 | G2①：699 |
| T1313②：144 | G2①：142 | T1313③：185 | G2④：450 | T1313②：222 | G2①：700 |
| T1313②：145 | G2①：143 | T1313③：186 | G2④：451 | T1313②：223 | G2①：701 |
| T1313③：146 | G2④：309 | T1313③：187 | G2④：452 | T1313②：226 | G2①：704 |
| T1313②：147 | G2①：144 | T1313③：188 | G2④：453 | T1313②：227 | G2①：705 |
| T1313②：148 | G2①：145 | T1313③：189 | G2④：454 | T1313②：228 | G2①：706 |
| T1313②：149 | G2①：146 | T1313③：190 | G2④：455 | T1313②：229 | G2①：707 |

续表

| 器物写号 | 报告出版号 | 器物写号 | 报告出版号 | 器物写号 | 报告出版号 |
|---|---|---|---|---|---|
| T1313②：230 | G2①：708 | T1313②：267 | G2①：745 | T1317②：1 | T1317②：1 |
| T1313②：231 | G2①：709 | T1313②：268 | G2①：746 | T1317⑤：2 | G2①：148 |
| T1313②：232 | G2①：710 | T1313②：269 | G2①：747 | T1317⑤：3 | G2①：149 |
| T1313②：233 | G2①：711 | T1313②：270 | G2①：748 | T1317②：4 | T1317②：2 |
| T1313②：234 | G2①：712 | T1313②：271 | G2①：749 | T1317②：5 | T1317②：3 |
| T1313②：235 | G2①：713 | T1313②：272 | G2①：750 | T1317⑤：6 | G2①：774 |
| T1313②：236 | G2①：714 | T1313②：273 | G2①：751 | T1317⑤：7 | G2①：775 |
| T1313②：237 | G2①：715 | T1313②：274 | G2①：752 | T1317⑤：8 | G2①：776 |
| T1313②：238 | G2①：716 | T1313②：275 | G2①：753 | T1320②：2 | T1320②：2 |
| T1313②：239 | G2①：717 | T1313②：276 | G2①：754 | T1320②：3 | T1320②：3 |
| T1313②：240 | G2①：718 | T1313②：277 | G2①：755 | T1320②：4 | T1320②：4 |
| T1313②：241 | G2①：719 | T1313②：278 | G2①：756 | T1410④：1 | G2①：150 |
| T1313②：242 | G2①：720 | T1313②：279 | G2①：757 | T1411④：1 | G2①：151 |
| T1313②：243 | G2①：721 | T1313②：280 | G2①：758 | T1411⑤：2 | G2④：310 |
| T1313②：244 | G2①：722 | T1313③：281 | G2④：485 | T1411⑤：3 | G2④：311 |
| T1313②：245 | G2①：723 | T1313③：282 | G2④：486 | T1411⑤：4 | G2④：312 |
| T1313②：246 | G2①：724 | T1313③：283 | G2④：487 | T1411④：5 | G2①：152 |
| T1313②：247 | G2①：725 | T1313③：284 | G2④：488 | T1411④：6 | G2①：153 |
| T1313②：248 | G2①：726 | T1313②：285 | G2①：759 | T1411⑤：7 | G2④：491 |
| T1313②：249 | G2①：727 | T1313②：286 | G2①：760 | T1411⑤：8 | G2④：492 |
| T1313②：250 | G2①：728 | T1313②：287 | G2①：761 | T1411⑤：9 | G2④：493 |
| T1313②：251 | G2①：729 | T1313②：288 | G2①：762 | T1411⑤：10 | G2④：494 |
| T1313②：252 | G2①：730 | T1313②：289 | G2①：763 | T1411⑤：11 | G2④：495 |
| T1313②：253 | G2①：731 | T1313②：290 | G2①：764 | T1411④：12 | G2①：777 |
| T1313②：254 | G2①：732 | T1313②：291 | G2①：765 | T1411④：13 | G2①：778 |
| T1313②：255 | G2①：733 | T1313②：292 | G2①：766 | T1411④：14 | G2①：779 |
| T1313②：256 | G2①：734 | T1313③：293 | G2④：489 | T1411④：15 | G2①：780 |
| T1313②：257 | G2①：735 | T1313②：294 | G2①：767 | T1411④：16 | G2①：781 |
| T1313②：258 | G2①：736 | T1313③：295 | G2④：490 | T1411④：17 | G2①：782 |
| T1313②：259 | G2①：737 | T1313②：296 | G2①：768 | T1412②：1 | G2①：154 |
| T1313②：260 | G2①：738 | T1313②：297 | G2①：769 | T1412②：2 | G2①：155 |
| T1313②：261 | G2①：739 | T1313②：298 | G2①：770 | T1412②：3 | G2①：156 |
| T1313②：262 | G2①：740 | T1313②：299 | G2①：771 | T1412②：4 | G2①：157 |
| T1313②：263 | G2①：741 | T1313②：300 | G2①：772 | T1412②：5 | G2①：158 |
| T1313②：264 | G2①：742 | T1313②：301 | G2①：773 | T1412②：6 | G2①：159 |
| T1313②：265 | G2①：743 | T1316④：1 | T1316④A：1 | T1412②：7 | G2①：160 |
| T1313②：266 | G2①：744 | T1316④：2 | T1316④A：2 | T1412②：8 | G2①：161 |

续表

| 器物写号 | 报告出版号 | 器物写号 | 报告出版号 | 器物写号 | 报告出版号 |
|---|---|---|---|---|---|
| T1412②：9 | G2①：162 | T1412②：46 | G2①：197 | T1412②：83 | G2①：223 |
| T1412②：10 | G2①：163 | T1412②：47 | G2①：198 | T1412②：84 | G2①：224 |
| T1412②：11 | G2①：164 | T1412③：48 | G2②：553 | T1412②：85 | G2①：225 |
| T1412②：12 | G2①：165 | T1412③：49 | G2②：232 | T1412⑤：86 | G2④：496 |
| T1412②：13 | G2①：166 | T1412③：50 | G2②：233 | T1412⑤：87 | G2④：497 |
| T1412②：14 | G2①：167 | T1412④：51 | G2③：237 | T1412⑤：88 | G2④：498 |
| T1412②：15 | G2①：168 | T1412④：52 | G2③：238 | T1412⑤：89 | G2④：499 |
| T1412②：16 | G2①：169 | T1412⑤：53 | G2④：313 | T1412⑤：90 | G2④：500 |
| T1412②：17 | G2①：783 | T1412④：54 | G2③：239 | T1412⑤：91 | G2④：501 |
| T1412②：18 | G2①：170 | T1412③：55 | G2②：234 | T1412⑤：92 | G2④：502 |
| T1412②：19 | G2①：171 | T1412③：56 | G2②：235 | T1412③：93 | G2②：554 |
| T1412②：20 | G2①：172 | T1412②：57 | G2①：199 | T1412③：94 | G2②：555 |
| T1412②：21 | G2①：173 | T1412②：58 | G2①：200 | T1412③：95 | G2②：556 |
| T1412②：22 | G2①：174 | T1412②：59 | G2①：201 | T1412③：96 | G2②：557 |
| T1412②：23 | G2①：175 | T1412②：60 | G2①：202 | T1412③：97 | G2②：558 |
| T1412②：24 | G2①：176 | T1412②：61 | G2①：203 | T1412③：98 | G2②：559 |
| T1412②：25 | G2①：177 | T1412②：62 | G2①：785 | T1412③：99 | G2②：560 |
| T1412②：26 | G2①：178 | T1412⑤：63 | G2④：314 | T1412③：100 | G2②：561 |
| T1412②：27 | G2①：179 | T1412②：64 | G2①：204 | T1412②：101 | G2①：786 |
| T1412②：28 | G2①：180 | T1412②：65 | G2①：205 | T1412②：102 | G2①：787 |
| T1412②：29 | G2①：181 | T1412②：66 | G2①：206 | T1412②：103 | G2①：788 |
| T1412②：30 | G2①：182 | T1412②：67 | G2①：207 | T1412②：104 | G2①：789 |
| T1412②：31 | G2①：183 | T1412②：68 | G2①：208 | T1412②：105 | G2①：790 |
| T1412②：32 | G2①：184 | T1412②：69 | G2①：209 | T1412②：106 | G2①：791 |
| T1412②：33 | G2①：185 | T1412②：70 | G2①：210 | T1412②：107 | G2①：792 |
| T1412②：34 | G2①：186 | T1412②：71 | G2①：211 | T1412②：108 | G2①：793 |
| T1412②：35 | G2①：187 | T1412②：72 | G2①：212 | T1412②：109 | G2①：794 |
| T1412②：36 | G2①：188 | T1412②：73 | G2①：213 | T1412②：110 | G2①：795 |
| T1412②：37 | G2①：189 | T1412②：74 | G2①：214 | T1412②：111 | G2①：796 |
| T1412②：38 | G2①：190 | T1412②：75 | G2①：215 | T1412②：112 | G2①：797 |
| T1412②：39 | G2①：191 | T1412②：76 | G2①：216 | T1412②：113 | G2①：798 |
| T1412②：40 | G2①：192 | T1412②：77 | G2①：217 | T1412②：114 | G2①：799 |
| T1412②：41 | G2①：193 | T1412②：78 | G2①：218 | T1412②：115 | G2①：800 |
| T1412②：42 | G2①：194 | T1412②：79 | G2①：219 | T1412②：116 | G2①：801 |
| T1412②：43 | G2①：195 | T1412②：80 | G2①：220 | T1412②：117 | G2①：802 |
| T1412②：44 | G2①：196 | T1412②：81 | G2①：221 | T1412②：118 | G2①：803 |
| T1412②：45 | G2①：784 | T1412②：82 | G2①：222 | T1412②：119 | G2①：804 |

续表

| 器物写号 | 报告出版号 | 器物写号 | 报告出版号 | 器物写号 | 报告出版号 |
|---|---|---|---|---|---|
| T1412②：120 | G2①：805 | T1413②：17 | G2①：821 | T1510③：15 | G2③：535 |
| T1412②：121 | G2①：806 | T1413②：18 | G2①：822 | T1510③：16 | G2③：536 |
| T1412②：122 | G2①：807 | T1413②：19 | G2①：823 | T1510③：17 | G2③：537 |
| T1412②：123 | G2①：808 | T1413②：20 | G2①：824 | T1510③：18 | G2③：538 |
| T1412②：126 | G2①：810 | T1413②：21 | G2①：825 | T1510③：19 | G2③：539 |
| T1412②：127 | G2①：811 | T1413②：22 | G2①：826 | T1510③：20 | G2③：540 |
| T1412②：128 | G2①：812 | T1413②：23 | G2①：827 | T1510③：21 | G2③：541 |
| T1412②：129 | G2①：813 | T1413②：24 | G2①：828 | T1510③：22 | G2③：542 |
| T1412②：130 | G2①：814 | T1413②：25 | G2①：829 | T1510③：23 | G2③：543 |
| T1412②：131 | G2①：815 | T1413②：26 | G2①：830 | T1510③：24 | G2③：544 |
| T1412②：132 | G2①：816 | T1413②：27 | G2①：831 | T1510③：25 | G2③：545 |
| T1412②：133 | G2①：817 | T1413②：28 | G2①：832 | T1510③：26 | G2③：546 |
| T1412②：134 | G2①：818 | T1413②：29 | G2①：833 | T1510③：27 | G2③：547 |
| T1412②：135 | G2①：819 | T1413②：30 | G2①：834 | T1510③：28 | G2③：548 |
| T1413②：1 | G2①：226 | T1416②：1 | T1416②：1 | T1510③：29 | G2③：549 |
| T1413②：2 | G2①：227 | T1416②：2 | T1416②：2 | T1510③：30 | G2③：550 |
| T1413③：3 | G2④：315 | T1510②：1 | G2①：229 | T1510③：31 | G2③：551 |
| T1413③：4 | G2④：316 | T1510③：2 | G2③：240 | T1510③：32 | G2③：552 |
| T1413②：5 | G2①：228 | T1510③：3 | G2③：241 | T1510②：33 | G2①：835 |
| T1413③：6 | G2④：504 | T1510③：4 | G2③：242 | T1510②：34 | G2①：836 |
| T1413③：7 | G2④：505 | T1510③：5 | G2③：243 | T1510②：35 | G2①：837 |
| T1413③：8 | G2④：506 | T1510③：6 | G2③：244 | T1510②：36 | G2①：838 |
| T1413③：9 | G2④：507 | T1510③：7 | G2③：245 | T1510②：37 | G2①：839 |
| T1413③：10 | G2④：508 | T1510③：8 | G2③：246 | T1510②：38 | G2①：840 |
| T1413③：11 | G2④：509 | T1510③：9 | G2③：247 | T1510②：39 | G2①：841 |
| T1413③：12 | G2④：510 | T1510③：10 | G2③：248 | T1510②：40 | G2①：842 |
| T1413③：13 | G2④：511 | T1510③：11 | G2③：249 | T1510②：41 | G2①：843 |
| T1413③：14 | G2④：512 | T1510③：12 | G2③：250 | T1510②：42 | G2①：844 |
| T1413③：15 | G2④：513 | T1510②：13 | G2①：230 | | |
| T1413②：16 | G2①：820 | T1510②：14 | G2①：231 | | |

# 附　　表

**附表一　新石器时期陶片器形纹饰统计表**

单位：件

| 陶质 | | | 夹砂陶 | | | | | 小计 | 百分比 | 泥质陶 | | | | | | 小计 | 百分比 |
|---|---|---|---|---|---|---|---|---|---|---|---|---|---|---|---|---|---|
| 陶色 | | | 红色 | 红褐色 | 红衣 | 灰色 | 黑褐色 | | | 红色 | 红褐色 | 红衣 | 灰色 | 黑色 | 黑褐色 | | |
| 口沿 | 可辨器形 | 鼎口 | | 1 | | | 1 | 2 | 11.8% | | | | | | | | |
| | | 盆口 | | | | | | | | | | | 2 | | | 2 | 2% |
| | | 豆盘 | | | | | | | | 2 | | | 39 | | | 41 | 41.4% |
| | | 罐口 | | 3 | | 1 | 2 | 6 | 35.3% | 3 | | | 11 | | | 14 | 14.1% |
| | | 壶口 | | 1 | | | | 1 | 5.9% | | | | | | | | |
| | | 贯耳壶 | | | | | | | | | | | 1 | 1 | | 2 | 2% |
| | | 盘口 | 1 | | | | | 1 | 5.9% | | | | 19 | | | 19 | 19.2% |
| | | 圈足盘 | | | | | | | | | | | 12 | 3 | | 15 | 15.2% |
| | | 缸口 | 1 | 5 | | | | 6 | 35.3% | | | | | | | | |
| | | 杯 | | | | | | | | | | | 1 | | | 1 | 1% |
| | | 器盖 | | | | | | | | | | | 1 | | 3 | 4 | 4% |
| | | 纺轮 | | | | | | | | | | | | | 1 | 1 | 1% |
| | | 穿孔圆陶片 | | 1 | | | | 1 | 5.9% | | | | | | | | |
| | | 小计 | 17 | | | | | | 100% | 99 | | | | | | | 100% |
| | 不可辨器形 | | 1 | 24 | | | | 25 | | 1 | | | 10 | | | 11 | |

续表

| 陶质 | | | 夹砂陶 | | | | | 小计 | 百分比 | 泥质陶 | | | | | | 小计 | 百分比 |
|---|---|---|---|---|---|---|---|---|---|---|---|---|---|---|---|---|---|
| 陶色 | | | 红色 | 红褐色 | 红衣 | 灰色 | 黑褐色 | | | 红色 | 红褐色 | 红衣 | 灰色 | 黑色 | 黑褐色 | | |
| 非口沿 | 可辨器形 | 鼎足 | 5 | 93 | | | | 98 | | | 1 | | 1 | | | 2 | |
| | | 鬶足 | | | | | | | | 4 | 1 | | | | | 5 | |
| | | 器底 | 2 | | 2 | | | 4 | | 2 | | | 4 | | 1 | 7 | |
| | | 圈足 | | 1 | | | 2 | 3 | | 7 | | | 10 | 3 | 3 | 23 | |
| | | 盉流 | | | | | | | | | | | 1 | | | 1 | |
| | | 器耳 | 1 | | | | | 1 | | 2 | | 1 | 3 | | | 6 | |
| | | 把手 | 1 | | | | | 1 | | 2 | | | 4 | 1 | | 7 | |
| | 腹片 | | 484 | 1488 | 9 | 9 | 234 | 2224 | | 92 | 36 | | 622 | 74 | 7 | 831 | |
| 纹饰 | 镂孔 | | 1 | | | | | 1 | 0.0% | | | | 5 | | | 5 | 0.5% |
| | 附加堆纹 | | | | | | | | | 1 | | | 1 | 1 | | 3 | 0.3% |
| | 划线 | | | 4 | | | | 4 | 0.2% | | | | | 1 | | 1 | 0.1% |
| | 弦纹 | | | | | | | | | | | | 13 | 1 | | 14 | 1.4% |
| | 篮纹 | | | 2 | | | 2 | 4 | 0.2% | | | | | | 4 | 4 | 0.4% |
| | 素面 | | 495 | 1611 | 11 | 10 | 237 | 2364 | 99.6% | 114 | 38 | 1 | 722 | 79 | 11 | 965 | 97.3% |
| 陶色小计 | | | 496 | 1617 | 11 | 10 | 239 | | | 115 | 38 | 1 | 741 | 82 | 15 | | |
| 陶色百分比 | | | 20.9% | 68.1% | 0.5% | 0.4% | 10.1% | | | 11.6% | 3.8% | 0.1% | 74.7% | 8.3% | 1.5% | 总计 | |
| 陶质合计 | | | 2373 | | | | | | | 992 | | | | | | | |
| 陶质百分比 | | | 70.5% | | | | | | | 29.5% | | | | | | 3365 | |

附表二 新石器时期第4B层陶片器形纹饰统计表

单位：件

| 陶质 | | | 夹砂陶 | | | | 小计 | 百分比 | 泥质陶 | | | | | 小计 | 百分比 |
|---|---|---|---|---|---|---|---|---|---|---|---|---|---|---|---|
| 陶色 | | | 红色 | 红褐色 | 红衣 | 黑褐色 | | | 红色 | 红褐色 | 红衣 | 灰色 | 黑色 | | |
| 口沿 | 可辨器形 | 盆 | | | | | | | | | | 1 | | 1 | 100% |
| | | 小计 | 0 | | | | | 100% | 1 | | | | | | 100% |
| 非口沿 | 可辨器形 | 鼎足 | | 9 | | | 9 | | | | | | | | |
| | | 器底 | | | 2 | | 2 | | | | | | | | |
| | | 圈足 | | | | | | | | | | 2 | | 2 | |
| | | 器耳 | | | | | | | 1 | | 1 | | | 2 | |
| | 腹片 | | 10 | 134 | 9 | 12 | 165 | | 10 | 2 | | 34 | 16 | 52 | |
| 纹饰 | 弦纹 | | | | | | | | | | | 3 | | 3 | 4.5% |
| | 素面 | | 10 | 143 | 11 | 12 | 176 | 100% | 11 | 2 | 1 | 34 | 16 | 53 | 79.1% |
| 陶色小计 | | | 10 | 143 | 11 | 12 | | | 11 | 2 | 1 | 37 | 16 | 总计 | |
| 陶色百分比 | | | 5.7% | 81.3% | 6.3% | 6.8% | | | 16.4% | 3% | 1.49% | 55.2% | 23.9% | | |
| 陶质合计 | | | 176 | | | | | | 67 | | | | | | |
| 陶质百分比 | | | 72.4% | | | | | | 27.6% | | | | | 243 | |

**附表三　新石器时期第5B层陶片器形纹饰统计表**　　单位：件

| 陶质 | | | 夹砂陶 | | 小计 | 百分比 |
|---|---|---|---|---|---|---|
| 陶色 | | | 红色 | 红褐色 | | |
| 口沿 | 可辨器形 | 壶 | | 1 | 1 | 100% |
| | | 小计 | 1 | | | 100% |
| | 不可辨器形 | | 1 | | 1 | |
| 非口沿 | 腹片 | | 3 | | 3 | |
| 纹饰 | 素面 | | 4 | 1 | 5 | 100% |
| 陶色小计 | | | 4 | 1 | 总计 | |
| 陶色百分比 | | | 80% | 20% | | |
| 陶质合计 | | | 5 | | | |
| 陶质百分比 | | | 100% | | 5 | |

**附表四　新石器时期G1第1层陶片器形纹饰统计表**　　单位：件

| 陶质 | | | 泥质陶 | | | 小计 | 百分比 |
|---|---|---|---|---|---|---|---|
| 陶色 | | | 红色 | 灰色 | 黑褐色 | | |
| 口沿 | 可辨器形 | 圈足盘 | | 1 | | 1 | 100% |
| | | 小计 | 1 | | | | 100% |
| 非口沿 | 腹片 | | 4 | | 2 | 6 | |
| 纹饰 | 弦纹 | | | 1 | | 1 | 14.3% |
| | 素面 | | 4 | | 2 | 6 | 85.7% |
| 陶色小计 | | | 4 | 1 | 2 | 总计 | |
| 陶色百分比 | | | 57.1% | 14.3% | 28.6% | | |
| 陶质合计 | | | 7 | | | | |
| 陶质百分比 | | | 100% | | | 7 | |

**附表五　新石器时期G1第2层陶片器形纹饰统计表**　　单位：件

| 陶质 | | | 夹砂陶 | | 小计 | 百分比 | 泥质陶 | | 小计 | 百分比 |
|---|---|---|---|---|---|---|---|---|---|---|
| 陶色 | | | 红褐色 | 灰色 | | | 红色 | 灰色 | | |
| 口沿 | 可辨器形 | 鼎口 | 1 | | 1 | 100% | | | | |
| | | 圈足盘 | | | | | | 1 | 1 | 100% |
| | | 小计 | 1 | | | 100% | 1 | | | 100% |
| 非口沿 | 可辨器形 | 鼎足 | 6 | | 6 | | | | | |
| | | 把手 | | | | | 1 | 1 | 2 | |
| | 腹片 | | | 8 | 8 | | | 7 | 7 | |
| 纹饰 | 素面 | | 7 | 8 | 15 | | 1 | 9 | 10 | |
| 陶色小计 | | | 7 | 8 | | | 1 | 9 | 总计 | |
| 陶色百分比 | | | 46.7% | 53.3% | | | 10% | 90% | | |
| 陶质合计 | | | 15 | | | | 10 | | | |
| 陶质百分比 | | | 60% | | | | 40% | | 25 | |

**附表六　新石器时期G1第3层陶片器形纹饰统计表**　　单位：件

| 陶质 | | | 泥质陶 | | | 小计 | 百分比 |
|---|---|---|---|---|---|---|---|
| 陶色 | | | 红色 | 灰色 | 黑褐色 | | |
| 口沿 | 可辨器形 | 纺轮 | | | 1 | 1 | 100% |
| | | 小计 | 1 | | | | 100% |
| | 不可辨器形 | | 1 | 1 | | 2 | |
| 非口沿 | 腹片 | | 5 | 3 | | 8 | |
| 纹饰 | 素面 | | 6 | 4 | 1 | 11 | 100% |
| 陶色小计 | | | 6 | 4 | 1 | 总计 | |
| 陶色百分比 | | | 54.5% | 36.4% | 9.1% | | |
| 陶质合计 | | | 11 | | | | |
| 陶质百分比 | | | 100% | | | 11 | |

**附表七　新石器时期G1第4层陶片器形纹饰统计表**　　单位：件

| 陶质 | | | 夹砂陶 | | | 小计 | 百分比 | 泥质陶 | | | 小计 | 百分比 |
|---|---|---|---|---|---|---|---|---|---|---|---|---|
| 陶色 | | | 红色 | 红褐色 | 黑褐色 | | | 红色 | 灰色 | 黑褐色 | | |
| 口沿 | 可辨器形 | 豆盘 | | | | | | | 1 | | 1 | 25% |
| | | 罐口 | | 2 | | 2 | 50% | | | | | |
| | | 缸口 | | 2 | | 2 | 50% | | | | | |
| | | 器盖 | | | | | | | 1 | 2 | 3 | 75% |
| | | 小计 | 4 | | | | 100% | 4 | | | | 100% |
| | 不可辨器形 | | | 24 | | 24 | | | 8 | | 8 | |
| 非口沿 | 可辨器形 | 鼎足 | | 24 | | 24 | | | | | | |
| | | 器底 | 2 | | | 2 | | 2 | 1 | 1 | 4 | |
| | | 圈足 | | 1 | 2 | 3 | | 5 | 5 | 3 | 13 | |
| | | 把手 | | | | | | | 1 | | 1 | |
| | 腹片 | | 11 | 485 | 3 | 499 | | 16 | 105 | 3 | 124 | |
| 纹饰 | 划线 | | | 4 | | 4 | 0.7% | | | | | |
| | 篮纹 | | | 2 | 2 | 4 | 0.7% | | | 4 | 4 | 2.6% |
| | 素面 | | 13 | 532 | 3 | 548 | 98.6% | 23 | 122 | 5 | 150 | 97.4% |
| 陶色小计 | | | 13 | 538 | 5 | | | 23 | 122 | 9 | 总计 | |
| 陶色百分比 | | | 2.3% | 96.8% | 0.9% | | | 14.9% | 79.2% | 5.8% | | |
| 陶质合计 | | | 556 | | | | | 154 | | | | |
| 陶质百分比 | | | 78.3% | | | | | 21.7% | | | 710 | |

**附表八　新石器时期G1第5层陶片器形纹饰统计表**　　单位：件

| 陶质 | | | 夹砂陶 | 小计 | 百分比 | 泥质陶 | | 小计 | 百分比 |
|---|---|---|---|---|---|---|---|---|---|
| 陶色 | | | 红褐色 | | | 灰色 | 黑褐色 | | |
| 口沿 | 可辨器形 | 盆口 | | | | 1 | | 1 | 50% |
| | | 器盖 | | | | | 1 | 1 | 50% |
| | | 穿孔圆陶片 | 1 | 1 | 100% | | | | |
| | | 小计 | 1 | | 100% | 2 | | | 100% |
| | 不可辨器形 | | | | | 1 | | 1 | |
| 非口沿 | 腹片 | | 3 | 3 | | | 2 | 2 | |
| 纹饰 | 素面 | | 4 | 4 | 100% | 2 | 3 | 5 | 100% |
| 陶色小计 | | | 4 | 4 | | 2 | 3 | 总计 | |
| 陶色百分比 | | | 100% | | | 40% | 60% | | |
| 陶质合计 | | | 4 | | | 5 | | | |
| 陶质百分比 | | | 44.4% | | | 55.6% | | 9 | |

**附表九　新石器时期G1第6层陶片器形纹饰统计表**　　单位：件

| 陶质 | | | 夹砂陶 | | | 小计 | 百分比 | 泥质陶 | | | 小计 | 百分比 |
|---|---|---|---|---|---|---|---|---|---|---|---|---|
| 陶色 | | | 红色 | 红褐色 | 黑褐色 | | | 红色 | 灰色 | 黑色 | | |
| 口沿 | 可辨器形 | 鼎口 | | | 1 | 1 | 14.3% | | | | | |
| | | 豆盘 | | | | | | 2 | 28 | | 30 | 40% |
| | | 罐口 | | 1 | 2 | 3 | 42.9% | 3 | 9 | | 12 | 16% |
| | | 盘 | 1 | | | 1 | 14.3% | | 19 | | 19 | 25.3% |
| | | 圈足盘 | | | | | | | 10 | 3 | 13 | 17.3% |
| | | 缸口 | | 2 | | 2 | 28.6% | | | | | |
| | | 杯 | | | | | | | 1 | | 1 | 1.3% |
| | | 小计 | 24 | | | | 100% | 75 | | | | 100% |
| 非口沿 | 可辨器形 | 鼎足 | 1 | 51 | | 52 | | | | | | |
| | | 器底 | | | | | | | 2 | | 2 | |
| | | 圈足 | | | | | | 2 | 1 | 2 | 5 | |
| | | 盉流 | | | | | | | 1 | | 1 | |
| | | 器耳 | | | | | | | 1 | | 1 | |
| | | 把手 | | | | | | 1 | 1 | 1 | 3 | |
| | 腹片 | | 86 | 729 | 202 | 1034 | | 14 | 324 | 9 | 347 | |
| 纹饰 | 镂孔 | | 1 | | | 1 | 0.1% | | 3 | | 3 | 0.7% |
| | 附加堆纹 | | | | | | | 1 | 1 | 1 | 3 | 0.7% |
| | 刻划纹 | | | | | | | | | 1 | 1 | 0.2% |
| | 弦纹 | | | | | | | | 9 | 1 | 10 | 2.3% |
| | 素面 | | 87 | 783 | 222 | 1092 | 99.9% | 21 | 384 | 12 | 417 | 96.1% |

续表

| 陶质 | 夹砂陶 | | | 小计 | 百分比 | 泥质陶 | | | 小计 | 百分比 |
|---|---|---|---|---|---|---|---|---|---|---|
| 陶色 | 红色 | 红褐色 | 黑褐色 | | | 红色 | 灰色 | 黑色 | | |
| 陶色小计 | 88 | 783 | 222 | | | 22 | 397 | 15 | | |
| 陶色百分比 | 8.1% | 71.6% | 20.3% | | | 5.1% | 91.5% | 3.5% | 总计 | |
| 陶质合计 | 1093 | | | | | 434 | | | | |
| 陶质百分比 | 71.6% | | | | | 28.4% | | | 1527 | |

**附表一〇　新石器时期G1第7层陶片器形纹饰统计表**　　单位：件

| 陶质 | | | 夹砂陶 | | 小计 | 百分比 | 泥质陶 | | | | 小计 | 百分比 |
|---|---|---|---|---|---|---|---|---|---|---|---|---|
| 陶色 | | | 红色 | 红褐色 | | | 红色 | 红褐色 | 灰色 | 黑色 | | |
| 口沿 | 可辨器形 | 缸口 | 1 | 1 | 2 | 100% | | | | | | |
| | | 小计 | 2 | | | 100% | | | | | | |
| 非口沿 | 可辨器形 | 鼎足 | 4 | 3 | 7 | | | 1 | | | 1 | |
| | | 鬶足 | | | | | 2 | 1 | | | 3 | |
| | | 器底 | | | | | | | 1 | | 1 | |
| | | 器耳 | 1 | | 1 | | 1 | | 2 | | 3 | |
| | | 把手 | | | 0 | | | | 1 | | 1 | |
| | 腹片 | | 355 | 102 | 455 | | 23 | 34 | 47 | 41 | 147 | |
| 纹饰 | 素面 | | 361 | 106 | 467 | 100% | 26 | 36 | 51 | 41 | 154 | 100% |
| 陶色小计 | | | 361 | 106 | | | 26 | 36 | 51 | 41 | | |
| 陶色百分比 | | | 77.3% | 22.7% | | | 16.9% | 23.4% | 33.1% | 26.6% | 总计 | |
| 陶质合计 | | | 467 | | | | 154 | | | | | |
| 陶质百分比 | | | 75.2% | | | | 24.8% | | | | 621 | |

**附表一一　新石器时期G1第8层陶片器形纹饰统计表**　　单位：件

| 陶质 | | | 夹砂陶 | | | 小计 | 百分比 | 泥质陶 | | | 小计 | 百分比 |
|---|---|---|---|---|---|---|---|---|---|---|---|---|
| 陶色 | | | 红色 | 红褐色 | 灰色 | | | 红色 | 灰色 | 黑色 | | |
| 口沿 | 可辨器形 | 罐口 | | | 1 | 1 | 100% | | | | | |
| | | 小计 | 1 | | | | 100% | | | | | |
| 非口沿 | 可辨器形 | 鼎足 | | | | | | | 1 | | 1 | |
| | | 鬶足 | | | | | | 2 | | | 2 | |
| | | 把手 | 1 | | | 1 | | | | | | |
| | 腹片 | | 14 | 35 | 1 | 48 | | 20 | 23 | 2 | 47 | |
| 纹饰 | 素面 | | 15 | 35 | 2 | 52 | 100% | 22 | 24 | 2 | 48 | 100% |
| 陶色小计 | | | 15 | 35 | 2 | | | 22 | 24 | 2 | | |
| 陶色百分比 | | | 28.8% | 67.3% | 3.8% | | | 45.8% | 50% | 4.2% | 总计 | |
| 陶质合计 | | | 52 | | | | | 48 | | | | |
| 陶质百分比 | | | 52% | | | | | 48% | | | 100 | |

**附表一二　新石器时期G1第9层陶片器形纹饰统计表**　　单位：件

| 陶质 | | | 夹砂陶 | 小计 | 百分比 | 泥质陶 | | 小计 | 百分比 |
|---|---|---|---|---|---|---|---|---|---|
| 陶色 | | | 红色 | | | 灰色 | 黑色 | | |
| 口沿 | 可辨器形 | 豆盘 | | | | 10 | | 10 | 71.4% |
| | | 罐口 | | | | 2 | | 2 | 14.3% |
| | | 贯耳壶 | | | | 1 | 1 | 2 | 14.3% |
| | | 小计 | | | | 14 | | | 100% |
| 非口沿 | 可辨器形 | 圈足 | | | | 2 | 1 | 3 | |
| | 腹片 | | 5 | 5 | | 79 | 6 | 85 | |
| 纹饰 | 镂孔 | | | | | 2 | | 2 | 2% |
| | 素面 | | 5 | 5 | 100% | 92 | 8 | 100 | 98% |
| 陶色小计 | | | 5 | | | 94 | 8 | 总计 | |
| 陶色百分比 | | | 100% | | | 92.2% | 7.8% | | |
| 陶质合计 | | | 5 | | | 102 | | | |
| 陶质百分比 | | | 4.7% | | | 95.3% | | 107 | |

附表一三　西周时期陶片器形纹饰统计表

单位：件

| 陶质 | | | 夹砂陶 | | | | | | | | 泥质陶 | | | | | | | | | 硬陶 | | | | 原始瓷 | | |
|---|---|---|---|---|---|---|---|---|---|---|---|---|---|---|---|---|---|---|---|---|---|---|---|---|---|---|
| 陶色 | | | 红色 | 红褐色 | 红衣 | 灰褐色 | 黑褐色 | 黑皮 | 小计 | 百分比 | 红色 | 红褐色 | 灰色 | 灰褐色 | 黑色 | 黑褐色 | 黑皮 | 小计 | 百分比 | 灰色 | 灰褐色 | 小计 | 百分比 | 原始瓷 | 小计 | 百分比 |
| 口沿 | 可辨器形 | 鬲口 | 22 | 308 | | | 16 | 2 | 348 | 31.0% | | | | | | | | | | | | | | | | |
| | | 甗口 | 21 | 157 | | | 6 | 1 | 185 | 16.5% | | | | | | | | | | | | | | | | |
| | | 鼎口 | 1 | 2 | | | | | 3 | 0.3% | | | | | | | | | | | | | | | | |
| | | 盆口 | 4 | 12 | | 2 | | | 18 | 1.6% | 7 | 3 | 15 | | | 1 | | 26 | 11.0% | | | | | | | |
| | | 豆盘 | 6 | 13 | | | 1 | | 20 | 1.8% | 8 | | 62 | | 21 | 8 | | 99 | 41.9% | 6 | | 6 | 28.6% | 1 | 1 | 100% |
| | | 罐口 | 75 | 180 | | | 10 | 5 | 270 | 24.0% | 28 | 2 | 22 | 2 | 7 | | | 61 | 25.8% | 10 | | 10 | 47.6% | | | |
| | | 瓿口 | | | | | | | | | | | | | | | | | | 2 | | 2 | 9.5% | | | |
| | | 钵口 | 17 | 111 | | | 3 | 1 | 132 | 11.8% | 5 | 6 | 4 | 1 | 7 | | | 23 | 9.7% | | | | | | | |
| | | 盘口 | | 5 | | | 2 | 1 | 8 | 0.7% | 1 | | 3 | 1 | 1 | | | 6 | 2.5% | 1 | | 1 | 4.8% | | | |
| | | 圈足盘 | | 5 | | | 3 | | 8 | 0.7% | | | 6 | | 5 | | | 11 | 4.7% | | | | | | | |
| | | 缸口 | 2 | 10 | | | | | 12 | 1.1% | | | | | | | | | | | | | | | | |
| | | 灶口 | | 1 | | | | | 1 | 0.1% | | | | | | | | | | | | | | | | |
| | | 杯口 | 1 | 10 | | | | | 11 | 1.0% | 1 | | | | | | | 1 | 0.4% | 1 | | 1 | 4.8% | | | |
| | | 碗 | | 2 | | | | | 2 | 0.2% | | | | | | | | | | 1 | | 1 | 4.8% | | | |
| | | 器盖 | 5 | 11 | | | | | 16 | 1.4% | 1 | | 3 | | | | | 4 | 1.7% | | | | | | | |
| | | 饼 | 31 | 39 | | | 15 | | 85 | 7.6% | | | | | | | | | | | | | | | | |
| | | 鬲足模 | | | | | | | | | | | | | 1 | | | 1 | 0.4% | | | | | | | |
| | | 拍 | | 1 | | | 1 | | 2 | 0.2% | | | | | | | | | | | | | | | | |
| | | 三足盘 | | 1 | | | | | 1 | 0.1% | | | | | | | | | | | | | | | | |

续表

| 陶质 | | | 夹砂陶 | | | | | | 小计 | 百分比 | 泥质陶 | | | | | | | 小计 | 百分比 | 硬陶 | | 小计 | 百分比 | 原始瓷 | 小计 | 百分比 |
|---|---|---|---|---|---|---|---|---|---|---|---|---|---|---|---|---|---|---|---|---|---|---|---|---|---|---|
| 陶色 | | | 红色 | 红褐色 | 红衣 | 灰褐色 | 黑褐色 | 黑皮 | | | 红色 | 红褐色 | 灰色 | 灰褐色 | 黑色 | 黑褐色 | 黑皮 | | | 灰色 | 灰褐色 | | | | | |
| 口沿 | 可辨器形 | 圆支座 | | 1 | | | | | 1 | 0.1% | | | | | | | | | | | | | | | | |
| | | 纺轮 | | | | | | | | | | | | 2 | 1 | 1 | | 4 | 1.7% | | | | | | | |
| | | 小计 | 1123 | | | | | | | 100% | 236 | | | | | | | | 100% | 21 | | | 100% | 1 | | 100% |
| | 不可辨器形 | | 371 | 3691 | 88 | | 256 | | 4406 | | 93 | 3 | 61 | 12 | 14 | 44 | | 227 | | | | | | | | |
| 非口沿 | 可辨器形 | 鬲足 | 120 | 2069 | 8 | | 9 | | 2206 | | | | | | | | | | | | | | | | | |
| | | 甗腰 | 123 | 375 | 2 | | 9 | | 509 | | | | | | | | | | | | | | | | | |
| | | 鼎足 | 5 | 85 | | | 1 | | 91 | | | | 4 | | 1 | | | 5 | | | | | | | | |
| | | 器底 | 138 | 686 | 22 | | 28 | | 874 | | 10 | | 40 | 2 | 10 | 53 | | 115 | | | | | | 1 | 1 | |
| | | 圈足 | 14 | 54 | | | 1 | | 69 | | 2 | | 78 | 4 | 7 | 39 | | 130 | | 1 | | 1 | | | | |
| | | 把手 | | 2 | | | | | 2 | | | | | | | | | | | | | | | | | |
| | 腹片 | | 4792 | 27381 | 279 | | 2036 | 61 | 34549 | | 767 | 117 | 906 | 201 | 257 | 1065 | 1 | 3314 | | 176 | 8 | 184 | | 3 | 3 | |
| 纹饰 | 捺窝 | | 48 | 86 | | | 4 | | 138 | 0.3% | | | | | | | | | | | | | | | | |
| | 镂孔 | | 1 | | | | | | 1 | 0.0% | | | 1 | | | | | 1 | 0.0% | | | | | | | |
| | 附加堆纹 | | | 2 | | | | | 2 | 0.0% | | | 2 | 1 | | 1 | | 4 | 0.1% | 2 | | 2 | 1.0% | | | |
| | 刻划纹 | | 3 | 5 | | | | 1 | 9 | 0.0% | 2 | | 2 | | 1 | 2 | | 7 | 0.2% | | | | | | | |
| | 弦纹 | | | 3 | | | 2 | | 5 | 0.0% | 10 | | 24 | 5 | 12 | 35 | | 86 | 2.1% | 7 | 1 | 8 | 3.9% | | | |
| | 绳纹 | | 8 | 23 | 4 | | 24 | 5 | 64 | 0.1% | 246 | 26 | 227 | 89 | 167 | 242 | | 997 | 24.8% | | | | | | | |
| | 方格纹 | | 1 | 1 | | | | | 2 | 0.0% | 11 | | 18 | 6 | 17 | 28 | | 80 | 2.0% | 12 | | 12 | 5.8% | | | |
| | 回纹 | | | | | | | | | | | | 1 | 11 | | | | | | 23 | 3 | 26 | 12.6% | | | |
| | 席纹 | | | | | | | | | | 7 | | 2 | | | | | 9 | 0.2% | 4 | | 4 | 1.9% | | | |
| | 雷纹 | | 1 | 2 | | | | | 3 | 0.0% | 2 | | 1 | | | | | 3 | 0.1% | 6 | | 6 | 2.9% | | | |

续表

| 陶质 | | 夹砂陶 | | | | | | | | 泥质陶 | | | | | | | | | 硬陶 | | | | 原始瓷 | | |
|---|---|---|---|---|---|---|---|---|---|---|---|---|---|---|---|---|---|---|---|---|---|---|---|---|---|
| 陶色 | | 红色 | 红褐色 | 红衣 | 灰褐色 | 黑褐色 | 黑皮 | 小计 | 百分比 | 红色 | 红褐色 | 灰色 | 灰褐色 | 黑色 | 黑褐色 | 黑皮 | 小计 | 百分比 | 灰色 | 灰褐色 | 小计 | 百分比 | 原始瓷 | 小计 | 百分比 |
| 纹饰 | 菱形纹 | | | | | | | | | 1 | | | | | | | | | 3 | | 3 | 1.5% | | | |
| | 套菱纹 | | | | | | | | | | | 1 | | 1 | | | 2 | 0.0% | 7 | 1 | 8 | 3.9% | | | |
| | 菱形填线纹 | | | | | | | | | | | | | | | | | | 2 | | 2 | 1.0% | | | |
| | 折线纹 | | | | | | | | | | | 8 | | | | 1 | 8 | 0.2% | 1 | | 1 | 0.5% | | | |
| | 梯格纹 | 1 | 2 | 1 | | 1 | | 5 | 0.0% | 78 | 8 | 9 | | 10 | | | 105 | 2.6% | 4 | | 4 | 1.9% | | | |
| | 叶脉纹 | | | | | | | | | 3 | | 3 | | | | | 6 | 0.1% | 5 | | 5 | 2.4% | | | |
| | 水波纹 | | | | | | | | | | | 2 | | | | | 2 | 0.0% | | | | | | | |
| | 变形鸟纹 | | | | | | | | | 2 | | 1 | | | | | 3 | 0.1% | | | | | | | |
| | 弦纹与绳纹组合 | | | | | | | | | 34 | | | 1 | 1 | 2 | | 38 | 0.9% | | | | | | | |
| | 弦纹与叶脉纹组合 | | | | | | | | | 1 | | | | | | | 1 | 0.0% | | | | | | | |
| | 方格纹与折线纹组合 | | | | | | | | | | 1 | | | | | | 1 | 0.0% | 1 | | 1 | 0.5% | | | |
| | 方格纹与饕餮纹组合 | | | | | | | | | | | 1 | | | | | 1 | 0.0% | | | | | | | |
| | 回纹与折线纹组合 | | | | | | | | | | | | | | | | | | 9 | | 9 | 4.4% | | | |

续表

| 陶质 | | 夹砂陶 | | | | | | 小计 | 百分比 | 泥质陶 | | | | | | | 小计 | 百分比 | 硬陶 | | 小计 | 百分比 | 原始瓷 | 小计 | 百分比 |
|---|---|---|---|---|---|---|---|---|---|---|---|---|---|---|---|---|---|---|---|---|---|---|---|---|---|
| 陶色 | | 红色 | 红褐色 | 红衣 | 灰褐色 | 黑褐色 | 黑皮 | | | 红色 | 红褐色 | 灰色 | 灰褐色 | 黑色 | 黑褐色 | 黑皮 | | | 灰色 | 灰褐色 | | | | | |
| 纹饰 | 席纹与菱形填线纹组合 | | | | | | | | | | | | | | | | | | 1 | | | | | | |
| | 叶脉纹与折线纹组合 | | | | | | | | | | | 1 | | | | | 1 | 0.0% | | 1 | 1 | 0.5% | | | |
| | 素面 | 5685 | 35088 | 394 | 2 | 2366 | 65 | 43600 | 99.5% | 526 | 96 | 900 | 112 | 123 | 901 | | 2658 | 66.0% | 111 | 2 | 113 | 54.9% | 5 | 5 | 100% |
| 陶色小计 | | 5748 | 35212 | 399 | 2 | 2397 | 71 | | | 923 | 131 | 1204 | 225 | 332 | 1211 | 1 | | | 198 | 8 | | | 5 | 总计 | |
| 陶色百分比 | | 13.1% | 80.3% | 0.9% | 0.0% | 5.5% | 0.2% | | | 22.92% | 3.3% | 29.9% | 5.6% | 8.2% | 30.1% | 0.0% | | | 96.1% | 3.9% | | | 100% | | |
| 陶质合计 | | 43829 | | | | | | | | 4027 | | | | | | | | | 206 | | | | 5 | | |
| 陶质百分比 | | 91.2% | | | | | | | | 8.4% | | | | | | | | | 0.4% | | | | 0.0% | 48067 | |

附表一四 西周时期第3B层陶片器形纹饰统计表

单位：件

| 陶质 | | | 夹砂陶 | | | | | 小计 | 百分比 | 泥质陶 | | | | | | 小计 | 百分比 | 硬陶 | | 小计 | 百分比 |
|---|---|---|---|---|---|---|---|---|---|---|---|---|---|---|---|---|---|---|---|---|---|
| 陶色 | | | 红色 | 红褐色 | 灰褐色 | 黑褐色 | 黑皮 | | | 红色 | 红褐色 | 灰色 | 灰褐色 | 黑褐色 | 黑皮 | | | 灰色 | 灰褐色 | | |
| 口沿 | 可辨器形 | 鬲口 | | 1 | | 1 | | 2 | 6.5% | | | | | | | | | | | | |
| 口沿 | 可辨器形 | 甗口 | | 2 | | | | 2 | 6.5% | | | | | | | | | | | | |
| 口沿 | 可辨器形 | 盆口 | | | 2 | | | 2 | 6.5% | | | | | | | | | | | | |
| 口沿 | 可辨器形 | 豆盘 | | 10 | | | | 10 | 32.3% | | | 10 | | | | 10 | 66.7% | | | | |
| 口沿 | 可辨器形 | 罐口 | 1 | 7 | | | | 8 | 25.8% | 1 | 1 | 1 | 2 | | | 5 | 33.3% | | | | |
| 口沿 | 可辨器形 | 钵口 | | 3 | | | | 3 | 9.7% | | | | | | | | | | | | |
| 口沿 | 可辨器形 | 缸口 | | 2 | | | | 2 | 6.5% | | | | | | | | | | | | |
| 口沿 | 可辨器形 | 盖 | | 1 | | | | 1 | 3.2% | | | | | | | | | | | | |
| 口沿 | 可辨器形 | 杯 | | 1 | | | | 1 | 3.2% | | | | | | | | | | | | |
| 口沿 | 可辨器形 | 小计 | 31 | | | | | | 100% | 15 | | | | | | | 100% | | | | |
| 口沿 | 不可辨器形 | | 6 | 32 | | 2 | | 40 | | 2 | | | | | | 2 | | | | | |
| 非口沿 | 可辨器形 | 鬲足 | | 30 | | | | 30 | | | | | | | | | | | | | |
| 非口沿 | 可辨器形 | 甗腰 | | 6 | | | | 6 | | | | | | | | | | | | | |
| 非口沿 | 可辨器形 | 鼎足 | | 40 | | | | 40 | | | | | | | | | | | | | |
| 非口沿 | 可辨器形 | 器底 | 1 | 7 | | | | 8 | | | | 1 | | | | 1 | | | | | |
| 非口沿 | 可辨器形 | 圈足 | | 12 | | | | 12 | | | | 14 | | | | 14 | | | | | |
| 非口沿 | 可辨器形 | 把手 | | 1 | | | | 1 | | | | | | | | | | | | | |
| 非口沿 | 腹片 | | 143 | 775 | | 74 | 3 | 995 | | 19 | | 131 | | 29 | 1 | 180 | | 2 | 8 | 10 | |

续表

| 陶质 | | 夹砂陶 | | | | | 小计 | 百分比 | 泥质陶 | | | | | | 小计 | 百分比 | 硬陶 | | 小计 | 百分比 |
|---|---|---|---|---|---|---|---|---|---|---|---|---|---|---|---|---|---|---|---|---|
| 陶色 | | 红色 | 红褐色 | 灰褐色 | 黑褐色 | 黑皮 | | | 红色 | 红褐色 | 灰色 | 灰褐色 | 黑褐色 | 黑皮 | | | 灰色 | 灰褐色 | | |
| 纹饰 | 捺窝 | 1 | | | | | 1 | 0.1% | | | | | | | | | | | | |
| | 弦纹 | | | | | | | | 1 | | 2 | | | | 3 | 1.4% | | 1 | 1 | 10% |
| | 绳纹 | | | | 2 | 3 | 5 | 0.4% | | | 3 | | | | 3 | 1.4% | | | | |
| | 方格纹 | | | | | | | | | | 1 | | 1 | | 2 | 0.9% | | | | |
| | 回纹 | | | | | | | | | | | | | | | | 1 | 3 | 4 | 40% |
| | 套菱纹 | | | | | | | | | | | | | | | | | 1 | 1 | 10% |
| | 折线纹 | | | | | | | | | | | | | 1 | 1 | 0.5% | 1 | | 1 | 10% |
| | 叶脉纹和折线纹组合 | | | | | | | | | | | | | | | | | 1 | 1 | 10% |
| | 素面 | 150 | 930 | 2 | 75 | | 1157 | 99.5% | 21 | 1 | 151 | 2 | 28 | | 203 | 95.8% | | 2 | 2 | 20% |
| 陶色小计 | | 151 | 930 | 2 | 77 | 3 | | | 22 | 1 | 157 | 2 | 29 | 1 | | | 2 | 8 | 总计 | |
| 陶色百分比 | | 13% | 80% | 0.17% | 6.6% | 0.3% | | | 10.4% | 0.5% | 74.1% | 0.9% | 13.7% | 0.47% | | | 20% | 80% | | |
| 陶质合计 | | 1163 | | | | | | | 212 | | | | | | | | 10 | | 1385 | |
| 陶质百分比 | | 84% | | | | | | | 15.3% | | | | | | | | 0.7% | | | |

附表一五　西周时期G2第1层陶片器形纹饰统计表

单位：件

| 陶质 | | | 夹砂陶 | | | | | 小计 | 百分比 | 泥质陶 | | | | | | 小计 | 百分比 | 硬陶 | 小计 | 百分比 | 原始瓷 | 小计 | 百分比 |
|---|---|---|---|---|---|---|---|---|---|---|---|---|---|---|---|---|---|---|---|---|---|---|---|
| 陶色 | | | 红色 | 红褐色 | 红衣 | 黑褐色 | 黑皮 | | | 红色 | 红褐色 | 灰色 | 灰褐色 | 黑色 | 黑褐色 | | | 灰色 | | | | | |
| 口沿 | 可辨器形 | 鬲口 | 15 | 202 | | 6 | | 223 | 28.2% | | | | | | | | | | | | | | |
| | | 甗口 | 16 | 116 | | 5 | 1 | 138 | 17.4% | | | | | | | | | | | | | | |
| | | 鼎口 | 1 | 2 | | | | 3 | 0.4% | | | | | | | | | | | | | | |
| | | 盆口 | 3 | 6 | | | | 9 | 1.1% | | | 15 | | | | 15 | 10.3% | | | | | | |
| | | 豆盘 | 5 | 2 | | 1 | | 8 | 1.0% | 8 | | 44 | | 18 | 6 | 76 | 52.4% | 3 | 3 | 37.5% | 1 | 1 | 100% |
| | | 罐口 | 62 | 128 | | 7 | 4 | 201 | 25.4% | 9 | 1 | 7 | | 3 | | 20 | 13.8% | 5 | 5 | 62.5% | | | |
| | | 钵口 | 17 | 75 | | 2 | | 94 | 11.9% | 3 | 5 | 3 | 1 | 6 | | 18 | 12.4% | | | | | | |
| | | 盘口 | | 4 | | 1 | 1 | 6 | 0.8% | | | 1 | | | | 1 | 0.7% | | | | | | |
| | | 圈足盘 | | 3 | | 2 | | 5 | 0.6% | | 1 | 4 | | 4 | | 9 | 6.2% | | | | | | |
| | | 缸口 | 2 | 7 | | | | 9 | 1.1% | | | | | | | | | | | | | | |
| | | 灶口 | | 1 | | | | 1 | 0.1% | | | | | | | | | | | | | | |
| | | 杯口 | 1 | 5 | | | | 6 | 0.8% | 1 | | | | | | 1 | 0.7% | | | | | | |
| | | 碗 | | 2 | | | | 2 | 0.3% | | | | | | | | | | | | | | |
| | | 器盖 | 4 | 7 | | | | 11 | 1.4% | 1 | | 3 | | | | 4 | 2.8% | | | | | | |
| | | 饼 | 28 | 31 | | 13 | | 72 | 9.1% | | | | | | | | | | | | | | |
| | | 鬲足模 | | | | | | | | | | | | 1 | | 1 | 0.7% | | | | | | |
| | | 拍 | | 1 | | 1 | | 2 | 0.3% | | | | | | | | | | | | | | |
| | | 圆支座 | | 1 | | | | 1 | 0.1% | | | | | | | | | | | | | | |
| | | 纺轮 | | | | | | | | | | | 2 | 1 | | 3 | 2.1% | | | | | | |
| | | 小计 | 791 | | | | | | 100% | 145 | | | | | | | 100% | 8 | | 100% | 1 | | 100% |
| | 不可辨器形 | | 285 | 3298 | 44 | 209 | | 3836 | | 66 | 3 | 44 | | 10 | 39 | 162 | | | | | | | |

续表

| 陶质 | | | 夹砂陶 | | | | | 小计 | 百分比 | 泥质陶 | | | | | | 小计 | 百分比 | 硬陶 | 小计 | 百分比 | 原始瓷 | 小计 | 百分比 |
|---|---|---|---|---|---|---|---|---|---|---|---|---|---|---|---|---|---|---|---|---|---|---|---|
| 陶色 | | | 红色 | 红褐色 | 红衣 | 黑褐色 | 黑皮 | | | 红色 | 红褐色 | 灰色 | 灰褐色 | 黑色 | 黑褐色 | | | 灰色 | | | | | |
| 非口沿 | 可辨器形 | 鬲足 | 93 | 1650 | 8 | 9 | | 1760 | | | | | | | | 0 | | | | | | | |
| | | 甗腰 | 98 | 229 | 2 | | | 329 | | | | | | | | | | | | | | | |
| | | 鼎足 | 5 | 20 | | | | 25 | | | | 4 | | 1 | | 5 | | | | | | | |
| | | 器底 | 103 | 531 | 19 | 25 | | 678 | | 6 | | 24 | | 6 | 49 | 85 | | | | | | | |
| | | 圈足 | 11 | 20 | | | | 31 | | | | 43 | | 2 | 33 | 78 | | | | | | | |
| | 腹片 | | 3527 | 19690 | 275 | 1166 | 46 | 24704 | | 332 | 117 | 493 | | 180 | 843 | 1965 | | 99 | 99 | | 3 | 3 | |
| 纹饰 | 捺窝 | | 20 | 53 | | 2 | | 75 | 0.2% | | | | | | | | | | | | | | |
| | 镂孔 | | | | | | | | | | | 1 | | | | 1 | 0.0% | | | | | | |
| | 附加堆纹 | | | 2 | | | | 2 | 0.0% | | | 1 | | | | 1 | 0.0% | 2 | 2 | 1.9% | | | |
| | 刻划纹 | | | 1 | | | | 1 | 0.0% | 1 | | 1 | | | 1 | 3 | 0.1% | | | | | | |
| | 弦纹 | | | 2 | | 2 | | 4 | 0.0% | 2 | | 16 | | 10 | 30 | 58 | 2.4% | | | | | | |
| | 绳纹 | | 3 | 6 | | 16 | | 25 | 0.1% | 111 | 26 | 148 | | 139 | 180 | 604 | 24.7% | | | | | | |
| | 方格纹 | | 1 | | | | | 1 | 0.0% | 2 | | 12 | | 14 | 17 | 45 | 1.8% | 3 | 3 | 2.8% | | | |
| | 回纹 | | | | | | | | | | | | | | | | | 13 | 13 | 12.1% | | | |
| | 席纹 | | | | | | | | | 1 | | 2 | | | | 3 | 0.1% | 2 | 2 | 1.9% | | | |
| | 雷纹 | | 1 | | | | | 1 | 0.0% | | | | | | | | | 3 | 3 | 2.8% | | | |
| | 菱形纹 | | | | | | | | | | | | | | | | | 1 | 1 | 0.9% | | | |
| | 套菱纹 | | | | | | | | | | | | | 1 | | 1 | 0.0% | 3 | 3 | 2.8% | | | |
| | 折线纹 | | | | | | | | | | | 8 | | | | 8 | 0.3% | | | | | | |
| | 梯格纹 | | | | | 1 | | 1 | 0.0% | 18 | 8 | 3 | | 4 | | 33 | 1.4% | 3 | 3 | 2.8% | | | |
| | 叶脉纹 | | | | | | | | | 2 | | | | | | 2 | 0.1% | 1 | 1 | 0.9% | | | |
| | 水波纹 | | | | | | | | | | | 2 | | | | 2 | 0.1% | | | | | | |

续表

| 陶质 | | 夹砂陶 | | | | | 小计 | 百分比 | 泥质陶 | | | | | | 小计 | 百分比 | 硬陶 | 小计 | 百分比 | 原始瓷 | 小计 | 百分比 |
|---|---|---|---|---|---|---|---|---|---|---|---|---|---|---|---|---|---|---|---|---|---|---|
| 陶色 | | 红色 | 红褐色 | 红衣 | 黑褐色 | 黑皮 | | | 红色 | 红褐色 | 灰色 | 灰褐色 | 黑色 | 黑褐色 | | | 灰色 | | | | | |
| 纹饰 | 方格纹与折线纹组合 | | | | | | | | | 1 | | | | | 1 | 0.0% | 1 | 1 | 0.9% | | | |
| | 回纹与折线纹组合 | | | | | | | | | | | | | | | | 8 | 8 | 7.5% | | | |
| | 叶脉纹与折线纹组合 | | | | | | | | | | 1 | | | | 1 | 0.0% | | | | | | |
| | 素面 | 4251 | 25967 | 348 | 1426 | 52 | 32044 | 99.7% | 289 | 92 | 490 | 3 | 64 | 742 | 1680 | 68.8% | 67 | 67 | 62.6% | 4 | 4 | 100% |
| 陶色小计 | | 4276 | 26031 | 348 | 1447 | 52 | | | 426 | 127 | 685 | 3 | 232 | 970 | | | 107 | | | 4 | 总计 | |
| 陶色百分比 | | 13.3% | 81.0% | 1.1% | 4.5% | 0.16% | | | 17.44% | 5.2% | 28.0% | 0.1% | 9.5% | 39.7% | | | 100% | | | 100% | | |
| 陶质合计 | | 32154 | | | | | | | 2443 | | | | | | | | 107 | | | 4 | | |
| 陶质百分比 | | 92.64% | | | | | | | 7.04% | | | | | | | | 0.31% | | | 0.01% | 34708 | |

**附表一六　西周时期G2第2层陶片器形纹饰统计表**　　　　单位：件

| 陶质 | | | 夹砂陶 | | | | 小计 | 百分比 | 泥质陶 | | | 小计 | 百分比 | 硬陶 | 小计 | 百分比 |
|---|---|---|---|---|---|---|---|---|---|---|---|---|---|---|---|---|
| 陶色 | | | 红色 | 红褐色 | 黑褐色 | 红衣 | | | 红色 | 灰色 | 黑褐色 | | | 灰色 | | |
| 口沿 | 可辨器形 | 鬲口 | | 9 | 1 | | 10 | 50% | | | | | | | | |
| | | 甗口 | | 2 | | | 2 | 10% | | | | | | | | |
| | | 盆口 | | 1 | | | 1 | 5% | | | | | | | | |
| | | 罐口 | 1 | 3 | 1 | | 5 | 25% | 6 | 9 | | 15 | 88.2% | | | |
| | | 钵口 | | 2 | | | 2 | 10% | 2 | | | 2 | 11.8% | | | |
| | | 盘口 | | | | | | | 1 | 2 | | 3 | 17.6% | | | |
| | | 小计 | 20 | | | | | 100% | 17 | | | | 100% | | | |
| | 不可辨器形 | | | 21 | 5 | | 26 | | 4 | 2 | | 6 | | | | |
| 非口沿 | 可辨器形 | 鬲足 | | 50 | | | 50 | | | | | | | | | |
| | | 甗腰 | 2 | 12 | | | 14 | | | | | | | | | |
| | | 圈足 | | | | | | | | 8 | | 8 | | | | |
| | | 器底 | 3 | 13 | | 2 | 18 | | 1 | 4 | | 5 | | | | |
| | 腹片 | | | 406 | 89 | | 495 | | 61 | 22 | 25 | 108 | | 2 | 2 | |
| 纹饰 | 捺窝 | | | 6 | | | 6 | 1% | | | | | | | | |
| | 弦纹 | | | | | | | | 2 | 2 | | 4 | 2.7% | 1 | 1 | 50% |
| | 绳纹 | | | 2 | | | 2 | 0.3% | 31 | 5 | 15 | 51 | 34.7% | | | |
| | 方格纹 | | | | | | | | | 2 | | 2 | 1.4% | | | |
| | 回纹 | | | | | | | | | | | | | 1 | 1 | 50% |
| | 雷纹 | | | | | | | | 1 | | | 1 | 0.7% | | | |
| | 菱形纹 | | | | | | | | 1 | | | 1 | 0.7% | | | |
| | 梯格纹 | | | | | | | | 6 | | | 6 | 4.1% | | | |
| | 弦纹与绳纹组合 | | | | | | | | 1 | | | 1 | 0.7% | | | |
| | 素面 | | 6 | 511 | 96 | 2 | 615 | 98.7% | 33 | 38 | 10 | 81 | 55.1% | | | |
| 陶色小计 | | | 6 | 519 | 96 | 2 | | | 75 | 47 | 25 | | | 2 | 总计 | |
| 陶色百分比 | | | 1% | 83.3% | 15.4% | 0.3% | | | 51% | 32% | 17% | | | 100% | | |
| 陶质合计 | | | 623 | | | | | | 147 | | | | | 2 | 772 | |
| 陶质百分比 | | | 80.7% | | | | | | 19% | | | | | 0.3% | | |

附表一七　西周时期G2第3层陶片器形纹饰统计表

单位：件

| 陶质 | | | 夹砂陶 | | | 小计 | 百分比 | 泥质陶 | | | | | 小计 | 百分比 | 硬陶 | 小计 | 百分比 |
|---|---|---|---|---|---|---|---|---|---|---|---|---|---|---|---|---|---|
| 陶色 | | | 红色 | 红褐色 | 黑褐色 | | | 红色 | 红褐色 | 灰色 | 黑色 | 黑褐色 | | | 灰色 | | |
| 口沿 | 可辨器形 | 鬲口 | | 14 | | 14 | 41.2% | | | | | | | | | | |
| | | 甗口 | | 5 | | 5 | 14.7% | | | | | | | | | | |
| | | 盆口 | | 2 | | 2 | 5.9% | | 1 | | | 1 | 2 | 40% | | | |
| | | 豆盘 | | | | | | | | 1 | | | 1 | 20% | | | |
| | | 罐口 | 1 | 4 | | 5 | 14.7% | | | | | | | | 1 | 1 | 33.3% |
| | | 瓿口 | | | | | | | | | | | | | 1 | 1 | 33.3% |
| | | 钵口 | | | 1 | 1 | 2.9% | | | | | | | | | | |
| | | 盘口 | | 1 | 1 | 2 | 5.9% | | | | | | | | | | |
| | | 圈足盘 | | 1 | 1 | 2 | 5.9% | | | 1 | 1 | | 2 | 40% | | | |
| | | 杯口 | | | | | | | | | | | | | 1 | 1 | 33.3% |
| | | 器盖 | 1 | | | 1 | 2.9% | | | | | | | | | | |
| | | 饼 | | 1 | 1 | 2 | 5.9% | | | | | | | | | | |
| | | 小计 | 34 | | | | 100% | 5 | | | | | | 100% | 3 | | 100% |
| | 不可辨器形 | | 5 | 21 | 5 | 31 | | 3 | | 4 | | | 7 | | | | |
| 非口沿 | 可辨器形 | 鬲足 | | 30 | | 30 | | | | | | | | | | | |
| | | 甗腰 | 3 | 14 | 1 | 18 | | | | | | | 0 | | | | |
| | | 鼎足 | | 4 | | 4 | | | | | | | | | | | |
| | | 器底 | 3 | 5 | | 8 | | | | 3 | | 4 | 7 | | | | |
| | | 圈足 | 1 | 4 | | 5 | | | | 1 | | | 1 | | | | |
| | 腹片 | | 57 | 468 | 80 | 605 | | 49 | | 42 | | 22 | 113 | | 12 | 12 | |

续表

| 陶质 | | 夹砂陶 | | | 小计 | 百分比 | 泥质陶 | | | | | 小计 | 百分比 | 硬陶 | 小计 | 百分比 |
|---|---|---|---|---|---|---|---|---|---|---|---|---|---|---|---|---|
| 陶色 | | 红色 | 红褐色 | 黑褐色 | | | 红色 | 红褐色 | 灰色 | 黑色 | 黑褐色 | | | 灰色 | | |
| 纹饰 | 捺窝 | | 8 | 1 | 9 | 1.2% | | | | | | | | | | |
| | 镂孔 | 1 | | | 1 | 0.1% | | | | | | | | | | |
| | 附加堆 | | | | | | | | 1 | | | 1 | 0.8% | | | |
| | 刻划纹 | | | | | | | | 1 | | | 1 | 0.8% | | | |
| | 弦纹 | | | | | | 1 | | 1 | | 1 | 3 | 2.3% | 2 | 2 | 13.3% |
| | 绳纹 | | | | | | 19 | | | | 2 | 21 | 15.8% | | | |
| | 回纹 | | | | | | | | | | | | | 1 | 1 | 6.7% |
| | 雷纹 | | | | | | 1 | | | | | 1 | 0.8% | | | |
| | 套菱纹 | | | | | | | | | | | | | 4 | 4 | 26.7% |
| | 梯格纹 | | | | | | 4 | | | | | 4 | 3.0% | | | |
| | 梯格纹与折线纹组合 | 1 | | | 1 | 0.1% | | | | | | | | | | |
| | 素面 | 69 | 566 | 89 | 724 | 98.5% | 27 | 1 | 49 | 1 | 24 | 102 | 76.7% | 8 | 8 | 53.3% |
| 陶色小计 | | 71 | 574 | 90 | | | 52 | 1 | 52 | 1 | 27 | | | 15 | 总计 | |
| 陶色百分比 | | 9.7% | 78.1% | 12.2% | | | 39.1% | 0.8% | 39.1% | 0.8% | 20.3% | | | 100% | | |
| 陶质合计 | | 735 | | | | | 133 | | | | | | | 15 | | |
| 陶质百分比 | | 83.24% | | | | | 15.06% | | | | | | | 1.70% | 883 | |

**附表一八 西周时期G2第4层陶片器形纹饰统计表**

单位：件

| 陶质 | | | 夹砂陶 | | | | | 小计 | 百分比 | 泥质陶 | | | | | | 小计 | 百分比 | 硬陶 | 小计 | 百分比 |
|---|---|---|---|---|---|---|---|---|---|---|---|---|---|---|---|---|---|---|---|---|
| 陶色 | | | 红色 | 红褐色 | 红衣 | 黑褐色 | 黑衣 | | | 红色 | 红褐色 | 灰色 | 灰褐 | 黑色 | 黑褐色 | | | 灰色 | | |
| 口沿 | 可辨器形 | 鬲口 | 6 | 68 | | 5 | 2 | 81 | 39.3% | | | | | | | | | | | |
| 口沿 | 可辨器形 | 甗口 | 5 | 27 | | | | 32 | 15.5% | | | | | | | | | | | |
| 口沿 | 可辨器形 | 盆口 | 1 | 3 | | | | 4 | 1.9% | 7 | 2 | | | | | 9 | 23.7% | | | |
| 口沿 | 可辨器形 | 豆盘 | 1 | 1 | | | | 2 | 1% | | | 5 | | | 2 | 7 | 18.4% | 2 | 2 | 22.2% |
| 口沿 | 可辨器形 | 罐口 | 8 | 31 | | 2 | 1 | 42 | 20.4% | 9 | | 5 | | 3 | | 17 | 44.7% | 4 | 4 | 44.4% |
| 口沿 | 可辨器形 | 瓿口 | | | | | | | | | | | | | | | | 1 | 1 | 11.1% |
| 口沿 | 可辨器形 | 钵口 | | 31 | | | 1 | 32 | 15.5% | | 1 | | | 1 | | 2 | 5.3% | | | |
| 口沿 | 可辨器形 | 盘口 | | | | | | | | | | | | 1 | | 1 | 2.6% | 1 | 1 | 11.1% |
| 口沿 | 可辨器形 | 圈足盘 | | 1 | | | | 1 | 0.5% | | | 1 | | | | 1 | 2.6% | | | |
| 口沿 | 可辨器形 | 杯 | | 2 | | | | 2 | 1% | | | | | | | | | | | |
| 口沿 | 可辨器形 | 碗 | | | | | | | | | | | | | | | | 1 | 1 | 11.1% |
| 口沿 | 可辨器形 | 器盖 | | 3 | | | | 3 | 1.5% | | | | | | | | | | | |
| 口沿 | 可辨器形 | 饼 | 2 | 4 | | 1 | | 7 | 3.4% | | | | | | | | | | | |
| 口沿 | 可辨器形 | 纺轮 | | | | | | | | | | | | | 1 | 1 | 2.6% | | | |
| 口沿 | 可辨器形 | 小计 | 206 | | | | | | 100% | 38 | | | | | | | 100% | 9 | | 100% |
| 口沿 | 不可辨器形 | | 67 | 250 | 2 | 31 | | 350 | | 15 | | 7 | 11 | 1 | 5 | 39 | | | | |
| 非口沿 | 可辨器形 | 鬲足 | 27 | 254 | | | | 281 | | | | | | | | | | | | |
| 非口沿 | 可辨器形 | 甗腰 | 20 | 101 | | 8 | | 129 | | | | | | | | | | | | |
| 非口沿 | 可辨器形 | 鼎足 | | 13 | | | | 13 | | | | | | | | | | | | |
| 非口沿 | 可辨器形 | 器底 | 21 | 104 | 1 | 2 | | 128 | | 2 | | 4 | 2 | 1 | | 9 | | | | |
| 非口沿 | 可辨器形 | 圈足 | 2 | 15 | | 1 | | 18 | | 2 | | 4 | 4 | 3 | 4 | 17 | | 1 | 1 | |
| 非口沿 | 可辨器形 | 把手 | | 1 | | | | 1 | | | | | | | | | | | | |
| 非口沿 | 腹片 | | 921 | 5436 | 42 | 580 | 12 | 6991 | | 287 | | 153 | 198 | 54 | 128 | 820 | | 47 | 47 | |

续表

| 陶质 | | 夹砂陶 | | | | | 小计 | 百分比 | 泥质陶 | | | | | | 小计 | 百分比 | 硬陶 | 小计 | 百分比 |
|---|---|---|---|---|---|---|---|---|---|---|---|---|---|---|---|---|---|---|---|
| 陶色 | | 红色 | 红褐色 | 红衣 | 黑褐色 | 黑衣 | | | 红色 | 红褐色 | 灰色 | 灰褐 | 黑色 | 黑褐色 | | | 灰色 | | |
| 纹饰 | 捺窝 | 27 | 18 | | 1 | | 46 | 0.6% | | | | | | | | | | | |
| | 附加堆 | | | | | | | | | | | | | 1 | 1 | 0.1% | | | |
| | 刻划纹 | | 3 | | | 1 | 4 | 0% | 1 | | | | 1 | 1 | 3 | 0.3% | | | |
| | 弦纹 | | 1 | | | | 1 | 0% | 4 | | 2 | 2 | | 4 | 12 | 1.3% | 4 | 4 | 7% |
| | 绳纹 | 3 | 13 | 4 | 6 | 2 | 28 | 0.3% | 84 | | 50 | 89 | 22 | 43 | 288 | 31.2% | | | |
| | 方格纹 | | | | | | | | 8 | | 1 | 6 | 3 | 3 | 21 | 2.3% | 8 | 8 | 14% |
| | 回纹 | | | | | | | | | | 1 | 11 | | | 12 | 1.3% | 7 | 7 | 12.3% |
| | 席纹 | | | | | | | | 6 | | | | | | 6 | 0.7% | 1 | 1 | 1.8% |
| | 雷纹 | | | | | | | | | | 1 | | | | 1 | 0.1% | | | |
| | 菱形纹 | | | | | | | | | | | | | | | | 2 | 2 | 3.5% |
| | 梯格纹 | | 2 | | | | 2 | 0% | 42 | | 3 | | | | 45 | 4.9% | 1 | 1 | 1.8% |
| | 叶脉纹 | | | | | | | | 1 | | 2 | | | | 3 | 0.3% | 2 | 2 | 3.5% |
| | 变形鸟纹 | | | | | | | | 2 | | | | | | 2 | 0.2% | | | |
| | 弦纹与绳纹组合 | | | | | | | | 33 | | | 1 | 1 | 2 | 37 | 4% | | | |
| | 弦纹与叶脉纹组合 | | | | | | | | 1 | | | | | | 1 | 0.1% | | | |
| | 方格纹与饕餮纹组合 | | | | | | | | | | 1 | | | | 1 | 0.1% | | | |
| | 素面 | 1051 | 6308 | 41 | 623 | 13 | 8036 | 99% | 140 | 3 | 118 | 106 | 37 | 86 | 490 | 53.1% | 32 | 32 | 56.1% |
| 陶色小计 | | 1081 | 6345 | 45 | 630 | 16 | | | 322 | 3 | 179 | 215 | 64 | 140 | | | 57 | 总计 | |
| 陶色百分比 | | 13.3% | 78.2% | 0.6% | 7.8% | 0.2% | | | 34.9% | 0.3% | 19.4% | 23.3% | 6.9% | 15.2% | | | 100% | | |
| 陶质合计 | | 8117 | | | | | | | 923 | | | | | | | | 57 | | |
| 陶质百分比 | | 89.2% | | | | | | | 10.2% | | | | | | | | 0.6% | 9097 | |

**附表一九　西周时期G2第5层陶片器形纹饰统计表**

单位：件

| 陶质 | | | 夹砂陶 | | | | 小计 | 百分比 | 泥质陶 | | | | | 小计 | 百分比 | 硬陶 | 小计 | 百分比 | 原始瓷 | 小计 | 百分比 |
|---|---|---|---|---|---|---|---|---|---|---|---|---|---|---|---|---|---|---|---|---|---|
| 陶色 | | | 红色 | 红褐色 | 红衣 | 黑褐色 | | | 红色 | 灰色 | 灰褐色 | 黑色 | 黑褐色 | | | 灰色 | | | | | |
| 口沿 | 可辨器形 | 鬲口 | 1 | 14 | | 3 | 18 | 43.9% | | | | | | | | | | | | | |
| | | 甗口 | | 5 | | 1 | 6 | 14.6% | | | | | | | | | | | | | |
| | | 豆盘 | | | | | | | | 2 | | 3 | | 5 | 45.5% | 1 | 1 | 100% | | | |
| | | 罐口 | 2 | 7 | | | 9 | 22.0% | 3 | | | 1 | | 4 | 36.4% | | | | | | |
| | | 钵口 | | 2 | | | 2 | 4.9% | | 1 | | | | 1 | 9.1% | | | | | | |
| | | 盘口 | | | | | | | | | 1 | | | 1 | 9.1% | | | | | | |
| | | 缸口 | | 1 | | | 1 | 2.4% | | | | | | | | | | | | | |
| | | 三足盘 | | 1 | | | 1 | 2.4% | | | | | | | | | | | | | |
| | | 饼 | 1 | 3 | | | 4 | 9.8% | | | | | | | | | | | | | |
| | | 小计 | 41 | | | | | 100% | 11 | | | | | | 100% | 1 | | 100% | | | |
| | 不可辨器形 | | 8 | 69 | | 4 | 81 | | 3 | 4 | 1 | 3 | | 11 | | | | | | | |
| 非口沿 | 可辨器形 | 鬲足 | | 55 | | | 55 | | | | | | | | | | | | | | |
| | | 甗腰 | | 13 | | | 13 | | | | | | | | | | | | | | |
| | | 鼎足 | | 8 | | 1 | 9 | | | | | | | | | | | | | | |
| | | 器底 | 7 | 26 | | 1 | 34 | | 1 | 4 | | 3 | | 8 | | | | | 1 | 1 | |
| | | 圈足 | | 3 | | | 3 | | | 8 | | 2 | 2 | 12 | | | | | | | |
| | 腹片 | | 144 | 606 | 4 | 47 | 801 | | 19 | 65 | 3 | 23 | 18 | 128 | | 14 | 14 | 93.33% | | | |

续表

| 陶质 | | 夹砂陶 | | | | 小计 | 百分比 | 泥质陶 | | | | | 小计 | 百分比 | 硬陶 | 小计 | 百分比 | 原始瓷 | 小计 | 百分比 |
|---|---|---|---|---|---|---|---|---|---|---|---|---|---|---|---|---|---|---|---|---|
| 陶色 | | 红色 | 红褐色 | 红衣 | 黑褐色 | | | 红色 | 灰色 | 灰褐色 | 黑色 | 黑褐色 | | | 灰色 | | | | | |
| 纹饰 | 捺窝 | | 1 | | | 1 | 0.1% | | | | | | | | | | | | | |
| | 附加堆 | | | | | | | | | 1 | | | 1 | 0.6% | | | | | | |
| | 刻划纹 | 3 | 1 | | | 4 | | | | | | | | | | | | | | |
| | 弦纹 | | | | | | | | 1 | 3 | 2 | | 6 | 3.5% | | | | | | |
| | 绳纹 | 2 | 2 | | | 4 | 0.4% | 1 | 21 | | 6 | 2 | 30 | 17.6% | | | | | | |
| | 方格纹 | | 1 | | | 1 | 0.1% | 1 | 2 | | | 7 | 10 | 5.9% | 1 | 1 | 6.7% | | | |
| | 席纹 | | | | | | | | | | | | | | 1 | 1 | 6.7% | | | |
| | 雷纹 | | 2 | | | 2 | 0.2% | | | | | | | | 3 | 3 | 20.0% | | | |
| | 套菱纹 | | | | | | | | 1 | | | | 1 | 0.6% | | | | | | |
| | 菱形填线纹 | | | | | | | | | | | | | | 2 | 2 | 13.3% | | | |
| | 梯格纹 | | | 1 | | 1 | 0.1% | 8 | 3 | | 6 | | 17 | 10.0% | | | | | | |
| | 叶脉纹 | | | | | | | | 1 | | | | 1 | 0.6% | 2 | 2 | 13.3% | | | |
| | 变形鸟纹 | | | | | | | | 1 | | | | 1 | 0.6% | | | | | | |
| | 回纹与折线纹组合 | | | | | | | | | | | | | | 1 | 1 | 6.7% | | | |
| | 席纹与菱形填线纹组合 | | | | | | | | | | | | | | 1 | 1 | 6.7% | | | |
| | 素面 | 158 | 806 | 3 | 57 | 1024 | 98.7% | 16 | 54 | 1 | 21 | 11 | 103 | 60.6% | 4 | 4 | 26.7% | 1 | 1 | 100% |
| 陶色小计 | | 163 | 813 | 4 | 57 | | | 26 | 84 | 5 | 35 | 20 | | | 15 | | | 1 | 总计 | |
| 陶色百分比 | | 15.7% | 78.4% | 0.4% | 5.5% | | | 15.3% | 49.4% | 2.9% | 20.6% | 11.76% | | | 100% | | | 100% | | |
| 陶质合计 | | 1037 | | | | | | 170 | | | | | | | 15 | | | 1 | | |
| 陶质百分比 | | 84.79% | | | | | | 13.90% | | | | | | | 1.23% | | | 0.08% | 1223 | |

# 后　　记

句容东岗头遗址的发掘，得到了江苏省文物局、南京博物院的关心，得到了江苏省高速公路指挥部和中铁一局的支持，得到了李民昌、林留根、王奇志、李虎仁、翟忠华等师友的帮助，在此一并致谢。

同时也非常感谢一同参加东岗头遗址的发掘和整理的李则斌、盛之翰、马永强、赵东升、左俊、周恒明、王为刚等师友和同仁。

这次发掘留有一些遗憾，如发掘工作只能在高速公路建设范围内进行，并且该范围内有桥墩等永久性建筑物已经施工等。这导致了考古发掘的收获主要是文化内涵方面，基本没有能够获得遗址本身布局方面的资料，这是本报告的缺陷之一。我们对本书的读者致歉，期待在以后的工作中，能够通过努力，使工作做得更全面。

编　者

2015年7月12日

图版一

东岗头遗址远景

## 图版二

1. 遗址受影响部分

2. 高速公路穿过遗址部分

遗址受影响情况

1. 遗址勘探场景

2. 布方发掘

遗址勘探与布方发掘

# 图版四

1. T0921内G1清理

2. T1215南壁G2剖面

G1、G2河道清理情况

1. 土筑遗迹揭露情况（东→西）

2. 土筑遗迹整体情况（南→北）

T1413内土筑遗迹

1. D1M1

2. D1Q1

3. D1Q2

D1清理情况

1. 鼎（T083③B：3）

2. 壶（T0724⑤B：4）

3. 盆（T0921②：1）

新石器时期夹砂陶器

图版八

1. 盆（G1⑤：35）

2. 豆（G1④：21）

3. 圈足盘（G1①：1）

4. 纺轮（G1③：13）

新石器时期泥质陶器

1. G1⑥：54

2. G1④：23

3. G1④：31

4. G1①：2

5. G1①：4

新石器时期石锛

## 图版一〇

1. 斧（G1④：18）

2. 斧（G1④：33）

3. 铲（G1⑦：59）

4. 铲（G1⑦：60）

5. 刀（G1⑥：46）

6. 锥（G1⑤：36）

新石器时期石器

# 图版一一

1. G1⑦ : 56

2. G1⑦ : 57

3. G1⑦ : 58

4. G1⑥ : 39

5. G1⑥ : 41

6. G1⑥ : 43

新石器时期石镞

图版一二

1. G1⑥：44

2. G1⑥：45

3. G1⑥：47

4. G1⑥：48

5. G1⑥：53

6. G1④：19

新石器时期石镞

1. G1④：20

2. G1④：22

3. G1④：24

4. G1④：25

5. G1④：26

6. G1④：28

新石器时期石镞

## 图版一四

1. G1③：8

2. G1③：9

3. G1③：12

4. G1③：16

5. G1②：6

6. G1②：7

新石器时期石镞

# 图版一五

1. 镞（T0823⑤B：4）

2. 矛（G1⑥：52）

3. 矛（G1④：32）

4. 砺石（G1⑥：40）

5. 砺石（G1③：17）

6. 圆饼形器（G1④：27）

新石器时期石器

1. 圆饼形器（G1③：11）

2. 残石器（G1⑥：38）

3. 残石器（G1⑥：42）

4. 残石器（G1⑥：49）

5. 残石器（G1⑥：51）

6. 残石器（G1④：29）

新石器时期石器

# 图版一七

1. G1④：30

2. G1③：10

3. G1③：14

4. G1③：15

5. G1①：3

6. G1①：5

新石器时期残石器

## 图版一八

1. Aa型（G2⑤：321）

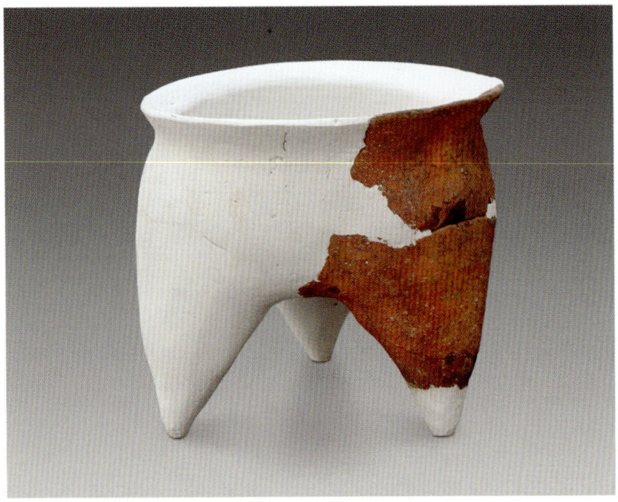

2. Ab型（G2④：264）

3. Ab型（G2③：239）

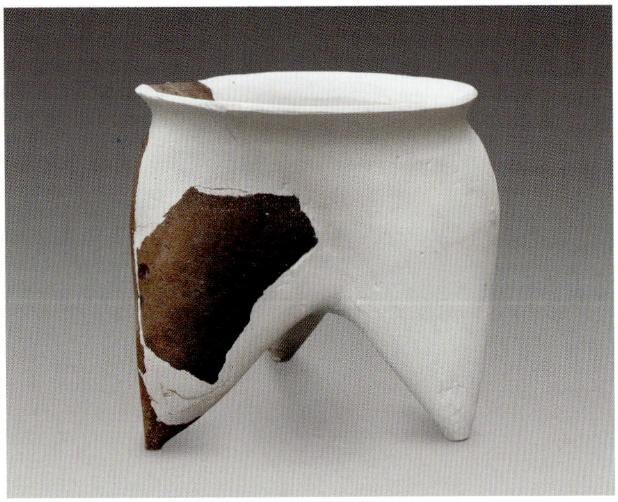

4. Ab型（G2②：235）

5. Ab型（G2①：219）

6. Ab型（G2①：216）

西周时期夹砂素面陶鬲

1. G2①：198

2. G2①：194

3. G2①：160

4. G2①：159

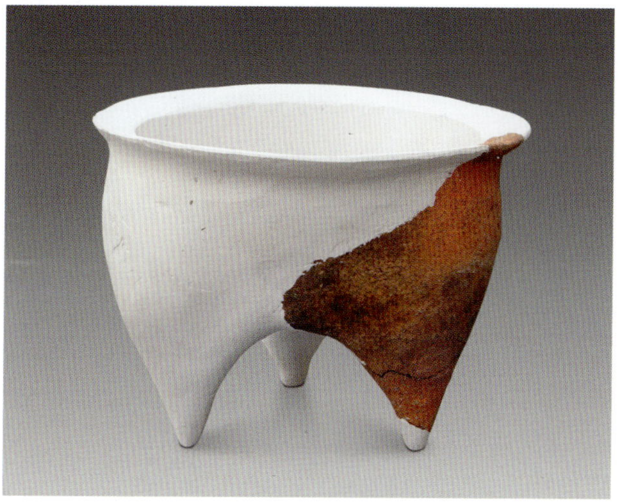

5. G2①：138

6. G2①：130

西周时期Ab型夹砂素面陶鬲

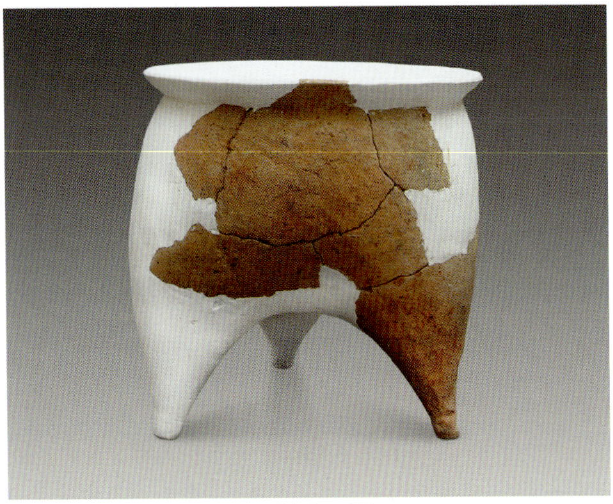

1. G2①：98

2. G2①：97

3. G2①：95

4. G2①：53

5. G2①：31

6. G2①：4

西周时期Ab型夹砂素面陶鬲

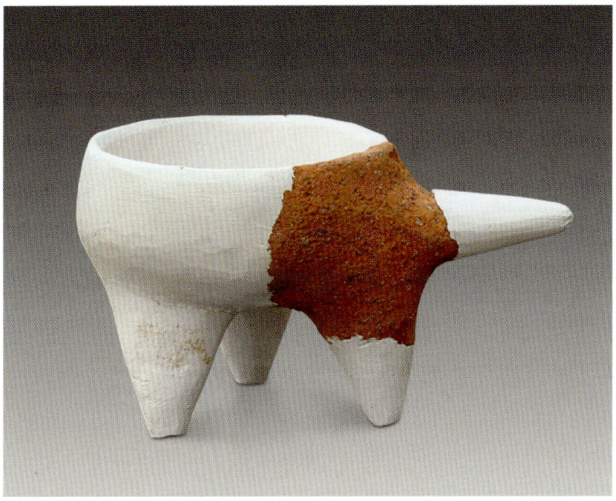

1. B型素面鬲（G2⑤：329）

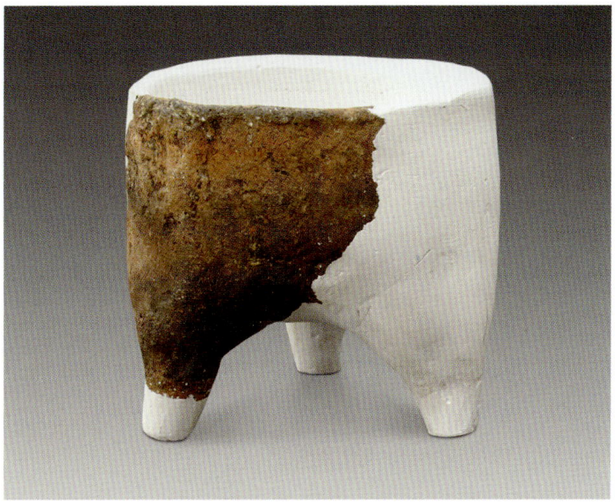

2. B型素面鬲（G2①：211）

3. B型素面鬲（G2①：96）

4. A型绳纹鬲（G2④：310）

5. B型绳纹鬲（G2④：296）

西周时期夹砂陶鬲

1. G2②：553

2. G2①：696

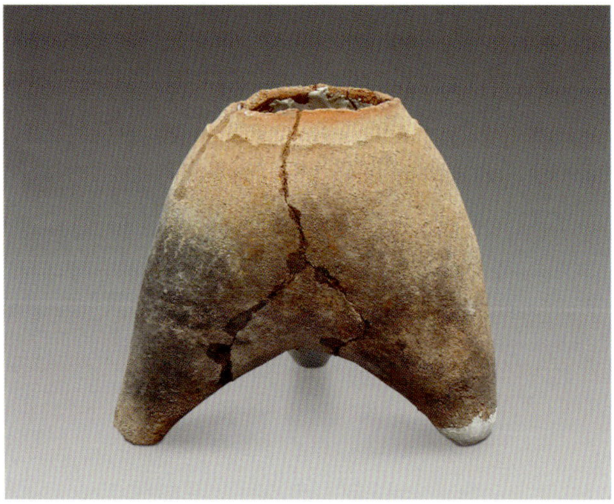
3. G2①：694

4. G2①：695

5. G2①：783

6. G2①：784

西周时期夹砂陶甗

1. 鼎（G2①：105）

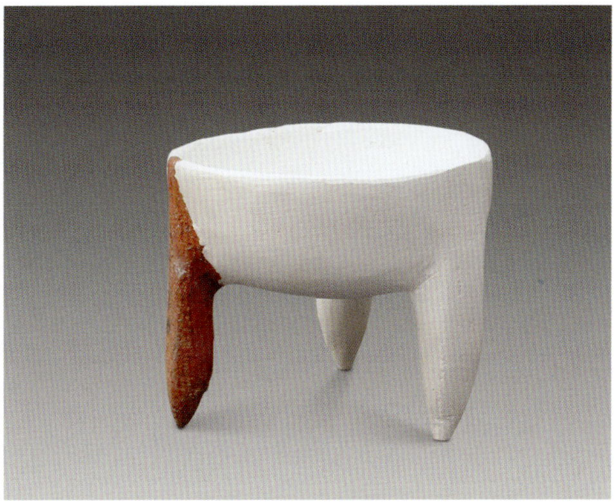

2. 鼎（G2①：153）

3. 鼎（G2①：215）

4. A型盆（G2④：295）

5. A型盆（G2④：297）

6. A型盆（G2③：245）

西周时期夹砂陶鼎、盆

## 图版二四

1. A型（G2①：63）

2. A型（G2①：92）

3. A型（G2①：93）

4. A型（G2①：188）

5. B型（G2①：177）

6. B型（T1214③A：4）

西周时期夹砂陶盆

1. B型盆（JD采：7）

2. C型盆（G2①：100）

3. A型豆（G2④：280）

4. A型豆（G2①：33）

5. A型豆（G2①：57）

6. A型豆（G2①：65）

西周时期夹砂陶盆、豆

1. G2①：87

2. G2①：91

3. G2①：189

4. G2①：191

5. G2①：192

6. T1214④A：6

西周时期A型夹砂陶豆

1. B型豆（T1215②：1）

2. Aa型罐（G2④：252）

3. Aa型罐（G2④：278）

4. Aa型罐（G2④：287）

5. Aa型罐（G2③：240）

6. Aa型罐（G2①：73）

西周时期夹砂陶豆、罐

图版二八

1. Aa型（G2①：168）

2. Ab型（G2④：258）

3. Ab型（G2①：62）

4. Ab型（G2①：197）

5. B型（G2④：308）

6. B型（G2②：232）

西周时期夹砂陶罐

1. C型罐（G2④：282）

2. D型罐（G2①：69）

3. D型罐（G2①：151）

4. A型钵（G2④：315）

5. A型钵（G2①：26）

6. A型钵（G2①：48）

西周时期夹砂陶罐、钵

1. G2①：59

2. G2①：78

3. G2①：84

4. G2①：89

5. G2①：156

6. G2①：158

西周时期A型夹砂陶钵

1. G2①：161

2. G2①：172

3. G2①：173

4. G2①：174

5. G2①：186

6. G2①：196

西周时期A型夹砂陶钵

## 图版三二

1. A型（G2①：227）

2. A型（T1312①：2）

3. A型（T1313①：4）

4. B型（G2④：307）

5. B型（G2④：309）

6. B型（G2③：246）

西周时期夹砂陶钵

1. G2①：32

2. G2①：67

3. G2①：143

4. G2①：146

5. G2①：147

6. G2①：190

西周时期B型夹砂陶钵

图版三四

1. G2③ : 243

2. G2③ : 244

3. G2① : 83

4. G2① : 90

5. G2① : 99

6. G2① : 170

西周时期夹砂陶盘

1. 盘（G2①：185）

2. 盘（G2①：218）

3. 盘（T1317②：3）

4. A型圈足盘（G2④：289）

5. B型圈足盘（G2①：75）

6. B型圈足盘（G2①：80）

西周时期夹砂陶盘、圈足盘

# 图版三六

1. B型圈足盘（G2①：82）

2. C型圈足盘（G2①：142）

3. 杯（G2④：251）

4. 杯（G2④：285）

5. 杯（G2①：9）

6. 杯（G2①：27）

西周时期夹砂陶圈足盘、杯

1. G2① ：56

2. G2① ：157

3. G2① ：164

4. G2① ：175

5. T0921③B ：4

6. T1313① ：2

西周时期夹砂陶杯

## 图版三八

1. 碗（G2①：68）

2. 碗（G2①：132）

3. 三足盘（G2⑤：322）

4. 拍（G2①：44）

5. 拍（G2①：123）

6. 拍（T1214③A：5）

西周时期夹砂陶器

1. G2④：303

2. G2④：313

3. G2③：248

4. G2①：2

5. G2①：79

6. G2①：94

西周时期夹砂陶器盖

## 图版四〇

1. 器盖（G2①：200）

2. 器盖（G2①：212）

3. 器盖（T0822③B：1）

4. 饼形器（G2⑤：325）

5. 饼形器（G2⑤：326）

6. 饼形器（G2⑤：327）

西周时期夹砂陶器盖、饼形器

1. G2⑤：328

2. G2④：263

3. G2④：294

4. G2④：299

5. G2④：300

6. G2④：304

西周时期夹砂陶饼形器

1. G2④：305

2. G2④：306

3. G2③：247

4. G2③：250

5. G2①：3

6. G2①：5

西周时期夹砂陶饼形器

1. G2①：6

2. G2①：7

3. G2①：11

4. G2①：16

5. G2①：17

6. G2①：20

西周时期夹砂陶饼形器

1. G2①：22

2. G2①：28

3. G2①：30

4. G2①：34

5. G2①：35

6. G2①：36

西周时期夹砂陶饼形器

1. G2① : 37

2. G2① : 38

3. G2① : 40

4. G2① : 55

5. G2① : 76

6. G2① : 101

西周时期夹砂陶饼形器

图版四六

1. G2① ：102

2. G2① ：103

3. G2① ：104

4. G2① ：106

5. G2① ：107

6. G2① ：108

西周时期夹砂陶饼形器

图版四七

1. G2① ：109

2. G2① ：110

3. G2① ：111

4. G2① ：112

5. G2① ：113

6. G2① ：114

西周时期夹砂陶饼形器

图版四八

1. G2①：115

2. G2①：116

3. G2①：117

4. G2①：118

5. G2①：119

6. G2①：120

西周时期夹砂陶饼形器

1. G2①：121

2. G2①：122

3. G2①：124

4. G2①：126

5. G2①：131

6. G2①：133

西周时期夹砂陶饼形器

## 图版五〇

1. G2①：134

2. G2①：135

3. G2①：136

4. G2①：137

5. G2①：152

6. G2①：179

西周时期夹砂陶饼形器

# 图版五一

1. G2①：180

2. G2①：181

3. G2①：182

4. G2①：183

5. G2①：184

6. G2①：199

西周时期夹砂陶饼形器

图版五二

1. G2①：206

2. G2①：207

3. G2①：208

4. G2①：209

5. G2①：210

6. G2①：213

西周时期夹砂陶饼形器

# 图版五三

1. G2①：214

2. G2①：217

3. G2①：220

4. G2①：221

5. G2①：222

6. G2①：223

西周时期夹砂陶饼形器

## 图版五四

1. G2①：224

2. G2①：225

3. G2①：230

4. G2①：231

5. T1218③A：4

6. T1219③A：2

西周时期夹砂陶饼形器

1. 饼形器（T1312③A：4）

2. Aa型豆（G2①：70）

3. Ab型豆（G2①：167）

4. Ab型豆（G2①：195）

5. B型豆（G2①：144）

6. B型豆（G2①：187）

西周时期夹砂陶饼形器、泥质陶豆

# 图版五六

1. G2④：281

2. G2②：233

3. G2②：234

4. G2①：12

5. G2①：42

6. G2①：43

西周时期泥质陶钵

1. 钵（G2①：45）

2. 钵（G2①：81）

3. 钵（G2①：86）

4. 钵（G2①：88）

5. 钵（G2①：226）

6. 盘（G2①：171）

西周时期泥质陶钵、盘

1. B型（G2④：302）

2. B型（G2③：242）

3. B型（G2①：74）

4. B型（G2①：141）

5. C型（G2①：66）

6. C型（G2①：139）

西周时期泥质陶圈足盘

1. C型圈足盘（G2①：140）

2. C型圈足盘（G2①：169）

3. C型圈足盘（G2①：193）

4. C型圈足盘（T0921②：2）

5. C型圈足盘（T1313①：3）

6. 杯（G2①：8）

西周时期泥质陶圈足盘、杯

## 图版六〇

1. 器盖（G2④：409）

2. 鬲足模（G2①：178）

3. 纺轮（G2④：284）

4. 纺轮（G2①：49）

5. 纺轮（G2①：51）

6. 纺轮（G2①：150）

西周时期泥质陶器

1. 瓿（G2④：279）

2. 碗（G2④：298）

3. 碗（T1316④A：1）

西周时期硬陶器

## 图版六二

1. G2④：266

2. G2④：290

3. G2①：14

4. G2①：46

5. G2①：50

6. G2①：54

西周时期石斧

1. G2①：228

2. T0921③B：3

3. T1218④A：6

4. T1218②：1

5. T1219②：1

6. T1320②：4

西周时期石斧

## 图版六四

1. 斧（T1313①：1）

2. 斧（JD采：4）

3. 锛（G2⑤：318）

4. 锛（G2⑤：319）

5. 锛（G2⑤：330）

6. 锛（G2⑤：331）

西周时期石斧、锛

1. G2⑤：332

2. G2④：253

3. G2④：256

4. G2④：257

5. G2④：261

6. G2④：262

西周时期石锛

1. G2④：267

2. G2④：274

3. G2④：275

4. G2④：276

5. G2④：286

6. G2④：288

西周时期石锛

1. G2④：292

2. G2④：293

3. G2④：301

4. G2④：316

5. G2③：236

6. G2③：237

西周时期石锛

图版六八

1. G2③：249

2. G2①：1

3. G2①：10

4. G2①：13

5. G2①：24

6. G2①：29

西周时期石锛

1. G2①：58

2. G2①：61

3. G2①：72

4. G2①：77

5. G2①：145

6. G2①：148

西周时期石锛

图版七〇

1. G2①：204

2. G2①：229

3. T0724③B：2

4. T1218④A：5

5. T1214③A：2

6. T1214③A：3

西周时期石锛

1. T1219③A：3

2. T1021②：3

3. T1317②：2

4. T1320②：2

5. JD采：5

6. JD采：6

西周时期石锛

1. G2① : 25

2. G2① : 71

3. G2① : 128

4. G2① : 166

5. G2① : 201

6. T1214① : 1

西周时期石凿

1. 凿（T1312①：3）

2. 刀（G2④：271）

3. 刀（G2①：129）

4. 刀（G2①：176）

5. 刀（G2①：205）

6. 刀（T1218③A：3）

西周时期石凿、刀

# 图版七四

1. 刀（T1020①：1）

2. 碾砸器（G2①：165）

3. 砺石（G2⑤：323）

4. 砺石（G2①：202）

5. 砺石（T0724③B：3）

6. 砺石（T1217④A：2）

西周时期石器

1. 纺轮（G2④：311）

2. 纺轮（G2①：154）

3. 镞（G2⑤：320）

4. 镞（G2④：255）

5. 镞（G2④：259）

6. 镞（G2④：260）

西周时期石纺轮、镞

# 图版七六

1. G2④ ：269

2. G2④ ：277

3. G2③ ：238

4. G2③ ：241

5. G2① ：52

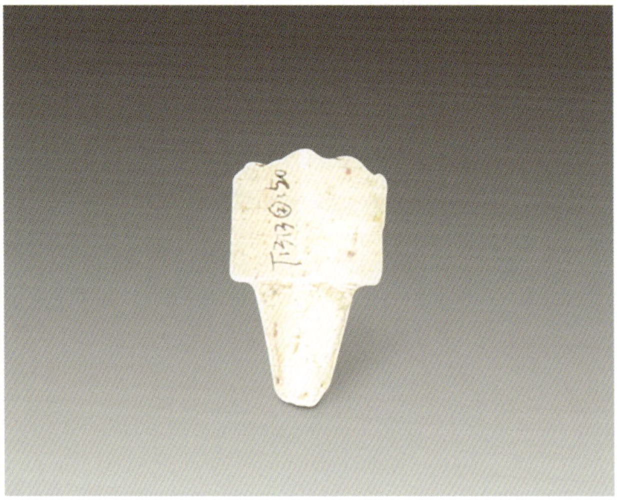

6. G2① ：85

西周时期石镞

1. G2① ：162

2. T0823③B ：1

3. T0823③B ：2

4. T1218③A ：2

5. T1021② ：2

6. T1320② ：3

西周时期石镞

## 图版七八

1. 镞（T0724①：1）

2. 镞（T1021①：1）

3. 镞（JD采：1）

4. 镞（JD采：2）

5. 镞（JD采：3）

6. 残石器（G2⑤：317）

西周时期石镞、残石器

1. G2⑤ : 324

2. G2⑤ : 333

3. G2④ : 265

4. G2④ : 270

5. G2④ : 272

6. G2④ : 273

西周时期残石器

1. G2④：283

2. G2④：291

3. G2④：312

4. G2④：314

5. G2①：15

6. G2①：18

西周时期残石器

# 图版八一

1. G2①：19

2. G2①：21

3. G2①：23

4. G2①：39

5. G2①：47

6. G2①：60

西周时期残石器

# 图版八二

1. G2① ：64

2. G2① ：125

3. G2① ：127

4. G2① ：149

5. G2① ：163

6. G2① ：203

西周时期残石器

# 图版八三

1. 残石器（T1214④A：7）

2. 残石器（T1021②：4）

3. 残石器（T1312①：1）

4. 玉器（G2④：254）

5. 铜器（G2④：268）

西周时期残石器、玉器、铜器

1. 夹砂陶鼎（D1Q1：1）

2. 夹砂陶鼎（D1Q1：5）

3. 夹砂陶鼎（D1Q1：7）

4. 夹砂陶杯（D1①：1）

5. 硬陶瓿（D1Q1：4）

6. 硬陶瓿（D1Q3：1）

春秋时期D1出土器物

1. 泥质陶盆（D1Q1：2）

2. 泥质陶盆（D1Q2：1）

3. 泥质陶盆（D1Q1：6）

4. 泥质陶罐（D1Q2：2）

5. 泥质陶罐（D1Q3：2）

6. 原始瓷碗（D1Q1：3）

春秋时期D1出土器物

## 图版八六

1. 石黛板（M1∶3）

2. 釉陶盏（M5∶3）

3. 韩瓶（M4∶1）

4. 韩瓶（M5∶1）

宋墓出土器物

1. 青瓷碗（T1216④A：1）

2. 铜镜（M1：1）

3. 铁锸（T1217④A：1）

六朝至北宋时期器物

## 图版八八

1. 皇宋通宝（M2：1-4）

2. 元丰通宝（M2：1-5）

3. 元丰通宝（M4：2-1）

4. 开元通宝（M5：2-3）

5. 祥符通宝（T1416②：1）

6. 熙宁元宝（T1416②：2）

唐宋时期铜钱

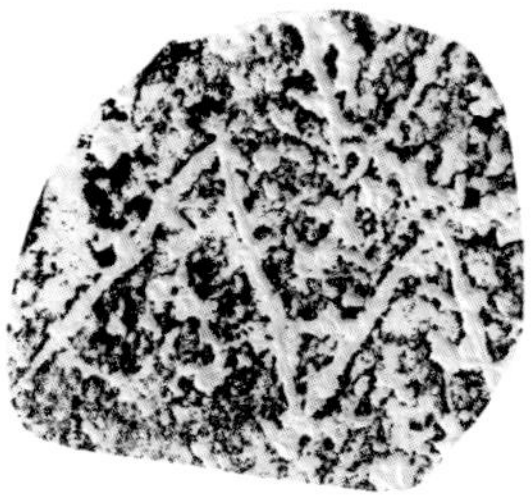

1. 刻划纹（G2①：861）

2. 绳纹（G2①：862）

3. 梯格纹与折线纹（G2③：881）

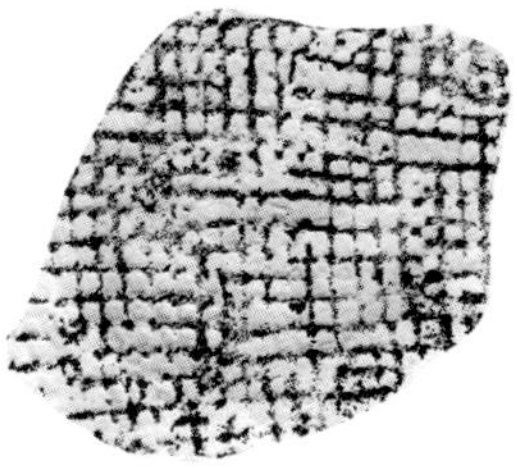

4. 方格纹（G2④：897）

5. 弦纹与变形鸟纹（G2⑤：906）

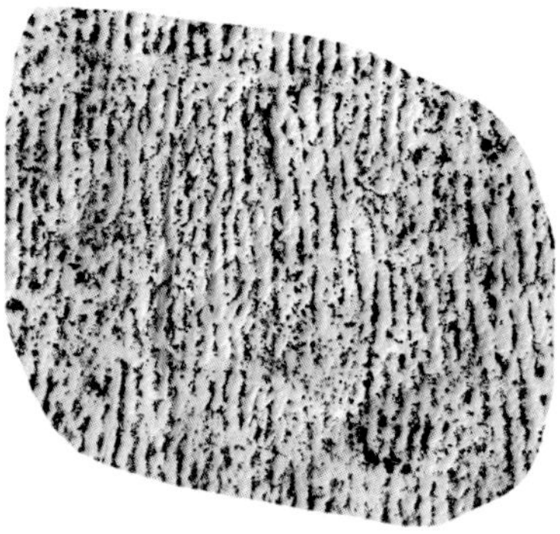

6. 绳纹（G2④：296）

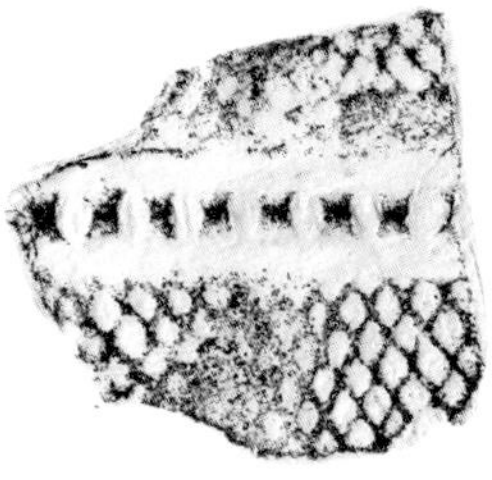

7. 方格纹（G2⑤：905）

8. 绳纹（G2④：310）

9. 云纹（G2④：902）

西周时期夹砂陶纹饰拓片

# 图版九〇

1. 折线纹（G2①：870）

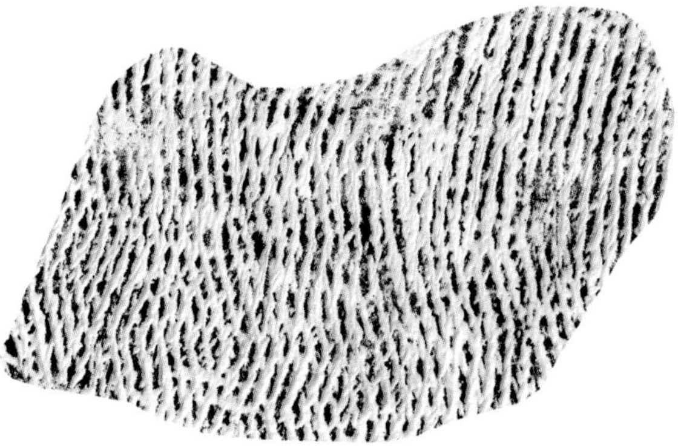

2. 绳纹（G2①：871）

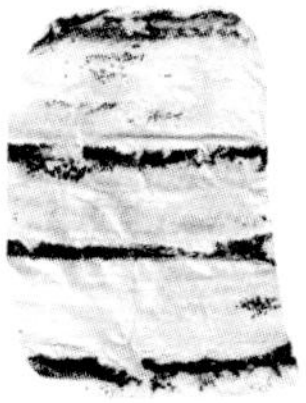

3. 弦纹（G2②：878）

4. 弦纹与梯格纹（G2①：872）

5. 绳纹与弦纹（G2②：877）

6. 梯格纹（G2②：876）

7. 篦纹（G2③：879）

8. 变形鸟纹（G2②：875）

9. 弦纹与变形鸟纹（G2④：886）

10. 粗绳纹（G2③：882）

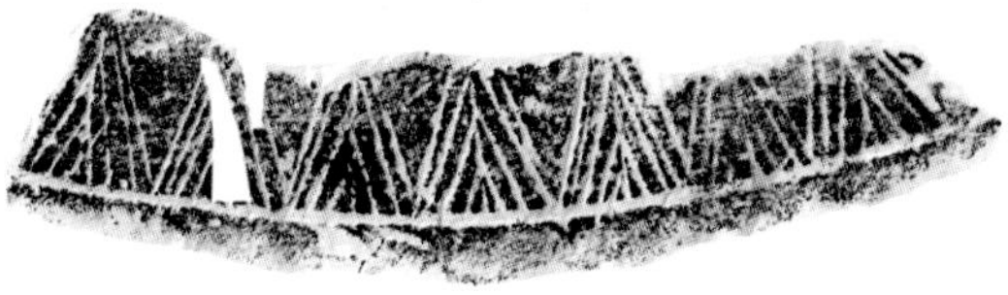

11. 刻划纹（G2③：880）

12. 刻划纹（G2④：898）

13. 雷纹（G2④：899）

14. 梯格纹（G2④：896）

西周时期泥质陶纹饰拓片

# 图版九一

1. 叶脉纹（G2④：889）

2. 弦纹（G2④：900）

3. 叶脉纹（G2⑤：907）

4. 梯格纹（G2④：887）

5. 弦纹 、方格纹与变形鸟纹（G2④：904）

6. 弦纹（G2④：893）

7. 梯格纹（G2④：901）

8. 弦纹与叶脉纹（G2④：895）

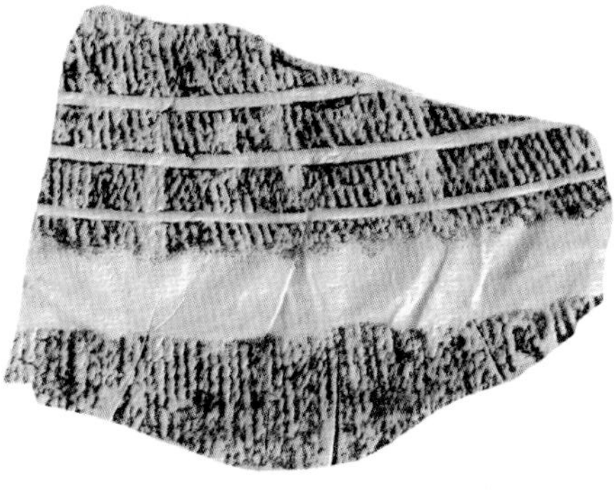

9. 弦纹与绳纹（G2④：894）

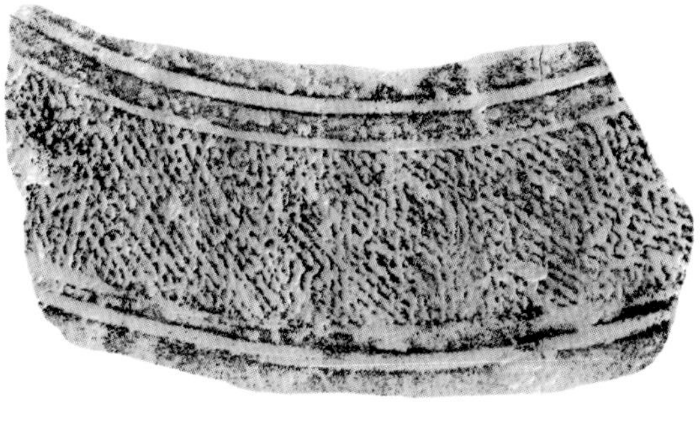

10. 弦纹与绳纹（G2④：892）

西周时期泥质陶纹饰拓片

## 图版九二

1. 绳纹与弦纹（G2①：869）

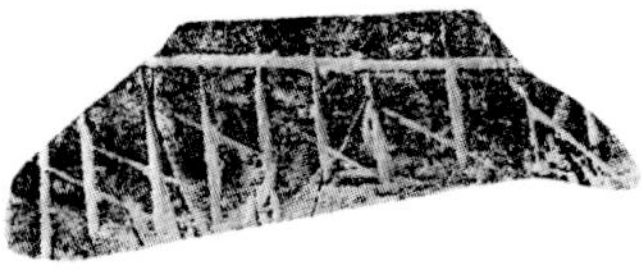

2. 刻划纹（G2①：863）

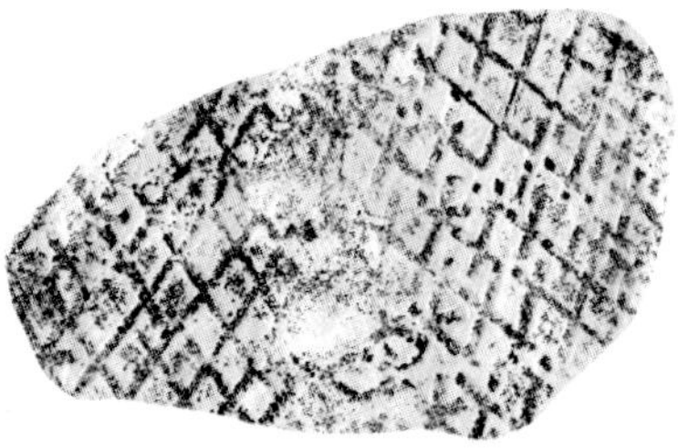

3. 斜方格纹（G2①：866）

4. 绳纹与弦纹（G2①：865）

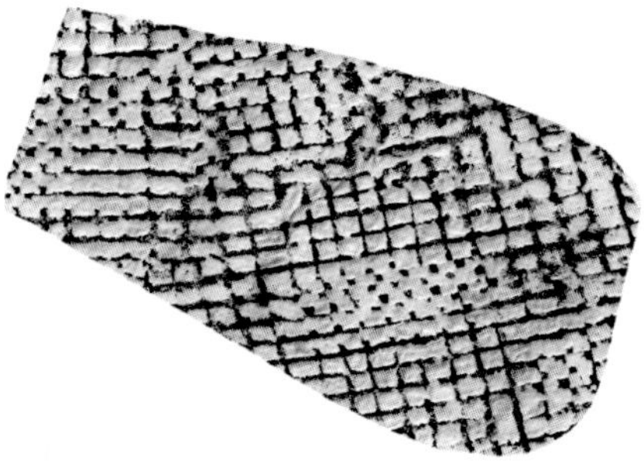

5. 方格纹（G2①：868）

6. 叶脉纹（G2④：903）

7. 绳纹（G2①：860）

8. 弦纹、叶脉纹与折线纹（G2①：867）

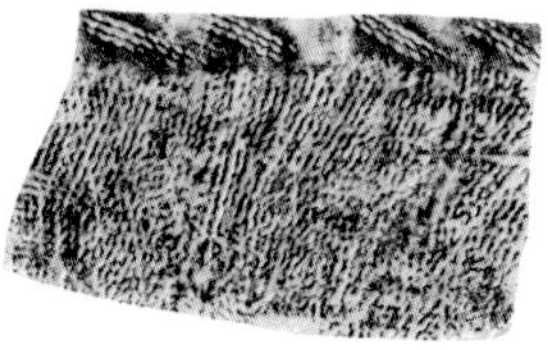

9. 绳纹（G2④：888）

西周时期泥质陶纹饰拓片

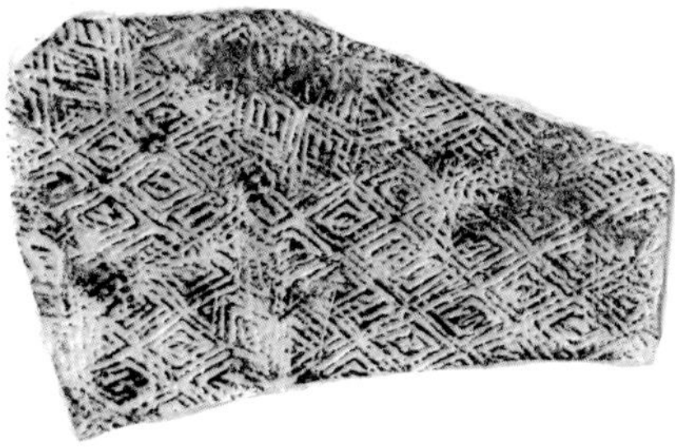

1. 套菱纹（G2①：847）

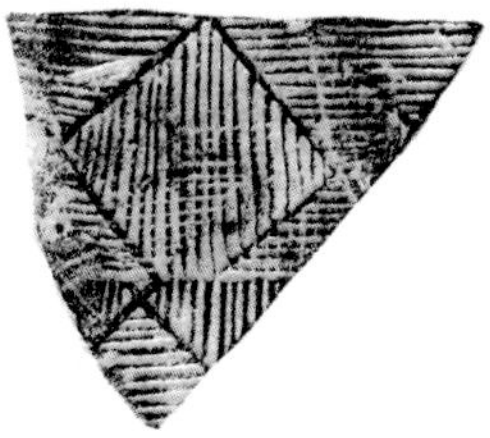

2. 菱形填线纹（G2①：850）

3. 方格纹与折线纹（G2①：846）

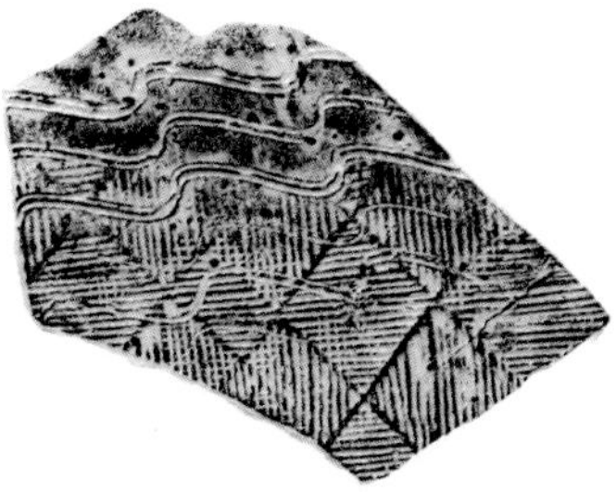

4. 菱形填线纹与水波纹（G2①：848）

5. 梯格纹（G2①：853）

6. 弦纹与梯格纹（G2①：851）

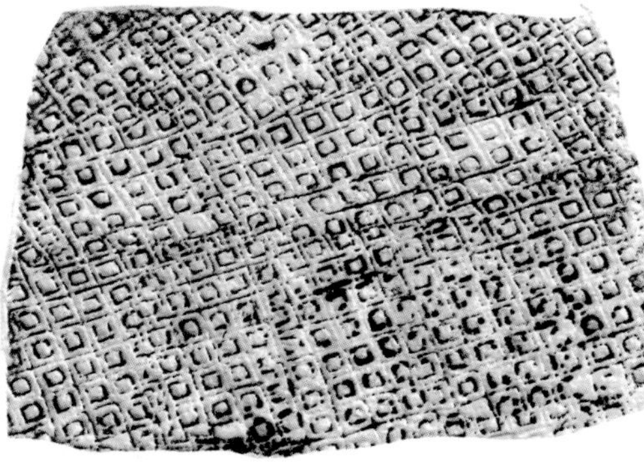

7. 回形纹（G2①：856）

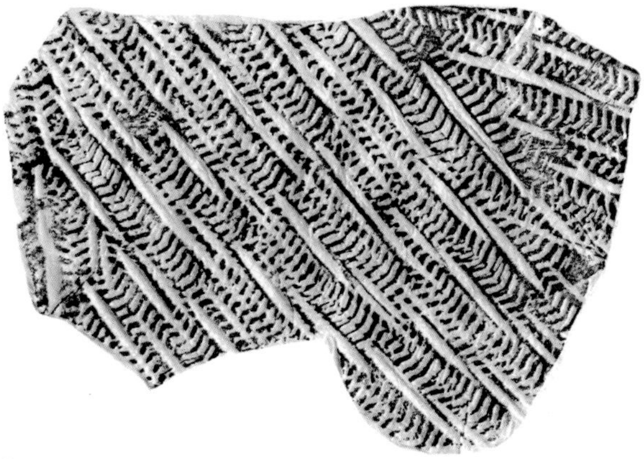

8. 梯格纹（G2①：849）

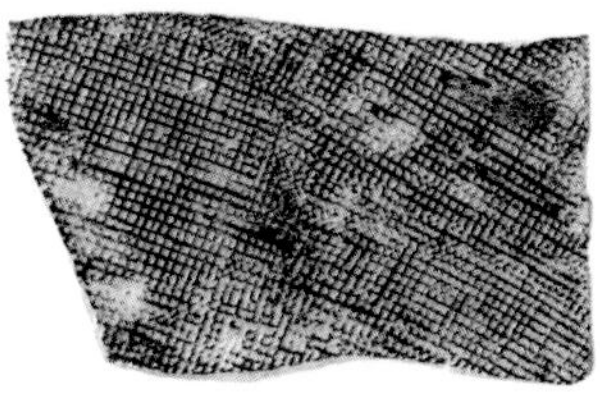

9. 方格纹（G2①：852）

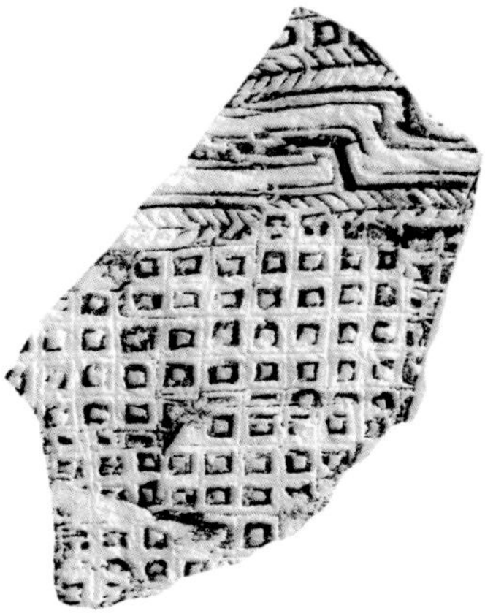

10. 折线纹与回形纹（G2①：845）

11. 梯格纹与斜方格纹（G2①：854）

西周时期硬陶纹饰拓片

# 图版九四

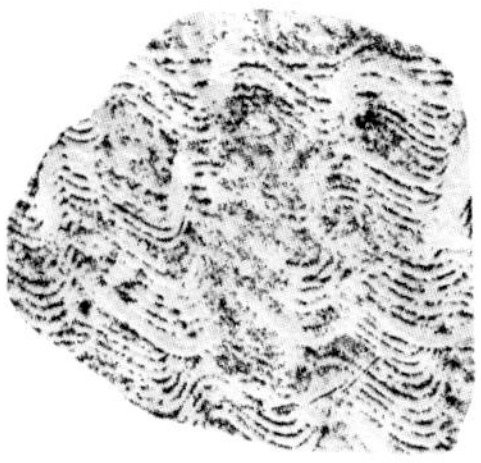

1. 水波纹（T1320②：5）

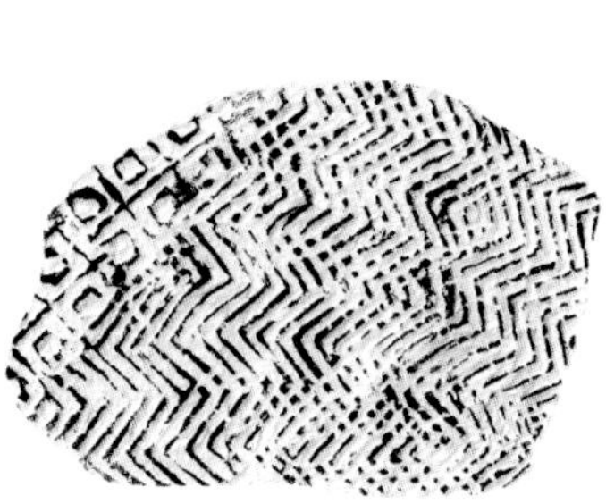

2. 回形纹与折线纹（T1218③A：8）

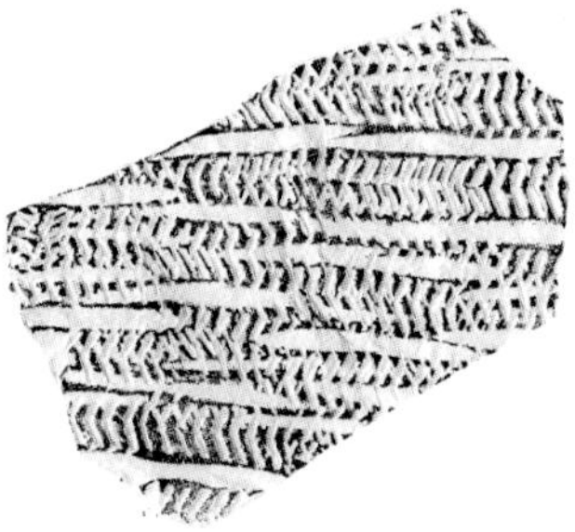

3. 梯格纹（G2⑤：909）

4. 弦纹与席纹（D1Q3：1）

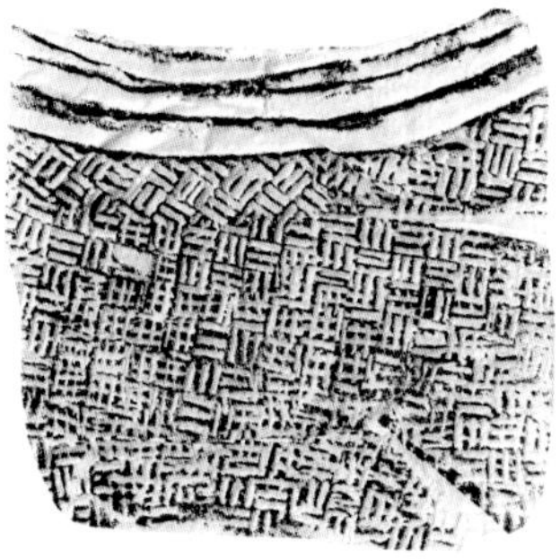

5. 弦纹与席纹（D1Q1：4）

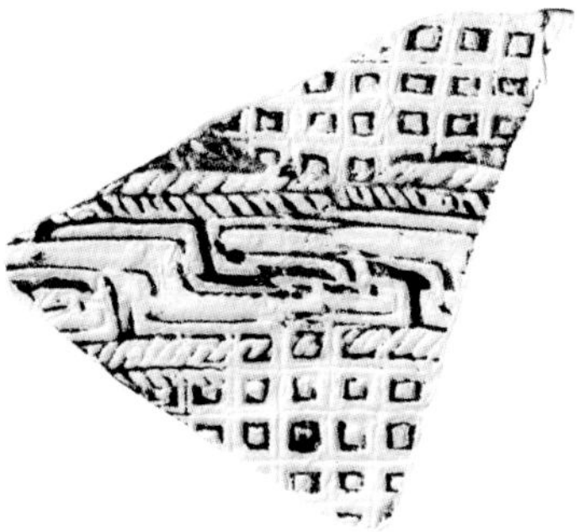

6. 夔纹与回形纹（T0822③B：5）

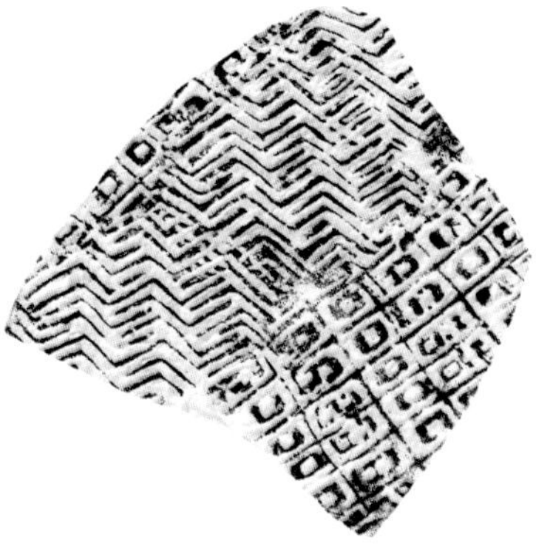

7. 回形纹与折线纹（G2①：859）

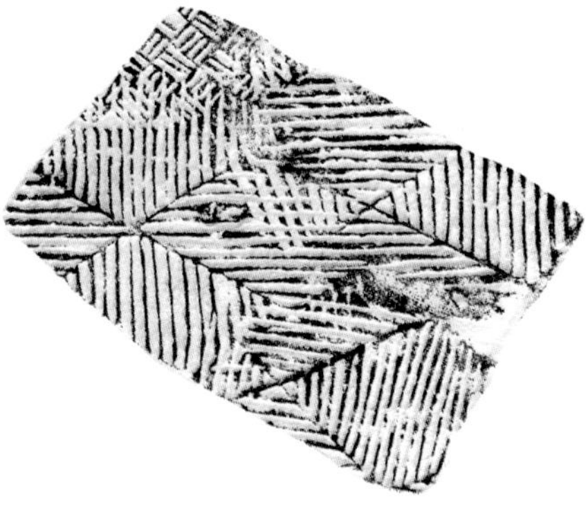

8. 菱形填线纹与席纹（G2①：855）

9. 叶脉纹（G2⑤：908）

10. 雷纹与回形纹（T0822③B：6）

11. 水波纹（G2③：883）

12. 梯格纹（G2④：885）

西周时期硬陶纹饰拓片

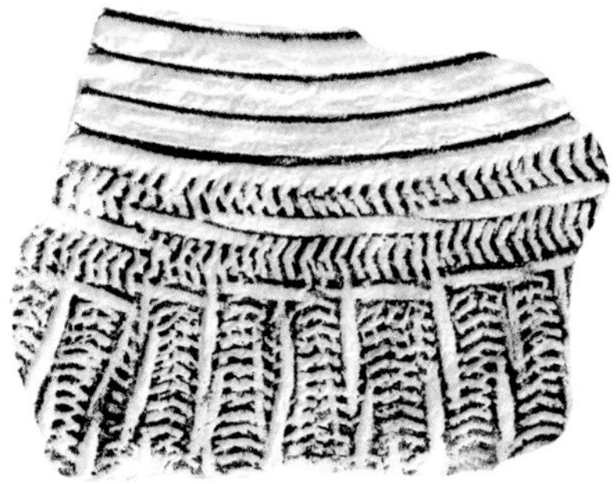

1. 弦纹与梯格纹（G4④：884）

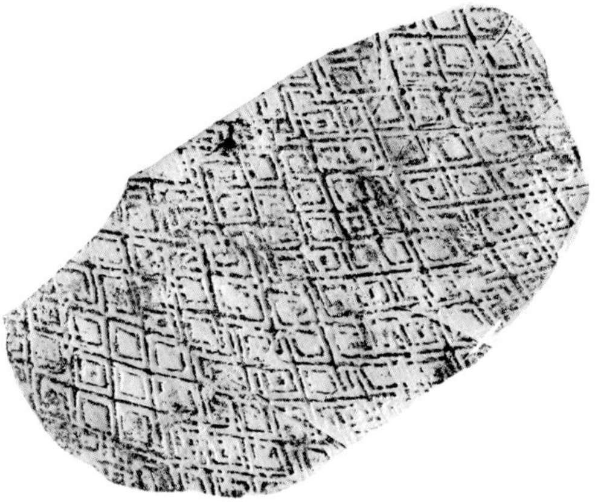

2. 套菱纹（G4④：891）

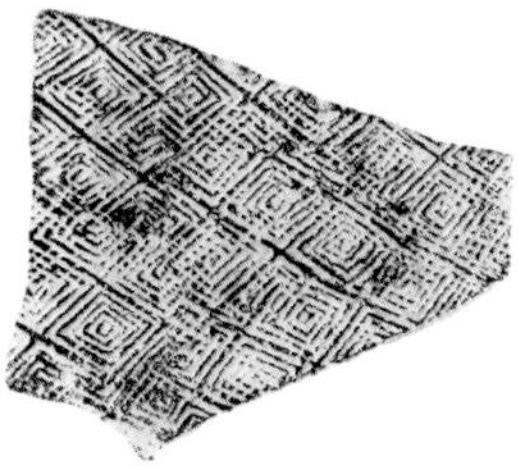

3. 套菱纹（G2①：857）

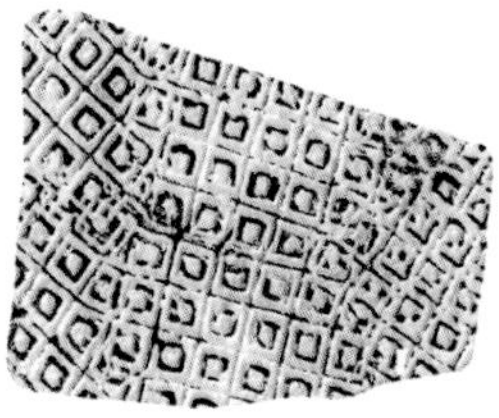

4. 回形纹（G2①：873）

5. 折线纹与回形纹（G2①：874）

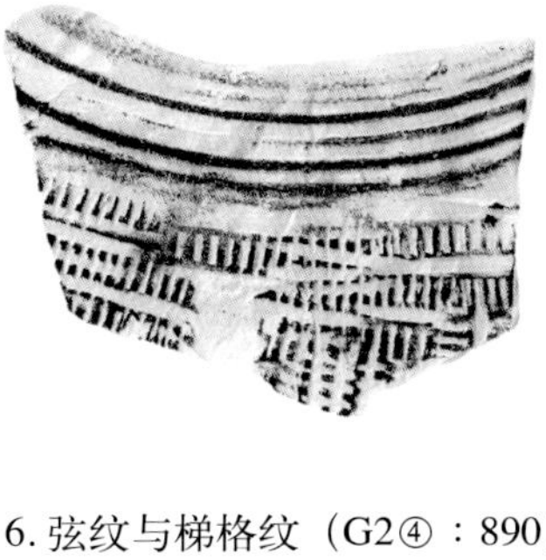

6. 弦纹与梯格纹（G2④：890）

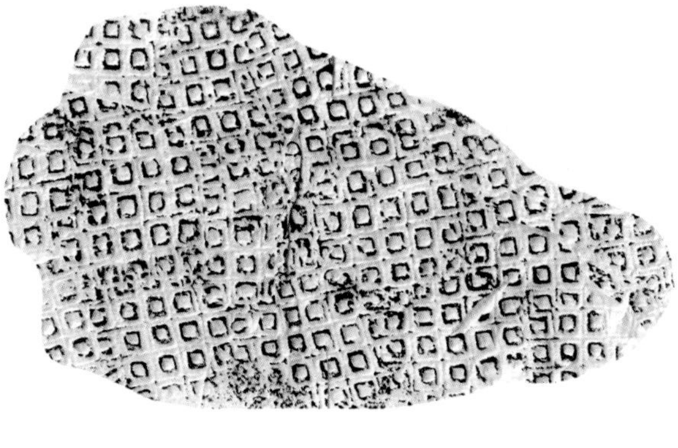

7. 回形纹（G2④：279）

8. 折线纹（G2①：858）

9. 雷纹（G2①：864）

西周时期硬陶纹饰拓片

## 图版九六

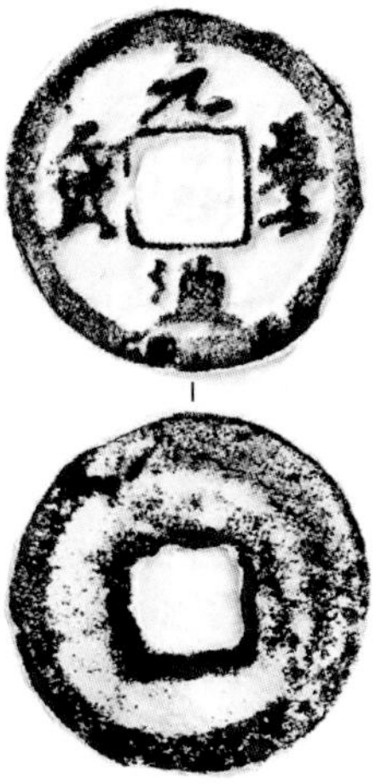

1. 元丰通宝（M4：2-1）

2. 景德元宝（M4：2-2）

3. 皇宋通宝（M2：1-4）

4. 元丰通宝（M2：1-5）

5. 太平通宝（M5：2-1）

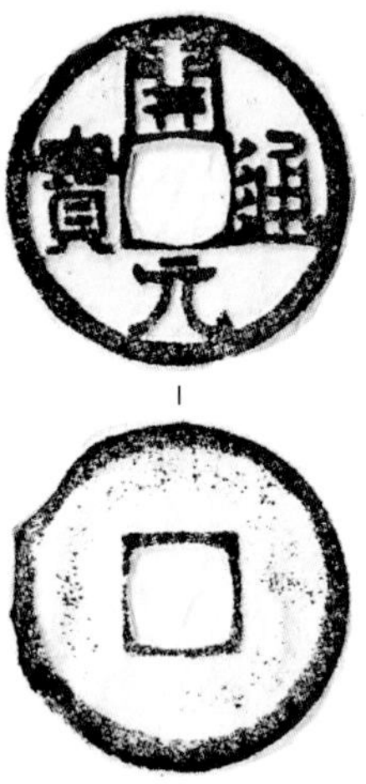

6. 开元通宝（M5：2-3）

7. 元祐通宝（M5：2-8）

8. 元丰通宝（M5：2-9）

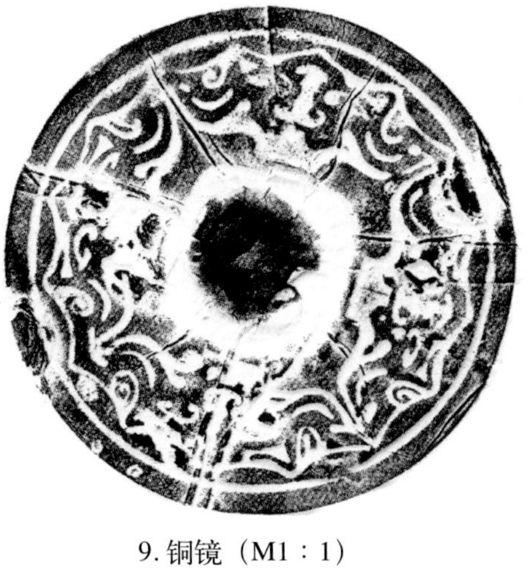

9. 铜镜（M1：1）

唐宋时期铜钱、铜镜纹饰拓片